国家社科基金项目结项成果

长沙理工大学学术著作出版资助项目

易彬 著

文献与问题

中国现代文学文献研究论衡

社会科学文献出版社
SOCIAL SCIENCES ACADEMIC PRESS (CHINA)

目　录

导论　文献与问题：关于中国现代文学
文献学的若干观察与思考

本书以 2013 年国家社科基金青年项目"中国现代文学文献学的理论建构与实践形态研究"的结项成果为基础——回想当初申报此项目的时候，手头上已经完成了作家年谱、评传和综合研究等著作，诗歌版本编年汇校类著作出版在望，作家口述类著作已经成形，大部头的作家往来书信集也开始整理；而从整个中国现代文学研究的局势来看，现代文学文献学的知识理念也已成蔚然之势，新成果层出不穷，令人欣喜。正因为受到多方因素的鼓动，于是就有了这么一个体例宏大——实际上也是过于宏大的选题。如今看来，自己已不再是"青年"（实际上，当年的"青年"标准也比今日的要大上好几岁），而从理论建构与实践形态这两大层面来把握中国现代文学文献学的工作，却还远未到可以归结的时刻，所以，这里主要就是从个人这些年来的研究实际和所遭遇的种种"问题"说起。①

就文献形态而言，这些年来我更多关注的是新材料的发掘、书信的整理、口述的采集、版本的校勘、年谱与传记的编撰等方面；最近几年来，因为曾在世界汉学重镇荷兰莱顿大学访学的缘故，对荷兰汉学以及中国文学域外传播、中外文学（化）交流方面的文献也多有关注。当然，在具体研究之中，也还会涉及其他领域。如下所分若干板块，不过是为了论说方便所做的大致归类而已。

---

① 本篇的部分叙述和书中章节直接相关，未一一引注。

一　新材料与新问题

"全集不全"是一个普遍的现象，辑佚可谓作家文献整理的常态性工作；而随着各类书刊资料、作家专题文献的持续整理，"新"的东西总会浮现出来。对此类现象，我更愿意从"新材料与新问题"的角度来看取。陈寅恪在《陈垣敦煌劫余录序》中尝言，"一时代之学术，必有其新材料与新问题。取用此材料，以研求问题，则为此时代学术之新潮流。治学之士，得预于此潮流者，谓之预流（借用佛教初果之名）。其未得预者，谓之未入流。此古今学术史之通义，非彼闭门造车之徒，所能同喻者也"①。就总体而言，现代文学文献学乃是"此时代学术之新潮流"，一位研究者要撞上"敦煌劫余录"那般能引发"新潮流"的"新材料与新问题"，断不是易事，但扎扎实实地从文献入手，乃是学术之基本要义。发现一件或一批新的材料或不至于即刻改变局势，但经年累月，持续推进，当能终有所获。

我个人这些年所搜（采）集的材料，其中如作家档案卷宗、成形的作家口述资料、为数甚巨的书信以及零星发掘的报刊资料、作家集外文等，均算得上独家材料，且能引发一些比较重要的议题，从比较宽泛的意义上看，均可谓之"新材料"。即以档案为例，其特别效应已经得到学界的认可——且不说各类零散的档案材料在坊间受关注、为买家们所热捧的程度，最近一二十年来，作家档案材料的处理业已呈现新的动向，被收入作家全集或专题出版。其中如较早出版的郭小川的检查交代（小传、自我鉴定、检查交代等）和批判会记录，共有40余万字②；新近出版的《冯雪峰全集》（人民文学出版社2016年版）用两卷篇幅所收录的"外调材料"，更是多达80余万字。这些材料甫一出版，即在学界引起了热烈的反响，被认为是"具有重要历史研究价值的学术研究史料""标志了二十一世纪中

---

① 陈寅恪：《金明馆丛稿二编》，上海：上海古籍出版社，1980年，第236页。
② 可见于《郭小川全集·补编》，桂林：广西师范大学出版社，2000年；郭晓惠等编《检讨书——诗人郭小川在政治运动中的另类文字》，北京：中国工人出版社，2001年。

国人对待历史文化遗存态度的进化"①"有助于更切近地了解这一时期文学和作家的历史处境，和文学的'生成方式'的性质"，推动"'当代文学'研究的改善和深化"②。我个人较早时候将所搜集到的较多穆旦档案材料编入《穆旦年谱》（中国社会科学出版社2010年版），新近又结合原本应归入档案卷宗但已流散坊间的几批材料，著文《从新见材料看穆旦回国之初的行迹与心迹》（《扬子江评论》2016年第5期）、《"自己的历史问题在重新审查中"——坊间新见穆旦交待材料评述》（《南方文坛》2019年第4期），相关讨论也算是引起了一定的反响，亦可见作家档案受关注的程度。

　　基于此，就实际写法而言，我个人处理"新材料"的主要旨趣是试图借此"以研求问题"，即将其放置于相关文学史问题之中加以讨论。如《战争、历史与记忆——兼谈中国现代文学与现代历史互动的新动向》一文（《创作与评论》2016年第11期），借助近年来的一些肖像展、口述史、历史遗迹的田野调查、重见天日的历史图片以及借由新的历史语境的激发而衍生的文本，揭橥了若干重新进入历史的路径以及现代文学与现代历史的互动这一老话题的新动向。《集外文章、作家形象与现代文学文献整理的若干问题——以新见穆旦集外文为中心的讨论》一文，即从个人集外文的状况拓展到中国现代作家文献的搜集与整理工作方面的诸多问题：较多集外文的存在意味着作家的既有形象面临着新的调整；而辑佚成果的较多出现则孕育了文献学工作的新动向。较多穆旦集外文既能揭示地方性或边缘性报刊之于文献发掘、时代语境之于个人形象塑造与文献选择的特殊意义，也能凸显文献权属、历史认知等方面的话题。又如《新时期以来翻译出版事业的见证——关于施蛰存与彭燕郊通信的初步考察》，以新发现的彭燕郊致施蛰存的九封信为出发点，勾描了两人之间并不为人所熟知的交往情况，呈现了新时期以来文学翻译事业层面的诸多内涵，最终则指向往来书信集与作家间"互动行为"的研究——对作家间"互动行为"的关注也是一种比较重要的学术动向，即在面对文学现象时，不能止于"文坛掌故、文学谈助或名人轶事之类"，而应"回到一个朴素的原点，重新

---

① 王锡荣：《虽是交代材料，也有史家品格——从〈冯雪峰全集〉收入"交代材料"谈起》，《文汇报》2017年1月17日。

② 洪子诚：《历史承担的意义》，郭晓惠等编《检讨书——诗人郭小川在政治运动中的另类文字》，第362～365页。

定义文学活动的性质及其与作家自身、和他人和社会到底是个什么样的关系"，应对作家的文学行为展开"实存分析"，进而探究其"文学史意义"①。从"关系"的梳理到"文学史意义"的获取，此一过程将进一步凸显问题，打开更多的研究路径。

不嫌夸张，本书以"文献与问题"为题，亦是包含了以"新材料"来"研求问题"的含义。

二 版本与校勘

对版本的关注是传统学术研究的基本要义之所在。现代文学文献整理与研究在此一方面显然一度多有失范之处，其中亟待解决的问题主要体现在两方面。一方面，文献整理缺乏相对统一的规范，相当部分的作家作品集特别是多卷本文集或全集没有得到非常规范的校理，缺乏前后一贯的版本原则，或必要的校注说明。另一方面，实际研究也多有失范之处，缺乏精确的版本原则，不加区分地对待一部作品的不同版本，任选一个版本所得出的结论却是统指性的，将有损"批评的精确"或导致"阐释的混乱"。为现代文学研究提供扎实可靠的文献基础、在文献使用上把持必要的规范与尺度乃是当务之急。

进一步落实到研究层面，金宏宇教授对现代文学文献复杂的版本状况的勾描和论断值得特别注意：传统意义上的"版本学"视域"很难让我们去发现版本的文学特性"，"版本批评"则可以"把版本研究延伸至文本批评之中"。为了使现代文学研究"真正具有有效性和严谨性"，要确立三个基本的版本原则，即在文学批评或单个作品的研究中，要具有版（文）本精确所指原则；在文学史的写作中，应秉持叙众本原则；在文学作品的经典化过程中（即作品的出版流布），应遵从新善本原则。②

我目前所做的此方面工作兼有版本和校勘的双重含义，已成形的著作即《穆旦诗编年汇校》（北京大学出版社 2019 年版），旨在集合穆旦诗歌的全部版本进行汇校。其他的，则还有鲁迅杂文集《南腔北调集》以及冯

---

① 解志熙：《相濡以沫在战时——现代文学互动行为及其意义例释》，《新文学史料》2011 年第 3 期。

② 金宏宇：《新文学的版本批评》，武汉：武汉大学出版社，2007 年，第 55～63 页。

至、卞之琳、彭燕郊等人诗歌的汇校。

现代重要作家之中，穆旦是一个对写作反复进行修改的诗人——或可归入最勤于修改的诗人之列。目前所见穆旦诗歌总数为 156 首，其中存在异文的诗歌将近 140 首，异文总数超过 1600 条——几首改动特别大、近乎重写的作品尚不在其列，所涉范围之广、版本状况之复杂均可见一斑。进一步看，穆旦诗歌的修改行为主要发生在 1940 年代，放诸 20 世纪中国文学这一更大的语境，此一行为并不具备时代典型性。最典型——最能见出时代因素的修改主要发生在新中国成立之后，"在修改的问题上，1950 年是一个分界线"，作家"修改旧作的主要动因，是为了迎合一种新的文学规范，表现新的国家意识形态"，"是有知识分子的改造运动作为背景的"①。换言之，对彼时的穆旦而言，并没有如后世写作者那般承受着强大的历史压力，其修改动因，显然并不是出于迎合政治意识形态的需要，而主要是出于诗艺层面的考虑，即追求一种更为完善的诗学效果。基于这样的判断，不妨将穆旦诗歌的修改行为称为一种典型的诗人修改，正如研究者所指出的，穆旦对语言"高度敏感"，其"精致的打磨、锻炼的功夫"，"与卞之琳所谓的中国诗歌艺术的古典精神有关"，也有来自英美新批评派"细读文本批评方法的影响"。修改，即可视为"打磨、锻炼"的表征。②与时代政治因素的疏离恰恰从另一个角度彰显了穆旦的诗人本色——其修改行为所独有的诗性价值。

正因为穆旦诗歌版本所存在的繁复状况，我撰《诗艺、时代与自我形象的演进——编年汇校视域下的穆旦前期诗歌研究》《个人写作、时代语境与编者意愿——汇校视域下的穆旦晚年诗歌研究》两文，予以非常细致的讨论，旨在揭示作家（穆旦）个人修改行为之中诗艺因素的效应，以及作家写作与时代语境、个人境况之间的特殊关联；同时，也试图凸显作家文献整理过程中较易出现的一些问题，并进一步辨析作品的写作时间和异文的厘定以及作品整理者的相关意图等问题。

放诸现当代文学史，作家作品的汇校本是 1980 年代方才出现的一种新的文献整理类型。一部现代文学作品往往可能有不同的版本形态，如手稿

---

① 金宏宇：《中国现代长篇小说名著版本校评》，北京：人民文学出版社，2004 年，第 8、18~19 页。

② 王毅：《几位现代中国诗人的文学史意义》，《中国现代文学研究丛刊》2001 年第 2 期。

本、初刊本、再刊本、初版本、修订本、定本等。常见的整理行为是选定某一版本，其他版本弃之不顾，或仅仅加上简单的版本说明。汇校本则是以某一版本为底本，同时，通过注释方式将其他版本中的异文一一呈现出来。一般性的文学作品整理是静态地呈现一位作者在某一时段的写作，其功能是单一性的；而汇校本则往往可以动态地呈现出一位作者的艺术构想、修改意图及其与时代语境之间的内在关联，其功能可谓综合性的。不过，从实际出版来看，作品的汇校本可说是困难重重的出版。1983～1991年曾出版过 5 种①，在中断一段时期之后，近期又出现两种②，其中金宏宇等人完成的《边城（汇校本）》被列为"中国现代文学名著经典汇校丛书"的第一部——作为一套系统工程的开端，其中包含了一种学术自觉的意识，2017 年，金宏宇教授主持国家社科基金重大项目"中国现代文学名著异文汇校、集成及文本演变史研究"立项，本人为子课题"近百年新诗名作（以诗集为中心）异文汇校、集成及文本演变史研究"负责人。相信以此为契机，现代文学名著汇校的系统工作将全面展开，文献学视域下的文本整理出版和研究局势值得期待。

以此来看，《穆旦诗编年汇校》着眼于穆旦的全部诗歌作品，可谓契合了当下勃兴的中国现代文学文献学知识理念，既能有效地展现穆旦这样一个重要作家诗歌写作的全貌，对现代文学文献学建设应该也能起到积极的推动作用。

三 书信与日记

书信作为一种私性的且逐渐消逝的文体，也是当下文学研究中值得特别重视的文献类型。

书信的整理与研究也是我近年来的工作重点，主要围绕彭燕郊（1920～

---

① 郭沫若著、桑逢康校《〈女神〉汇校本》，长沙：湖南人民出版社，1983 年；郭沫若著、黄淳浩汇校《〈文艺论集〉汇校本》，长沙：湖南人民出版社，1984 年；郭沫若著、王锦厚校《〈棠棣之花〉汇校本》，长沙：湖南人民出版社，1985 年；李劼人：《〈死水微澜〉汇校本》，成都：四川文艺出版社，1987 年；钱钟书著、胥智芬校《〈围城〉汇校本》，成都：四川文艺出版社，1991 年。

② 郭沫若著、陈永志校释《〈女神〉校释》，上海：华东师范大学出版社，2008 年；沈从文著，金宏宇、曹青山汇校《边城（汇校本）》，武汉：长江文艺出版社，2009 年。

2008）展开。此一工作目前已成一定的规模，但坦白地说，2005 年开始做彭燕郊口述的时候，受限于阅历和资料，对彭燕郊当年所从事的诸种工作的了解并不够深入，也完全没有想到日后有机会参与整理其书信——这方面工作的逐步展开是 2011 年之后的事情了，目前已经发表彭燕郊致施蛰存、叶汝琏、严文井、陈耀球等人的信以及罗念生、施蛰存、卞之琳等人致彭燕郊的信——已成形的则有《彭燕郊陈耀球往来书信集》（百花洲文艺出版社 2020 年版），收二人通信 660 余封，36 万余字；《彭燕郊陈实往来书信集》也已初步整理完成，其中彭燕郊的去信即超过 350 封，字数超过 30 万字。彭燕郊以诗人著称，但也足可称得上是卓有成效的书信家。

因为这方面的缘故，我对作家书信有比较多的关注。从目前观察来看，现代阶段的作家书信总量有限，且已得到比较充分的发掘，新见书信已相当稀少。新中国成立之后到 1970 年代中段的书信，多半已被毁弃。1970 年代后期以来的书信则是在持续的整理与发掘之中。近期出版的书信集，如《范泉晚年书简》《施蛰存海外书简》（大象出版社 2008 年版）、《萧乾家书》（东方出版社 2010 年版）、《存牍辑览》（范用所存友人书信，生活·读书·新知三联书店 2015 年版）、《罗孚友朋书札辑》（海豚出版社 2017 年版）等，所录多是新时期之后的书信。再进一步看，知名文化人物、从事文艺组织工作的人士（如出版机构的编辑），所存书信量应该是比较多的，整理空间还非常之大，直可说是当代文学新材料、作家集外文发掘的重要源头。彭燕郊与文艺界知名人士的大量通信，即得益于新时期初期以来所筹划乃至主编的一系列外国文学译介丛书，如"诗苑译林""散文译丛""犀牛丛书""现代散文诗名著译丛"以及《国际诗坛》《现代世界诗坛》等。

但历史语境和阅读风尚总在变化——时代潜移，世事变迁，历史的遗忘也总在发生。回首当年，与彭燕郊有过联系的各路文艺界人士多达百十人，一时之间，长沙成为译稿集散之地，相关出版物也曾引起热烈的反响。但这些幕后工作日后逐渐淡出了读者的视野——我个人的经历大概算是比较典型的一例。2005 年夏，我着手进行彭燕郊晚年口述的工作，此一工作断断续续进行，外国文学译介活动方面的话题，生年也晚的我最初对此感受并不明显，相关话题只是泛泛而谈。其间，张桃洲兄曾提醒我可特别留意包括编委、具体操作等方面的情况，龚旭东先生也希望能多挖掘一些相关细节。经由他们提醒，又专门检索了相关资料，对原先的问题进行了若干修订和扩充，于 2008 年初将新的问题提纲①送到彭家。但遗憾的是，随着那一年春天彭燕郊先生的生病和遽然离世，问题（历史）终未能继续打开。

正因为对历史状况有着直接的感知，近几年来我曾反复申述彭燕郊的晚年文化身份问题，大致情形即如 1989 年 3 月 12 日彭燕郊在给木斧的信中所谈到的："过去漫长的封闭岁月"压抑了求知欲，桎梏了眼界，新诗的前途在于"艺术更新"，即通过外国现代诗的译介，获得必要的参照系，进而获得一种"坚实的自信"——"这几年我用大部分时间编译介［绍］各国现代诗的目的也在于让大家看看到底现代诗是个什么样子，现代诗是怎样发展过来的，从中也可以比较一下到底人家有什么长处我们有什么短处。我以为，在这种情况下如果能形成我们的自信，应该是一种坚实的自信。能看到的我们的新诗的前途应该是现实的可靠的前途。"晚年彭燕郊花费大量时间和精力来从事文艺活动，是有着一种切实的文化自觉的，即通过外国现代诗的译介，获得必要的参照系，进而获得一种"坚实的自信"。以文化身份视之，"这种借助译介活动来推动当代文艺发展的自觉意识，大大地拓展了彭燕郊的文化身份，有效地凸显了他在 1980 年代以来的文艺建设之中新的、独特的作用"。（见本书第三辑第一篇的讨论）

基于这种观察，相关论文的内容旨向即往往从彭燕郊而扩大到新时期以来作家（翻译家）的文化身份、时代语境等方面的话题——放到新时期以来的文化语境当中，像彭燕郊这般年届晚年、饱受磨难但依然汲汲于文化事业的人士并不在少数，如袁可嘉等人主编多卷本《外国现代派作品选》、绿原数年间主编《外国诗》等。而从部分书信来看，即便是那些年长于彭燕郊的文坛前辈，如罗念生、施蛰存、沈宝基、罗大冈、卞之琳等人，所谈也都是读书、写作、编选（译）、出版，时有事多、做不完的感慨，彼此之间还多多鼓气，以期共进。因此，更多彭燕郊文献的整理过程，特别是阅览众多文坛前贤书信的过程，也是一个文化不断累积的过程，越深入，越能真切地感受到文化的温度。

就我本人的书信辑录而言，对其他知名文化人士如卞之琳、曹辛之、

---

① 主要有两方面内容，另一方面是关于"七月派"的历史构成与重新评定的内容。

叶汝琏、冯至、蔡其矫等，也已有一定数量，对《存牍辑览》《罗孚友朋书札辑》等书信集有专题考察。对现当代学人日记也保持了相当的关注度，对吴宓、胡风、贾植芳等人的日记有专题梳理，也会参与整理当年从事俄语文学翻译但如今已不为人知的陈耀球的日记（总量有十几万字），但总的说来，相关工作的展开度还比较有限，只好留待他日再说。

四　口述与年谱

口述与年谱，这两者都是偏向于传记类的文献（研究专书），也是我近年来的工作重点之所在。

口述是中国现当代作家文献发掘的新方向。在内容和空间上，口述历史之于现当代文学研究都会有重要的拓展。我在这方面做了若干工作。当然，就实际呈现的材料而言，并非严格意义上的"口述历史"，而是一般层面的人物访谈；若从传记理论的角度来说，其间兼有自传和他传的含义。

最初的工作始于 2002 年对杜运燮、杨苡、江瑞熙（罗寄一）、郑敏等穆旦同学的采访，谈话稿发表时题为《"他非常渴望安定的生活"——同学四人谈穆旦》。之后，围绕穆旦家属、同事、友人也做过一些零散的访问，包括邵燕祥、申泮文、冯承柏、来新夏、魏宏运与王黎夫妇、王端菁与李万华夫妇、刘慧（穆旦外甥女）、鲲西（王勉）、王圣思以及穆旦儿子查英传、查明传等，这些谈话均未形成正式的文字稿。接下来的工作主要有两种，一种是 2005～2008 年的彭燕郊口述，相关文字最终结集为《我不能不探索：彭燕郊晚年谈话录》（漓江出版社 2014 年版）。最新的工作则是荷兰汉学家的系列访问。

关于口述历史资料的一些话题，后文结合穆旦研究有较多讨论（见第四辑第一篇），这里从资料准备的角度来谈谈。

具体到做口述，准备工作始终是非常必要的，得熟悉对象，有针对性地准备资料与问题，要让受访者觉得你就是准备最充分的、问题最独特的那个访问者。如果可能的话，可以将访问提纲预先送到受访者手里，给受访者一定的准备时间。记忆的打开方式有时候是非常重要的，独特的问题、充裕的时间，都能很好地激活受访者的记忆。就我实际展开的

工作而言，关于穆旦的访问，稍后进行的多半是临时联络的，资料准备
有仓促之处，未充分拟定访问提纲，更未事先送达受访者手里。对彭燕
郊的访谈基本上都是按照既定计划展开的，即先比较广泛地阅读各类资
料，分专题拟定比较详尽的提纲，然后开展谈话。其间，彭燕郊也会提
出一些可讨论的话题。准备比较充分，谈话周期比较长，也就有着更好
的访谈效果。

　　相较之下，对荷兰汉学家的访问有着特别的难度，这里也单独说明一
下。总的说来，此前的作家访问工作经验在此派上了用场，所有访问都是
有计划进行的，即事先大致沟通，确定访问提纲，现场访问之后，再通过
邮件往返或者现场校对文稿。实际形成的访谈稿大致都可说是属于话题明
确、内容充实、层次清晰、语言干净的类型——过于口语化、前后重复的
情形都做了技术处理。难度在于，荷兰汉学虽由来已久，对其历史状况的
研究也已非常丰富，英文版、中文版都有"荷兰汉学史"一类著作，但近
二三十年来，荷兰汉学家们在中国现当代文学方面所做的大量工作，还缺
乏系统的、有效的梳理，受关注度还远远不够，大量的工作和故事还不为
国内读者所知晓。这为前期资料的准备平添了不小的难度。译介到国内的
资料或相关媒体的报道资料总量不多，又多偏向于著述、观点方面内容，
且某些方面还存在精准度不足的问题（或表述比较含混，或有明显的错
漏，如将"张贤亮"写作"张显良"之类），因此，主要也就只能从荷兰
文资料入手——对一位完全不谙荷兰语的研究者来说，这样的工作实可谓
困难重重。可以说，完全是凭借一种笨功夫，为了准备访谈和搜集中国文学
在荷兰接受与传播的资料，先后借阅了200多种书籍，将相关信息一一拣出，
为每一位汉学家制定了比较符合其汉学生涯的访问提纲——这也是难度所
在，先后采访近十位荷兰汉学家，包括汉乐逸（Lloyd Haft）、高柏（Koos
Kuiper）、哥舒玺思（Anne Sytske Keijser）、柯雷（M. van Crevel）、贺麦晓
（Michel Hockx）、林恪（Mark Leenhouts）、施露（Annelous Stiggelbout）、
郭玫媞（Mathilda Banfield）等。因对部分汉学家了解有限，实际采访是一
个逐步扩散的过程，即通过先期采访过的汉学家介绍，再与新的受访者联
络，此间反复，在资料准备方面也多耗费了不少时间。总的来看，困难归
困难，但从最后的结果来看，有近十篇长篇访谈，再加上数种中国现当代
文学在荷兰接受与传播的专题论文，足可辑成一部《中国现当代文学在荷

兰》（暂定名）。①

　　再来说中国作家口述的情况。须知记忆往往有不可靠之处，访问之后，资料的核实是必不可少的。按照唐德刚在《文学与口述历史》中的说法，即便是像胡适这样资料详备的人物，其口述也要查找大量的材料加以"印证补充"②。口述历史中的很多问题，特别是因史实错乱而缺乏足够可信度的现象，固然肇因于受访者有意无意的记忆错漏，但也和采访者的素养和主观失误有不小的关联。难题在于，在面对更为个人化的历史叙述的时候，无法"印证补充"的情形往往是多有存在——在某种程度上，更可能是一种常态。即以关于穆旦的访谈为例，多位历史当事人的回忆，其间亦有相互抵牾的现象。有当事人对他人的"历史问题"提出了质疑，认为其口述（回忆）并不准确，是在粉饰历史、美化自己。这一度影响了笔者对材料的取舍，但在穆旦"年谱""评传"一类著述之中还是保留了多种声音。

　　此外，还有一重经验，即受访者个人立场、时代语境等方面因素都会对实际谈话产生影响。目前所出版的彭燕郊晚年谈话录是经过其本人审订、有过若干修饰的，最初的谈话应该要比现在所看到的更为丰富——也可能更为精彩。而且，比照其最后三年里的谈话与新时期以来所发表的一些文章，也可发现其中有不少参差之处。在荷兰汉学家访谈稿的定稿过程之中，也同样存在受访人基于某种审慎的考虑而对文稿进行洁化处理的情形。综观各类访谈稿，有你一言我一语的样式（有的文稿连哈哈大笑、起身拿东西之类情形都会记录下来），有通篇不过几个问题而回答都是长篇大论的样式，也还有其他的样式，我未专门考察过其中是否也存在类似情况，但有一点值得注意，在有文献参照的情形之下，参照受访者的其他文本，比照相关细节，也会是进入历史的一种特别的方式。

　　为作家编订年谱，就研究思路而言，其实是中国文学研究中比较老套的做法，个案研究，编年（作品编目、谱表编写等）先行。我出版过《穆旦年谱》（中国社会科学出版社2010年版，大象出版社2020年再版），《彭燕郊年谱》已初步编定（超过25万字），吴兴华年谱也在编写之中；

---

　　①　因荷兰汉学方面的内容已成系列，拟另单独成书。本书仅收录一篇，以现其貌；同时，相关话题也仅浅尝辄止。

　　②　唐德刚：《书缘与人缘》，沈阳：辽宁教育出版社，1998年，第65页。

同时，也对《艾青年谱长编》《西南联大诗人群史料钩沉汇校及文学年表长编》《蔡其矫年谱》有过专门的书评。于此之中，有几个感受特别明显。

一个是材料的选取。20世纪的文化语境盘根错节，复杂难辨，作家年谱、传记的撰写很有必要突破谱（传）主的单一性材料的局限；而且，这种突破的力度越大越好——突破越大，越能呈现出广阔的传记知识背景，也就越能呈现出复杂的时代面影。当然，不同的谱主也须分别对待，像穆旦这般材料较少的谱主，可尽可能采取穷尽式方式来处理材料，并辅之以适当的外部材料；而对于像郭沫若、艾青这样的著名人士，如何把握材料的广度与必要的尺度之间的平衡，看起来也是不小的难题。

另一个是档案的困扰。档案的效应自不待言，即如当初几经周折方才获得比较完整的穆旦个人档案和学校的相关档案，如果没有这批档案，不仅穆旦人生经历的很多重要节点无法查实，穆旦与新中国文化语境之间的内在关联多半也只能停留在猜想的阶段。所以，我非常认同目前学界的一个说法，如果当代档案解密的话，当代文学史、文化史、思想史都将可能会有重要的乃至根本性的改变。当然，在目前的情势之下，类似话题也无法深究，研究者总会受到各种时代因素的限制，此即一例也。

再一个，还想特别提及网络资源的积极意义。以彭燕郊年谱为例，在比较短的时间内，就完成了十几万字（2013年的数据），个人所藏相关图书资料固然比较丰富，但电子期刊资料的效应非常明显，用主题词"彭燕郊"或者"彭燕郊＋××"搜索，可以搜出五花八门的线索来，其中最出乎意料的一类是由地方政府机构编辑的、未公开发行的地方文史资料，其中有不少相关回忆文字，也有彭燕郊本人的文字，而此类材料往往在别处全无线索，在图书查阅过程中也断难撞见。① 这种资料采集上的便利无疑是值得充分利用的，但电子资料和纸质资料是否准确对应，文献的非完整性对作家与相关语境的认识是否会有影响，也并非可以简单忽视的问题。

从作家传记的角度来说，此前我还曾完成《穆旦评传》，也是旨在将"个人"与"时代"结合起来，即如该书《后记》所言，"讲述了一位中

---

① 比如中共恭城县委党史办公室1988年编辑的《党史资料汇编（解放前部分）》，有《彭燕郊同志谈李春讯同志的事迹》一文，为彭燕郊1982年4月所作，所谈为1947～1948年在桂林监狱的情形。

国诗人并不顺畅的一生，也展现了一个风云变化莫测的时代"①，但近年来本人在作家评传写作方面没有新的进展，故暂不展开相关话题的讨论。

五　期刊、选本与作品集

1990 年代以降，期刊研究一度是一个不小的热点，一时之间，新成果不断涌现；但目前似有某种学术疲劳之势，尤其是对现代阶段的期刊的研究。近年来，有学者提到应重视地方性或边缘性报刊，即这种学术态势的反映。数代学人在整理现代作家文献的过程中，文化事业发达地区的或与重要作家相关的报刊已得到了反复检索，积累了丰硕的成果，报刊文献的开掘空间日益狭窄；但地方性或边缘性的报刊还具有相当大的开掘空间，俨然成为作家文献辑佚非常重要的来源，学界对废名、周作人、冯雪峰、冰心、曹禺、老舍、沈从文、穆时英、胡风、卞之琳、汪曾祺等重要作家集外文的较多开掘，就是基于对此类报刊的细致翻阅。我对《南开高中学生》《火线下》等刊物的研究，大致即可归入此类。

下延到当代，报刊则还有着非常大的研究空间。各类文学报刊自不待言，各类非文学报刊也可能有一定的文学版面（如报纸副刊等），值得规整；研究类报刊的数量也非常之大，其中如《新文学史料》即值得特别注意。这份 1978 年创刊、至 2019 年底已出版 160 余期的刊物，就其实际容量而言，早已超过了现代阶段的绝大部分刊物，已有足够的研究空间；而就其实际内容而言，"这个丛刊以发表五四以来我国作家的回忆录、传记为主，也刊登这个时期有关文学论争、文艺思潮、文艺团体、流派、刊物、作家、作品等专题资料，刊登有关的调查、访问、研究、考证，还选登一些过去发表过的比较重要但现在不易看到的材料和文物图片，以及当前有关文学史工作的动态、报道和对已出版的中国现代文学史的介绍、意见等"。四十年来，刊物的总体宗旨基本保持不变——前述文字出自《新文学史料》1978 年第 1 期封二所载《致读者》，除了最末一小段之外，至今仍刊登在杂志的封底。但一个堪称文学史或者思想史的命题是，即如四十年来现代文学研究总体语境的潜移，"史料"概念的演变——特别是其

---

① 易彬：《穆旦评传》，南京：南京大学出版社，2012 年，第 573 页。

与时代语境、政治风潮、学术纷争乃至相关人事之间或隐或显的关联，显然都是饶有意味的话题，值得深入探究。若说《新文学史料》是一部四十年来现代文学研究的微观史，当不为过。我新近指导研究生完成了硕士学位论文《新时期以来胡风形象的历史演变——以〈新文学史料〉为中心的讨论》（肖尊荣，2018 年），对相关话题有非常直观的认识。不过目前对《新文学史料》的专题研究仅两三篇，可见还有很大的后续研究空间。

选本和作品集方面的话题也值得注意。鲁迅曾言，"选本所显示的，往往并非作者的特色，倒是选者的眼光"①。回到具体历史语境，顺着作者的"眼光"，往往能探究出其间复杂的历史纠葛。多卷本作家文（全）集或者大型作品集的出版，因文献的全面、新颖（往往有不少新披露的材料），亦能引发一些重要的议题。

就我所关注的情况来看，较早完成的《政治理性与美学理念的矛盾交织——对于闻一多编选〈现代诗钞〉的辩诘》，试图勾勒选本背后"政治"与"美学"的纠葛，即人与历史的纠葛。后因参与长江文艺出版社版三十卷《中国新诗百年大典》编选工作（为第八卷主编）的缘故，对所入选的"湖南诗人"做过专题讨论，涉及历史影响与当下传播方面的话题。实际上，即以第八卷为例，罗寄一、俞铭传这两位被湮没的诗人也可堪再讨论。

新近出版的作家全集，我特别留意了十卷本新版《罗念生全集》（上海人民出版社 2016 年版）、五卷本《吴兴华全集》（广西师范大学出版社 2017 年版）和十卷本《朱英诞全集》（长江文艺出版社 2018 年版）。就文学而言，三位都属于比较边缘的人物，而从全集编撰的角度来看，三套全集恰可说是三种不同的形态，所触发的研究状况与文学史命题值得注意。

《罗念生全集》属修订再版，总体格局未动，基本上仅是后一两卷及附册有较大增补和调整。罗念生先生留给世人更为主要的形象，无疑是古希腊文学的翻译者与研究者。其作为新诗人和新诗理论建设者的名声则长期不彰。资料显示，罗念生的新诗写作、新诗理论的建构与古希腊文学的翻译、研究之间，具有某种同源同构的关系。其新诗写作及理论建构蕴含

---

① 鲁迅：《"题未定"草（六至九）》，《鲁迅全集·6》，北京：人民文学出版社，1981 年，第 421～422 页。

了一种独特的文化自觉意识：在理论层面，着力于术语的界定、辨析与厘清，如诗、轻重、节奏、节律、音步等；在写作上，即试图通过对西方诗体的引入与尝试，以拯救新诗形式（"文字与节律"）的流弊。但文献的长期散佚显然是一种妨碍：其新诗理论文章此前从未汇集出版，唯一的诗集《龙涎》也早已绝版，《铁牛——一名战争》这等叙事长诗也极少为人所知。初版全集的这方面资料也有较多遗漏，新版则有大幅增加，全部新诗和诗论文章集合起来，够得上单独出一册比较厚实的《罗念生新诗与诗论集》。以此来看，随着新版《罗念生全集》的出版，罗念生作为新诗人和新诗理论建设者的形象终于有了比较清晰而完整的呈现：一个创作量并不大但"很勇敢的"、有着"冒险尝试精神"（借用罗念生评林庚语）和特殊诗学抱负的诗人，一个执着于新诗形式建设的理论家。

《吴兴华全集》属大幅重编——此前为两卷本《吴兴华诗文集》（上海人民出版社 2005 年版）。作家研究的深入发展往往得益于新文献的发掘乃至成形的文献专书的出现，对于吴兴华这般曾经在较长一段时间之内被文学史所遮蔽的人物的研究而言，多卷本全集的出现显得尤为重要。由两卷到五卷，新增了一批诗歌、一部书信集和一批翻译材料，其中，从手稿和期刊新辑录出的百余首诗歌有助于读者更好地窥见吴兴华诗歌创作的全貌，《风吹在水上：致宋淇书信集》，对于了解 1940～1952 年吴兴华的个人生活、文学创作、翻译与诗学理念则多有助益。当然，仍有若干诗文遗漏，而且，全集的编校体例也有再商榷之处。

《朱英诞全集》属新编。对于一位无甚名气并且仅仅出版过一些零散的作品集的诗人而言，陡然推出十卷本全集，着实令人称奇。全集包括新诗五卷，旧体诗、散文各两卷，学术及其他一卷。根据介绍，朱英诞创作生涯长达五十年，共约有 3000 首新诗、1300 首旧体诗，并对新旧诗歌均有研究。全集所录大量作品均"从未面世"。一些评论者称之为"富矿"，但即如对"潜在写作"或"地下文学"的评定，如何评定朱英诞那些"从未面世"的诗作及其文学史意义，实际上也可能是一个不小的难题。

六 融合文献、文本与文学史视域的综合性研究

并不难发现，上述研究之中，无论是对新材料的发掘（辑佚），还是

对书信、年谱、口述、域外汉学等方面的研究，均可说是在"文献学"整体视域这一认知范围之内。在实际研究之中，主要运用中国现代文学文献学的方法与知识理念，诸如辑佚、校注、考证之类。这些方法主要从传统古典文献学方法发展而来，也依据中国现当代文学的实际状况做出了若干重要的拓展。同时，鉴于中国现当代文学文献的整理尚缺乏普遍周知的规范，对相关技术性的因素也是多有关注。

时至今日，这些方法自是无须再做普及，这里想强调的一点是，在新材料、各类惯常的文献类型的整理与研究方面，类似操作可谓理应如此，但从一个普泛的层面来看，即如朴学方法、新批评理论在相关潮流散去之后仍能得以贯彻，我个人还是致力于文献学知识理念作为一种常态运用于实际研究之中——现当代文学研究所面对的更广大的内容其实是一种常态性的存在，并非总是"新""佚""补"之类的文献（从更长的历史维度来看，"新材料"虽确有一时之效，最终也还是会统合为常规材料），也可能没有复杂的版本状况。也就是说，在一般性的研究之中，亦应以文献为基础，广泛而细致地运用文献材料，结合精当的文本分析和必要的文学史视域，从而达成对作家、文本、时代与文学史的综合认识。这也是解志熙教授所强调的文献学作为文学批评与文学史研究方法的重要性，简言之，即"强调面对作为语言艺术的文学文本，文学研究者在发挥想象力和感悟力之外，还有必要借鉴文献学如校勘学训诂学家从事校注工作的那种一丝不苟、实事求是的治学态度与比较对勘、观其会通的方法，而如果我们能够这样做，那也就有可能将文献学的'校注法'引申为批评性的'校读法'——一种广泛而又细致地运用文献语言材料进行比较参证来解读文本的批评方法或辨析问题的研究方法"[1]。

我也努力在这些方面做过一些写作尝试，本书所录三篇大致可说是循着三个不同路向展开，《"滇缅公路"及其文学想象》将"滇缅公路"视作一个独立的对象，融合历史文本、诗歌（包括一定量的修改）和多重历史因子，旨在揭示相关文学想象背后复杂的历史况味。《历史语境、文学传播与人事纠葛——"副文本"视野下的〈呼兰河传〉研究》首先是应和了

---

[1] 解志熙：《老方法与新问题——从文献学的"校注"到批评性的"校读"》，《考文叙事录——中国现代文学文献校读论丛》，北京：中华书局，2009 年，第 18 页。

近年来兴起的"副文本"研究理念，同时也是一种历史性的研究——以近八十年的时间跨度来考量，旨在回溯历史语境，并揭示某些个人记忆与人事纠葛之于历史叙述的效应。《"命运"之书：食指诗歌论稿——兼及当代诗歌史写作的相关问题》，是将作家个人写作历程梳理、文本分析以及各种历史文献的细致参读结合起来，凸显了个人写作与时代语境的纠葛以及相关的文学史写作的话题。

或许也可以从历史学的角度来看取，严耕望先生曾谈到新的稀有史料的运用与普通史料的研读问题："新的稀有难得的史料当然极可贵，但基本功夫仍在精研普通史料。新发现的史料极其难得，如果有得用，当然要尽量利用……运用新的史料很容易得到新的结论，新的成果，自然事半功倍。""研究者要凭史料作判断的依据，能有机会运用新的史料，自然能得出新的结论，创造新的成绩，这是人人所能做得到的，不是本事，不算高明。真正高明的研究者，是要能从人人能看得到、人人已阅读过的旧的普通史料中研究出新的成果，这就不是人人所能做得到了。"① 中国现代文学研究与现代历史研究的互动关联，在近年来的研究之中得到了明确的申述②，历史学和文学虽有差异，但基本道理也还是多有相通之处的。

余论　几点研究愿景

如上所述，主要是基于个人研究而提出的观察和思考，相关叙述主要是结合本书所录篇章展开，这些篇章大致涵括了本人目前工作的一些主要方面，以此为基础，本人亦曾有过一些研究愿景。至于能否达成，还有待更长的时间来检验。

其一，探索并建立中国现代文学文献学体系，关涉现代文学学科建设与发展的一系列问题。

新的文献资料的发现自然会带来研究局势的异动，对既有文献的重新校理同样能夯实研究基础、带动学术创新。在文献学知识理念引领之下，版本、异文和作者意识、审美理念以及写作者与时代语境的错综关系、文

---

① 严耕望：《治史三书》，沈阳：辽宁教育出版社，1998年，第23页。
② 王彬彬：《中国现代文学研究与中国现代历史研究的互动》，《文艺争鸣》，2008年第1期。

本阐释的精确性与有效性等重要问题直接相关。从"作品"或"文本"到"文献",并非名词的简单替换,而是涉及对象本身、研究观念、治学态度、学术方法等一系列问题。

其二,现代文学文献学方法具有多重效应,它也是一种切实有效的文学史研究和文学批评方法。

现代文学文献学的诸种方法既基于古今文献工作的内在关联,也结合了现代文学诸多新状况,其中,辑佚、考证、辨伪、目录学等方法仍大有作为,手稿学之于文献整理、口述历史之于文献采集、汇校之于版本校勘均有特别的效应;批评性校读由文献学的"校注"转化而来,广泛而细致地运用文献语言材料进行比较参证以解读文本;版本批评由"版本学"引申而来,是运用科际整合的理念对由现代文学版本引发的诸多问题所进行的综合研究。凡此,均凸显了现代文学文献学方法所具有的多重效应,既有整理文献之效,亦有批评与研究之功。质言之,文献学也是一种行之有效的文学批评和文学史研究方法,在目前发展尚不充分的情势之下,现代文学文献学可统归在现代文学史的总体框架之内,即一种建立在坚实的文献学基础之上的研究,构成现代文学研究的多元态势。而从更长远的角度来看,通过坚实的理论架构与长期的文献实践,现代文学文献学自身的独立价值亦将进一步彰显,亦能逐渐成为一门独立的学科,即如古典文学文献学所具有的学科价值意义。

其三,中国现代文学文献学是中国现代文学的亚学科,与古典文献学、现代文学史料学之间既有重要的学术关联,也有明确的概念分野。

现代文学文献学是基于中国文学研究的学术传统及现代文学自身所面临的诸多现实问题而提出的。它承袭了古典文献学的基本要义,即注重文献资料的搜集与整理,并在考证、版本、校勘、目录等方面展开一系列必要的研究工作;但在文字形态(白话文、新式标点等)、文献载体(现代印刷技术下的报刊)、版本样式(如"副文本""异文本"的出现)、校勘方法、批评原则等方面均有着新的学术特征。文献搜集与史料发掘自然是相通的,但现代文学较长一段历史时期之内所累积的诸多问题,如亟待(重新)校理的大量文献(特别是年代稍远的全集或文集)、芜杂难辨的版本状况以及由此所衍生的研究规范等,则是史料学难以涵盖和解决的;史料往往被认为是服务于史学的,是史学研究的资料,史料整理是个初始的工作；而文献工作有更多层面的参考价值，可以成为发动学术的工具，甚至成为一代思想的发源。

其四，现代文学文献学研究工作涉及诸多方面的因素，学界同人很有必要加强学术协作，共同推进现代作家文献的整理工程。同时，学界同人亦有必要"酌定可供同行共同遵守的文献工作规范以至于可通用的文献工作语言"。

2003 年，"中国现代文学的文献问题座谈会"在北京召开，解志熙教授在"共识述要"中曾谈到当时学界的一些共识，如"现代文学文献的搜集、整理和刊布是一项牵涉面很广的公共工程"；又如，"有必要借鉴古典文献学的传统惯例、汲取以往现代文学文献研究成果的成功经验，根据现代文学文献的实际情况，确定一些基本的工作标准，并酌定可供同行共同遵守的文献工作规范以至于可通用的文献工作语言"①。从目前情势来看，症结依然存在，依然有待学界同人的共同努力。

实际上，也正是基于对近年来中国现代文学文献学研究局势的判断，2016 年，我召集了"中国现代文学文献学的理论与实践"国际学术研讨会，希望相关议题引起更多关注。会上，中华文学史料学学会副会长刘福春先生呼吁建立中国现当代文学文献学科，显示了中国现代文学文献学工作的某种紧迫性。

---

① 解志熙：《"中国现代文学的文献问题座谈会"共识述要》，《中国现代文学研究丛刊》2004 年第 3 期。

第 一 辑

陈寅恪在《陈垣敦煌劫余录序》中尝言，"一时代之学术，必有其新材料与新问题。取用此材料，以研求问题，则为此时代学术之新潮流。治学之士，得预于此潮流者，谓之预流（借用佛教初果之名）。其未得预者，谓之未入流。此古今学术史之通义，非彼闭门造车之徒，所能同喻者也"。就总体而言，现代文学文献学也是"此时代学术之新潮流"，一位研究者要撞上"敦煌劫余录"那般能引发"新潮流"的"新材料与新问题"，断不是易事，但扎扎实实地从文献入手，乃是学术之基本要义。发现一件新材料或不至于即刻改变局势，但经年累月，持续推进，当能终有所获。

我个人这些年所搜（采）集的材料，作家集外文、档案卷宗、成形的作家口述资料、为数甚巨的书信等，均为第一手的独家材料，且能引发一些比较重要的议题，从宽泛的意义来看，亦可谓之为"新材料"。处理"新材料"的主要旨趣也是试图借此"以研求问题"，即将其置于相关文学史问题之中加以讨论。本辑所录两篇，分别着眼于作家集外文发掘的诸种效应、域外文献与中国现当代作家研究空间的拓展，旨在展现"新材料"发掘的多重维度与广泛效应。

不嫌夸张，本书以"文献与问题"为题，就是包含了以"新材料"来"研求问题"的含义。

集外文章、作家形象与现代文学
文献整理的若干问题

—— 以新见穆旦集外文为中心的讨论

在数代学人的共同努力之下，中国现代作家文献的整理工作已经取得了相当丰富的成绩：作家文献搜集的完备程度已相当之高，作家全集或多卷本文集的出版已相当之多。① 与之相应，报刊信息被编制成目②，其中一些重要报刊如《新青年》《大公报》等，得到了反复检索。但辑佚工作也始终在持续进行，且各类成果颇多，"全集不全"的现象也得到了较多讨论。从近年来作家文献辑佚的成果来看，重要作家如巴金、郭沫若、沈从文等人的文献，均有较大的辑佚空间。对一位作家而言，较多集外文的存在意味着作家既有形象面临着新的调整；而从文献学的实际进展来看，辑佚成果的较多出现，则可能孕育了文献学工作的新动向。本文将以 2006 年版《穆旦诗文集》出版以来新发现的穆旦各类诗文为中心，兼及其他作家的多种材料，对相关问题展开讨论。

穆旦作为诗人和翻译家的重要性现今已基本得到学界的普遍认可。但从现当代文学的实际发展进程来看，穆旦在新中国成立后较长一段时间之内属于被忽略、被压抑的作家，其诗名不彰，译名倒是较早就得到认可，但较早时期的读者显然并未将翻译家"查良铮"与诗人"穆旦"统合为同一个人。学界对穆旦的较多认识，至少已迟至 1980 年代后期；

---

① 严格说来，作家文献全集或文集的出版与文献校理的精确性之间并不平衡，文献重校有相当大的空间。此一话题所涉及的面比较广，拟另文展开。

② 相比于现代期刊目录而言，报纸的文学类副刊目录的编制工作还相当之零散，相关工作亟待展开。

而穆旦形象的全面呈现，更是迟至 2005～2006 年：2005 年，人民文学出版社先是推出皇皇 8 大卷《穆旦（查良铮）译文集》，次年又推出 2 卷本《穆旦诗文集》，穆旦绝大部分的写作和翻译作品均被囊括其中。作为诗人的"穆旦"与作为翻译家的"查良铮"第一次比较完整地呈现在读者面前。但与已出版的作家全集或多卷本文集境况相似的是，穆旦的集外文仍有不少，包括诗文、翻译、档案材料、未刊文稿、集体处理的相关文字等，计有数十种（类）。2014 年，增订版《穆旦诗文集》推出，部分文字被收录，但仍有较多阙如。① 因相关文字类型不一，所包含的信息量比较大，指涉面比较宽，对此展开讨论，既能更为全面地呈现穆旦形象，也能揭示近年来中国现代文学文献整理过程中所出现的新动向，以及所存在的若干问题。

地方性或边缘性报刊与文献资料的发掘

大致而言，新近发现的穆旦不同时段的文字，指涉面不尽相同。先来看看新中国成立之前的，计有 20 种，其中诗 6 首，文 9 篇，译作 5 种，见于《益世报》、《清华副刊》、《火线下》、《益世周报》、《今日评论》、《教育杂志》、香港版《大公报》、桂林版《大公报·文艺》、《文学报》、《中南报》、《文聚丛刊》、《枫林文艺丛刊》、《独立周报》等处。

这些文字中，《管家的丈夫》（文）、《傻女婿的故事》（文）、《这是合理的制度吗?》（文）、《在秋天》（诗）尚未被增订版诗文集收录，《诗的晦涩》《一个古典主义的死去》《对死的密语》《献歌》《J·A·普鲁佛洛的情歌》这五种译作也未见于译文集。综合来看，新发现的诗歌对穆旦既有形象基本上构不成冲击，但文章和翻译则能很好地丰富穆旦的形象。穆旦较少散文作品，新发现的 9 篇散文值得注意，《管家的丈夫》《傻女婿的故事》是讲故事的笔法，印证了穆旦本人的一个说法："在中学高二、三年级开始写诗及小说"②。此前，坊间并未见到穆旦的"小说"。《抗战以来的西南联大》是穆旦任西南联大助教之后的文字，

---

① 本篇为 2017 年定稿，所述为到当时为止的信息，更确切的集外文名录见本篇附录。

② 据南开大学档案馆馆藏查良铮档案之《历史思想自传》（1955 年 10 月）。

当期《教育杂志》为"抗战以来的高等教育"专辑，很显然是经过有意策划，该专辑共谈及 27 所高校，文章基本上都是用"抗战以来的……"式标题，《抗战以来的西南联大》位列头条。之后是中山大学、武汉大学、国立浙江大学、四川大学等校的情况介绍；压轴的是著名文化人士王云五先生的《现代中国高等教育之演进》。穆旦生前名气不大，一般即认为，他留校任助教之后所从事的就是一些日常性事务与公共基础课教学，此文则可适当改变这样一个人微言轻的形象，显示了穆旦对学校事务的积极参与。4 篇"还乡记"文章，描述的是从云南到北平的北归途中之所见，其中虽也有一些"很活泼的印象"，但更多的是各种战争遗景——破烂的街景，街上、酒馆里那些穿着破旧衣服的、无所归依的、失去了人的体面的日本兵；"荒凉"的文化局势，疯涨的物价显然给穆旦留下了更为深刻的印象，"厌弃战争"情绪显得尤为突出，"战争有什么意义"被强烈质疑。这种写作进一步强化了 1940 年代中段穆旦诗歌所呈现的主体形象。

5 种翻译也比较醒目，所译均是 20 世纪英语文学作品，其中，路易·麦克尼斯、Michael Roberts 和台·路易士，是奥登的同时代诗人，同在牛津大学受教育，被称作"奥登一代"诗人。研究认为，学院讲授的近现代西洋文学对创作界产生了影响，推动了新文学发生变化，这一新文学发展过程中出现的新现象此前也有，但直到西南联大时期"才变得集中、突出、强烈"。[①] 穆旦这种近乎"同步翻译"的行为，其所领受的教育以及其阅读、翻译与创作之间的互动关联，乃是此一新现象的重要内容。

再来看看相关报刊。《大公报》《教育杂志》自然是影响非常之大的，各版《大公报》，穆旦作品的发表量很不少，诗歌作品均搜罗在列，遗下译作不录，有些蹊跷。[②]《教育杂志》由商务印书馆创办，被认为是中国近现代教育史上持续时间最长、影响最大的教育专业刊物。《清华副刊》虽是清华大学校园刊物，但由于清华的名望，办刊时间长，其影响力也比较广远。其余各种则都可说是抗战爆发之后的实存时间较短或影响力有限的地方性报刊。其中，《文聚》、《今日评论》及《独立周报》与西南联大关

① 张新颖：《20 世纪上半期中国文学的现代意识》，北京：生活·读书·新知三联书店，2001 年，第 194 页。

② 单篇译文均未编入《穆旦译文集》，所以这一状况也可能有体例方面的原因。

系紧密，前两者比较早地进入了研究视野，但刊物性质不一，《文聚》是由学生主办的文学刊物，《今日评论》则是钱端升等资深教授主办的思想评论类刊物。《独立周报》与西南联大"文聚社"所办《文聚》杂志有前后关系①，但少见于一般叙述。其他的，由知名文学人士孙陵主持的《文学报》与邱晓崧、魏荒弩等人主持的《枫林文艺丛刊》，也可算是比较早地受到关注，但刊物信息发掘有限。《火线下》《益世周报》《中南报》偏于一隅，性质也相近，均是以社会、时政方面的内容为多，文学版块很小，基本上只有单篇作品。

上述多数刊物所载穆旦诗（译）文未能被较早发掘整理，可谓反映了现代文学文献整理方面的一个基本状况：时局动荡，报刊出版受制于经济、文化、人员等方面的因素，缺乏足够的稳定性，相当部分报刊或实存时间短或囿于一地，影响力有限，时间一长则易陷入湮没无闻的境地。抗战爆发之后，这一局势显得尤为突出。比如在西南联大时期的文学活动中有着重要影响且曾较多刊载穆旦作品的《文聚》杂志甚至难以找齐完整的一套。换个角度来看，这一状况实际上也可说是寓示了近期现代作家文献整理的两种新趋向。

其一，数代学人在整理现代作家文献的过程中，文化事业发达地区的或与重要作家相关的报刊已得到了反复检索，积累了丰硕的成果，报刊文献的开掘空间日益狭窄；但地方性或边缘性的报刊还具有相当大的开掘空间，俨然成为作家文献辑佚非常重要的来源，学界对废名、周作人、冯雪峰、冰心、曹禺、老舍、沈从文、穆时英、胡风、卞之琳、汪曾祺等重要作家集外文的较多开掘，即基于对此类报刊的细致翻阅。②

其二，《教育杂志》所载穆旦文章也提示了现代文学文献查阅的一个重要方向：现代作家或有很强的综合视野，或与其他非文学活动有着这样那样的关联，其写作行为往往也就并不限于文学作品，文化、教育、政治、经济、军事等方面的报刊也可成为现代作家文献发掘的重要来源。由

---

① 《独立周报》不少期数的第8版（副刊版）均明确标示了"文聚"字样。
② 参见李怡《地方性文学报刊之于现代文学的史料价值》，《中国现代文学研究丛刊》2010年第1期；刘涛：《绪论——民国边缘报刊与现代作家佚文》，《现代作家佚文考信录》，北京：人民出版社，2012年；解志熙：《考文叙事录：中国现代文学文献校读论丛》，北京：中华书局，2009年；解志熙：《文学史的"诗与真"：中国现代文学文献校读论集》，北京：北京大学出版社，2013年。

此，"非文学期刊与作家佚作的发掘"，也可谓新的文学史命题。①

时代语境、个人形象与文献选择

穆旦翻译作品的数量远远超过了写作，《穆旦（查良铮）译文集》共8卷：第1～2卷为《唐璜》，第3卷为《拜伦诗选》《济慈诗选》，第4卷为《雪莱抒情诗选》《布莱克诗选》《英国现代诗选》，第5卷为《欧根·奥涅金》《普希金叙事诗选》，第6～7卷为《普希金抒情诗选》，第8卷为《丘特切夫诗选》《朗费罗诗选》《罗宾汉传奇》。

并不难发现，所选录的均是穆旦在新中国成立之后所翻译的已结集出版或大致成形的文学类作品。所遗漏的除了此前提及的多种零散译作外，还包括新中国成立后曾产生不小影响的两种文论类译著，即《文学原理》（季摩菲耶夫著）②与《别林斯基论文学》，以及其他几种学界尚不大知晓的翻译作品：勃特·麦耶斯的《一九五三·朝鲜》，印度的阿里·沙尔特·霞弗利的《恰赫鲁队长》与匈牙利的班雅敏·拉斯罗的《匈牙利的春天》（均有《后记》），参与翻译的《美国南北战争资料选辑》等。

比照早期翻译，新中国成立后穆旦的翻译行为有了几重变化。一是语种不仅限于英语，也有俄语。二是翻译对象基本上是19世纪的作品——直到晚年，才有《英国现代诗选》。三是早期翻译署名"穆旦"——诗人与译者的名字是统一的；新的翻译改署"查良铮""良铮"或笔名"梁真"，造成了诗人"穆旦"与翻译家"查良铮"分离的局势。四是翻译的整体性大大加强，理论文字、诗歌作品的翻译均是如此。五是出现了小说、历史资料等新动向。

初看之下，这些变化多半和新中国的文化语境有关：俄语是穆旦为了适应新中国文化建设的需要，在美国留学期间刻苦学习而掌握的；翻译对象的选取，和当时对现代主义艺术的否定与批判是分不开的；改署本名，摒弃笔名"穆旦"——将诗歌写作与翻译分离开来，也是基于对时代语境

---

① 参见凌孟华《抗战时期非文学期刊与作家佚作的发掘》，《现代中文学刊》2015年第4期。

② 分别为平明出版社1955年版、新文艺出版社1958年版。

的应对。① 基于这样的因素，新中国的穆旦翻译与早期翻译基本上是割裂的——晚年所译薄薄一册《英国现代诗选》②，除了叶芝和奥登外，其余 4 人即是早年翻译过的艾略特、斯蒂芬·斯彭德、C. D. 刘易斯（即台·路易士）、路易斯·麦克尼斯，但《J·A·普鲁佛洛的情歌》与早年译文多有差异，当年所作《译后记》③ 以及《对死的密语》与《译后记》均未被列入，这也可视为早期翻译与晚年翻译分裂的表征。

从文献整理的角度看，《穆旦诗文集》的处理方式有无意遗漏和有意遗弃之分：穆旦早期译作未能被及时发现，可归之为常见的文献遗漏现象；但新中国成立之后的几种译作，看起来更像属有意遗弃之列。

从出版时间看，苏联文艺理论家季摩菲耶夫的《文学原理》是穆旦从美国留学回来之后最先出版的译著，当时曾被用作教材，曾多次印刷，实际印数在数万册（含单册印数）。《别林斯基论文学》出版时间较晚，印数有限，但别林斯基是对当代中国文论产生重要影响的人物，该书的效应亦不可低估。对于这两种翻译行为，穆旦家属及其译作整理者显然知情。

至于穆旦所译匈牙利的班雅敏·拉斯罗的诗歌《匈牙利的春天》和印度的阿里·沙尔特·霞弗利的小说《恰赫鲁队长》，刊载于当时最为重要的翻译类刊物《译文》（即后来的《世界文学》），穆旦家属及其译作整理者也可能知情。④ 两者都是从俄文转译过来的，底本来自 1952 年和 1954 年出版的俄语读物——从俄文转译，时间相当之切近，且明显包含了政治效应⑤，这些都显示了在新中国成立之后的文化语境当中，"俄语"之于其他语种所具有的价值优先性——援引苏联文艺理论或经典作家的做法，也

---

① 参见易彬《"穆旦"与"查良铮"在 1950 年代的沉浮》，《中国现代文学研究丛刊》2008 年第 2 期。

② 查良铮译《英国现代诗选》，长沙：湖南人民出版社，1985 年。

③ 《J·A·普鲁佛洛的情歌》发表时，有《译后记》；晚年翻译时，诗名改为《阿尔弗瑞德·普鲁佛洛克的情歌》，没有《译后记》，但译有关于该诗的简介。

④ 我曾就这两篇文章询问过李方先生，他的答复大致为：家属手头上有两文的复印件，但当时找不到出处，就没有收进《穆旦译文集》。

⑤ 《后记》指出：班雅敏·拉斯罗读到小学四年级即辍学，做过学徒、工人，才能"直到匈牙利解放以后才发挥出来"，1954 年 10 月，曾随匈牙利文化代表团访问中国。介绍阿里·沙尔特·霞弗利小说时则援引苏联作家洪吉诺夫的说法：令人"回忆到早年的高尔基"，以及"莱蒙托夫所描写的一些人物"。这里对作家身份、对写作与政治（"解放"）关系的强调，以及援引苏联评价的做法，都明确包含了政治信息，在当时的文化语境之中具有某种典型性。

具有更高的权威性。新中国成立之后，穆旦最初翻译出版的是俄语文学理论作品。对英语文学作品（雪莱、拜伦、济慈、朗费罗等人作品）的译介文字中，也频频引述苏联文艺界与经典作家的评语，以证明其合理性，其依据也正在此——简略说来，相关译介文字的基本行文格局是既指陈其"局限性"，又强调其"合理性"，特别是苏联方面的合理认定。正因为时代语境的因素如此之突出，叙述的平衡性绝难达成。对"局限性"的指陈，对"革命话语"的筛选，往往占据了更为突出的位置。

所译勃特·麦耶斯的《一九五三·朝鲜》来自1953年4月号的美国《群众与主流》杂志，亦是当时国外最新的出版物。诗歌是"由在朝鲜的美国侵略军的一个士兵写的。诗中充分表现了一般美国士兵的厌战情绪"——"一个国家变为废墟，而我们/以夜晚的红光照耀她的血。"这种"厌战情绪"是一种带有普遍意味的人类情感，与1945年底穆旦在"还乡记"系列文章中所流露的"厌弃战争"情绪正相通，与新中国初期"抗美援朝"的时代语境则不能不说有几分不合拍。

不过，总体说来，时代语境对穆旦翻译行为的紧密渗透还是很明显的。以此来看，尽管穆旦译著以"译文集"而不是"译文全集"的名义出版，摒弃任何一种译著均无可厚非，但摒弃两种曾经产生重要影响的文艺理论译著，以及从俄文转译过来、带有很强意识形态烙印的文学作品，这类行为终究难免令读者产生疑惑：与其说这类译著已经失去了存留与传播的价值，还不如说它们不那么符合穆旦的既有形象——尽管穆旦的其他译介文字、日记等材料已经比较明显地显示了穆旦对时代话语的应和。

扩大到现代文学文献的整理来看，作家全集或文集因时代语境方面的原因，不录、节录甚至改写相关文献的现象绝非个案，《艾青全集》（花山文艺出版社1991年版）、《冯至全集》（河北教育出版社2000年版）以及《卞之琳文集》（安徽教育出版社2002年版）对相关文献的摒弃或删改，均可见出时代语境的变换给作家文献整理所带来的困惑与困境。

集体类文字、文献权属与历史认知

有两种穆旦文字可归入集体类文字之列。一类是1946～1947年，穆旦曾在沈阳任《新报》总编辑，历时一年有余。《穆旦诗文集》仅收录署名查良铮的《撰稿和报人的良心——为本报一年言论年总答复》（1947 年 4 月 22 日），曾在《新报》（1947 年 3 月 2 日）发表过的诗歌《报贩》也被收录，但并非取自该版本。

从常理推断，作为总编辑，穆旦在此期间所写文字应该是比较多的。穆旦后来在交代材料之中曾经非常笼统地写道："根据地方新闻写'日日谈'，（约二三百字），自觉颇受读者欢迎。在新报期间，共写社论两三篇，有一篇是说不要跟美国跑的，大受当局（杜聿明）斥责。又曾登载中长路副局长贪污，并为文攻击。副刊中也曾有反内战的讽刺文字"[①]。查阅《新报》，"日日谈"是常设栏目，主要为东北特别是沈阳新闻时事的短评，篇幅短小，一事一议，一般仅一二百字，长也不超过三四百字，偶有中断，每天一则，偶尔两则。文章应为报社同人轮流执笔，最初基本上未署名，后也仅在结尾署一字于括号中，有"金""江""庸""维华""平""宜生""华""镜宇""宇""红""庄""紫""河""青葵"等。因为"金"为查良铮之"铮"的偏旁，这一类文字被认为由穆旦所撰，署名为"金"的约 30 篇，有《纠正鱼肉乡民的败类》（1946 年 12 月 28 日）、《树立不收礼的作风》（1946 年 12 月 30 日）、《商运大豆困难重重》（1947 年 2 月 7 日）、《请制止官员逃难》（1947 年 6 月 5 日）、《岂可纵容不法粮商》（1947 年 6 月 14 日）、《失业青年向何处去？》（1947 年 6 月 16 日）等。但其他的，如社论、攻击贪污与讽刺内战的文字，则无法准确查证。

另一种集体类文字是 1960 年代所进行的美国史翻译。与前一类相比，这类的集体性质更为明显。

约在 1963 年，穆旦曾被请到南开大学历史系帮忙工作约三个月，参与俄文和英文的翻译。此后又在南开大学历史系负责美国史研究的杨生茂教授的邀请下，参与了美国南北战争资料的翻译。这即为"文革"之后出版的《美国南北战争资料选辑》。[②]

看起来，集体翻译的俄文资料已难以查找，但《美国南北战争资料选辑》初印达 6 万册，历史稍久的图书馆都有藏书。这是为了阅读美国史的人的需要，按历史事件编译了若干资料选辑，分册陆续出版，该书是其中

---

① 据南开大学档案馆馆藏查良铮档案之《历史思想自传》（1955 年 10 月）。
② 据 2006 年 4 月 11 日，笔者与冯承柏先生的谈话。

一种。"选辑"是带有浓厚意识形态色彩的节译，主要翻译反映"奴隶主的残暴统治"、资产阶级与奴隶主合污以及黑人为解放事业而英勇斗争的材料。署名参加翻译的共有9人：周基堃、查良铮、陈文林、王敦书、杨生茂、李元良、张友伦、冯承柏、白凤兰。① 不过，署名并未具体到相关章节，故实际分工已难以考证。

上述两种文字，穆旦作品整理者的处理方式是不同的。《新报》时期资料，李方、张同道等人已经查阅到，且在相关场合有所申述②，《穆旦诗文集》不录，主要还是出于一种谨慎的考虑，即署名无法完全确证。美国史的翻译，穆旦家属显然知情（穆旦藏书之中有此书），但相关文字均不述及，其动因应该与对季摩菲耶夫、别林斯基的理论文字处理方式相似，即不那么符合穆旦的既有形象。

穆旦的此类明显带有集体性质的写作与翻译扩大来看，实际上关涉到一些比较特殊的文字的归属问题。

其一，现代中国从事报刊编辑活动的人士，其执笔完成但未署个人实名（署不常见的笔名、化名、减缩名或署"编者""记者"等）的相关文字，抑或是集体讨论、个人执笔的文字，其归属当如何确定？再扩大来看，部分人士在单位或机构担任职务期间所写下的公务类文字，其归属又当如何确定？考虑到现代以来，从事过编辑活动或担任过行政职务的文学人士不在少数，相关文献的总量并不算少，这实在可说是一个比较棘手的问题。

不妨以沈从文、于赓虞的相关文献资料的整理为例来简要说明。沈从文曾投入相当精力来创办杂志或主持报刊的文艺版面，可谓卓有成绩的编辑家。其中如1946年10月新创的《益世报·文学周刊》，不仅直接署名主编，发刊辞《〈文学周刊〉开张》也有署名，这类文字自可确断；但更早时期的文字，如《人间·卷首语》（该刊为沈从文、胡也频、丁玲合编，以沈从文为主编）、《小说月刊·发刊辞》（该刊为沈从文、林庚、高植、程一戎编辑）、天津版《大公报·文艺副刊》的启事、编后记、作品附记等资料（该刊1933年9月创刊，由杨振声、沈从文编辑，事实上沈从文主持大部编务）③，来自沈从文与他人合编的

---

① 杨生茂主编《美国南北战争资料选辑》，上海：上海人民出版社，1978年，第ⅷ页。

② 2006年，南开大学文学院举办穆旦诗歌学术研讨会期间，笔者曾与张同道先生交流过此一问题；李方先生稍后亦有《穆旦主编〈新报〉始末》，载《新文学史料》2007年第2期。

③ 相关说明文字均据《沈从文全集·16》（太原：北岳文艺出版社，2002年）编者的注释说明。

报刊，有的署名"编者"，有的未署名，尽管沈从文被认为是"主编"或"主持大部编务"，但其权属问题并不清晰，《沈从文全集》径以"编者言"为题收录，也就可待推究。

相比之下，《于赓虞诗文辑存》的处理更为谨慎，编者在于赓虞全部文章之外，单列"疑似于赓虞佚文辑存"，其中就包括他所编辑的《华严》杂志《编校以后》两篇（署名"记者"，该刊另一编辑为庐隐）以及《平沙》杂志的4篇编后记（未署名，该刊编务人员还包括汪漫铎、叶鼎洛），《编者说明》对实际情况做了比较详细的说明，因无法确断，故作疑似案例来处理。①

其二，新中国成立之后，"集体写作"现象乃至"写作组"多有出现，如集体写作文学史、批判文稿以及集体翻译等。其对象选择与实际文风带有很强的时代烙印，署名问题有时也难以厘定（集体署名而非个人署名，或使用笔名、化名等），此类写作现象日后往往面临着历史认知的问题，或按下不表，任其湮没，或成为争论不休的公案。此一方面，《回顾一次写作：〈新诗发展概况〉的前前后后》可算是很有意味的一个例子。《新诗发展概况》是一本由"特定时代催生"的书，由北京大学中文系1955级、1956级学生谢冕、孙绍振、刘登翰、孙玉石、洪子诚、殷晋培六人，于1958～1959年共同撰写完成的"红色文学史"。五十年之后，五位依然健在的作者"对这一文本，连同这一文本产生的过程，进行清理和反思"——"主要不是做简单的自我指责，不是站在对立位置上的意识形态批判，而是在参照思考的基础上，尽可能地呈现推动这一事情产生的历史条件，和这些条件如何塑造写作者自身。这既涉及整体性的政治、文化气候，也与个人的生活经验、思想情绪相关"②。文献权属清晰（各章节均有署名），各位作者直面历史且借此对历史叙述展开反思，这类现象是比较少见的，但当事人日后在出版个人全集或多卷本文集时，是否乐于将其列入？这显然还有待进一步观察。

从上述情况来看，穆旦两类带有集体性质的文字未能归总，既关乎编者、家属的谨慎态度与历史认知，也暴露了当下语境之中此类文献的权属问题。

---

① 解志熙、王文金编校《于赓虞诗文辑存（下）》，开封：河南大学出版社，2004年，第794～796页。

② 谢冕等：《回顾一次写作：〈新诗发展概况〉的前前后后》，北京：北京大学出版社，2007年。所引述的文字出自洪子诚所撰《前言》。

档案文字与未刊手稿

以上穆旦的集外文字都已公开发表或出版，虽有较大的查阅难度，但终究还是有迹可循的。相比之下，档案文字与未刊手稿有赖于相关部门或家属的解密，一般读者一时之间显然还难以察知。

穆旦生前所在单位档案馆所存穆旦个人档案始于1953年从美国留学回来之初，止于1965年"文革"前夕。除了一些零散材料外，共有8份履历表格或思想总结类材料。其中，所填各类表格有5份：1953年2月21日的《回国留学生工作分配登记表》、1953年6月的《高等学校教师调查表》、1955年10月的《履历表》、1959年4月19日的《干部简历表》、1965年的《干部履历表》。思想总结类材料有3份：1955年10月的《历史思想自传》、1956年4月22日的《我的历史问题的交代》、1958年10月的《思想小结》。此外，南开大学相关人事、事件档案也比较完备。此前，坊间关于穆旦生平经历类材料文字极少，基本上都是穆旦家属的回忆类文字。借助档案材料，穆旦生平经历之中若干晦暗不明之处得以澄清，穆旦与时代文化语境之间的关联也得以恢复。

这些档案文字，"思想小结"等属检讨材料，"履历表"中的陈述类文字基本上也是检讨语调，从中不难看出时代语境的面影——20世纪50~1960年代，思想改造政治运动频发，检讨大面积出现，据说，1949~1957年即有过"六次检讨浪潮"。检讨有着群体性、规模性、频繁性、相关性和连带性等特点，文本形式则包括"自我批评""自我批判""检查""交代""思想总结""思想汇报""学习总结""自传"等，以及"很多意在检讨而'名不符实'的'隐晦文本'"，如费孝通的《我这一年》，以及书籍序跋这类"更为隐晦的检讨文本"；检讨保存形式则包括"发表在报纸、杂志等媒介的公开文本""向党组织上交、当众宣读或在一定范围内公开张贴宣传的半公开文本""秘密领域内的'潜在文本'"——"当事人的心得、书信和日记"，此外，还有各种形式的口头检讨。① 以此反观，《穆旦诗文集·2》所录文字中，曾刊于《人民日报》1958年1月14日的

---

① 参见商昌宝《作家检讨与文学转型》，北京：新星出版社，2011年，第7~29页。

《我上了一课》属公开检讨，1959年1月1日至1960年3月23日和1968年10月26日至1969年2月18日间的"日记手稿"属"潜在文本"，上述档案文字则可归入"半公开文本"，至于口头检讨，可想而知也是相当多的。

从作家文献的整理来看，较早的时候，检讨类材料基本上并不被录入。但近年来，此类材料的整理与研究已呈现出新动向，被收进作家全集或专题出版，聂绀弩、郭小川、沈从文、王瑶等人的全集均有较多收录。最引人注目的则当属邵燕祥、郭小川等人的此类材料的处理：邵燕祥本人先是结合检讨材料，作《沉船》，勾描了一个知识分子如何"死在一九五八"①；后又自行编订《人生败笔：一个灭顶者的挣扎实录》，所录主要为1966～1970年的"思想检查"类材料。② 郭小川的材料则由家属整理完成，据说现存郭小川的检查交代（小传、自我鉴定、检查交代等）和批判会记录共有40余万字，先是《郭小川全集·补编》③ 收录"与作者生平、创作及思想关系密切的部分"，共约25万字；稍后，又以《检讨书——诗人郭小川在政治运动中的另类文字》④ 之名专题出版。两者在篇目上多有差异，统合起来看，应是囊括了郭小川绝大部分此类文字。而且，此一专题图书封面有按语："一位党内高级干部的检查交代""本书献给不愿出卖自己，坚守社会良知的人们"。图书后半部分为"谁人曾与评说——审视郭小川"，录有邵燕祥、洪子诚、钱理群、王富仁等人的文章，封底摘录有洪子诚的文字："他为了所犯的'错误'和'罪行'多次检讨，作出真诚的忏悔和反省，但始终坚持着心灵和人格的高贵。"以此来看，该书在展现特殊历史材料的同时，也包含了家属和编者对郭小川形象的塑造。

当代中国历史风云变幻，相关政治文件或档案材料的解密程度相当低，作家文献的辑录又往往止于写、译类文字，作家与时代语境之间的内在关联往往难以得到有效透现。在这样的背景之下，与时代关联紧密的各类政治材料的发掘，对研究有着显著的推动作用。陈寅恪称"一时代之学

---

① 邵燕祥：《沉船》，上海：上海远东出版社，1996年。

② 邵燕祥：《人生败笔》，郑州：河南人民出版社，1997年。

③ 郭小川：《郭小川全集·12》，桂林：广西师范大学出版社，2000年。

④ 郭晓惠等编《检讨书》，北京：中国工人出版社，2001年。

术，必有其新材料与新问题。取用此材料，以研求问题，则为此时代学术之新潮流"①。《郭小川全集》甫一出版，即被认为包含了"新材料"，揭寓了"新问题"——按照洪子诚先生的说法，新时期最初几年，"是郭小川最受读者和批评家热情关注的时间"，此后"逐渐退出诗界关注的中心"，似乎已经"失去在新的视角下被重新谈论的可能"，但随着包含了"大量的背景材料和诗人传记资料"的《郭小川全集》的出版，"作为当代诗人、知识分子的郭小川的精神历程的研究价值得以凸显，也使其诗歌创作的阐释空间可能得以拓展"；扩大到当代文学研究来看，它也"有助于更切近地了解这一时期文学和作家的历史处境，和文学的'生成方式'的性质"，推动"'当代文学'研究的改善和深化"②。

"检讨文化"已被认为是当代中国思想史的重要命题③，"作家检讨与文学转型"的探讨囿于资料——档案缺失或无法利用，往往困难重重，但也可说是当代文学研究新的学术增长点，已经并将继续得到深入讨论。④穆旦的这些档案材料的进一步整理与研究，无疑也符合文学史或思想史研究的新动向。

至于穆旦未刊文稿，实际量并不大，但有一个受关注度比较高，即穆旦晚年所作、至今秘而不宣的叙事长诗《父与女》。该诗以知青故事为框架，可能是写于1970年代中段。1977年初，穆旦在致友人信中谈到，因译了拜伦叙事诗《贝波》，"仿它写了几百行的叙事诗"⑤，所提及的应该就是《父与女》。穆旦晚年可能毁掉了一些文稿⑥，但《父与女》被精心

---

① 陈寅恪：《陈垣敦煌劫余录序》，《金明馆丛稿二编》，上海：上海古籍出版社，1980年，第236页。
② 洪子诚：《历史承担的意义》，郭晓惠等编《检讨书——诗人郭小川在政治运动中的另类文字》，第362~364页。
③ 沙叶新：《"检讨"文化》，《随笔》2001年第6期。
④ 商昌宝的《作家检讨与文学转型》是专书讨论，既有总论《检讨：特殊时代的文化现象》，也分"反动作家""进步作家"、国统区左翼作家和解放区作家，对朱光潜、沈从文、萧乾、巴金、老舍、曹禺、夏衍、茅盾、胡风、丁玲和赵树理的检讨进行了深入讨论。近期的重要讨论则有钱理群《读王瑶的"检讨书"》，《中国现代文学研究丛刊》2014年第3期。
⑤ 穆旦：《致郭保卫》（1977年1月22日），《穆旦诗文集·2》，第224页。
⑥ 周与良：《永恒的思念》，杜运燮等编《丰富和丰富的痛苦》，北京：北京师范大学出版社，1997年，第161页。

收藏，应是穆旦有意想保留下来的。① 后来，此诗曾在极小范围的朋友圈内流传过。由于一些原因限制，这里也不便对《父与女》展开讨论，但考量其何以未收进《穆旦诗文集》，多半还是因为涉及"文革"人事，因"其观点的鲜明和言词的犀利"② 而暂时不便发表——题材敏感性，家属的戒备，个别知情人士的信息透露（主要是在海外媒介），这些都为晚年穆旦保留了某种话题性。但未刊手稿方面所出现的这种状况，在现当代作家文献的整理过程中，也属常见现象，只是原因各不相同而已。

结　语

总体来看，中国现代作家文献仍然具有较大的辑佚空间。较多集外文的存在意味着作家既有形象面临着新的调整——穆旦集外文的较多发掘，既能微调其形象，也能凸显其与时代语境更为深入的关联。其他作家集外文献的较多发掘，此种效应也是相当明显，比如随着沈从文现代时期较多集外文的发掘，将其与全集中相关文章细致参读，则可发现在那个"以《边城》为中心观照而得的沈从文'文学标准像'"背后，"还存在着另一个更多苦恼的现代文人沈从文"，而这，乃是"理解沈从文半生的'常与变'以至解放前夕的'疯与死'之症结③"。

辑佚成果的较多出现也孕育了现代文学文献学工作的新动向，显示了地方性或边缘性报刊之于文献发掘、时代语境之于个人形象塑造与文献选择的意义，也能凸显集体类文献的权属、特殊时代文献的历史认知等方面的特殊效应。这些工作涉及现代文学文献学的知识理念、操作规范诸方面

---

① 据 2010 年 5 月 12 日穆旦次子查明传给笔者的邮件：该诗"工整写在几张 8 开白纸上，折叠成小方块放在一牛皮纸信封里，然后用图钉钉在一个 50 年代由周叔弢拿来的木质挂衣架的圆盘底座的下面"。1980 年代初，查明传在清理该挂衣架时才发现此物。

② 何文发的《访书录》（刊香港《沧浪》1997 年第 8 期）在谈到 1996 年版《穆旦诗全集》时曾提到，"长诗《父与女》，因题材敏感，未能收入"。陈林在《穆旦研究综述》（《中国现代文学研究丛刊》2001 年第 2 期）中，引述王自勉的《艰辛的人生·彻悟的诗歌诗人穆旦》（刊〔美〕《世界周刊》第 804 期，1999 年 8 月 15 日），称穆旦遗稿中有一首"因其观点的鲜明和言词的犀利，至今未能公开发表"的长篇叙事诗，虽未点明诗题，但很显然是《父与女》。笔者所见，为穆旦友人所寄的打印稿，并有巫宁坤写的后记。

③ 参见解志熙《爱欲书写的"诗与真"——沈从文现代时期的文学行为叙论》，《文学史的"诗与真"：中国现代文学文献校读论集》，第 1 ~ 4 页。

的内容，无疑都是值得深入探究的。

（曾刊载于《文学评论》2017 年第 4 期）

附录 "穆旦集外文"名录

以下所列，为 2006 年《穆旦诗文集》出版以来的各类"集外文"名录，其中，部分诗文已先后收入《穆旦诗文集》（增订版）（2014 年）和《穆旦诗文集》（第 3 版）（2018 年），但仍有较多阙如。这里将 57 种（类）材料全部列出（仅注明后两版《穆旦诗文集》所收录的情况，未一一注明重刊信息），一方面是作为本篇讨论的背景材料，另一方面则是展现穆旦文献整理的实绩。材料来源包括杨苡、鲍昌宝、解志熙、陈越、李怡、杨新宇、陈琳、马绍玺、宫立、汤志辉、凌孟华、司真真、戚慧、王岫庐、李煜哲等人的论文或所提供的材料。

1. 查良铮：《笑话》，天津《大公报》1930 年 6 月 7 日。

2. 查良铮：《管家的丈夫》，天津《益世报·小朋友》，复刊第 16 号，1933 年 2 月 26 日。

3. 查良铮：《傻女婿的故事》，天津《益世报·小朋友》，复刊第 18 号，1933 年 3 月 12 日。

4. 穆旦：《这是合理的制度吗?》，《清华副刊》第 44 卷第 8 期，1936 年 5 月 30 日。

5. 慕旦：《山道上的夜——九月十日记游》，《清华副刊》第 45 卷第 3 期，1936 年 11 月 2 日，初收于《穆旦诗文集》（增订版）。

6. 慕旦：《我们肃立，向国旗致敬》，《清华副刊》第 45 卷第 1 期，1936 年 11 月 16 日，初收于《穆旦诗文集》（增订版）。

7. 慕旦：《生活的一页》，《清华副刊》第 45 卷第 10 期，1936 年 12 月，初收于《穆旦诗文集》（增订版）。

8. 穆旦：《在秋天》，《火线下》第 15 号，1937 年 12 月 28 日。

9. 穆旦：《祭》，《益世周报》第 2 卷第 3 期，1939 年 1 月 27 日，初收于《穆旦诗文集》（增订版）。

10. 良铮：《失去的乐声》，《今日评论》第 3 卷第 24 期，1940 年 6 月 16 日，初收于《穆旦诗文集》（增订版）。

11. 良铮：《X 光》，《今日评论》第 3 卷第 24 期，1940 年 6 月 16 日，初收于《穆旦诗文集》（增订版）。

12. 查良铮：《抗战以来的西南联大》，《教育杂志》第 31 卷第 1 号，1941 年 1 月，初收于《穆旦诗文集》（增订版）。

13. 路易·麦克尼斯：《诗的晦涩》，穆旦译，分 11 次连载于香港版《大公报》"文艺"副刊、"学生界"副刊，1941 年 2 月 8 日、10 ～ 15 日、17 ～ 20 日。

14. Michael Roberts：《一个古典主义的死去》，穆旦译，分 3 次连载于香港版《大公报·文艺》，第 1230 ～ 1231 期、第 1233 期，1941 年 11 月 20 日、22 日、24 日；亦分两次刊载于桂林版《大公报·文艺》第 112 期、第 113 期，1941 年 12 月 12 日、15 日。

15. 查良铮：《光荣的远征》，昆明《中央日报》，1942 年 4 月 6 日、10 日。

16. 〔英〕台·路易士：《对死的密语》（长诗），穆旦译（有《译后记》），《文学报》第 3 号，1942 年 7 月 5 日。

17. 查良铮：《国军在印度》，昆明《中央日报》，1943 年 3 月 1 日；其主体内容又以《中国健儿在印度》为题，刊载于《声报》，1943 年 3 月 24 日。①

18. 〔印度〕太戈尔：《献歌》，穆旦译，《中南报》副刊《中南文艺》，1943 年 5 月 4 日。

19. 莫扎：*To Margaret*，《春秋导报》1943 年 5 月 25 日，初收于《穆旦诗文集》（第 3 版）。

20. 查良铮：《苦难的旅程——遥寄生者和纪念死者》，《春秋导报》第 2 ～ 4 期、第 6 期、第 8 ～ 9 期，1943 年 5 月 30 日、6 月 5 日、6 月 10 日、6 月 26 日、7 月 10 日、7 月 17 日。

---

① 凌孟华：《穆旦填补缅印从军经历空白的两篇集外文刍议》，《中国现代文学研究丛刊》2020 年第 4 期。

21. 穆旦：《记忆底都城》，《文聚丛刊》第 1 卷第 5、6 期合刊《一棵老树》，1943 年 6 月，初收于《穆旦诗文集》（增订版）。

22. 〔英〕爱略特：《J·A·普鲁佛洛的情歌》，穆旦译（有《译后记》），《枫林文艺丛刊》第 2 辑《生活与苦杯》，1943 年 7 月 27 日。

23. 穆旦：《大使从军记》（译文），《联合画报》第 42 期，1943 年 8 月 27 日。

24. 穆旦：《战争与儿童》（译文），《联合画报》第 45 期，1943 年 9 月 17 日。

25. 穆旦：《日本北部门户洞开》（译文），《联合画报》第 50 期，1943 年 10 月 22 日。①

26. 穆旦：《武器可以决胜吗?》（译文），《联合画报》第 71 期，1944 年 3 月 17 日。

27. 穆旦：《格陵兰鸟瞰》（译文），《联合画报》第 72 期，1944 年 3 月 24 日。

28. 查良铮：《“次要”战场在意大利》，《扫荡报·军事周刊》第 10 期，1944 年 5 月 8 日。

29. 穆旦：《美国人眼中的战时德国》（译文），《联合画报》第 80 期，1944 年 5 月 19 日。

30. H. G. 拉沙里夫：《MAQUIS——法国的地下武力》，穆旦译，《联合画报》第 82 期第 6 版和《联合画报·副页》第 5 版，1944 年 6 月 2 日。

31. 查良铮：《致曾淑昭》，1945 年 4 月 10 日，已收入《穆旦诗文集》（第 3 版）。

32. 查良铮：《赠别》，为 1945 年 6 月 7 日抄寄给曾淑昭，未见刊载，初收于《穆旦诗文集》（第 3 版）。

33. 查良铮：《从昆明到长沙——还乡记》，《独立周报》第 5 期，1945 年 12 月 24 日，初收于《穆旦诗文集》（增订版）。

34. 查良铮：《岁暮的武汉》，《独立周报》第 7 期，1946 年 1 月 24 日，初收于《穆旦诗文集》（增订版）。

---

① 以上三篇以及《MAQUIS——法国的地下武力》在《联合画报》第 82 期第 6 版发表时署名为“穆且译”，根据王岫庐《穆旦时论翻译佚作钩沉（1943～1944）》（《中国现代文学研究丛刊》2019 年第 4 期）的讨论分析，当是穆旦的译作，“穆且”为误署。

35. 查良铮：《从汉口到北平》，《独立周报》第 7 期，1946 年 1 月 24 日，初收于《穆旦诗文集》（增订版）。

36. 查良铮：《从长沙到武汉——还乡记之二》，《大公晚报·小公园》1946 年 1 月 24 日。

37. 查良铮：《回到北平，正是"冒险家的乐园"》，《独立周报》第 8 期，1946 年 2 月 1 日，初收于《穆旦诗文集》（增订版）。

38. 查良铮：《北京城垃圾堆》，《世界晨报》，1946 年 3 月 2 日；又以《北京城和垃圾堆》为题，再刊于昆明《中央日报·新天地》1946 年 6 月 9 日。

39. 查良铮：《初看沈阳》，《世界晨报》1946 年 4 月 7 日。

40. 良铮：《重来清华园》，《侨声报·小声》第 19 ~ 23 号，1946 年 5 月 23 ~ 27 日。

41. 良铮：《怀念昆明》，《中央日报·新天地》1946 年 6 月 14 日。

42. 查良铮：《致曾淑昭》，1947 年 3 月 18 日，初收于《穆旦诗文集》（第 3 版）。

43. 主编《新报》期间的文字（待查证）。据穆旦的《历史思想自传》（1955 年 10 月），此一时期"根据地方新闻写'日日谈'（约二三百字）"，且"共写社论两三篇"。但从目前所查阅的资料来看：（1）署名为"金"、疑似由穆旦所写的"日日谈"文字有数十篇之多，但穆旦作品整理者未将其确证为穆旦的作品。（2）社论，目前仅能查证一篇。

44. 1953 年回国之后的各类材料，有数十种之多，包括南开大学档案馆所藏的系统资料和散见于坊间的资料。

45. 周与良、查良铮：《致佟存德》，1953 年 4 月 14 日。

46. 〔美〕勃特·麦耶斯：《一九五三·朝鲜》，良铮译，《大公报》癸巳（1953）年五月初七日。

47. 〔匈牙利〕班雅敏·拉斯罗：《匈牙利的春天》，查良铮译（有《后记》），《译文》，1955 年 4 月号；亦刊于（香港）《文汇报·文艺》1956 年 11 月 12 日。

48. 〔印度〕阿里·沙尔特·霞弗利：《恰赫鲁队长》，查良铮译（有《后记》），《译文》，1955 年 4 月号。

49. 查良铮：《致陆海塘》，1955 年 5 月 12 日。

50. 〔苏〕季摩菲耶夫：《文学原理》，查良铮译，上海：平明出版社，1955 年。①

51. 查良铮：《致中国青年出版社》，1956 年 9 月 20 日。

52. 〔俄〕别林斯基：《别林斯基论文学》，梁真译，上海：新文艺出版社，1958 年。

53. 参与翻译杨生茂主编《美国南北战争资料选辑》一书（上海人民出版社 1978 年版），时间可能是在 1960 年代前期（不早于 1963 年），署名查良铮，但具体章节不明。

54. 查良铮：《致陆智常》，1973 年 4 月 18 日，初收于《穆旦诗文集》（第 3 版）。

55. 查良铮：《致陆智常》，1973 年 5 月 11 日，初收于《穆旦诗文集》（第 3 版）。

56. 《父与女》，穆旦晚年所作叙事长诗，具体写作时间不详，综合相关信息，很可能是在 1976～1977 年。

57. 查良铮译：《〈父与子〉和六十年代的文学及政治的斗争》，翻译时间不详。

---

① 1953 年 12 月开始，该译著曾以《文学原理》分册出版（共分三部），1955 年 7 月首次出版合集。

域外文献与中国现当代作家研究空间的拓展

——从"郭沫若与荷兰"说起

在中国现当代文学研究领域，本土文化传播因素是一个被广泛关注的议题，本土文献之于作家研究的效应往往能得到非常充分的讨论。相较而言，因为多种因素的限制，域外文化传播议题的展开往往存在特殊的难度，相关原始文献的搜集与整理往往难以齐备，相关线索的勾描与史实的厘清也就无法得到有效的展开。

这里所谓"域外文献"大致包括两个层面：一个层面是中国作家的域外经历，因为留学或者其他缘故而寓居海外，相关学校、机构与人物所存有的文献的搜集与整理，是基本要义所在。此类线索基于直接的关联，总体方向比较明确，相关工作较早时候就已着手进行，目前相关成果已经达到了相当的深度，但持续的工作与特殊的机缘仍然可能带来惊喜，新近在美国找到的老舍长篇小说《四世同堂》的英译全稿①，在法国找到的梁宗岱与瓦莱里、罗曼·罗兰的书信②，是较为重要的成果。另一个层面则是来华人士的相关文献。因为外交、文化、教育、经济等方面的因素，来华人士的数量颇为可观，但相关文献若不见闻于公开的出版物，或不被译为中文，往往就难以详察，甚至在较长一段时间之内，可能连基本的线索都无人提及。

---

① 详细资料见《收获》2017 年第 1 期所推出篇幅近十万字的《四世同堂·饥荒》，内容为根据英文回译的《饥荒》第二十至三十六章，并有赵武平的《〈四世同堂〉英译全稿的发现和〈饥荒〉的回译》。

② 刘志侠等人对法国文献的搜集与整理也出现了一批新的成果，参见刘志侠、卢岚：《梁宗岱致瓦莱里和罗曼·罗兰信件（选刊）》，《文汇读书周报》2016 年 10 月 10 日；刘志侠：《罗曼·罗兰与中国留学生》，《新文学史料》2017 年第 2 期。

本文即试图从"郭沫若与荷兰"引出域外文献之于中国现当代作家研究的相关话题。郭沫若（1892～1978）是著述颇丰的作家、学者，亦是交游广泛的政治家、社会活动家，其所交往的域外人物自然也不在少数。从相关域外文献角度来看，郭沫若早年在日本居留时间较长，"郭沫若与日本"自然是相关域外文献搜集最为核心的方向。这方面工作目前已经相当深入，日本方面的"日本郭沫若研究会"这样专门从事郭沫若研究的学术团体①，自然也是有利于国内研究工作的展开的。其次，"郭沫若与苏联"的文献也得到了多方位的发掘。相较而言，其他国家和地区的文献，因缺乏直接的关联性，搜集与整理的工作就显得比较零散，相关研究也"比较薄弱"②。实际上，限于资料，很多线索长期湮没无闻，郭沫若与荷兰外交官、著名汉学家高罗佩（Robert Hans van Gulik，1910～1967）的交往即是一例。同时，从文化传播的角度看，荷兰语是小语种，与郭沫若的域外经历亦没有直接关联性，郭沫若作品在荷兰的译介，也具有某种话题性。

郭沫若与荷兰外交家、汉学家高罗佩

作为外交家，1943年3月至1946年7月间，高罗佩任荷兰国驻华大使，主要的活动地为战时首都重庆，亦曾到过昆明、南京、北京等地，其间与文艺界人士过从甚密。而此前此后，高罗佩亦曾长期出任驻日本、印度等亚洲国家的外交人员，与当时中国驻外大使及一些文化人物也多有交往。作为汉学家，高罗佩的著述可谓非常丰富，不仅搜集了大量资料，撰写了《琴道》《中国绘画鉴赏》《米芾砚史》《中国古代房内考——中国古代的性与社会》《长臂猿考》《明末义僧东皋禅师集刊》等学术著作③；而且，还有不断再版、至今不衰的狄公案系列小说。不过，高罗佩被认为是"欧洲汉学史上一位特立独行的汉学家"，"至今尚未得到学界应有的关注，

① 参见岩佐昌暲《关于〈日本郭沫若研究会〉》，《郭沫若学刊》2005年第3期。
② 杨玉英即指出："跟国内的和日本的郭沫若研究相比，目前英语世界的郭沫若研究相对来说还是比较薄弱的。"见《1978年以后英语世界的郭沫若研究综述》，《郭沫若学刊》2011年第2期。
③ 高罗佩的学术著作如《中国古代房内考——中国古代的性与社会》《秘戏图考——附论古代中国人的性生活》等，较早被翻译出版。而根据报道，2011年以来，中西书局陆续推出了"高罗佩学术著作集"，计有10余种。

不仅鲜有对其书画鉴赏及动物文化史方面的研究，更少见对其在欧洲汉学史及中学西传史上作用和地位的全面考察"①。

高罗佩出任驻华大使期间，郭沫若时任国民政府军事委员会政治部第三厅厅长，又是一位参与重庆文化人的旧体诗词活动，且寻访汉砖、掘汉墓、拓片、题诗的"好古之士"②，于公于私，高罗佩与其交往看起来非常合乎情理，但相关线索郭沫若本人没有记载，也并不见闻于《郭沫若在重庆》③、"郭沫若年谱"④ 等资料专书，最终还是来自域外的文献资料打开了新的局面。

目前所见高罗佩与郭沫若的交往线索来自两处，一处是高罗佩传记。这部传记的荷兰文版 1993 年出版，法文版 1997 年出版，中文版则迟至 2011 年方才出版，"书中大量引用了高罗佩先生的生前日记、他的自传手稿"⑤。不过，看起来高罗佩本人也没有关于郭沫若的专门记载，线索来自战后进入荷兰驻华使馆工作的卡尔·巴克曼（中文名巴嘉迪），即高罗佩传记的第一作者的回忆。

> 我在重庆从 1946 年 1 月就开始在高罗佩的领导下工作……虽然我在学术上绝对是个新手，但他还是把我介绍给了他的几个学者和艺术家朋友。他们当中只有一位我在很久以后，即 1962 年，在北京又重新遇见，他担任了中华人民共和国很高的职位，其中之一的职务是中国科学院院长。他就是著名的文人、历史学家、考古学家和马克思主义者郭沫若。当时，在重庆时，他一边用意味深长的目光看着高罗佩的印章和古书，一边劝我不要只研究古代中国，而主要应该研究新中国。然而，在当时，恰恰是古老的、在 1946 年也还继续存在的、还没

---

① 目前国内最为深入全面的高罗佩研究，参见施晔《荷兰汉学家高罗佩研究》，上海：上海古籍出版社，2017 年。相关引语出自该书的编辑推荐语。

② 参见刘奎《抗战时期郭沫若的书拓与诗词唱和》，《现代中文学刊》2016 年第 6 期。

③ 曾健戎编《郭沫若在重庆》，西宁：青海人民出版社，1982 年。

④ 较早时期，如三卷本《郭沫若年谱 1892～1978》（龚继民、方仁念合著，天津人民出版社 1992 年版），没有这方面的信息；近两年间，笔者就此话题与国内多位郭沫若研究学者提及，他们均表示对此不知情，新近出版的《郭沫若年谱长编》（林甘泉、蔡震主编，中国社会科学出版社 2017 年版）亦没有相关信息。

⑤ 〔荷兰〕C. D. 巴克曼、H. 德弗里斯：《大汉学家高罗佩传》，施辉业译，海口：海南出版社，2011 年，第 9 页。

有被现代化和西化影响到的中国人的生活，才最吸引我们。①

　　另一处线索，目前还只能在荷兰莱顿大学图书馆的特藏室见到，即1946年高罗佩夫妇回国前夕，重庆各界人士为送别他们而题写的两卷书画册页《巴江录别诗书画册》。1967年高罗佩逝世后，其全部藏书约2500种近一万册资料由莱顿大学汉学图书馆所收购。莱顿大学汉学系教授、著名汉学家伊维德先生在谈到莱顿大学汉学图书馆发展的时候曾指出，"1930年研究所创建初期，图书馆藏书不超过850种中文书籍（其中包括许多丛书）和500种西文书籍。经过多年经营，藏书面扩展至人文科学和社会科学领域。藏书量近25万种中文书和2.5万种论述中国的西文书"，其中包括"利用不同途径接受特殊捐赠，例如接受了高罗佩的收藏"②。

　　高罗佩的收藏进入莱顿大学之后一直就是汉学界的关注所在，频频见诸近几十年来关于荷兰汉学的描述之中，不过总体来看，关注点基本上都在各类古籍。书画册一类现代材料传播的范围应该很有限，目前也仅见施晔教授的提及，笔者亦是在莱顿大学访学期间方得见此一材料。

　　两卷书画册封面相同，均有"巴江录别诗书画册丙戌暮春尹默题"的字样，由被高罗佩称为"知名书法家，古文字书写领域专家"的沈尹默③所题写，内容则是友人们所题赠的诗、书、画。两册未标序号，其中一册基本上已写满，共有近二十位人物，包括马衡、章士钊、田汉、郭沫若等，另一册则只有八位人物，如沈尹默、冯玉祥等人。如施晔教授所指出的，长期以来，高罗佩在中国期间的交游情况无法得到"较为详尽的考证"，"主要原因是相关材料的欠缺"。看起来，《巴江录别诗书画册》是一份关键的材料，以此为基础，施晔教授大致勾描了高罗佩与四十余位人士的交游情况，包括沈尹默、于右任、冯玉祥、马衡、郭沫若、田汉、徐悲鸿、许世英、王芃生、王士杰、章士钊、徐元白、徐文镜、杨少五、杨大钧、李约瑟、毕铿、查阜西、梁在平、甘涛、陈其采、叶秋原、吴国桢、洪陆东、陈之迈、程独清、方豪、苏渊雷、刘泗英、仇鳌、胡庶华、余韶、杨

① 〔荷兰〕C. D. 巴克曼、H. 德弗里斯：《大汉学家高罗佩传》，施辉业译，第121～124页。
② 〔荷〕伊维德：《荷兰汉学：过去、现在和未来（下）》，马清槐、唐芃译，《传统文化与现代化》1993年第2期。
③ 〔荷兰〕C. D. 巴克曼、H. 德弗里斯：《大汉学家高罗佩传》，施辉业译，第120页。

永浚、吴忠本、李鸿文、许丽楀、郑曼青、陈方、刘含章、黄潇、徐惕冰，等等。① 这些多是琴社、书画界的人士，文学界人士不多，故从现代文学的角度看，这些名字普遍比较陌生。

大致而言，1946 年初，荷兰方面决定将高罗佩调回，让博恩博士接替他在驻华大使馆的工作，"然而，高罗佩与热爱的中国依依不舍，多次推迟了自己的离任"。博恩的回忆称："高罗佩忙于安排自己的告别。起初我没有意识到他的告别竟然将持续几个星期。几乎每天都有中国朋友给他送来卷轴画，内容是用很艺术的书法表达的祝福，高罗佩收下这些画之后，必须用适当的方式对此进行答复。"② 看起来，郭沫若很可能即出现在此一时期某个迎来送往的场合，或是某个饭局，时间点则只能笼统地称为"丙戌春日"。

郭沫若在书画册上所题写的实为七律两首，即 1942 年 4 月所作《偶成》和 1941 年 7 月所作《和老舍原韵并赠三首（之一）》（书法原作未标点）：

> 五年戎马亦栖遑，秋菊春茶取次尝。
> 泽畔吟余星殒雨，夷门人去剑横霜。
> 柔荑已折传香海，兰佩空捐忆沅湘。
> 屹立鳞峋南岸塔，月中孤影破苍茫。
>
> 江边微石剧堪怜，受尽磋磨不计年。
> 宁③静无心随浊浪，飘浮底事问行船？
> 内充真体圆融甚，外发英华色泽鲜。
> 出水便嫌遗润朗，方知笼竹实宜烟。

诗末则有"右旧作二首奉录，芝台先生雅正，并以志别。丙戌春日郭沫若。"的字样。统观之，书画册的赠画与题诗，多数有钤印，仅郭沫若、田汉等少数几人的题诗未见钤印。从常理推断，带钤印的作品标识了更为古雅的趣味，同时，也显示了人物之间更亲密的关系。而从具体内容来

---

① 施晔：《荷兰汉学家高罗佩在渝期间交游考》，《上海师范大学学报》2012 年第 3 期。
② 〔荷兰〕C. D. 巴克曼、H. 德弗里斯：《大汉学家高罗佩传》，施辉业译，第 132、136 页。
③ 在现行郭沫若作品集之中，"宁"写作"凝"。

看，各位文化人士所题写的诗词，多数为新作，但也有个别直接录用古典诗词名句，或如郭沫若这般杂合旧作。①

抗战时期，郭沫若写作了大量的旧体诗词，其中的三百余首日后收入《潮汐集》（1959 年），"绝大部分是题赠唱和之作"。写作量如此之大，其"诗词唱和"由此成为一个可堪深入探讨的诗学命题。相关研究指出，抗战时期"郭沫若公众姿态与自我意识之间的某种龃龉"，即"公众视野中的郭沫若，此时念兹在兹的问题是民众动员，强调的常是文化人要从书斋走向十字街头，以社会动员为创作旨归，呼吁一种见诸'行动'与社会效果的文化政治学"，"与此相反，制作砖拓、诗词唱和这些行为，似乎宣示了郭沫若行为的'无意义'一面。基于对这种"龃龉"的体察，研究者认为，"重返这些郭沫若自己以及研究者所忽略的材料，有助于我们更全面地审视抗战时期的郭沫若，以及同时代知识分子的文化行为和心态"②。

以此来看，一位是国民政府官员，一位是荷兰驻华大使，郭沫若与高罗佩的交往可能包含了公务行为的成分，但至少上述赠诗行为可归入研究者所谓"自我意识"的层面。不过，郭沫若此一时期旧体诗词的写作量如此巨大，何以在送别荷兰外交家、汉学家高罗佩这等重要的场合，却是杂合两首旧作，看起来是一个谜团。而就《大汉学家高罗佩传》所传达的信息来看，尽管封底有高罗佩"写中国旧体诗词，与郭沫若、徐悲鸿等大师都有唱和"的字样，但目前并未发现郭、高二人唱和的诗词；而且，传记大量引述了高罗佩本人的日记或自传手稿，传记中很多人物线索应该即出自于此，但其中并没有出现"郭沫若"。综合上述因素来看，郭沫若与高罗佩的关系应该并不密切。

再扩大来看，如果高罗佩的传记作者——当初年轻的使馆人员——日后的回忆可信的话，那么，郭沫若当时"用意味深长的目光看着高罗佩的印章和古书"，并且劝诫荷兰外交官"不要只研究古代中国，而主要应该研究新中国"，这也可说是标示了郭沫若与高罗佩的某种距离。据说，在卸任驻华大使之后，高罗佩本人一直渴望能有机会再次担任这一职位，但

① 田汉所题亦为旧作《经过清水河》（现可见于《田汉全集·11》）："细雨微波清水河，堤岸柳下覆车多。后车不引前车鉴，故辙依然可奈何。大军西迁旧句录答芝台先生，并以赠别。田汉。"

② 刘奎：《抗战时期郭沫若的书拓与诗词唱和》，《现代中文学刊》2016 年第 6 期。

未能如愿。"高罗佩在中华人民共和国也有很高的威望。外交部肯定希望能让他在那儿当大使。但在那个时候,荷兰在北京只有一个代办级机构,而高罗佩的级别超过了代办。当在海牙和北京之间终于交换大使时,他已经不在人世了。"但从另一方面来看,传记认为,"高罗佩极其投入地研究古代中国,以致对中华人民共和国里发生的诸多深刻变化几乎不感兴趣"①,这般迷恋"古代中国"的大使如何在新中国立足,看起来也是一个问题。

总的说来,"高罗佩与现代中国文人的交往研究"这一命题,资料较少始终是一大掣肘:这一方面是因为对一般研究者来说,域外文献原本就难以查找;另一方面,相关线索也可能难以兑现,按照高罗佩儿子的说法,其父亲 1920 年到 1965 年的"自传稿","从未付梓,我们也不打算单独出版这篇大约六百页左右的手写稿,和父亲搜集的照片"②。因此,难题就在于,即便知道了文献的方向,也可能无从继续查证。

荷兰文版郭沫若作品传播与接受述略

在关注现当代重要作家作品的域外传播时,如何归总不同时代的历史资料始终是一个突出的问题。从宽泛的意义上说,郭沫若著作在荷兰并不稀见。荷兰莱顿大学汉学院图书馆藏书丰富,中文图书数量居欧洲各国中文图书馆中的第一位,总量有数十万册之多,不仅是郭沫若,很多中国现代作家的作品均有较大的藏录量。莱顿大学图书馆的藏录情况显示,直接检索"guomoruo",有 2500 个结果,按照"作者/责任人"检索"guomoruo",也有 190 个结果——其中 1920 年至 1929 年,有 11 项,包括 1921 年泰东版《女神》、1923 年亚东版《三叶集》、1924 年乐华版《郭沫若自选集》、1926 年泰东版《西厢》、1927 年光华版《文艺论集》等;1930 年至 1939 年,有 24 个结果,包括 1931 年现代版《黑猫》、1932 年商务版《中国古代社会研究》、1937 年战时出版社版《抗战将领访问记》、1938 年香港三光图书公司版《由日本回来了》,也包括多种在日本出版的书籍,如

---

① 〔荷兰〕C. D. 巴克曼、H. 德弗里斯:《大汉学家高罗佩传》,施辉业译,第 232 页。
② 王家凤:《高罗佩传奇》,载严晓星编《高罗佩事辑》,北京:海豚出版社,2011 年,第 97 页。

东京文求堂书店版《古代铭刻汇考》（1933 年）、《两周金文辞大系考释》（1933 年）、《卜辞通纂》（1933 年）、《两周金文辞大系图录》（1935 年）、《〈殷契粹编〉考释》（1937 年），东京东学社版《支那古代社会研究》（藤枝丈夫，1935 年）等；1940～1949 年，亦有 24 项，如 1940 年商务版《周易的构成时代》、1946 年中外出版社版《苏联纪行》、1946 年群益版《南京印象》、1949 年三联版《中苏文化之交流》、1949 年群益版《屈原》，等等。再往下，很多郭沫若作品的主要版本也都搜罗在列，熟悉中文的研究者大致可以根据上述藏书完成郭沫若基本著作的中文阅读。①

不过，若将"作者/责任人"的检索项进一步明确到语言类别，则可发现无论是英语还是荷兰语，都没有显示结果，也就是说，没有英语版和荷兰语版的郭沫若作品集。此前曾述及域外各国的郭沫若研究并不均衡，英语世界的郭沫若研究尚且"比较薄弱"，荷兰语版郭沫若作品集的缺失，自然也在情理之中。而从目前所掌握的信息来看，荷兰语版郭沫若作品有四次刊载，涉及作品五种：小说、散文各一篇，诗歌三首。

1960 年，郭沫若的历史小说《柱下史入关》收入 J. 萨默威尔（J. Somerwil）编译的《中国小说大师》（*Meesters der Chinese vertelkunst*）一书，由阿姆斯特丹的莫伊伦霍夫出版社（J. M. Meulenhoff）发行。该书所录均为中国现代作家的中短篇小说，书前有翻译者 J. 萨默威尔撰写的长篇前言，共录十五位中国现代作家的十六篇作品，排在最前面的是鲁迅的《祝福》《肥皂》，之后则都是单篇译作，作者分别为杨振声、郭沫若、林语堂、茅盾、老舍、沈从文、巴金、敬隐渔、张天翼、丁玲、凌淑华、萧乾、端木蕻良和叶君健。② 翻译者 J. 萨默威尔的信息暂不得其详，但可确知本书由英文、法文、德文等语言转译而来，不过并非直接来自已有的作品集，而是从北京、伦敦、巴黎等地出版物中选辑而成，其中郭沫若作品的底本注明为 1937 年德文版《东亚杂志》（*Ostasiatische Zeitschrift*，Berlijn 1937）。资料显示，1964 年，《中国小说大师》一书出版了第二版。

---

① 此处为目录检索信息，未一一核对原书。
② 完整目录为：鲁迅的《祝福》《肥皂》、杨振声的《抛锚》、郭沫若的《柱下史入关》、林语堂的《买鸟》、茅盾的《春蚕》、老舍的《火车》、沈从文的《丈夫》、巴金的《第二个母亲》、敬隐渔的《离婚》、张天翼的《仇恨》、丁玲的《水》、凌淑华的《疯了的诗人》、萧乾的《印子车的命运》、端木蕻良的《鹭鸶湖的忧郁》、叶君健的《我的伯父和他的黄牛》。

1962 年，郭沫若"五四"时期的诗歌《新月与白云》《三个泛神论者》收入杰夫·拉斯特（Jef Last，1898～1972）编译的《黄河之浪：中国诗选》（*Golven der gelerivier：Chinese poëzie*），海牙布歇（L. J. G. Boucher）出版社发行。此书所录为中国历代诗选，包括《诗经》选以及嵇康、陶渊明、屈原、隋炀帝杨广、李白、杜甫、唐玄宗、白居易、苏东坡、王安石、徐志摩、郭沫若、鲁迅、毛泽东等二十余位诗人的诗作。

或可一提的是，"五四"时期郭沫若的泛神论思想曾经引起学界比较多的关注，"将西方哲学作为郭沫若泛神论思想的主要来源在相当长时间内是学界的主流观点"①。郭沫若本人所歌咏的"三个泛神论者"，中国的庄子、印度的伽皮尔（Kabir）之外，还有一位即荷兰哲学家、西方近代哲学史上重要的理性主义者斯宾诺莎（Baruch de Spinoza，1632～1677）：

> 我爱荷兰的 Spinoza，
>
> 因为我爱他的 pantheism，
>
> 因为我爱他是靠磨镜片吃饭的人。

《三位泛神论者》被译为荷兰语时，题目有变化——直译回来成了《我喜欢》。这种改动自然可说是作品外译过程之中经常会遇到的现象，但不知郭沫若诗歌中对荷兰哲学家的这种热切呼告是否为荷兰译者"喜欢"它的原因之一呢。

1966 年，郭沫若的《蜜桑索罗普之夜歌》收入 G. 范登·贝格（G. Vanden Berghe）所著《中国现代文学Ⅱ》（*De hedendaagse Chinese Letterkunde Ⅱ*）一书，由乌特勒支、布鲁日的布劳威尔（Desclee de Brouwer）出版社发行。此书并非一般性的选本，而是荷兰文版中国现代文学史的第二卷，内容为作家和他们的作品，即兼有文学史评述和作品选。其中，作品选部分录入从 1920 年代到 1960 年代初期的作品二十余篇，作者包括鲁迅、贺敬之、郭沫若、冰心、徐志摩、闻一多、朱湘、杜运燮、艾青、臧克家、曹禺、冯至、毛泽东等人。

这三次译介行为均是在郭沫若生前出现的——时间点差不多也就是在

---

① 参见王海涛、陈晓春《郭沫若泛神论思想研究述略》，《郭沫若学刊》2009 年第 4 期。

高罗佩传记作者、荷兰驻中国外交官卡尔·巴克曼在北京重见郭沫若的前后，但看起来，相关信息并不为郭沫若本人所掌握。搜索当时国内的报刊，可知《中国小说大师》一书的出版信息随后即传到了中国，《世界文学》1961年第11期的"世界文艺动态"栏目，摘译了苏联报刊的报道，但仅提及鲁迅、茅盾两人的名字，书名本身、其他入选作者以及具体作品篇目的信息均无从得知。[1] 其余两种则无法查到相关信息。

从中外文化交流的角度来看，"众所周知，历史背景、社会环境乃至文化风尚是决定翻译文学如何发展的关键因素"，在新中国成立之后很长一段时间之内，"频繁的政治运动影响着翻译工作的正常化"[2]。作品外译信息的不对称性也可谓是一种普遍现象——仅有的一次信息反馈也并非来自原文，而是来自苏联报刊。对苏联报刊信息的及时关注和援引自然是当时普泛的做法，而这反过来也显示了相关选本所具有的左派文学属性。实际上，这三次译介行为均可说是左派文学力量使然：第二种译本的作者杰夫·拉斯特为荷兰著名的左派作家。第三种亦是左翼文学力量所主导的出版行为——该文学史为当时荷兰文版文学史著系列之一，同期出版的还包括非洲、法国、俄罗斯、美国、瑞典等国家和地区的文学史。在今日荷兰学者看来，当时的荷兰，只有左派学者才会去研究非洲、俄罗斯（苏联）等国家和区域的文学史。[3]

再往下，一直到四十多年之后，2009年6月，郭沫若的散文《小麻猫的归去来兮》刊载于《文火》杂志（*Het Trage Vuur*）总第46期，翻译者为任教于莱顿大学汉学系的哥舒玺思女士（Anne Sytske Keijser）。间隔时间如此之长，足可见郭沫若在荷兰缺乏关注度。

上述四次刊发的五篇作品即目前所能查证的关于郭沫若诗歌的荷译情况。文学史及相关研究方面，亦有相关内容。前述1966年版荷兰文版中国现代文学史的评述版块，主要是从散文、诗歌、戏剧这三个文体的角度展开，郭沫若是唯一一位在三种文体评述中均出现的人物。再往下，在莱顿大学中文系伊维德教授（W. L. Idema，1944～）与汉乐逸先生（Lloyd

---

① 予：《荷兰出版中国小说集》，《世界文学》1961年第11期。
② 周发祥等：《二十世纪中国翻译文学史：十七年及"文革"卷》，天津：百花文艺出版社，2009年，第1～9页。
③ 据2017年5月18日，笔者与莱顿大学汉学系的哥舒玺思女士的谈话。

Haft，1946～）合著的 1985 年版《中国文学导论》（*Chinese Letterkunde：een inleiding*）之中，郭沫若的名字出现在第三十二章"现代文学 1917－1942：诗歌、戏剧和散文"的第一节"现代诗歌"版块——被首先讨论的是郭沫若，之后是闻一多、徐志摩、冯至以及李金发、戴望舒、臧克家、卞之琳、何其芳、李广田、艾青、田间等人。该书 1996 年有过再版，1997 年出版英文版，可见有一定的影响力。

大致结论与拓展看法

　　郭沫若散文《小麻猫的归去来兮》的荷文译者，长期从事中国现当代文学教学、研究与译介的哥舒玺思女士认为，从历史的角度看，郭沫若在荷兰确是缺乏知名度，被翻译的作品"只有零散的几篇""代表性也不强"——"正因为郭沫若作品被翻译过来的不多，荷兰读者没法进行判断，也就很难说有什么影响。如果被译介过来，说不定荷兰读者也会觉得很有趣、值得一看"。综观中国现代作家在荷兰的译介情况，重要作家如鲁迅、茅盾、林语堂、老舍、巴金、赵树理、郁达夫、闻一多、冯至、钱钟书，等等，均有荷文版个人作品集（有几种非从中文直译），而从上述分析来看，尽管郭沫若一度受到荷兰左派文学力量的重视，且在荷文版中国文学史著之中占据一定的篇幅，但仅有五篇作品被翻译，确是过于单薄。而从目前的情况来看，郭沫若作品的翻译也被认为是缺乏合适的契机，"出版社是否有兴趣暂且不说，问题是，荷兰从事中国文学翻译的人手有限，目前也没有觉得有翻译郭沫若作品的紧迫性"。此外，郭沫若与高罗佩的交往并不深入，相关故事的传播面非常有限，并不为荷兰读者所熟知，这被认为是郭沫若与荷兰缺乏"缘分"[①]。从这个角度来看，尽管郭沫若的诗中有着对荷兰著名哲学家斯宾诺莎的热切呼告，但这等故事显然并不如鲁迅翻译荷兰著名作家 F. 望·蔼覃（F. van Eeden，1860～1932）的长篇童话《小约翰》那般动人——汉学家、鲁迅作品的主要译者鲁克思（Klaas Ruitenbeek，1951～）即曾多次叙及此一故事，译介相关文字，并作《鲁迅和小约翰》（有德文版和英文版），专门谈到《小约翰》之于鲁

――――――――

　　① 本段引语均据 2017 年 8 月 29 日，笔者与莱顿大学汉学系的哥舒玺思女士的谈话。

迅的写作所具有的特别意义。①

不过总的说来，从文化传播的角度来看，尽管样本偏小、影响有限，"郭沫若与荷兰"这一话题还是有其积极意义的，浮现了中国现代作家与非直接关联的小语种的国度之间的多重线索。以此适当拓展来看，"中国现当代作家与荷兰"这一议题，可待规整的材料其实还不在少数。

从历史来看，无论是中国近现代作家留学或游历至荷兰，还是荷兰人物在中国的行迹，相关线索均较少。暂未发现现代知名作家留学荷兰的讯息，曾游历至荷兰的人物似亦不多，其中如梁启超的行迹已被多方采信（有游记《欧游心影录》）。荷兰人物方面，一些重要人物的信息得到了采信，比如曾任莱顿大学汉学教授的著名汉学家戴闻达（J. J. L. Duyvendak，1889～1954），1910 年代曾任职于荷兰驻北京使馆，且与当时中国新文化界有过直接交道，被认为是"最早在荷兰介绍中国新文学运动的"人，"把鲁迅、胡适等中国作家介绍给荷兰读者"②。其与学衡派的交往线索、其翻译鲁迅小说《肥皂》的信息，虽然均为国内的相关论著所采信，但相关人物关系与译介信息均显得非常单薄。也有在中国文学荷译方面做了重要的工作但并不知名的人物，比如曾经到过中国并翻译出版了第一部荷文版鲁迅小说集（《伤逝》，1948 年，1953 年）的比利时传教士约瑟夫·戈德尔蒂尔（Jozef Goedertier），相关信息基本上并不见闻于汉语知识界。③

从 1970 年代开始，荷兰汉学发生了相当大的改变，"随着学术的改革，汉学家数量增多"，前往中国的人物大大增加，荷兰社会也有着"对于中国的大型公共信息的需求，出版商越来越愿意出版'中国事务'的图书"，由此"引发了当代中国文学作品翻译的热潮"④。与此同时，留学、寓居或者游历至荷兰的中国作家数量也大大增加。简言之，中荷文化交流日益深入，相关人物交往日益繁密，由此所形成的文献线索也就更为驳杂。就笔者所接触的荷兰汉学家的情况来看，主要从事新诗研究的莱顿大

① Klaas Ruitenbeek, *Lu Xun and Little Johannes*, Lloyd Haft, ed., *Words from the West: Western Texts in Chinese Literary Context*, Leiden: Centre of Non Western Studies, 1993, pp. 48 - 60.
② 何寅、许光华主编《国外汉学史》，上海：上海外语教育出版社，2002 年，第 582 页。
③ 关于荷文版鲁迅作品的情况，参见易彬《荷兰文版鲁迅作品的传播与接受研究》，《中国现代文学研究丛刊》2018 年第 10 期。
④ Wilt L. Idema, ed., *Chinese Studies in the Netherlands: Past, Present and Future*, Leiden: Brill, 2014, pp. 195 - 200.

学中文系教授柯雷（M. van Crevel，1963～）、目前最主要的中国小说荷译者林恪（Mark Leenhouts，1969～）等人经常前往中国，与学术界、创作界、出版界等领域的人士颇多交往，可采集的线索无疑非常多。以卞之琳研究获得莱顿大学博士学位并在莱顿大学任教三十余年的汉乐逸，高晓声、戴厚英、张洁等人的小说译者高柏（Koos Kuiper，1951～），均藏有相关作者的书信、签名本或者其他文献资料。其他的，杨绛因为钱钟书《围城》的翻译而与译者、出版社的联络①，张贤亮的作品被较多译介，部分作品还有专门给荷兰读者的题词②等，这些或远或近的信息都有待采集。目前健在的作家，北岛、多多、韩少功、王安忆、余华、毕飞宇、苏童、韩东、刘震云、徐则臣等人，或因各种原因曾经较长时间客居荷兰，或因作品宣传、文学活动等方面的原因而前往荷兰，短暂居留，相关信息虽然比较零散，但无疑也可构成日后作家文献搜集乃至文学史写作的素材来源。

（致谢：感谢荷兰莱顿大学哥舒玺思老师在荷文资料的查阅和核对方面所提供的帮助，也感谢廖久明、李斌两位学者帮助查对郭沫若诗文的中文资料）

（曾刊载于《求索》2018年第4期）

---

① Ian Yang：《传播中国文学的使者：荷语翻译家林恪》，荷兰在线，2012年12月29日。

② 1988年，荷兰汉学家司马翎（Rint Sybesma）翻译的《男人的一半是女人》荷文版出版，其扉页有张贤亮题词："人生是一个痛苦的过程，但是人并没有把人生看透，所以人人都有话要说。写给亲爱的荷兰读者　　张贤亮　一九八八·三·八·　布鲁塞尔"。

第 二 辑

对版本的关注是传统学术的基本要义之所在。现代文学文献整理与研究在此一方面显然一度多有失范之处，其中亟待解决的问题主要体现在两方面：一方面，文献整理缺乏相对统一的规范，相当部分的作家作品集没有得到非常规范的校理，缺乏前后一贯的版本原则，或必要的校注说明；另一方面，实际研究也多有失范之处，缺乏精确的版本原则，不加区分地对待一部作品的不同版本，任选一个版本所得出的结论却是统指性的，将有损"批评的精确"或导致"阐释的混乱"。为现代文学研究提供扎实可靠的文献基础、在文献使用上把持必要的规范与尺度乃是当务之急。

本辑基于著作《穆旦诗编年汇校》，以编年汇校的视域，分别对穆旦前期和晚期诗歌展开了深入细致的讨论。现代重要作家之中，穆旦是一个对写作反复进行修改的诗人——或可归入最勤于修改的作者之列。其修改行为主要发生在1940年代，放诸20世纪中国文学这一更大的语境，此一行为并不具备时代典型性。其修改动因显然并不是出于迎合政治意识形态的需要，而是更多诗艺层面的考虑，即追求一种更为完善的诗学效果。基于此，不妨将穆旦诗歌的修改行为称为一种典型的诗人修改。

本辑所展开的讨论旨在揭示作家（穆旦）个人修改行为之中诗艺因素的效应，以及作家写作与时代语境、个人境况之间的特殊关联；同时，也试图凸显作家文献整理过程中较易出现的一些问题，并进一步辨析作品的写作时间和异文的厘定以及作品整理者的相关意图等问题。

诗艺、时代与自我形象的演进

——编年汇校视域下的穆旦前期诗歌研究

    穆旦是一个对作品反复进行修改的诗人——或可归入现代中国最勤于修改的作者之列。目前所见穆旦诗歌的总数约为 156 首[①]，存在异文的诗歌超过 130 首，异文总数超过 1600 条——这只是 2019 年出版的《穆旦诗编年汇校》[②] 中注释条目的统计结果，实际情况远大于此，因为一条注释之中往往包含了多个同类项（涉及多个版本），而且几首改动特别大、近乎重写的作品尚不在其列，所涉范围之广、版本状况之复杂均可见一斑。

    繁复的汇校需要与之相匹配的校读工作成果。此前，我已经完成穆旦晚年诗歌汇校的校读工作（参见下一篇的讨论），本篇以穆旦前期诗歌汇校为基础，兼及作家文献整理中的若干问题，相关讨论亦努力揭示编年与汇校的作用并不止于文献的整理，而具有更广泛的意义。

穆旦前期诗歌的版本谱系、异文概况与编年问题

    穆旦诗歌中的大量异文，有的仅仅是标点符号、语法使用或字词的变动，有的则是标题、短语、诗行、章节乃至诗歌形式的改变，有几首诗歌从初版到再版几乎是重写了。从文献学的角度看，所有这些异文均可纳入考察范围之内。单一的、少量的异文或许并不至于造成理解上的误差，但整体视之，繁多的异文显然蕴含了诗人美学立场或人生经验某些重要的变

[①] 《穆旦诗文集·1》（第 3 版）实录诗歌 154 首，目前所知，至少另有早年的《在秋天》和晚年长诗《父与女》尚未收录。

[②] 易彬汇校《穆旦诗编年汇校》，北京：北京大学出版社，2019 年。

化轨迹，也关涉时代语境的某些侧面。

1. 版本谱系

对作家作品的汇校而言，尽可能齐全地搜集、汇校其作品的各类版本自然是题中应有之义。

从目前所掌握的信息来看，穆旦前期诗歌的版本主要是发表本和出版本。发表本主要发表在《南开高中学生》《清华副刊》《清华周刊》，及各版《大公报》《文聚》《文艺复兴》《益世报》《中国新诗》《诗星火》等上，总数超过40种。出版本有4种，其中3种为穆旦生前公开出版，即1945年文聚社出版的《探险队》、1947年于沈阳自印的《穆旦诗集》和1948年文化生活出版社出版的《旗》；另一种为当时大致编定但迟至2010年方才出版的《穆旦自选诗集》（天津人民出版社）。从所录篇目来看，《探险队》录1937～1941年诗歌24首，有15首续录于《穆旦诗集》中。《穆旦诗集》录1939～1945年诗歌58首，有22首续录于《旗》——该集共录1941～1945年诗歌25首，仅有3首为新增作品。《穆旦自选诗集》则涵括了1937年11月的《野兽》至1948年的大部分诗作。前3种诗集由穆旦本人编定出版，自是可靠的版本谱系，但严格说来，由家属整理完成的《穆旦自选诗集》已非穆旦本人全部意志的体现——诗集原稿是由穆旦"手抄或由书报杂志所刊登他的诗作剪贴而成"[1]。据此，手抄稿或可认为是穆旦的改定稿，但发表稿的相关剪报则显然不能同等对待。

发表本和出版本之外，由后世学者辑订的《穆旦诗文集》虽然版本收录原则受到异议[2]，但终归包含了定稿、新材料等方面的信息，也值得列入。其他的版本还有手稿数种、选本1种、书信本几种。选本的情况后文将专门论及。书信本的情形比较简单，即晚年多封书信涉及前期诗歌《还原作用》。手稿本的情况原本是比较复杂的，从目前的情形看，穆旦前期诗歌手稿除了《穆旦自选诗集》的底本外，可能只有杨苡、曾淑昭等友人保存的数种；晚年诗歌都是据手稿整理，应有完整的手稿本。这些原本都是非常重要的版本，且有一定的数量，但由于种种因素的限制，笔者所掌

---

[1] 查明传：《后记》，穆旦：《穆旦自选诗集》，天津：天津人民出版社，2010年，第190页。

[2] 李章斌：《现行几种穆旦作品集的出处与版本问题》，《中山大学学报》2009年第5期。按：《穆旦诗文集》为人民文学出版社2006年初版，2014年增订版，2018年第3版，除特别说明外，本篇所称《穆旦诗文集》均为第3版。

握的手稿资料有限，这对穆旦诗歌的版本状况虽不致产生决定性的影响，但终究是有不够完善之处。研究者总会受到各种因素的限制，这也可说是一例吧。

2. 异文概况

以穆旦本人所编订诗集的出版为主要参照，结合诗集所录作品时限、所处时代以及穆旦本人的写作境遇，可大致将穆旦的诗歌写作划分为四个阶段。

第一阶段：1937 年 11 月所作《野兽》为穆旦的第一部诗集《探险队》的篇首之作，以此为界，之前的诗歌均未曾入集，且未再次发表。

第二阶段：从《野兽》至 1948 年的作品，往往不止一个发表本，且大部分曾入集。

第三阶段：1957 年发表的 9 首诗歌，穆旦生前未入集，且均未再次发表。

第四阶段：1975～1976 年的诗歌，均是穆旦身后发表和入集的，有手稿本、书信本、发表本以及最终整理本等不同形态。

很显然，修改的重心在于第二阶段的诗歌。此阶段穆旦的诗歌约为 110 首，仅有《园》《风沙行》等 10 首不存在异文。略做考察即可发现，每次重新发表或者结集出版之际，穆旦都对作品进行了或多或少的修订，这使得相当一部分诗歌存在 3 个或更多版本。第一阶段的诗作未被穆旦收入任何一部诗集，可见成年的穆旦对这些"少作"的态度是很明确的，即摒弃不录。不过，比照发表本与通行本，还是有不少文字差异。后两个阶段的作品产生于特殊时代，穆旦本人又较早去世，不存在较多修改也是正常的，即便如此，也还是出现了《冬》《停电之后》这样突出的修改事实。本书将第一、二阶段合称为前期，固然有美学的和政治的含义，以新中国成立这一特定的历史阶段为界限来划分，也是基于文献学视角，即作者对作品的修改程度，以及作品本身所呈现的复杂版本状况。

基于上述数据，可以认为穆旦诗歌文本之所以会出现众多的版本与异文，主要肇因于穆旦对诗歌的反复修改，即诗歌的版本状况主要与穆旦本人的修改意志有关，是由穆旦本人的意志所主导的。当然，后面的讨论也将显示穆旦诗歌的版本问题并不止于此。

可附带指出的是，穆旦对翻译也多有修改，其中情况也有复杂之处。

研究者如马文通较早注意到穆旦译作的修改情况。① 后续研究则以一批译文修改实例为基础，从主流意识形态的影响、译者的人生经历、对中国文化的接纳等方面对其所译拜伦诗歌的修改做了更为细致的讨论。② 在其他一些翻译行为中，如其所译季莫菲耶夫《文学原理》的《译者的话》与正文，不同版本间亦有不少异文。

诗歌和翻译是穆旦写作的两大主要文类，其他文类的作品写作量小，穆旦生前也从未结集出版，总体上说缺乏修改的语境，此类作品都只有一个版本，但研究者指出《穆旦诗文集》（增订版）所增补的散文存在若干文字层面的问题。③ 实际上，比照发表本与诗文集本，此前已收录的部分篇目也存在文字差异。此种情况，部分是整理者对原文错漏的校订（但未做明确标识或编校说明），更多的则是誊抄和整理过程中所产生的错漏。

3. 个别诗歌的权属问题

穆旦诗中有几首（组）比较奇特的"组合诗"，比如前期的 *To Margaret* 及《饥饿的中国》，后期的《冬》等。这些诗分多章，但各章写作时间不一，有的在发表和入集时又有分歧，其权属问题也值得注意。

To Margaret 是第 3 版《穆旦诗文集》最新披露的诗歌，注明来自穆旦 1944 年 8 月抄送给曾淑昭的一首组诗，奇特处在于，该组诗共有 6 首，之一为《春》，之二为 1 首未见刊的诗歌，之三至五为《诗八首》之 6 ~ 8 章，之六为《自然底梦》，也就是说，它杂合了 3 首不同时间写作的完整的诗，又从另一个组诗中抽取 3 章。《饥饿的中国》与《时感四首》、《时感》都有关联。开始，《时感四首》刊载于 1947 年 2 月 8 日的《益世报·文学周刊》，而后，《饥饿的中国》刊载于 1948 年 1 月《文学杂志》第 2 卷第 8 期，其第 5 ~ 7 章即《时感四首》的第 2 ~ 4 章。《冬》分 4 章，各章内部结构多非常讲究，整体结构却明显不均衡，前两章的差别尤其明显：第 1 章分 4 节，每节 5 行；第 2 章分 3 节，每节 4 行；第 3 章分 4 节，每节 4 行；第 4 章分 4 节，每节 4 行。此状况概因各章并非完成于同一时

---

① 马文通：《谈查良铮的诗歌翻译》，杜运燮等编《一个民族已经起来》，南京：江苏人民出版社，1987 年，第 78 页。

② 高秀芹、徐立钱：《穆旦　苦难与忧思铸就的诗魂》，北京：文津出版社，2006 年，第 165 ~ 179 页。

③ 凌孟华：《〈穆旦诗文集〉增订本增补散文求疵》，《广播电视大学学报》2016 年第 2 期。

间，这类信息可见于穆旦当时的书信。

对于此类作品的权属，《穆旦诗文集》的处理方式是：（1）未完整列出 *To Margaret*，而是将第二章单独抽出，题目仍作 *To Margaret*；（2）《时感四首》如旧，《饥饿的中国》仍列出 7 章，其第 5～7 章则以"存目"的方式处理，即明确标注见《时感四首》之 2～4 章；（3）将《冬》四章合为一首诗完整刊出。

看起来，*To Margaret* 中的各章或为独立的诗篇，或是其他诗中不可删除的章节，而作品本身又并未曾合在一起发表，只见于书信场合，将新的一章单独抽出，予以适当说明，是唯一的、也是合理的处理方式。须指出的是，新近发现的材料表明，独立成诗的这一首 *To Margaret* 当时曾以《拜访》为题发表于 1943 年 5 月 25 日的《春秋导报》，且署了一个不为人知的笔名"莫扎"①。"存目"的方式虽是兼顾了两次发表的情况，但诗歌之权属终究不明，不便于阅读，也会妨碍阐释。实际上，从《穆旦自选诗集》来看，穆旦本人对此应是有过考虑，可能是倾向于将《时感》与《饥饿的中国》分开，即《时感四首》仅保留其第 1 章，题作《时感》，《饥饿的中国》则如《文学杂志》版的样式，列出 7 章。何谓"倾向于"呢？从《穆旦自选诗集》所附影印手稿的目录页上可以看到，《时感》这一诗题之上有"可不要"的字样。相较而言，基于独立成诗的原则，《穆旦诗编年汇校》依《穆旦自选诗集》，单列《时感》，而将《时感四首》的后 3 节列入《饥饿的中国》，《时感四首》则不另列出。《冬》的情形不尽相同，其间不涉及与其他诗篇重合的情形，也不涉及发表的问题，但从当时的材料来看，穆旦曾给杜运燮、江瑞熙、董言声、杨苡等人抄录此诗②，但均只有一章或两章，从未有过四章全部抄录的情形。穆旦晚年作品都是由家属整理发表的，《冬》首次刊发于《诗刊》（1980 年第 2 期）时，即为四章合刊。这么处理一定有某种确切的理由，但结合诗歌本身的结构以及相关书信来看，也未必没有其他的可能性。实际上，《冬》的修改是穆旦

---

① 杨新宇：《〈穆旦诗编年汇校〉的意义——兼谈新发现的穆旦笔名》（未刊稿，2020 年 3 月 28 日提供）。按：《春秋导报》的相关信息此前未进入穆旦研究者的视野，实际上，该刊随后曾连载穆旦的《苦难的旅程——遥寄生者和纪念死者》一文（署名查良铮），相关讨论参见李煜哲《从"苦难"到"祭歌"：穆旦的缅战经历叙述之变——从穆旦集外文〈苦难的旅程——遥寄生者和纪念死者〉说起》，《现代中文学刊》2019 年第 3 期。

② 给杨苡的信目前尚未披露，给其他三位的信均可见于《穆旦诗文集·2》。

晚年写作中的重要事件，相关讨论集中在第一章，与后三章基本上没有关联。

除了上述三首（组）外，《祈神二章》（初题为《合唱二章》）与长诗《隐现》有重合的现象，也可说是存在权属问题，相关情形随后再讨论。

4. 编年问题

统观穆旦的全部写作，大部分作品均明确标注了具体写作日期，便于编年。编年工作基本上已由 1996 年版《穆旦诗全集》完成，《穆旦诗文集》虽非编年体①，但也在编年问题上有所精进，且后出两版对此前的一些错漏均有所订正。但总体来看，仍有少量编年不够精确的例子，有必要予以明确。

大致说来，导致编年不精确的因素主要有三类。一类是因为文献的隐没而导致编年失误的现象。典型例子即长诗《隐现》。最初是根据天津版《大公报·星期文艺》（1947 年 10 月 26 日）等处的发表信息（均未署写作时间）以及《穆旦诗全集》版所署的时间，认为该诗作于 1947 年 8 月。不过，敏锐的研究者较早时候即已根据零散的信息指出"《隐现》一诗的大体内容最晚在 1945 年就已经写好，而且诗人对它相当重视"②。事实也如此，新近发现的《隐现》更早时期的版本（《华声》第 1 卷第 5~6 期，1945 年 1 月）即显示，其写作时间当在 1943 年 3 月，即从军归来不久。据此，"1947 年 8 月"实际上是重订《隐现》的时间。

曾收录 1996 年版《穆旦诗全集》的散文诗《梦》的编年问题涉及刊物的状况。这是南开中学时期首次也是唯一一次署名"穆旦"的作品，刊发于《南开高中学生》时署"十六、十二月晚"，未署年份。现行穆旦诗文集将刊物信息署为"1934 年秋季第 4、5 合期"，一般研究者也将其认定为 1934 年底的作品。但细致检索原刊，作为中学校园刊物，每个新的学期伊始，出版干事会职员就会有所变动。人事变动、编辑的非专业性以及其他一些现实因素（如稿源不足），事实上使得《南开高中学生》存在不少出版衍期、期号标识不明等现象，并影响到后人对刊物期号以及部分诗歌写作时间的认定。实际上，该刊为第 1 卷第 4、5 期合刊，而该刊第 1 卷为

---

① 从作家作品集的编排来看，《穆旦诗文集》属非常常见的一种方式，即先排作者本人生前编订出版的作品集，其他归入集外作品，按时间先后顺序排列。

② 李章斌：《现行几种穆旦作品集的出处与版本问题》，《中山大学学报》2009 年第 5 期。

1933 年下半年开始出版，因此《梦》当是 1933 年 12 月 16 日所作。新文学版本学家业已指出，书刊的版本信息多有复杂之处，实物和版权页有必要仔细甄别①，此即一例也。

一类是诗末所署写作时间存在变更，即不同版本所署写作时间有差异，包括《童年》《在旷野上》《智慧的来临》《给后方的朋友》《旗》《城市的舞》《诗》《绅士和淑女》等。如《童年》，初刊本和手稿本均署"一九四〇，一月"，初版本未署日期，《穆旦自选诗集》本和诗文集本署"一九三九，十月"；《智慧的来临》的初刊本署"一九四一年二月"，初版本署"一九四一，一月"，《穆旦自选诗集》本和诗文集本署"一九四零，十一月"；《城市的舞》《诗》《绅士和淑女》初刊于《中国新诗》时，均未署写作时间，稍后编订的《穆旦自选诗集》本，《城市的舞》署"一九四八，四月"，另两首署"一九四八，八月"；诗文集本则是一律署为"1948 年 4 月"②。上述各诗的不同版本，所署时间均有一到数月的差距。

还有一类是未署写作时间且无旁证可以确断写作时间的诗歌，如《出发——三千里步行之一》《原野上走路——三千里步行之二》《祭》《窗——寄日后方某女士》《悲观论者的画像》《华参先生的疲倦》《伤害》《活下去》《云》等。其中，前两首同以 1938 年从长沙到昆明的步行迁徙经历为对象，刊载于 1940 年 10 月重庆版《大公报》。从穆旦当时的发表情况来看，此前各版《大公报》已刊登其数首诗歌，表明其已有一定的发表渠道，这两首诗歌的写作时间很可能已是 1940 年中段。这番推断看起来有其合理之处，但终归缺乏确切的证据。

对于这几类诗歌，第一类自可依据新的材料来重新编年。更多情形处理起来则有些棘手，概因无确证而只能寻求某种策略。对于第二类作品，考虑到穆旦作品的发表周期往往并不长，更早时期的发表本所负载的时间信息应更为准确，因此，可依据初本（初刊本或初版本）所标注的时间来编年，而将后出信息作为备注参考。如《童年》，即可从初刊本认定为1940 年 1 月。对于第三类作品，穆旦生前出版的三部诗集的编排或可参照。三部诗集特别是《探险队》，大致是按照写作时间的先后顺序进行编

---

① 朱金顺：《新文学版权页研究》，《文学评论》2005 年第 6 期。

② 穆旦前期诗歌末尾的写作时间信息均署汉字，如"一九四一，一月"，现行穆旦作品集一律改为阿拉伯数字，即"1941 年 1 月"。

排的，部分无法确定具体写作时间的作品可以参照这几部诗集的编排顺序而做出细微的调整——编年体《穆旦诗全集》并未完全遵照此顺序，又未给出确切的编排理由，由此造成了一些不够精确之处。比如曾收入诗集《探险队》的《祭》，诗末未署写作时间，《穆旦诗全集》编入1939年，但《探险队》将其排在《童年》之后，本书既确定《童年》作于1940年1月，故将《祭》也编入1940年，并排在《童年》之后。其他的如《鼠穴》《夜晚的告别》等诗编排顺序的调换也是基于同一理由。至于部分同期发表但所署时间不同，或者在某些刊物同时发表但并没有明确标明写作时间的作品，如《一棵老树》（《文聚丛刊》第1卷第5、6期）所载《自然底梦》等3首诗、天津版《益世报》3次所载诗歌小辑（分别为4首、4首、7首）、《中国新诗》所载《城市的舞》等3首诗，均以发表时间的先后或刊物的实际编排顺序编入。或可一提的是，《漫漫长夜》一诗未曾入集，其初刊本亦未署写作时间，但诗文集本将发表时间署为"1940年4月"，不知何据。

此外，穆旦晚年诗歌的编年问题也比较突出。穆旦晚年作品均是其本人逝世之后被整理发表的，其中约有40%的作品没有标注确切的写作时间，存在编年问题；同时，作品的编排也带有比较突出的编者意愿，"将两首写作时间难以确断的作品编入1975年，又将两个有确切写作时间的作品分别编排在1976年写作的首位和末位，中间贯穿着若干写作时间无法确定的作品，可谓包含了某种人为的编辑意图"，"目前所见穆旦晚年写作图景乃是个人写作、时代语境和编者意愿共同融合的一种奇妙混合物"。本书下一篇对此将有专题讨论，此处不再赘述。

相较于晚年诗歌的编年问题，穆旦前期诗歌所涉及的状况更多，不过除了《隐现》等少数作品外，其编年问题并不算太突兀，因此本篇将编年后置为一种总体背景，而主要基于汇校展开——鉴于穆旦诗歌的异文非常繁复，实际讨论将予以分类，先谈各类技术性问题，再根据修改的程度次第展开。

异文分析（一）：各类技术性的问题

所谓技术层面的因素，大致指各类作者本人意愿之外的因素。有些因素看起来比较明显，如语言衍化现象、书写与印刷等；有的则有其隐秘之处，有待更细致地梳理。

1. 语言衍化现象

现代汉语衍化过程中所出现的某些现象，如繁简体、异体、通假等，均会形成一定量的异文。如"反覆"，一般即写作"反复"，这可说是跟通假和简化有关，"覆"与"複"可通假作"復"，"復"可简化作"复"。不过，检视发表穆旦诗歌的相关报刊，多写作"反覆"，也有写作"反復"的情形。其他的，如表示疑问的"哪里"往往写作"那里"，"和谐"往往写作"合谐"，"年轻"往往写作"年青"，此外，还有"做"写作"作"、"像"写作"象"（"好像"）、"相"写作"像"（"像片"）等。凡此，《穆旦诗文集》多半是基于现代汉语的习惯用法而径直做出改动。不过也有复杂情形被保留下来，比如"底"字。"底"（音 de）为助词，用法与"的"（音 de）大致相同，用在作定语的词或词组后面，表示对中心语的领属关系。这种用法在现代中国较多出现，但现已基本上统用为"的"，"自然底梦"即"自然的梦"。在《穆旦诗文集》的一些情形中，"底"被直接替换为"的"，也有部分"底"保留。

2. 书写条件、印刷技术方面的因素

现代中国印刷条件普遍粗糙，文稿又为手写体，字迹难辨或排印技术均可能带来错误。有观点认为："我们今天对现代文学文本的初刊本或初版本的校勘，事实上常常是在纠正当初排版中的误排以至作者原稿中的笔误。"[1] 诚如其言，穆旦诗中的不少异文，有些即可明显见出是书写或排印错误所致，如"噪音"误排为"燥音"，"急躁"误排为"急燥"，"怒放"误排为"努放"，"盛开"误排为"盛里"，"雄踞"误排为"雄距"等。对此，《穆旦诗文集》基本上采取直接订正而不予说明的策略。

脱字、衍字、阙文等现象也有一定量的存在。《蛇的诱惑——小资产阶级的手势之一》的初版本（《探险队》）中即有明显的错字和脱字现象：

衣裙蟋蟀□响着，混合了

---

[1] 解志熙：《老方法与新问题——从文献学的"校注"到批评性的"校读"》，《考文叙事录——中国现代文学文献校读论丛》，北京：中华书局，2009年，第1页。

细碎，嘈杂的话声，无目的地
随着虚晃的光影飘散，如透明的
灰尘，不能升起也不能落下。

"蟋蟀"一词用在此处明显不当——"窸窣"看起来更为合理。令人讶异的是，初刊本（香港版《大公报》，1940 年 5 月 4 日）和《穆旦自选诗集》版亦是如此。现行穆旦诗集通行本均是径直订正为"窸窣"。"响着"前则是脱落一字，初刊本和《穆旦自选诗集》版均作"擦响着"，《穆旦诗文集》版则作"，响着"。更合理的做法应是从初版本作"擦响着"。

《防空洞里的抒情诗》的初刊本（香港版《大公报》，1939 年 12 月 18 日）结尾的两处阙文则带有鲜明的时代色彩：

谁胜利了，他说，□□□□□□？
我笑，是我。
当人们回到家里，弹去青草和泥土，
从他们头上所编织的大网里，
我是独自走上了□□□□□，
而发见我自己死在那儿僵硬的，
满脸上是欢笑，眼泪，和叹息。

对照后来的版本，前一处阙文为"打下几架敌机"，后一处为"被炸毁的楼"。看起来，初刊本的阙文应该是和新闻检查有关，即用空格符号替代了一些看起来有些敏感的表达。当期所载厂民的《龙游河之歌》有 6 处文字、曾遒敦的诗歌《送征人》有两处文字被"□"代替。

3. 标点和排版

在不同版本中，标点的异动可谓非常多。主要出现在行末，部分属脱落或衍出，部分属变动，如"，"作"；"或"。"，"。"作"；"或"！"等。也有的可能是现行通行本依据现代汉语的表达习惯所做的改动，如诗行之中的"，"多被改作"、"。

排版方面的状况大致有二，其一是过长诗行的排版问题。《一九三九年火炬行列在昆明》《隐现》《我歌颂肉体》等诗，部分诗行偏长，明显超出了一般书报刊版式的一行所能容纳的范围。检视各类版本（从早年的期刊到《穆旦诗文集》），其做法倒是基本一致，即照一行所能容纳的最大字数来排，多出的部分另起一行，但由于各个版本一行所能容纳的最大字数并不相同，实际版式也就有所参差。其二是行首空格的问题。部分诗行非顶格排版，行首有一到数字的空格，在不同版本之中，空格亦有差异。

总的来看，标点、排版等方面的情形基本不会影响阅读和理解，也不具备诗学的考虑，但也有比较微妙的情形在，比如《我》的第3、4节：

> 遇见部分时在一起哭喊，
> 是初恋的狂喜，想冲出樊篱，
> 伸出双手来抱住了自己

> 幻化的形象，是更深的绝望，
> 永远是自己，锁在荒野里，
> 仇恨着母亲给分出了梦境。

梁秉钧指出："第三段最末一行至第四段第一行是唯一跨行句，如果孤立地读是'伸出双手来抱住了自己'，是自我封闭的态度；如果连起来读是'伸出双手来抱住了自己幻化的形象'，是向外投射、寻觅、求证，结果'是更深的绝望'。这里诗人巧妙地利用了跨段跨行的欲断欲连，写出自闭和外求的两难之境。"[1] 这是非常好的识见。综观穆旦的写作，将分（跨）行处理得如此精妙的情形并不多见。该诗的不同版本中异文不多，且不涉及分行的问题，但初刊本（重庆版《大公报》，1941年5月16日）"伸出双手来抱住了自己"一行，行末多一个标点，而且是一个"。"，如是，则第三节最末一行至第四节第一行的情形为：

> 伸出双手来抱住了自己。

---

① 梁秉钧：《穆旦与现代的"我"》，杜运燮等编《一个民族已经起来》，第50页。

幻化的形象，是更深的绝望，

实际上，初刊本前 3 节最末一行行末均作"。"，其余各版则是前两节末作"，"，第 3 节末没有标点。这番异动究竟是穆旦本人所为还是手民的误植，自是无法确断，但从结果来看，初刊本如是处理，标点前后统一，但诗行也被明确划开——"自己"与外界的关联被完全切断，这对诗歌的读法及其意义生成均有影响。后出版本去除标点，分（跨）行的诗学意义才得以凸显。

4. 作品誊抄与后出版本

作品在整理誊抄过程中所产生的文字差异也有必要单独一说。《野兽》之前的作品均只有一个发表本，对照《穆旦诗文集》，其间所存在的文字差异，部分可看作对文字讹误的订正；部分则很可能是誊录或排印之误。以《南开高中学生》所载《更夫》为例，其中有一行"把无边的黑夜抛在身后"，《穆旦诗文集》版，"无边"作"天边"。就词语本身而言，"天边的黑夜"这一说法不够通顺，且"天边"为具体性的用法，含义有限。相比之下，"无边"可算是一种抽象性的用法，"无边的黑夜"显然更为恰切、生动。看起来，从"无"到"天"，乃是文字整理过程中所出现的错误。实际上，初版《穆旦诗文集》曾误将刊名《南开高中学生》写作《南开高中生》，且所录诗歌，文字、标点、分行等方面的状况亦不少。后两版《穆旦诗文集》订正了部分错漏现象，但仍有类似情形在。

《野兽》之后的诗歌亦有类似的情况，那些未曾入集的诗歌的相关文字差异可确断是文字整理过程中所衍生的错讹。如《出发——三千里步行之一》，《穆旦诗文集》版的差异多达 14 处，如"丛密"作"浓密"，"丰美"作"丰富"，"急滩"作"急流"，"流汗，挣扎"作"流着汗挣扎"，"薄雾"作"浓雾"，等等；其他的如《原野上走路——三千里步行之二》《漫漫长夜》《悲观论者的画像》等，均有数处状况。那些曾入集的诗歌，有的文字差异似也可归入此类，但目前缺乏足够的证据，不便论断。

《穆旦自选诗集》以穆旦本人所编定的材料为基础，列出了不少异文，旨在呈现穆旦写作的修改状况，情形又不尽相同。总体来看，对穆旦诗集的编排而言，这是一次新的尝试，部分包含了汇校的性质，其整理者也有意识地突出了这一事实，但严格说来，其辑校原则也有待完善。《后记》

称"为求版本可靠","审校极其慎密，单字及标点均不放过"①，但这一辑校原则并没有把握好。大致而言，所存在的状况有二：一是编者所依据的仅是部分材料，仍有不少重要版本被遗漏；二是就实际校勘而言，也存在不少异文未出校的现象，且在校本的指认上偶有失误。从版本的角度来看，文献辑录、整理过程之中所出现的这种版本状况无疑是值得注意的现象——由后人所整理完成的选本往往存在此类或显或微的问题，此即一例也。

进一步看，《穆旦自选诗集》所录诗作量大且有明确的修改举措，明确包含了穆旦总结此前写作的意图（这一话题后文仍将涉及），有着定稿本的性质，但从实际出版物中所存在的诸种状况来看，当年的编订工作显然并未最终完成，不足以视其为定稿本。扩大来看，鉴于穆旦1977年初即去世，无力对其晚年诗歌以及诗歌（总）集进行全面修订，这意味着就总体情况而言，穆旦诗歌并不存在"最终修订稿"或定本的概念。

异文分析（二）：标题与字词的异动

穆旦诗歌的异文非常繁复，如下将根据修改的程度分别予以讨论，本小节择要述及一些较细微的部分，先看标题和诗行中一些字词的异动情况。这些异动看似细微，其中也是多有深意。

1. 标题

标题的异动多来自第二阶段的诗作：

初题/刊物或诗集	改题/刊物或诗集
《Chorus二章》/《大公报》《探险队》	《合唱》/《穆旦诗集》《穆旦自选诗集》
	《合唱二章》/《穆旦诗文集》
《"有钱出钱，有力出力"》/《大公报》	《祭》
《怀念》/杨苡所存手稿②	《写在郁闷的时候》/《今日评论》
	《童年》
《蛇的诱惑——小资产阶级的手势之一》	《蛇的诱惑》/《穆旦自选诗集》

---

① 查明传：《后记》，穆旦：《穆旦自选诗集》，第191页。

② 2002年6月，笔者到北京采访过穆旦当年的几位友人，其时，杨苡先生出示了几份穆旦抄送给她的手稿，包括《怀念》《自然底梦》《智慧的来临》《冬》（第1章）等。这些手稿中也存在不少异文。

续表

初题/刊物或诗集	改题/刊物或诗集
《玫瑰之歌》	《梦幻之歌》/《穆旦自选诗集》
《寄后方的朋友》/《自由中国》	《控诉》
《诗》/《文聚》	《诗八章》/《穆旦诗集》《穆旦自选诗集》
	《诗八首》/《旗》《现代诗钞》《穆旦诗文集》
《诗》/《大公报》	《出发》
《合唱二章》/《文聚》	《祈神二章》
《催眠曲》/《文学报》	《摇篮歌》
《拜访》/《春秋导报》	To Margaret/《穆旦诗文集》
《给战士》	《给战士——欧战胜利日》/《穆旦诗文集》
《森林之歌——祭野人山上的白骨》/《文艺复兴》	《森林之歌——祭野人山上死难的兵士》/《文学杂志》
	《森林之魅——祭胡康河上的白骨》
《成熟》/《大公报》等	《裂纹》/《旗》
《给M——》/曾淑昭所存手稿	《重庆居》/《诗地》;《流吧,长江的水》
《诞辰有作》/《大公报》	《三十诞辰有感》
《良心颂》	《心颂》/《穆旦自选诗集》
《发见》	《发现》/《穆旦诗文集》
《停电之夜》/致郭保卫的信	《停电之后》

说明:本表凡未列出刊物或诗集信息的,均指包括通行本在内的其他各版本情况相同。

表中所列为穆旦诗歌标题异动的主要情形,共19首,所占比例超过全部诗作的1/10,应该说是比例很不小了。多数是微调,其中包括副题的增删。如《给战士》,《穆旦诗文集》版的副题其实出现在初版本(《穆旦诗集》)的结尾处——"一九四五,五九。欧战胜利日"。而且,在初刊本(《益世报》版)和后来的诗集《旗》《穆旦自选诗集》中,所署写作时间也略有差异,即仅署"一九四五,五月"。重置写作时间,又将"欧战胜利日"这样一个应景的时间点植入标题,应是为了凸显触发写作的特殊机缘——凸显"胜利"之于战士的"生"的意义,即如诗歌最末一行所写:"看看我们,这样的今天才是生。"

也有的标题完全改变。To Margaret 和《流吧,长江的水》都跟曾淑昭有关。严格说来,To Margaret 这一诗题是编者在未获知当初发表信息的情况下而做的命名,诗题应回调为《拜访》。《流吧,长江的水》,初刊时题为《重庆居》，应跟诗人当时生活在重庆有关——"居"，或许包含了某种生活企盼的意念；而在最初抄送给"女友"曾淑昭时所用《给 M——》，也是包含了情感指向性，M 即曾淑昭英文名 Margaret 的缩写——最终确定为《流吧，长江的水》，题目偏于平实，但也可能包含了诗人对于"既然一切是这样决定了"式情感终结的态度。① 《"有钱出钱，有力出力"》源自抗战时期一句流行的口号，明显带有时代色彩——1937 年的话剧《卢沟桥》的插曲《胜利的明天》亦名《有钱出钱，有力出力》（田汉词、张曙曲），袁水拍早年诗歌《中国劳动者》中亦有"有钱出钱，有力出力"的句子。以此为题，显示了穆旦对时代流行话语的认同；改题为《祭》，可视作有意抹去了时代话语的痕迹，同时也加强了某种悲悯的色彩。从近乎"无题"的"寄后方的朋友"到充满主观兴味的"控诉"，既显示了现实之于穆旦的意义，也外化了穆旦诗歌的主观兴味。

有的则可能是出于强化艺术效果的考虑，比如以 1942 年参加中国远征军的"野人山经历"为背景的《森林之魅——祭胡康河上的白骨》，较早时期曾题作《森林之歌》——副题亦曾作"祭野人山上死难的兵士"。"歌"和"兵士"均是一般意义上的称语，"魅"和"白骨"则不然："魅"是传说中的鬼怪，"白骨"是死亡的具象，是作战及撤退途中生命消亡最为切实的图景——一个鲜活的生命在短时间内即被蚁虫噬去皮肉，白骨也是生命消亡最为迅速的图景。从"歌"到"魅"，从"兵士"到"白骨"，措辞的深沉意蕴大大地加强了。

从文献整理的角度来看，还有一些因素或涉及《穆旦自选诗集》这部带有总结意味的诗选，或涉及当下的穆旦诗集通行本，亦能引申出一些值得注意的看法。其一，《Chorus 二章》《给战士》《发现》等诗，通行本《穆旦诗文集》中的诗题不见于先前各版本，是否誊录错误亦不可知。其二，部分诗歌如《诗》《赠别》《成熟》《农民兵》，其初版本（《穆旦诗集》）均排为两首，格式如《诗（一）》《诗（二）》；《农民兵》的再版本（《旗》）亦

---

① 语出穆旦抄送给曾淑昭的《赠别》，此诗不同于穆旦的另一首同题诗，未曾发表，一直由曾淑昭所保存，首次见披于第 3 版《穆旦诗文集》。不过，目前只能获知关于《给 M——》的相关信息，手稿未见披露。另，关于穆、曾关系的讨论可参见易彬《穆旦的"爱情"与爱情诗的写作——从新见穆旦与曾淑昭的材料说起》，《现代中文学刊》2019 年第 3 期。

是分排为两首。但在通行本之中，这几首诗均合为一首（分两章）。这种做法看起来更像今日之编辑法则使然。其三，《玫瑰之歌》《良心颂》两诗在后出的《穆旦自选诗集》中所存在的异题，应是更接近穆旦最终的想法；而《诞辰有作》与《三十诞辰有感》这两个题目存在时间交错的现象，前者除了初刊本之外，亦见于《穆旦自选诗集》，后者见于再刊本和通行本，这番错乱的景状在文献整理和具体研究中也是值得注意的。

2. 字词

字词方面的异文，部分肇因于前述各种技术性因素，更多的则源自穆旦本人的反复修改。解志熙教授在仔细校读了《隐现》的两个版本后指出："任何人都不难发现修订本的所有修改几乎都是修辞性的，修辞性的修订当然体现了穆旦精益求精的艺术苦心，表明他对自己的这首长诗的重视。"[1]实际上，整体视之，前述关于标点、空格、分行等情形的不同处理，基本上不会产生实质性的意义。字词的调整方面，比如在不同版本中，《防空洞里的抒情诗》的"这是上海的申报，唉这五光十色的新闻"一行，"五光十色"亦作"五花八门"；《玫瑰之歌》中"当黄昏溶进了夜雾，吞蚀的黑影悄悄地爬来"一行，"吞蚀"亦作"窒息"；《赞美》中"是忧伤的眼睛期待着泉涌的热泪"一行，"忧伤"亦作"枯干"或"干枯"；《流吧，长江的水》中"那时我们的日子全已忘记"一行，"忘记"亦作"过去"；《饥饿的中国》中"是金价？是粮价？我们幸运的晒晒太阳"一行，"粮价"亦作"食粮"。穆旦诗歌修改的相当多部分，均是此类细微的异动，对诗歌意义、作者思想的读解不会产生重要的影响，均可称为"修辞性的修订"。

但字词改动而产生重要意义的情形也不在少数。穆旦稍早的作品、现已视为其代表性诗作、被阐释程度属最高级别的《诗》（《诗八章》/《诗八首》），其不同版本多有异文，且其修改已经得到学界的较多讨论。字词方面有一个很有意味的例子，在第一节的如下两行之中（《穆旦诗集》版）：

> 从这自然底蜕变底程序里，
>
> 我却爱了一个暂时的你。

---

[1] 解志熙：《一首不寻常的长诗之短长——〈隐现〉的版本与穆旦的寄托》，《新诗评论》2010年第2辑，北京：北京大学出版社，2010年，第183页。

在初刊本（《文聚》）之中，"暂时的"作"被并合的"。有研究从"被并合的"这一异文引出了穆旦的精神背景的话题："《圣经》记述上帝创造了亚当，然后又取下他的一条肋骨造成一个女人。因此，人要离开父母，与妻子连合，二人成为一体。这种连合，事实上就是诗人笔下的'并合'，这也就是为什么穆旦诗歌中写到男女爱情时，总是喜用'残缺'、'残缺的部分'、'部分'、'变形'、'并合'这类字汇的宗教来源。虽然诗人后来将'被并合'改为'暂时'，但诗人构思创作时潜伏着基督教文化背景，这一点当无异议。"①

其他的，《活下去》《反攻基地》《被围者》《诞辰有作》等不同时间点诗歌的修改也都是非常典型的例子。《活下去》从初刊本（《文哨》，1945年5月4日）到初版本（《穆旦诗集》，1947年），有一些非常突出的异文：

> "那里已奔来了即将治疗我们一切的"→"那里已奔来了即将解救我们一切的"
>
> "屈辱，忧患，破灭，再活下去"→"希望，幻灭，希望，再活下去"
>
> "迅速地，时间的长久呻吟就要堕落在"→"谁知道时间的沉重的呻吟就要堕落在"

第一处，"解救"一词可能给穆旦留下了很深的印象，《不幸的人们》（1940年9月）中亦有"而海，这解救我们的猖狂的母亲"。"治疗"，所强调的是某种病态；"解救"，既凸显了某种被围困的生存状态——该诗前一行中"包围"一词，随后更是有《被围者》一诗；也关涉到信仰的命题，陷入生存困境之中，面临着某种精神危机，祈求某种拯救。

第二处涉及穆旦诗歌中最为频密也最为重要的几个词之一，"希望"。比较突出的例子，如《中国在哪里》（1941年4月25日发表）中有"希望，系住我们。希望/在没有希望，没有怀疑/的力量里……"；《时感四首》（1947年1月）中有"我们希望我们能有一个希望，/然后再受辱，痛苦，挣扎，死亡"，"而在这起点里却积压着多年的耻辱：/冷刺着死人的骨头，

---

① 王毅：《细读穆旦〈诗八首〉》，《名作欣赏》1998年第2期。

就要毁灭我们一生，/我们只希望有一个希望当作报复"。在穆旦的诗歌中，"希望"一词有时有具体所指，有时则被有意抽象化，如上两例即属于后者。在"希望，幻灭，希望，再活下去"这一表述中，内蕴着情感的激荡，有着鲁迅所谓"绝望之为虚妄，正与希望相同！"（《野草·希望》）的效应①。此外，"幻灭"与"幻想底乘客"（1942 年 12 月）也构成了对应。"屈辱，忧患，破灭"这一表述，单独来看，三个词都很有分量，但并置起来并不具备内在的序列，不能激起足够大的张力。

第三处，句式发生了变化，"谁知道……"是一个疑问句。穆旦诗歌较多使用了"谁"这个不确指的疑问代词，不确指意味着某种不确定性，在某些时候，这种不确定性又带有超验色彩，即对自身不能把握的东西的追寻，《野兽》（1937 年 11 月）的开头即写道："黑夜里叫出了野性的呼喊，/是谁，谁噬咬它受了创伤？"② 在《活下去》中，"谁知道……"这一疑问句将"我们"悬置于"时间"之后，"我们""弥留在生的烦忧里"，不知道"时间"将要"堕落"——时间是一股"永恒的""力量"，"时间堕落"意味着"时间"对"我们"的压制，将使"我们"的现实基点变得更为脆弱、不稳定——却也将更加激发"活下去"的信念。相较之下，初版本中"迅速地……"这一表述，明确外化了"我们"对现实的感知能力——意识到"时间"将"迅速地"堕落，这样一个肯定性句式，对于个体境遇的传达，其效果看起来要逊色不少。

《反攻基地》一诗的重要性在穆旦诗歌谱系中相对次之，但从初版本（《穆旦诗集》，1947 年）到再版本（《旗》，1948 年），有处异文涉及穆旦的"历史观"，也值得注意：

"历史的这一步必须踏出"→"是为了命令也为了爱情"

该诗作于 1945 年 7 月，抗战胜利为其总体性的时代背景。在这一时间点

---

① 易彬：《论穆旦与鲁迅的精神遇合》，《鲁迅研究月刊》2015 年第 11 期。

② 也有例外，《森林之魅》中的"更有谁知道历史在此走过"一句曾改为"没有人知道历史曾在此走过"，由疑问句式改作否定陈述句，张力有所失却，不过此处情形有点复杂，"更有谁……"一句仅见于再刊本（《文学杂志》1947 年 7 月），"没有人……"一句则见诸此前此后的各个版本。

上，穆旦一连写下了十多首抗战主题诗歌，属其写作最为频密的时刻——鉴于此前两三年内，穆旦的年度写作量相当有限，均不过寥寥数首，可见抗战胜利这一总体背景对其写作的激发。"历史的这一步必须踏出"一行，单独来看，语气决断，充满了历史的正义感，可谓一个饱含时代特质的声音。

但综观全诗，穆旦所要传达的恰恰相反，"历史"并不是正义的——在"历史的这一步"踏出之后的现实图景是："过去的还想在这里停留，/'现在'却垄断如一场传染病，/各种饥渴全都要满足，/商人和掮客欢快如美军。"而"将军们正聚起眺望着远方，/这里不过是朝'未来'的跳板"——"反攻"之后，"将军们"将享有"历史"的荣耀。因此，将"历史"突出，恰是一种有力的反讽。

在穆旦1940年代中后期的诗歌之中，"历史"是一个高频词，较早时候，情绪虽绝望但并不失从容，愈往后，词频愈密，历史的愤慨愈加强烈：作于1945年的《甘地》中有"痛苦已经够了，屈辱已经够了，历史再不容错误"，《森林之歌》中有"更有谁知道历史在此走过"（亦作"没有人知道历史曾在此走过"）；再往下，《时感》（1947年3月）中有"多谢你们飞来飞去在我们头顶，/在幕后高谈，折冲，策动；出来组织，/用一挥手表示我们必须去死/而你们一丝不改：说这是历史和革命"。《荒村》（1947年3月）中有"历史已把他们用完"，《饥饿的中国》（1947年8月）中有"历史不曾饶恕他们"，《暴力》（1947年10月）中有"从一个民族的勃起/到一片土地的灰烬，/从历史的不公平的开始/到它反复无终的终极：/每一步都是你的火焰"。到1948年8月所作《诗四首》——目前所见穆旦在新中国成立之前所作的最后一首诗，其中还有"善良的仍旧善良，正义也仍旧流血而死，/谁是最后的胜利者？是那集体杀人的人？/这是历史的令人心碎的导演？"凡此，反复书写的是"历史"的不义（"不公平"），从中不难见出穆旦对现实政治（"历史和革命"）的态度。

"历史的这一步必须踏出"改作"是为了命令也为了爱情"，将"命令"与"爱情"并置，看起来更像是某种轻浮的讽喻，在中国文学的语境之中，与"冲冠一怒为红颜"这等古旧的说法相类。这么处理固然可说是有将历史戏谑化的效果，但词义终归显得随意、缺乏力度——在这样一首带有主观评判意味的诗里，力度自有其必要性；而结合1940年代中后期的写作态势来看，"历史"被替换——被移出某种内在的写作谱系，终归是一个遗憾。

《被围者》一诗亦有不少异文，尤其是结尾的处理：

> 闪电和雨，新的气温和希望
> 才会来灌注，推倒一切的尊敬：
> 因为我们已经是被围的一群，
> 我们翻转，才有新的土地觉醒。
> ——初版本《穆旦诗集》（1947 年）

> 闪电和雨，新的气温和希望
> 才会来骚扰，也许更寒冷，
> 因为我们已经是被围的一群，
> 我们消失，乃有一片"无人地带"
> ——初刊本《诗文学》（1945 年）、再版本《旗》（1948 年）

结尾是一首诗的结构顶点，往往意味着某种归结或提升。《被围者》的基本含义在于省思个人境遇，"被围"即"突围"。这被认为是穆旦诗歌中一个重要的文化主题。① 但比较明显的是，这两个结尾所内蕴的情绪近乎相反。初版本有一种乐观："翻转"对应着"土地"，而"我们翻转，才有新的土地觉醒"这样一个条件句式将"我们"置于"先行者"或"牺牲者"的行列。在"我们"之后，将有"新的土地觉醒"。但在其他版本中，先是"骚扰"这个贬义词改变了"新的气温和希望"性质——这些因素之于"我们"的关系不再是肯定性的，不再具备积极的、"灌注"的效力——也许，正好相反，"更寒冷"。这意味着，"我们"的境遇变得更为严峻——这最终引致了一种悲观的情绪："我们消失，乃有一片'无人地带'。"

《诞辰有作》初作于 1947 年 3 月，有两个发表本，未收录公开出版的诗集，各类版本中的异文却有将近 30 条，其中虽无大段增删，但从标题直到最末一行均有异文，可说是穆旦非常在意、予以精修的作品。标题从

---

① 王毅：《围困与突围：关于穆旦诗歌的文化阐释》，《文艺研究》1998 年第 3 期。

《诞辰有作》到《三十诞辰有感》，旨向、立意更加明确。所谓"（三十）诞辰有感"，所感受到的不是三十而立这等生命的欢欣，而是直面"至高的虚无"："从至高的虚无接受层层的命令，/不过是观测小兵，深入广大的敌人，/必须以双手拥抱，得到不断的伤痛。""小兵"一词可能源自诗人当时的青年军身份，亦可视作战乱时局之下那些如同小兵小卒的个体的谐称。"三十诞辰有感"即个体（"小兵"）的"毁灭记"。此诗的主要异文见于第 2 章的中间两节：

> 在过去和未来死寂的黑暗间，以危险的
> 现在，举起了泥土，思想，和荣耀，
> 你和我，和这可憎的一切的分野，
>
> 而在不断的崩溃上，要建筑自己的家，
> 想停留和再停留，只有跟着向下跌落，
> 没有一个自己不在它的手里化为纤粉，
>
> ——初刊本（天津版《大公报》，1947 年 6 月 29 日）
>
> 在过去和未来两大黑暗间，以不断熄灭的
> 现在，举起了泥土，思想，和荣耀，
> 你和我，和这可憎的一切的分野，
>
> 而在每一刻的崩溃上，看见一个敌视的我，
> 枉然的挚爱和守卫，只有跟着向下碎落，
> 没有一个家不在它的手里化为纤粉，
>
> ——《穆旦自选诗集》

不难看出，初刊本中多是一般性的或者说含义比较含混的用语，如"要建筑自己的家""想停留和再停留"之类。"要建筑自己的家"改作"看见一个敌视的我"，与第 1 章的末行"发现自己的欢快，在毁灭的火焰之中"改作"重新发现自己，在毁灭的火焰之中"有着一致的脉络，"重新发见"与"敌视的我"均外化了穆旦诗中"自己"／"我"这样一个常

见的主题。

另一个重要的修改关乎"黑暗"。"死寂的黑暗间"与"两大黑暗间"说不上明显的参差，强作比较，"死寂的－黑暗间"读来节奏有点缓慢，不如"两大－黑暗间"读来更明快。"危险的"一词虽然也包含了主观评判，但终归只是一个普范性的用法，"不断熄灭"这一表述则不然，其中"包含着不断再燃"的含义——熟悉穆旦的同时代人郑敏，从"不断熄灭"之中看到了穆旦全部的人生命运：

> 设想一个人走在钢索上，从青年到暮年。在索的一端是过去的黑暗，另一端是未来的黑暗："在过去和未来两大黑暗间"（《三十诞辰有感》，1947）。黑暗也许是邪恶的，但未来的黑暗是未知数，因此孕育着希望、幻想、猜疑，充满了忐忑的心跳。而诗人"以不断熄灭的/现在，举起了泥土，思想和荣耀"（同上诗）。关键在于现在的"不断熄灭"，包含着不断再燃，否则，怎么能不断举起？这就是诗人的道路，走在熄灭和再燃的钢索上。绝望是深沉的："而在每一刻的崩溃上，看见一个敌视的我，/枉然的挚爱和守卫，只有跟着向下碎落，/没有钢铁和巨石不在它的手里化为纤粉。"（同上诗）然而诗人毕竟走了下去，在这条充满危险和不安的钢索上，直到突然颓然倒下（1977年），遗憾的是，他并没有走近未来，未来对于他将永远是迷人的"黑暗"。①

郑敏所抓住的关键词是"黑暗"。综观穆旦的诗歌写作，"黑暗"可说是一个比"希望""历史"更为突出的高频词。较多的诗篇是在其自然义上使用，即白天/黑夜、光明/黑暗之类，但包含隐喻义的诗篇也不在少数，如《诗》（即《诗八章》/《诗八首》）中有"它要你疯狂在温暖的黑暗里"，"静静地，我们拥抱在/用言语所能照明的世界里，/而那未成形的黑暗是可怕的，/那可能和不可能的使我们沉迷，"（《文聚》，1942年6月10日）；《祈神二章》中有"在我们黑暗的孤独里有一线微光//这一线微光使我们留恋黑暗/这一线微光给我们幻象的骚扰/在黎明确定我们的虚无

---

① 郑敏：《诗人与矛盾》，杜运燮等编《一个民族已经起来》，第31页。按：郑敏所引为该诗的再刊本，《文学杂志》第2卷第4期，1947年9月1日。

以前"(《文聚》，1945年1月1日)；《隐现》中有"为什么那一切发光的领我来到绝顶的黑暗，/坐在山岗上让我静静地哭泣"(《华声》，1945年1月)；《森林之魅》中有"我要把你领过黑暗的门径"(《穆旦诗集》，1947年)；《我歌颂肉体》中有"我歌颂肉体：因为光明要从黑暗出来"(《益世报》，1947年11月22日)；《饥饿的中国》中有"还要在无名的黑暗里开辟起点"(《文学杂志》，1948年1月1日)；《诗》中有"脱净样样日光的安排，/我们一切的追求终于来到黑暗里"(《中国新诗》，1948年9月)；等等。这些诗中"黑暗"的隐喻含义自然是不尽相同的，但更多地指向肉体的诱惑、自然的皈依、神性的引领等精神性的层面，浮现了个体在生命与生存层面所遭遇的种种状况。从这等写作谱系来看，从《诞辰有作》到《三十诞辰有感》，版本的演进正可说是显示了"黑暗"的成形与历练。

异文分析（三）：诗行的大幅调整

穆旦诗歌的修改谱系中，段落的大幅调整也有一些突出的例子，如《从空虚到充实》《不幸的人们》《诗八首》《摇篮歌》《给战士》等，有删、增、删增并行等不同形式，也有章节间的整体调换。

1. 诗歌段落的大幅增删

《从空虚到充实》属于近乎重写的诗篇，不同版本间异文至少超过90条，其中连续调整在两行及以上的即有10余处。最大的变动在于结尾，初刊本（香港《大公报》，1940年3月27日）结尾3节共17行诗在后出版本中被悉数删去：

> 于是我病倒在游击区里，在原野上，
> 原野上丢失的自己正在滋长！
> 因为这时候你在日本人的面前，
> 必须教他们唱，我听见他们笑，
> 中华民族到了最危险的时候，
> 为了光明的新社会快把斗争来展开，
>
> 起来，起来，起来，

我梦见小王的阴魂向我走来，
（他拿着西天里一本生死簿）
你的头脑已经碎了，跟我走，
我会教你怎样爱怎样恨怎样生活。
不不，我说，我不愿意下地狱，
只等在春天里缩小，溶化，消失。
海，无尽的波涛，在我的身上涌，
流不尽的血磨亮了我的眼睛，
在我死去时让我听见鸟的歌唱，
虽然我不会和，也不愿谁看见我的心胸。（南荒社）

梁秉钧较早即注意到此诗的三个版本，指出"最后的第三稿较容易为习惯的标准接受，然而最初第一稿反而更能显出穆旦的创意，结尾原来有17行诗（二、三稿都删去了），其中刻画的'我'比较复杂，好象一方面向往抗日战争的理想，一方面向内退缩，有软弱、恐惧和矛盾"[1]。言下之意是，后出的版本降低了这种复杂性。不过，对此也有不同看法，也有研究认为这个结尾的修改"删除了其中较有口号色彩的民族讴歌，保留了更有复杂性的部分"[2]。

看起来，不同学者各有所持。不过，与其纠结于哪一个版本的效果更好，还不妨来看看穆旦本人对于此时期其他诗歌的处理。一个可资说明的例子是稍早的《防空洞里的抒情诗》。和《从空虚到充实》一样，《防空洞里的抒情诗》也是处理时代话语，也是采用非直接的呈现方式。该诗应是和日机轰炸、空袭警报、躲防空洞等现实经验有关，但诗歌呈现的是另一幅奇异的景观，其并没有用写实的笔法来描述民众拥簇在狭窄的、空气稀薄的防空洞里的情形，而是用一种戏谑的语调，融合了庸常化的生活对话场景与怪诞的感觉（身体变成了"黑色"），同时又将现实场景与古旧的炼丹术士的鬼梦并置起来，最终则是通过一个不可靠的叙述（"我是独自走上了被炸毁的楼，/而发见我自己死在那儿/僵硬的，满脸上是欢笑，眼

---

① 梁秉钧：《穆旦与现代的"我"》，杜运燮等编《一个民族已经起来》，第46页。

② 李章斌：《"九叶"诗人的诗学策略与历史关联（1937—1949）》，台北：政大出版社，2015年，第97页。

泪，和叹息。"），导向了对现实的反讽。这样明显带有探索风格的诗歌，后来的选家乐于视其为"中国现代诗"的重要表征。① 此诗不同版本中的异文超过 30 条，却多是"修辞性的修订"，很难说有重要的改动。两相对照，不难看出穆旦对彼时诗学探索较为复杂的态度——实际上，这种态度在《从空虚到充实》的版本演变中也有细节标识：初刊本结尾的信息，在初版本《探险队》之中其实是有所暗示的，其末尾署"一九三九，九月。（残）"，"（残）"应该和初刊本原有的 17 行诗有关，表明作者其时对结尾的处理或有某种犹疑。后出版本删去"（残）"，应是表明作者已认可这种删除。

就时间点而言，《防空洞里的抒情诗》《从空虚到充实》等诗的修改在 1940 年代前期即基本上已全部完成（初次入集为 1945 年版《探险队》），此后基本上未再改动，可见穆旦有意保留彼时诗学探索的痕迹。不过现在看来，随着这种删除，关于南荒社的信息也被湮没。穆旦当年诗名有限，其在西南联大时期参与文艺社团活动的资料比较零散，相关讯息多湮没无闻，非细致考证，断难勾描出完整的线索来。南荒（文艺）社的信息是比较晚近才进入研究视野的。② 该社"是以西南联大学生为主体的一个文学社团，由西南联大高原文艺社转化而成，吸收了昆明地区在《大公报》上发表过文章的学生，因萧乾倡导而组织起来，目的在于为香港《大公报》副刊《文艺》组织稳定的作家队伍，以提供充足的稿源"③。检视穆旦的写作可以发现，1939 年 10 月至 1941 年 11 月，其在香港版《大公报》累计发表 29 次、18 篇诗文（多篇为连载），在所有发表其作品的报刊之中，该刊的发表次数与数量均居首位。实际上，初刊于香港版《大公报》的《防空洞里的抒情诗》，诗末亦署有"南荒社"字样，后出版本亦将其删去。何以如此，动机已不可考，但这般处理方式，连同被删去的"我病倒在游击区里""中华民族到了最危险的时候"等诗句所揭寓的现实含意，在一定程度上削弱了穆旦写作与时代语境的关联。

《摇篮歌——赠阿咪》的修改属于诗行大幅增加的例子。其初刊本

---

① 叶维廉编译诗选书名即 *Lyrics from Shelters*：*Modern Chinese Poetry*，*1930–1950*（《防空洞里的抒情诗：1930—1950 中国现代诗选》，加兰出版社 1992 年版），其中选入穆旦诗 7 首：《防空洞里的抒情诗》《我》《控诉》《春》《裂纹》《诗八首》《旗》。

② 穆旦同学赵瑞蕻等的回忆文中，出现了南湖诗社、高原文艺社等信息，但没有南荒社的信息。

③ 李光荣、宣淑君：《穆旦在南荒文艺社的创作》，《西南民族大学学报》2007 年第 11 期。

（《文学报》第 1 号，1942 年 6 月 20 日）为 28 行，未分节，后出各版本均为 6 节 42 行。细致对照，异文达到 20 条，诗行也不仅仅是 14 行的简单差别，其中也有诗行的替换，比如：

> 当我一步步地走向无有，
> 　谁知道那些散碎的颜色重又
> 　在你起伏的胸上聚拢。

初刊本中的这 3 行，在后出版本中为两节 10 行：

> 等长大了你就要带着罪名，
> 　从四面八方的嘴里
> 　笼罩来的批评。

> 但愿你有无数的黄金
> 使你享到美德的永存，
> 　一半掩遮，一半认真，
> 　　睡呵，睡呵，
> 　在你的隔离的世界里，
> 别让任何敏锐的感觉
> 使你迷惑，使你苦痛。

《摇篮歌——赠阿咪》初题《催眠曲》，阿咪是穆旦大学同学王佐良的妻子徐序，诗歌是为王佐良夫妇的第一个孩子诞生而作。作为"摇篮歌"／"催眠曲"，"当我一步步地走向无有，／谁知道……"一类表述显得太过艰涩——此前曾提及穆旦诗中较多存在的"谁知道"句式，此处或会让人想起《活下去》（《穆旦诗集》版）之中那个奇崛异常的表达：

> 希望，幻灭，希望，再活下去
> 在无尽的波涛的淹没中，
> 谁知道时间的沉重的呻吟就要堕落在

于诅咒里成形的
日光闪耀的岸沿上；
孩子们呀，请看黑夜中的我们正怎样孕育
难产的圣洁的感情。

对照之下，后出版本更加错落有致，成人化的语调被移化，辅以更多的谣曲段落——新增的还有"去了，去了/我们多么羡慕你/柔和的声带。""摇呵，摇呵，/我的忧郁，我的欢喜。//来呵，来呵，无事的梦"等诗行，读来更有"摇篮歌"的节奏感、通透性和柔和度，显示了穆旦在处理不同题材上的不同笔法。

同样涉及诗行的增删，《给战士》的情形又不一样，除了前述标题和写作时间的异动外，也有较多的词语变更，并且有诗行段落的整体调整：

这样的日子，这样才叫生活，
再不必做牛，做马，坐办公室，
大家的身子都已直立，

再不必给压制者挤出油来，
累得半死，得点酬劳还要感激，
终不过给快乐的人们垫底，

再不必辗转在既定的制度中，
不平的制度，可是呼喊没有用，
转而投靠，也仍得费尽了心机，

还有你，几乎已经牺牲
为了社会里大言不惭的爱情，
现在由危险渡入安全的和平，

还有你，从来得不到允许
这样充分的使用你自己，

社会只要你平庸，一直到死，

所录为该诗再版本《旗》中的前5节。着重号所标记的第3节既不见于之前的版本，即初版本（天津版《益世报》，1947年6月7日）、初刊本（《穆旦诗集》），亦不见于后出的《穆旦自选诗集》和通行本。这样一种与前后版本均有明显差异的现象殊为诡异，而如前所述，这在穆旦诗歌的修改谱系中并非孤例。

《旗》版《给战士》从第2节到第3节，使用的是穆旦诗歌中比较常见的铺陈式方法。从措辞命意看，第2节是对一种普遍状况的描摹，第3节则可视为一种深化，其核心是"制度"："再不必辗转"，所凸显的是此前那种"辗转在既定的制度中"的境遇。宽泛地说，第2节是结果，第3节是原因所在，即一种现实的机制。以此来看，这两节虽同以"再不必"开始，但其笔法、命意均有变（深）化。

再往下，第4行以"还有你"起首，从诗行展开的角度看，这是一个承接性的起句。前两节以"大家"这一群体性的称谓来统称，表明是对一种普遍状况的摹写。"还有你"，承接前面的诗句而来，将笔法从普遍转向具体的个人。这样的写法，《赞美》即很好的先例，第一节为强度非常大的各类景状铺陈，第二节直接用"一个农夫"起首，"一个农夫，他粗糙的身躯移动在田野中"，笔法转换非常自然，却又能激发一种特殊的诗学效果。

《给战士》的问题在于，单独来看，再版本之外的其他各版，从第2节的末行"终不过给快乐的人们垫底"到第4节的起行"还有你，几乎已经牺牲"，写作图景的切换仍可说是自然、有力，但下延到第5节，就暴露出一个结构性的问题：和第4节一样，第5节仍然是以"还有你"起首，可见这两节亦是铺陈排比的笔法，从"你，几乎已经牺牲"到"社会只要你平庸，一直到死"，勾画的是"你"命定的结局，即便"现在由危险渡入安全的和平"，都不过是"平庸的死"而已。而且，"这样充分的使用你自己"与稍后的《荒村》中所谓"历史已把他们用完"正相呼应。以此来看，再版本（《旗》版）的2、3两节与4、5两节，在结构上具有一种内在的对称性；其余各版没有第3节，第2节与4、5两节之间，则显得有点结构失衡。

将第3节完全删除的原因难以确断，可能跟"投靠"这个词比较生硬扎眼有关，既"辗转"于"制度"之中，又"投靠制度"，诗思比较倔拗，不大符合汉语表达习惯（思维方式）。在重新面对自己的写作时，穆旦可能有意清理了这种痕迹。但为了调整某种表述而导致结构的失衡，终究并非一种合理的处理方式。①

2. 不同章节的整体调换

《诗八首》《祈神二章》等诗还存在章节整体调整的现象。《诗八首》是穆旦最为重要的作品之一。所见版本有 6 种，异文近 60 条，其修改工作可谓精细、繁复。其结构调整说来却有些诡异，仅见于闻一多所编选的《现代诗钞》，即 2、3 两章的调换：

二

你的年龄里的小小野兽，

它和春草一样地呼吸，

它带来你的颜色，芳香，丰满，

它要你疯狂在温暖的黑暗里。

我经过你大理石的理智底殿堂，

而为他埋藏的生命珍惜；

你我底手底接触是一片草场，

那里有它底固执，我底惊喜。

三

水流山石间沉淀下你我，

而我们成长，在死的子宫里。

在无数的可能里，一个变形的生命

永远无法完成他自己。

我和你谈话，相信你，爱你，

这时候就听见我底主暗笑，

---

① 基于某种不能确断的原因删去诗行从而导致结构失衡的情形，穆旦晚年的《停电之夜》也是一个突出的例子，参见本书下一篇的讨论。

> 不断底他添来另外的你我，
>
> 使我们丰富而且危险。①

从文献辑录的角度来说，由他人所完成的选本不宜列为校本。但现代中国新诗选本稀少，且这个选本对穆旦诗歌版本而言确有其独特性。《现代诗钞》共选入穆旦诗 4 首，即《诗八首》《出发》《还原作用》《幻想底乘客》。常理推断，选本所据应该就是当时的报刊，除了可能出现誊录错误外，应不致另有异文。事实却非如此。《诗八首》目前仅见一个发表本，即 1942 年 6 月 10 日的《文聚》第 1 卷第 3 期。对照之，虽然相较于其他版本，发表本与选本同有一些重要的异文，如前述"我却爱了一个暂时的你"一行，仅在这两个版本中，"暂时的"作"被并合的"，但这两个版本的异文超过 40 条，可以认定该选本所录《诗八首》是别有所据。

不过，看起来只能是一个谜。如此频密的异文，是编者誊抄错误的可能性不大。那么，是尚未被学界找到的其他发表本，还是穆旦本人所提供的手稿呢？前者暂时只能存疑，后者倒也并非没有可能。闻一多编选《现代诗钞》的工作约始自 1943 年 9 月，其时他对新诗发展的状况已经比较隔膜，资料表明，编选前他曾找臧克家帮忙搜集材料，实际编选过程中又曾要求卞之琳自选一些诗。② 穆旦是否也被要求自选作品呢？穆旦自 1935 年进入清华大学，后又留校任教，与闻一多有往来，这一假设看起来很有可能。但疑问随之而来，《诗八首》等诗稍后编入穆旦诗集时，却又并没有该选本中的那些异文。正因为《现代诗钞》包含了这般驳杂的状况，用作校本，在呈现历史的复杂性方面自有其特殊效应。

王毅较早即注意到该选本中《诗八首》结构调整的现象，并给出了精彩的分析：尽管"无论哪一章排在前面都能与上下各章衔接而并不影响组诗的阅读"，但是"将宗教神学原因排列前面，这种调整可以说明穆旦的基督教色彩"③。循此逻辑，《祈神二章》所出现的结构性调整也可说是显示了穆旦对宗教的思考。不过，实际的调整有异：该诗直接取自长诗《隐现》，为其"历程"篇的"合唱队"两章——《祈神二章》初题为《合唱

---

① 闻一多：《闻一多全集·3》，开明书店，1948 年，第 516～517 页。
② 参见本书第五辑第三篇的讨论。
③ 王毅：《细读穆旦〈诗八首〉》，《名作欣赏》1998 年第 2 期。

二章》显然即来自于此。两首诗几乎是同一时期发表的，《祈神二章》初刊于 1945 年 1 月 1 日的《文聚》第 2 卷第 2 期，《隐现》初刊于 1945 年 1 月的《华声》第 1 卷第 5～6 期，即穆旦在长诗《隐现》发表的同时，又从中抽出两章来单独发表。

既是重复，《祈神二章》的权属问题就值得注意。穆旦诗集通行本分别收录两诗，但考察穆旦本人所编订的诗集，《穆旦诗集》收录了《祈神二章》，未录《隐现》；《穆旦自选诗集》收录了《隐现》，未录《祈神二章》。以此来看，穆旦对《祈神二章》的权属是有所考虑的，应该是倾向于不再收录。不过从另外的角度来看，《祈神二章》仍有单独保留的必要：一方面，它确曾单独成诗；另一方面，穆旦日后对《隐现》进行了大幅修改，"合唱"部分的内容虽然基本没变，但两章的顺序发生了颠倒，这一结构性的调整反倒让《祈神二章》重新获得了某种独立性。

异文分析（四）：重写的诗篇

穆旦的少数诗歌如《从空虚到充实》《神魔之争》《隐现》等，从初版到再版修改幅度非常大，可称作重写的诗篇。就一般的写作情形推断，重写既显示了作者对原作的看重，也意味着新经验的加入。下文将着重讨论《神魔之争》，并兼述《隐现》等诗中的相关问题。

《神魔之争》的重写，最为突出的变化是诗剧体的隐没，这外化了穆旦写作中的文体问题。《神魔之争》作于 1941 年 6 月，初刊于同年 8 月 2～5 日的重庆版《大公报·战线》，后收入《穆旦诗集》《穆旦自选诗集》《穆旦诗文集》——对校初版本，后两个版本也存在若干异文。

从新诗的诗体谱系来看，《神魔之争》多被归为诗剧体。穆旦被认为写有四首诗剧体的作品，后三首为《隐现》、《森林之歌——祭野人山上的白骨》以及晚年的《神的变形》。学界对此类诗歌的命名存在分歧，另有"拟诗剧"[1] "叙事诗"[2] "史诗"[3] 等不同称谓——称谓不同，表明研究视

---

[1] 孙玉石：《中国现代主义诗潮史论》，北京：北京大学出版社，1999 年，第 437～438 页。

[2] 王荣：《中国现代叙事诗史》，北京：中国社会科学出版社，2004 年，第 252～253 页。

[3] 吴晓东：《抗战时期中国诗歌的历史流向》，《记忆的神话》，北京：新世界出版社，2001 年，第 319～327 页。

域与问题意识不尽相同。但称《神魔之争》为"诗剧体"是恰切的，初刊本《神魔之争》明确标明为"诗剧体"，穆旦本人也实有创作"诗剧体"的冲动。

外文系出身的穆旦在大学课堂上即了解了17世纪英国诗剧①，也知晓"一九三五年左右"欧美诗坛"现代诗剧的崛起"的事实："诗剧的突趋活跃完全基于技术上的理由。我们一再说过现代诗的主潮是追求一个现实，象征，玄学的综合传统，而诗剧正配合这个要求，一方面因为现代诗人的综合意识内涵强烈的社会意义，而诗剧形式给予作者在处理题材时，空间，时间，广度，深度诸方面的自由与弹性都远比其他诗的体裁为多，以诗剧为媒介，现代诗人的社会意识才可得到充分表现，而争取现实倾向的效果，另一方面诗剧又利用历史做背景，使作者面对现实时有一不可或缺的透视或距离，使它有象征的功用，不至粘于现实世界，而产生过度的现实写法。"②放诸1930年代中段以来的新诗界，写作诗剧的呼声时有出现。柯可认为"散文诗，叙事诗，诗剧，是新诗形式方面的三大可能开展"③。穆旦的老师叶公超虽不大同意柯可的观点，但也特别强调"新诗应当多在诗剧方面努力"："惟有在诗剧里我们才可以逐步探索活人说话的节奏，也惟有在诗剧里语言意态的转变最显明，最复杂""建筑在语言节奏上的新诗是和生活一样有变化的。诗剧是保持这种接近语言的方式之一。"④至1943年，正着手编选《现代诗钞》的闻一多判断文学变局的依据也是"文学的历史动向"，"新诗的前途"在于"放弃传统意识，完全洗心革面，重新做起"，"在一个小说戏剧的时代，诗得尽量采取小说戏剧的态度，利用小说戏剧的技巧，才能获得广大的读众"⑤。"利用小说戏剧的技巧，才能获得广大的读众。"另一位老师卞之琳1940年代由诗转向小说，也被认为是包含了"对于'诗'与'小说'之间差异的文体想象"⑥。

---

① 王佐良：《怀燕卜荪先生》，《语言之间的恩怨》，天津：天津人民出版社，1998年，第107～108页。
② 袁可嘉：《新诗戏剧化》，《诗创造》丛刊第12辑《严肃的星辰们》，1948年6月。
③ 柯可：《论新诗的新途径》，《新诗》第4期，1937年1月。
④ 叶公超：《论新诗》，《文学杂志》创刊号，1937年5月。
⑤ 闻一多：《文学的历史动向》，《闻一多全集·10》，武汉：湖北人民出版社，1993年，第19～20页。
⑥ 姜涛：《小大由之：谈卞之琳40年代的文体选择》，《新诗评论》2005年第1辑，北京大学出版社，2005年，第40页。

可以认为，穆旦写作诗剧的行为应和了时代的呼声，他有意借助诗剧这一容量更大又带有较强戏剧化色调的诗歌体式来表现大的命题，即对人类不和谐生存状况的隐喻。穆旦当时的三首诗剧体作品针对的都是普遍的状况，但取材、命意上有所区别。《神魔之争》与《隐现》为重大而抽象的文化诗学命题，都关乎信仰：《神魔之争》中"神"与"魔"的争斗造成了人类不和谐的生存境况——从另一个角度说，呈现了信仰的困境；《隐现》将"林妖合唱"放大，呈现了经历生死拷问又深陷现实牢笼的个体渴望生命的救赎；《森林之歌——祭野人山上的白骨》则是关乎"死亡"与"遗忘"一类本然性的命题。

三首诗剧通过不同角色或不同章节的设置实现戏剧效果。相较而言，《神魔之争》的形式因素更为突出。其初刊本明确标明为"诗剧体"，着意凸显了表演性质，剧中设定了神、魔、林妖（男女各六）、东风四类角色，并有"幕""（下）""（幕落）"等标识。其中，"幕"共出现三次，每次均有生动的文字说明：

> 绿叶茂密的森林中。我们听见泉流，树泻，泥土的呼吸，鸟兽虫鱼的呓语。一切纳入自然的节奏。
> 尘沙飞扬，天地昏暗。我们听见树林的呼啸声雷声，和低哑的喃喃，由高而低渐近渐远。林妖伏于地上。
>
> 林中火起，树木的黑色头发的显露，向上飘扬，红色的舌头也到处卷动。暗云还停留在半空，不能下来。我们听到倾倒的声音。林妖伏在地上，不能动转。当火焰把他们卷去以后，神出现在幕前。

"幕"所传达的是一种类似于舞美的火热氛围，其间的变化正显示了主题的进展。问题在于，诗剧体的探索确乎显示了穆旦的诗学构想，但对于诗剧体这一形式本身，其态度却有些含混。1947年3月，穆旦对《神魔之争》进行了重写——伴随着诗歌段落的大幅增删与修改，形式的因素也已大大减退：四个角色依然保留，但几类明确带有戏剧体式的标识却被悉数删除。此即《穆旦诗集》所收录的版本。通行本《穆旦诗文集》简要地说明了该诗版本流变的信息，并注明"所录为作者后来再次修订稿"①。至于"后来"为何时，编者并未进一步说明，但此版与初版本差别已不大，而戏剧体标识亦是不复存在。

其他两部亦被学界视为诗剧体的作品却从未明确标识为"诗剧体"，其推动诗情进展的是角色和主题章节的设置：《隐现》虽也有角色（第二章），但更多的是通过"宣道""历程""祈神"三章来实现。《森林之魅》的篇幅相对较短，设置了三类角色，"森林""人""祭歌"，先是"森林"与"人"的多重对话，最后化为"祭歌"——《神魔之争》中那种炽热与激情被压制下来，改用一种冷静的语气来叙述，用"美丽""梦""空幻""长久"等词语，将一场人类与自然的灾难"翻过来写"②，从而使得对"死亡"与"遗忘"这类命题的诠释更加生动有力。对这两首篇幅较大的诗作，穆旦均进行了大幅修改，有理由相信这也是令其念兹在兹的作品。

统观之，经由《神魔之争》等诗的修改显示，形式成为一个更为突出但实际上并未引起太多关注的问题：尽管诗剧性质并未改变，形式因素却已大大减退，与之相应，则是诗歌主题的突进——《隐现》的修改更为明显地呈现出这一倾向。根据解志熙的观察，《隐现》"是一首带有宏大叙事和深广寄托的抒情长诗"，"其创作的感兴缘起"是"基于穆旦1942年远征缅甸的痛苦经验，但它不是诗人战地经验的直接描述，而是痛定思痛的深长咏思和推而广之的历史反思"。"贯穿于全诗的咏思有两条线索，一是人类世界之显然的表象及隐蔽其后的真相，二是超验的神性之对人类的隐藏与显现。""《隐现》无疑是中国现代诗中最为重要的一首长诗，其感兴的广度和寄托的深度都首屈一指"：

> 可是，一个令人遗憾的问题——《隐现》的艺术过失——也恰在两个版本的对勘中暴露无遗。不待说，穆旦切身的历史经验之复杂和痛切，他痛定思痛后的思想寄托之广大与深远，都无可置疑，但问题是这一切，尤其是诗人的深广的思想寄托，在诗中却是以一种不仅相

---

① 穆旦：《穆旦诗文集·1》（第3版），北京：人民文学出版社，2018年，第141页。
② 语出周珏良《穆旦的诗和译诗》，杜运燮等编《一个民族已经起来》，第22～23页。

当直抒胸臆而且颇为抽象概括的方式表现出来的。如此倾情抒写、痛切告白诚然是酣畅淋漓，然而也显然地过于直接和直露了。事实上，过于直陈所怀的毛病在《隐现》初刊本里就已经比较重了，然而作者还嫌不够，修订本于是有加无减，遂使这个毛病引人注目地凸显出来了。

返诸诗歌艺术层面，则是"在艺术上显然失之过显"的毛病："初刊本里本来就不多的一点具体而微的抒写，到修订本里差不多都被修改掉了，于是全诗充满了过于阔大的历史感慨和倾情告白的抽象抒情。"[1] 三首长诗的修订（重写）均是发生在 1947 年前后，考虑到"现实"因素在穆旦当时的写作中占据了重要的位置，在相当程度上也可以说，随着形式因素的减退，穆旦本人关于诗歌写作的复杂构想被消抵——一种复杂而精微的诗学探索冲动被一种现实意识所修正。

当然，放到穆旦的整体写作之中，尽管其本人对诗剧体这一形式的态度较为含混，但执念既深，戏剧化、小说化的手法被适度地融入其诗歌写作当中却是无疑的，而且，这类实践在 1940 年代前期和中后期还有所差异。前期的一些诗歌如《防空洞里的抒情诗》《蛇的诱惑——小资产阶级的手势之一》《在寒冷的腊月的夜里》《夜晚的告别》《小镇一日》等，设置了一些对话，甚至穿插场景与情节：有的是普鲁弗洛克式的自我纠结，有的则是对现实景况的直陈，如《小镇一日》（《穆旦诗集》版）中有：

> 现在他笑着，他说，
> （指着一个流鼻涕的孩子，
> 一个煮饭的瘦小的姑娘，
> 和吊在背上的憨笑的婴孩）
> "咳，他们耗去了我整个的心！"

三个孩子的并陈以及一个由叹词＋陈述句组成的说话声，生动地呈现了一种"旋转在贫穷和无知中的人生"景况。《在寒冷的腊月的夜里》

① 前一段和此处均据解志熙《一首不寻常的长诗之短长——〈隐现〉的版本与穆旦的寄托》，《新诗评论》2010 年第 2 辑，北京：北京大学出版社，2010 年，第 183～184 页。

（《穆旦诗集》版）也会让人联想到中国北方的乡土现实，但其中的声音却又不似这般实有：

> 火熄了么？红的炭火拨灭了么？一个声音说。

初看之下，似可理解为躺下屋檐之下的某个人在说话，但紧接着而来的"我们的祖先是已经睡了，睡在离我们不远的地方"显然又有意虚化了这种实存的言语关系，而将声音置于乡土中国的广袤背景之中，诗歌也由此获得一种虚实相生的悠远效果。

到了 1940 年代中后期，穆旦诗歌写作的主观兴味日趋凸显，戏剧化手法的施用也呈现一些新的特点，以"不知道自己是最可爱的人"起首的《农民兵》，以"多谢你们的谋士的智慧，先生"起首的《时感》等诗篇，借助反讽手法呈现一种戏剧性的效果。初刊本《他们死去了》则别有意味地设置了充满戏剧化的两个场景：一个是冷漠的死相，另一个则是温暖、美丽、和煦的梦境，这种对照也具有反讽意味。凡此，均可见出穆旦诗学探索的广度和深度。

修改行为：整体局势与自我形象

前文对各层面因素的探析都是结合已然发生的修改行为而展开的，但穆旦前期作品中未入集的也有相当数量，其间也可能涉及作者的某些遭遇，内含作者某些特别的意图；而那部大致编订好但未能出版的诗集，其间也浮现着自我的面影①。因此，下文将对这些因素进行适当展开，再对穆旦持续进行的繁复的修改行为予以整体性的观照。

1. 未入集的诗作所关涉的问题

前述 1937 年 11 月的《野兽》之前的十数首诗歌从未入集，当是被穆旦视作"少作"而不录，学界对此似未有异议，但此后一些未入集的诗作引发了关于穆旦写作的整体性和诗歌观念方面的话题。《一九三九年火炬

---

① 刘峥曾对此诗集有比较详细的讨论，见《沉默而丰富的"苦果"——读〈穆旦自选诗集：1937–1948〉》，《长沙理工大学学报》2018 年第 6 期。

行列在昆明》不见闻于穆旦的各部诗集，一方面被认为是一首"失败之作"，诗中充斥着一种"泛滥虚幻的情绪"，包括"整体诗情的混乱芜杂，写作方式的简单直白，诗行的参差冗长，都使穆旦有权放弃此诗作为'诗的资格'"；另一方面则是"此诗包蕴着的诸多主题、意象的萌蘖，后来通过变体，幻化成多首其他诗歌了"，如《从空虚到充实》《五月》等。①《出发——三千里步行之一》《原野上走路——三千里步行之二》等诗未入集，则被认为与穆旦诗歌观念的演变有关——在论者看来，穆旦当时写作并发表了关于卞之琳和艾青诗集的书评文，这些作品"是典型的激起'生命和斗争的热望'的艾青式的抒情诗"。日后诗集不录，原因在于"随着穆旦自身思想和写作路线的转变，他本人也对这些作品不满"②。

当然，鉴于现代中国作家生活境遇往往比较波折，个人资料存留不易，因此不能对所有未入集的作品持如是观。比如，报刊的发行受制于经济、文化、人员等方面因素，在战争局势之下，往往不够稳定，相当部分报刊或实存时间短，或囿于一地，时间一长即易陷入湮没无闻的境地。《记忆底都城》未入集，长期以来也未被发现，即被认为与其初刊本《文聚丛刊》的湮息有关。③ 新近披露的材料则表明，穆旦在编选个人诗集时，手边资料可能并不齐备，《穆旦诗集》出版前，他曾从抚顺给久未谋面、远在上海的友人曾淑昭去信询问是否保留了《赠别》《裂纹》的诗稿。④在讨论作品集的编选，特别是作者对个人作品态度的时候，这些外在限制条件或某些偶然性因素都需估量。

2. 同时代的批评与未出版的诗集

与此同时，穆旦的写作并非一个封闭的行为，同时代批评的声音也值得注意。1940 年代中后期，媒体上有不少关于穆旦的评论，其中多热切颂扬之词，作者包括沈从文、朱光潜这样的文坛前辈，以及数位同辈或年纪稍小的人士，如陈敬容、王佐良、周珏良、袁可嘉、唐湜、李瑛、吴小如

---

① 姚丹：《"第三条抒情的路"——新发现的几篇穆旦诗文》，《中国现代文学研究丛刊》1999 年第 3 期。

② 李章斌：《"九叶"诗人的诗学策略与历史关联（1937 – 1949）》，台北：政大出版社，2015 年，第 97 页。

③ 马绍玺：《穆旦轶诗〈记忆底都城〉与"文聚丛刊"》，《中国现代文学研究丛刊》2011 年第 5 期。

④ 穆旦：《穆旦诗文集·2》（第 3 版），北京：人民文学出版社，2018 年，第 155 页。

等；也不乏严厉批判之语，如来自《泥土》《新诗潮》等阵营（社团）的年轻气盛的作者。有资料表明，穆旦当时对相关批评文字是知情的[①]，并曾向朋友们表示"想写一些鲁迅杂文式的诗"，以反击那些批评人士。[②]

在批评文字中，有些直言不讳地指出了穆旦诗歌存在的缺点，李瑛认为穆旦诗中有的句子"冗长，读起来觉得累赘，破坏了诗的境界，尤其是节拍的美"，有的因为"要表现他的象征的意识"，"在词藻上，显得还生涩牵强"，因此，穆旦诗歌还"不能收到更大的完美的诗的效果"[③]。少若（吴小如）也曾针对《穆旦诗集》谈到"选择"和"锤炼"的问题：

> 我愿为天才奔逸的人说句聱听的话，即浪费了天才真是件可惜的事。这本诗集中所收的诗篇真不算少，却未必篇篇是精品，恐怕作者自己未加一番选择，至少是选择得不够。我说的写作，并非指印成书的篇幅而言，而是指在写成一首诗时，是否有舍得割爱的勇气。往小处说，一首长诗是否经过删汰与提炼，使篇幅更见紧缩一些；一个长句，是否曾把句中的赘词冗字勾掉抹掉——这就是旧日所谓锤炼的说法。作者的诗集里有些首真是无可再精的精品（如《甘地》）；可是另有一些，就显得累赘、烦琐、重复、枝蔓，成了白圭之玷……他并非不懂锤炼，却未能篇篇锤炼，句句锤炼。[④]

穆旦当时是否与两位更年轻的作者有过交往（流）已不得其详，但根据一般情形推断，这些诚恳的言辞或者当时其他人对穆旦诗歌缺点的批评，很可能对穆旦产生影响，促成他对写作进行修改。

1948 年后半段，是一个政局动荡不安、行将发生大变更的历史时刻，亦是穆旦个人行动具有决断意味的时刻——怀着"我想要走"（同名诗题，1947 年 10 月）的念想，穆旦最终于 1949 年 8 月踏上了赴美留学的征途。

---

① 据称穆旦对当时的批评文字，最喜欢周珏良和王佐良的，见周珏良《穆旦的诗和译诗》，杜运燮等编《一个民族已经起来》，第 20 页。
② 据南开大学档案馆所藏查良铮档案之《关于我所了解的查良铮的一部分历史情况以及查良铮和杜运燮解放后来往的情况》（梁再冰，1955 年 11 月 26 日）。
③ 李瑛：《读〈穆旦诗集〉》，《益世报·文学周刊》第 59 期，1947 年 9 月 27 日。
④ 少若（吴小如）：《读〈穆旦诗集〉》，天津《民国日报·文艺》第 93 期，1947 年 9 月 8 日。

在 1948 年八九月，穆旦自行编订一部涵括了此前主要诗作的诗集①，看起来也是对批判之词或时代语境的一种回应。

诗集原名《穆旦诗集》，后由家属整理、以《穆旦自选诗集》之名出版——更换书名，应是为了避免与早年诗集重名。诗集共拟收录 1937 ~ 1948 年的诗歌 80 首。与之前每一次诗集的编订一样，穆旦又一次做出了大幅修改——据不完全统计，异文数量超过 300 条。作为一部未最终完成的诗集，全面审视其修改行为虽不具备充分的条件，但也有新的发现值得一说。这一发现由穆旦对时代/现实话语的处理所引发。

长途步行迁徙、战场上的生死遭遇、小职员生涯的历练，这些都使时代话语始终成为穆旦写作的一条主线，构成了穆旦写作的基本底色。在作品修改的过程中，如何处理时代话语，穆旦显然有过考虑。穆旦写于 1940 年代中期之后的《时感》《饥饿的中国》《世界的舞》《绅士和淑女》等诗作，都涉及对现实问题直接的处理。其中，长达 7 章的《饥饿的中国》，不同版本中的异文将近 60 处，多是标点、字词的异动，但也有数处涉及诗行的修改，如"纯熟得过期的革命理论在传观着"（《文学杂志》版）一行，亦作"论争的问题愈来愈往痛苦上增加"（《益世报》版）、"痛苦的问题愈来愈在手术桌上堆积"（《穆旦自选诗集》版）。凡此，均显示了时代话语如何在穆旦笔下纠结的情形。

此种纠结的情形不妨从初作于 1947 年 2 月又在《穆旦自选诗集》中有较多修改的短诗《他们死去了》来看取——一并看看穆旦诗歌中较多出现且具有前后贯联性的"上帝"/宗教话语：

> 啊听！啊看！坐在窗前，
> 鸟飞，云流，和煦的风吹拂，
> 梦着梦，迎接自己的诞生在每一刻
> 清晨，日斜，和轻轻掠过的黄昏——
> 这一切是属于上帝的；但可怜
> 他们是为无忧的上帝死去了，

---

① 从诗集所录作品来看，目前所见穆旦 1948 年诗歌仅 8 月所作《诗四首》（初刊于天津版《大公报》，1948 年 10 月 10 日）未录，但发表于《中国新诗》第 4 集（1948 年 9 月）的《城市的舞》等 3 首诗均收录在列，据此可大致推断其编订时间很可能是在 1948 年 8、9 月间。

他们死在那被遗忘的腐烂之中。

——初刊本（天津版《大公报》，1947年3月16日）

呵听！呵看！坐在窗前或者走出去，
鸟飞，云流，和煦的风吹拂，
一切是在我们里面，我们也在一切里面：
一个宇宙，睡了一会又睁开
奇异的眼睛，向生命寻求——
但可怜他们是再也不能够醒来了，
他们是死在那被遗忘的心痛之中。

——《穆旦自选诗集》版

时代话语与宗教话语的纠结，原本就是穆旦诗歌的一个重要内容。对穆旦诗中宗教问题，王佐良当年有过判断："穆旦对于中国新写作的最大贡献，照我看，还是他创造了一个上帝。他自然并不为任何普通的宗教或教会而打神学上的仗，但诗人的皮肉和精神有着那样的一种饥饿，以至喊叫着要求一点人身以外的东西来支持和安慰。"[1] 王佐良引述穆旦更早时期的诗作如《蛇的诱惑——小资产阶级的手势之一》《悲观论者的画像》《我》等，认为其中显示了宗教属性，而"他创造了一个上帝""诗人的皮肉和精神有着那样的一种饥饿"等判断，又意在表明穆旦并非一个严格意义上的宗教诗人。

总体来看，就发生机制而言，穆旦诗中的宗教与现实始终有着莫大的关联。初作于1947年的《他们死去了》也显示了这一倾向。诗歌以"可怜的人们！他们是死去了，/我们却活着享有现在和春天"开端，其间涵盖了1940年代穆旦诗歌的一些核心主题，"大众""死亡""遗忘""上帝无忧"等，诗歌写的是荒凉、颓败的现实场景，"为泥土固定着，为贫穷侮辱着，/为恶意压变了形，却从不碎裂的"（语出稍后的《荒村》一诗）无名者的死状。可以说，穆旦将自己的形象嵌入了感时忧国的中国知识分子形象谱系当中，但是，初刊本《他们死去了》的后半段导向了"上帝"：

---

① 王佐良：《一个中国新诗人》，《文学杂志》第2卷第2期，1947年7月。

"他们死去了",是因为上帝"无忧",上帝没有给予关切——希冀"上帝"来拯救处于"不幸"之中的民众,其情感固然强炽,忧切固然深重,却大大地背离了中国的传统,这样的表述不能不说是非常另类的。

《穆旦自选诗集》版将"他们是为无忧的上帝死去了,/他们死在那被遗忘的腐烂之中"改作"但可怜他们是再也不能够醒来了,/他们是死在那被遗忘的心痛之中",其间明确包含了宗教话语的潜移——移除了"非中国的""上帝"的声音。与此同时,初刊本之中"鸟飞,云流,和煦的风吹拂,/梦着梦,迎接自己的诞生在每一刻/清晨,日斜,和轻轻掠过的黄昏——"一类诗句,所展现的原本是一幅充满自然情态、亲昵可感的场景,显示了穆旦对中国古典文学的一个惯常模式的运用,即以虚拟想象之境(梦境)来缝合现实,从而与"'可怜他们死去了'这一愤慨主题形成了微妙的对峙"①;修改之后的诗句"一切是在我们里面,我们也在一切里面",嵌入某种显在的哲学意蕴,主观意图似更为强炽,却如解志熙批评《隐现》修订版之中"充满了过于阔大的历史感慨和倾情告白的抽象抒情"一类情形相似,不复有初刊本之中那种精微的诗学效果。

放到 1940 年代末期这一时间点来看,其实也很难说《他们死去了》的末尾有意移除宗教话语的做法具有足够的典型性,且不说诸如《隐现》的重订本身即宗教话语的强炽表现,《我歌颂肉体》中"你沉默而丰富的刹那,美的真实,我的肉体"一行,"肉体"也被"上帝"替换,实际上,《他们死去了》的前半段也仍然浮泛着"上帝"的字眼,但文本的改变,还是可以认为显示了穆旦的倾向或努力,即以现实的命题来取代上帝的声音。尽管就修改的诗学效果而言,此间的修改显示了某种浮泛、急躁乃至失败的面向,但对于一位行将中断写作的诗人而言,这一变动显示了某种自我的纠正,仍然是值得注意的。

3. 诗人的自我形象与修改的整体局势

还可以从整体角度对《穆旦自选诗集》所展现的自我形象予以论说。

穆旦此前三部诗集的下限止于 1945 年,不足以呈现当时创作的总体面貌。此时编订一部从 1937 年到 1948 年的诗歌总集,并对篇目进行有意的

---

① 易彬:《穆旦写作与中国古典诗学资源传承的新局势》,《长沙理工大学学报》2014 年第 4 期。

编排，应是对此前创作的有意识的总结：有《序》，尽管具体序文已无法找到，但鉴于此前三部诗集均没有序言，此一举措应是表明诗人对过去的创作有话要说；诗歌被编为四部分，各部分均有题目，这种主题编排也是先前的诗集所没有的。四个部分的题目分别为"第一部 探险队（一九三七——一九四一）""第二部 隐现（一九四一——一九四五）""第三部 旗（一九四一——一九四五）""第四部 苦果（一九四七——一九四八）"，其间，有两个取用此前诗集的名称，表明诗人对此前写作和诗集出版行为的肯定，"探险"与"旗"仍然具有风格指向性；"隐现"，是精心写就的长诗和修改重点之所在，也是饱含精神内蕴的主题线索之所在；1947～1948 年从未结集的诗歌则是被取了一个主观意味非常强的名字，"苦果"。由此，四个版块可谓嵌构了一种内在的秩序：从"探险"式的激情张扬，到"隐现"式的精神诉求，再到"旗"式的主观投射，最终则是对生命"苦果"的品尝——通过对四个创作主题的自我归结，穆旦有意识地勾勒出一幅个体在现代社会中成长与毁灭的图景，这或如前述从《诞辰有作》到《三十诞辰有感》的修改所示，包含了"'黑暗'的历练与成型"，也或如《手》对"声音"被"谋杀"的景象的勾描（录初刊本，1947 年 11 月 22 日《益世报·文学周刊》）：

> 我们从那里走进这个国度？
> 万能的手，一只手里的沉默
> 谋杀了我们所有的声音。

此前在讨论穆旦诗歌的异文时，曾结合一些高频词语如"历史""黑暗"等，谈到穆旦写作的某种谱系性问题，其间多有谱系加强的例子，经由修改，一些重要的词语与图景得到了复写，不同诗歌写作之间的内在关联得以加强；但如《反攻基地》等诗所示，也有一些反向的例子。存在加强或弱化的现象以及一些看起来并不确定或未完成的因素（比如对时代/现实话语的处理），可见穆旦的写作与修改之中虽有某些前后贯穿的脉络，在总体上却可能并不存在一种严密的整体谱系。

但就《穆旦自选诗集》所显示的自我观念而言，在 1940 年代末着意编订诗集并再次进行大幅修改，这一行为具有一种以带有整体意味的自我形象来统摄之前全部写作的意图。编订与修改行为发生于 1940 年代的写作、发表行为即将结束之际——这样的情况并非个人所能预料，不能全然以结局来推断此前的行为，但时局的急剧变化、批评话语的急转直下当是个人所能切身感知得到的，从穆旦对相关批评的反应可以看出，在纷乱的时局之下，穆旦对自己的诗歌写作以及诗歌所勾画的自我形象仍念兹在心——借用穆旦此一时期诗中密集出现的"历史"一词，对于一位身陷具体历史语境之中的写作者而言，历史的压力往往是难以摆脱的：穆旦对写作的反复修改，也可说是个人与历史时代的复杂关系的外化。

放诸 20 世纪中国文学这一更大的历史语境来看，最典型——最能见出时代因素的修改被认为发生在新中国成立之后，"在修改的问题上，1950年是一个分界线"，作家"修改旧作的主要动因，是为了迎合一种新的文学规范，表现新的国家意识形态"，"是有知识分子的改造运动作为背景的"[1]。以此来看，穆旦对前期诗歌反复修改的行为并不具备时代典型性。对此一时期的穆旦而言，其写作并没有如后世写作者那般承受着强大的时代规约与思想压力，其修改亦不负载作家思想改造、迎合国家意识形态的内涵。

如今看来，这种并不具备"时代典型性"特征的修改正彰显了穆旦的诗人本色——穆旦诗歌的修改行为足可称为一种典型的诗人修改。如前所述，无论是烦琐的"修辞性的修订"，还是对诗行的调整、段落的大幅修改乃至少数诗篇的重写，其间或有现实话语的激发，或有批评因素的触动，但总体上说来，修改乃是源于诗本身，而非外力。鉴于穆旦的诗歌总量并不算特别大，这意味着他是在一个相对较小的基数之上展开修改的，这凸显了穆旦对写作行为的重视，也强化了其诗歌修改的力度——反过来看，正因为对写作行为的重视乃至苛求，写作量得到了有效的控制，修改也是自我控制的一种方式。

对写作本身而言，修改原本是写作行为背后的那种看不见的构成要素，尽管读者所看到的、作者所认可的多半是"最终定稿"，但借助各种版本的比照——借助文本的演变史，那些"看不见的要素"浮现于外，写作背后的种种"秘密"得到凸显，写作行为的历史脉络或内在谱系往往也

---

[1] 金宏宇：《中国现代长篇小说名著版本校评》，北京：人民文学出版社，2004 年，第 8 页、第 18～19 页。

能得到更为透彻的检视。落实到穆旦的写作之中，简言之，其文本的演变史大致可包括个人写作的特殊偏好、诗歌经验的不断衍化、诗学构想的萌生与消退（如对诗歌形式的处理）、写作者的思想观念（如基督教思想背景、个人的历史观念等）、个人写作与时代的文学语境及时代话语的关系诸多层面的因素。

而如前文分析所示，其间虽也有浮泛乃至失败的面向，但总体而言，穆旦对写作的修改无疑是具有突出的诗学效果的。

由穆旦诗歌汇校谈到作家文献整理的诸种因素

《穆旦诗编年汇校》的成形并非一个偶然的事件，检视中国现代文学文献学知识理念的发展脉络，我个人倾向认为 2003 年在清华大学召开的"中国现代文学的文献问题座谈会"是一个重要的节点。站在十多年之后的今天重新审视，会议的遗产既在于明确提出"文献问题"是现代文学研究持续推进之中"脆弱的软肋"（刘增杰语），更在于围绕文献工作所提出的诸多富有建设性的观点——其核心要义当是诸多学者所达成的若干共识，诸如"一致认为中国现代文学文献是亟待抢救的文学和文化遗产"，"一致认为新的文献的发现、整理和刊布，不仅是重要的基础研究工作，而且往往意味着学术创新的孕育和发动"，"现代文学文献的搜集、整理与刊布是一项牵涉面很广的公共工程"，有待机构、学术组织、社会人士与家属的支持和参与，同时，也应"在现代文学学科内部建立起文献工作的协作机制"；文献工作者应有"严格的学术训练"，应"加强学术规范，提高学术道德，强化学术纪律"等。这些共识对现代文学文献学观念的提升是多有助益的。①

在本文的范畴之内，还有必要重提第三条，即关于文献整理规范方面的共识：

> 鉴于现代文学学科的文献学基础还很薄弱，在许多问题的处理上

---

① 解志熙：《"中国现代文学的文献问题座谈会"共识述要》，《中国现代文学研究丛刊》2004 年第 3 期。按：此次会议还有其延续性，随后河南大学也召开了相关会议，参见刘涛《中国现代文学文献问题学术研讨会综述》，《中国现代文学研究丛刊》2005 年第 2 期。

各自为政、无章可循，不利于现代文学文献研究的开展和成果的交流，所以与会者一致认为有必要借鉴古典文献学的传统惯例、汲取以往现代文学文献研究成果的成功经验，根据现代文学文献的实际情况，确定一些基本的工作标准，并酌定可供同行共同遵守的文献工作规范以至于可通用的文献工作语言，期望在今后的工作中补充和完善起来。其中讨论较多的是全集或文集的编辑原则以及版本校勘问题。大家认为现代文学文献的整理工作旨在保存文献，为今后的研究和再筛选提供一个基础和基藏，因此求真求全是其当然的学术要求。为此，应力争为重要的现代作家编辑全集或较完备的文集……重要的作家作品应出汇校本。

从观念层面来看，由全集或文集的编辑原则、版本校勘问题，进而述及重要作家作品的汇校本，对相关研究困局的诊断和研究前景的勾描可谓切中肯綮。在现代文学文献学知识理念逐渐深入、文本整理成果较多出现的新局势之下，学界同人很有必要就现代文学文本汇校的开展情况做更深入的探讨，尤其是汇校工作之中的诸种技术性因素，"确定一些基本的工作标准，并酌定可供同行共同遵守的文献工作规范以至于可通用的文献工作语言"。从目前的情势来看，此一工作非常之烦琐，受关注度也还亟待提高，下文结合《穆旦诗编年汇校》略做展开，涉及异文、校勘方法、底本、校本、汇校范围以及相关文献工作语言等层面。

1. 异文

凡汇校，都需要厘定异文。在古典文献学的概念范畴之内，所谓"异文"，是指"同一文献的不同版本中用字的差异，或原文与引文用字的差异"[①]。而随着现代印刷技术的日益发展、书写条件的日益便利，现代文学作品中异文的繁复程度远非"用字"所能涵盖——字词之外，标题、标点、段落、篇章（全篇）、落款乃至一些形式因素（如空格、分行、分段）等，这些作品修改可能涉及的方面均属异文之列。

作为对应的现象是，后人对文献进行辑录、整理过程之中出现的误植（错字、脱字、衍字等），若无合理的版本依据，并不能归入异文，而应视

---

① 陆宗达、王宁：《训诂与训诂学》，太原：山西教育出版社，1994年，第86页。

作誊录错误。《穆旦诗文集》中即有部分属于此类情形。而检视数首新发掘的穆旦集外文，如《祭》《一九三九年火炬行列在昆明》《记忆底都城》等，比照初刊本，其整理重刊本均存在若干文字差异，包括字词、标点和分节上的错漏，这也属誊录错误，不能视作异文。本文的相关段落在叙及时，并未使用"异文"的字眼，学界在面对现代文学文本整理中的同类现象时，亦应保持严格的尺度。

2. **方法**

校书的主要方法，陈垣在《校勘学释例》中分为 4 种，即对校法、本校法、他校法和理校法。对校法是最为基本的文献校勘方法，亦称"版本校"，是校书方法的基础，"即以同书之祖本或别本对读，遇不同之处，则注于其旁"，"此法最简便，最稳当，纯属机械法。其主旨在校异同，不校是非，故其短处在不负责任，虽祖本或别本有讹，亦照式录之；而其长处则在不参己见，得此校本，可知祖本或别本之本来面目。故凡校一书，必须先用对校法，然后再用其他校法"。"本校法者，以本书前后互证，而抉摘其异同，则知其中之谬误。""他校法者，以他书校本书。凡其书有采自前人者，可以前人之书校之，有为后人所引用者，可以后人之书校之，其史料有为同时之书所并载者，可以同时之书校之。"至于"理校法"："段玉裁曰：'校书之难，非照本改字不谓不漏之难，定期是非之难。'遇无古本所据，或数本互异，而无所适从之时，则须用此法。"① 目前有的古典文献学著作亦是分为 4 种，但有所不同，为对校法、他校法、本校法和综合考证法。两相比较，"综合考证法"意在指出，在实际校勘实践之中，"往往诸法并用，而且要根据自己的文字音韵训诂以及历史文化知识来判断是非"，"一个合格的校勘学家，其功力可尽见于此法"②。可知其所谓"综合"，既有"理校"的含义，也强调了"诸法并用"的必要。

《穆旦诗编年汇校》所采用的主要方法为对校法，即底本和校本的对校。对部分明显存在的疏（错）漏之处，采用"理校法"或"综合考证法"——不同于古典文献校勘的是，对现代文学作品的校勘，多是根据现

---

① 陈垣：《校勘学释例》，北京：中华书局，1959 年，第 144～150 页。
② 杜泽逊：《文献学概要》（修订版），北京：中华书局，2008 年，第 141～147 页。

代印刷条件、语言习惯、手民误植等方面的因素，校出所存在的错漏之处。仅有少数校法或可归入本校法与他校法之列，比如在某诗的校勘中，借助穆旦本人其他诗歌之中同一词语的使用情况来说明，或将穆旦本人书信所涉诗歌纳入对校范围，这大致是本校法；将同时代的选本（《现代诗钞》）纳入校本之列，即他校法——也可以说是本校法的扩大化，即突破本文或本书的范围而扩大到本人的其他作品。

对现代文学作品的校勘而言，个中情形大致也是如此，即以对校法为主，兼及"理校法"或"综合考证法"，而限于材料，本校法的使用频次较低；而关于他校法，已有研究指出，"现代文学中用于他校的材料比古典文献的范围更广"，"但他校所用的材料毕竟不是直接的、原始的。故他书材料一般只可供作为参考或旁证"①。

3. 底本

从历史的角度看，所谓"校勘"实际上往往蕴含了确立一种更为完善的版本的意图。中国古代诗歌在传抄的过程中，抄者往往会采取一种策略，即从若干存在异文的手抄本之中，选取一个更为完美的本子。故对古书校勘的底本与校本，有观点认为："底本，应是传本中讹误较少的本子。校本，则是较早的祖本。校本可以是一个，也可以是几个，要根据实际情况来定。"②

现代文学作品是现代印刷技术、出版制度下的产物，有报刊本、出版本乃至作者手稿可供查照，基本上不会出现古代文学作品传播过程中的那种被传抄者妄自改动而无从查证的现象（这并不意味着没有他人妄自改动的情形），但众多版本之间，如何择善（优）而从，无疑也是一个很大的难题。初刊（版）本自是有特殊的历史价值，但未必就是最好的；作者生前所确定的最终改定稿，虽然明确体现了作者的意图，但综观之，艺术水准萎缩的也不在少数。前述"中国现代文学的文献问题座谈会"的共识述要即曾指出："在编辑全集或文集中应以求真为首要标准这一点上，大家的意见比较一致，并认为求真应体现在充分掌握各种版本（各种出版本和各次刊发本以及手稿）的基础上，择善而从，以为底本；所谓择善而从，

---

① 金宏宇：《中国现代文学校勘实践与理论建构》，《中国现代文学研究丛刊》2017 年第 3 期。
② 杜泽逊：《文献学概要》（修订版），第 148 页。

应根据具体情况做具体处理——在一般情况下初版本或初刊本因更能反映作家创作的初衷而理应得到重视，但并不意味着唯'初'是从，如果初版本或初刊本之后的修订本在艺术和思想的表达上更为完善，而其修订本并未受到其他外部因素的干扰，则后出的修订本也理应在选择之列。底本经确定之后，应尽可能地以其他版本校勘，并出校记，而切忌迳改底本原文，以存其真。"①

《穆旦诗编年汇校》是首次对一位现代重要诗人的全部诗歌作品进行汇校整理，主旨在于校异同，并没有预设一个"善本"的理念。最后的考虑可谓一个妥协的结果，即以"初本"为底本。这一方面是考虑到所涉作品量比较大，遵循前后一致的体例原则，另一方面则是考虑以"初本"为底本，能清晰地呈现穆旦的写作与修改过程。具体到不同诗歌，情况终究还是有所不同，简要说明之：一是，鉴于大部分穆旦前期诗作曾收入当时公开出版的诗集，凡此，均以初版本为底本；二是，上述之外的前期诗歌、1957 年所发表的诗歌，均以初刊本为底本；三是，晚年诗歌，即现署 1975～1976 年作的作品，凡能找到完整手稿的，均以手稿为底本，其余则以《穆旦诗文集》为底本，但在其他情形之下，《穆旦诗文集》仅用作对校，不作底本；四是，《穆旦自选诗集》仅用作对校，不作底本。

在确定底本之后，依据遵照原样、不加改动的原则，即不"迳改底本原文，以存其真"。凡底本有差错的，不做直接改动，而是借助"理校法"，在注释中加以说明。

附带提出一个相关的问题，在作家总集的编纂中固宜采取前后一致的版本原则，以便于整体状况的呈现，但对单个作品或作家作品选本的编纂而言，也还是存在一个何种版本更为合宜的问题。比如说，编订一部穆旦诗选，基于更好的诗学效果的考虑，即所谓"择善而从"，完全可以从各版本之中选出最好的篇什，合成各诗最佳版本的精选集。其间蕴含了编选者的审美眼光，但也并未修订穆旦的写作。这是另一种版本谱系的构造，也可能是通向"新善本"的路径之一，当另文再叙。

---

① 解志熙：《"中国现代文学的文献问题座谈会"共识述要》，《中国现代文学研究丛刊》2004 年第 3 期。

4. 异本/校本

古籍在漫长的历史流传过程之中，很可能存在较多异本，无法逐一展开对校，因此，会区分为主要对校本和参校本。① 但现代文学阶段时长较短，且异本有限，在实际的汇校之中，尽可能齐全地搜集、汇校各类版本的异文自然是题中应有之义，即对现代文学作品的汇校而言，宜将全部异本列作校本。

穆旦诗歌的版本谱系已如前述，主要是穆旦本人生前的发表本、出版本、通行本和部分手稿本。其他的，也包括穆旦晚年书信所涉诗歌及相关信息。书信虽非一种成熟的文体，但相关异文也有助于读者对穆旦写作行为深入理解。相关选本原本不在汇校之列，但前述闻一多编选的《现代诗钞》包含了穆旦诗歌版本的复杂情况，用以汇校，在呈现历史的复杂性方面自有其特殊效应。书信、选本等所触及的这类状况，在其他作家文本的校勘之中也是值得注意的。

5. 汇校范围

鉴于这是首次对穆旦诗歌进行汇校，而且到目前为止，对现代文学作品的整理，尚未出现过对一个重要作家的全部诗歌进行汇校的现象，故不厌其细，凡有异文处均出校。基于穆旦诗歌版本的复杂性，又可分为两种情形。

（1）一般性异文的校勘

具体的汇校内容，包括诗题、诗行文字、标点、诗末所署日期以及一些形式方面的因素（如空格、分段等）。有必要说明的是，所涉因各类技术性因素造成的异文，如异体、通假以及阙文等，均一一出校，以存历史之貌。从校勘的角度看，这类做法有些烦琐，学界对此也有不同认识，但在目前文献工作语言尚未统确的情形之下，如是处理也还是有其合理性的。

（2）重写类作品的校勘

重写类作品的异文数量大，校勘起来显然更为棘手。——出校势必非常烦琐，效果也很难保证。《穆旦诗编年汇校》在实际编排过程中，对《神魔之争》《隐现》这两首改动非常之大的长诗所采取的策略是排两稿：

---

① 杜泽逊：《文献学概要》（修订版），第 141～147 页。

一稿单列初刊本，另一稿则是以再刊本为底本，汇校其他各版本中的异文。

两种情形之下，后者显然更为复杂。看起来，《穆旦诗编年汇校》的处理也只能说是权宜之计，是基于诗歌文体的便利——换个角度说，这里以穆旦为例所讨论的是诗歌文体，此前新诗汇校工作并未全面开展，已经成形的仅有郭沫若的诗集《女神》，徐志摩、戴望舒等人的诗全集（编）明确标注了异文信息，其他的如冯至、卞之琳等人的诗歌汇校工作尚在初步阶段①，综合比照，穆旦诗歌修改的繁复程度远在一般现代诗人之上。就实际汇校效果而言，其间虽亦有棘手之处，但诗歌终归是容量偏小的文体，基于诗歌分行这等短促、简洁的体式，终归还是便于分割和呈现，这是诗歌文体的便利之处。至于其他文体如何处理繁杂的异文，比如改动非常之大的、"似而不同的异文本"②，或者是新中国成立之后一段时期之内在作品的"修改浪潮"中"为了迎合新的国家意识形态和新的文学规范而进行的旧作新改"——"新的异文类型"③，看起来都有不小的难度。

6. 辑校样式/相关文献工作语言

对作品校勘而言，校语、格式乃至校勘记等，涉及作家文献整理的工作语言问题，宜进行适当的规整。

《穆旦诗编年汇校》所称版本即每首诗诗末所标注的版本，如《自然底梦》，曾抄送给友人杨苡，有手稿存世，初刊于冯至等著《文聚丛刊》第1卷第5、6期合刊《一棵老树》，收入诗集《穆旦诗集》《穆旦自选诗集》以及通行本《穆旦诗文集》。以初本为底本，因有初版本在，此处即以《穆旦诗集》为底本，其他四个版本则分别称手稿版、《文聚丛刊》版、自选集版、诗文集版。经验在于，在一般的讨论之中，可以以初刊本、初

---

① 笔者所指导的2019届硕士研究生中，有两位分别对卞之琳诗集《雕虫纪历》和冯至早年的三部诗集进行了汇校，前者以定本为底本，后者以初本为底本；以此为基础，对两位诗人的写作展开了版本批评。

② 解志熙举师陀的两篇《夜之谷》为例，指出"它们所写的内容有一半是相同的，但也有近一半是很不同的，这种不同是艺术处理的不同，因此这两个文本就不能相互代替，不宜用版本校勘来解决，而只能把它们作为似而不同的异文本并存"，见《芦焚的"一二·九"三部曲及其他——师陀作品补遗札记》，《河南大学学报》2012年第5期。

③ 金宏宇认为，这类修改"已不只是语言、文字问题，超出了校勘学的研究范畴，却也为现代文学校勘学提供了一种新的异文类型"，见《中国现代文学校勘实践与理论建构》，《中国现代文学研究丛刊》2017年第3期。

版本、通行本一类惯常用语称之，以显示版本流变的效应；但基于比较复杂的版本谱系，辑校时宜据实称之，以明确各版本所指。

汇校取脚注的形式，即凡出现异文的，均在脚注中"照式录之"。具体而言，一个脚注可能是指整个一行诗存在异文，如《被围者》一诗，"我们翻转，才有新的土地觉醒。"一行，底本为《穆旦诗集》版（初版本），《诗文学》版、《旗》版、《穆旦诗文集》版的异文变化大，那么，辑校样式为：

> 我们翻转，才有新的土地觉醒。①
> _____
> ①《诗文学》版、《旗》版、诗文集版，本行作"我们消失，乃有一片'无人地带'。"

也可能是指一行之内的某一处异文，仍如《被围者》一诗中，"闪电和雨，新的气温和希望"一行中的"泥土"二字，底本仍为《穆旦诗集》版，《诗文学》版、《旗》版、《穆旦诗文集》版有异文。那么，辑校样式为：

> 闪电和雨，新的气温和希望①
> _____
> ①《诗文学》版、《旗》版、诗文集版，"希望"作"泥土"。

若一行之内存在多处异文，如《玫瑰之歌》第一章中的"大野里永远发散着日炙的气息，使季节滋长，"一行，底本为《探险队》版，其他各版存在三处异文，具体辑校样式则为：

> 大野①里永远发散②着日炙的气息，使季节滋长，③
> _____
> ①自选集版，"大野"作"原野"。
> ②诗文集版，"发散"作"散发"。
> ③《今日评论》版，本行作"大野里有人等候我，她将为我摘下滋养的果子，"。

内容的标示，将尽可能以词或短语为基本单位，以显示相对完整的意义，即如上述例子，标示为："大野"作"原野"，而不是："大"作"原"。

对那些改动较大的诗歌，一个脚注则可能直接照录多行异文，如《给战士》一诗，有《益世报》版、《穆旦诗集》版、《旗》版、《穆旦自选诗集》版等多个版本，所选底本为《穆旦诗集》版，其中，《旗》版第二节之后另有一节，那么，辑校样式为：

终不过给快乐的人们垫底，①

---

① 《旗》版，本节后另有1节（共3行）：
　　再不必辗转在既定的制度中，
　　不平的制度，可是呼喊没有用，
　　转而投靠，也仍得费尽了心机，

此方面的文献工作语言自是有待进一步的探索。就《穆旦诗编年汇校》实际展开方式来看，简言之，鉴于穆旦诗歌修改量大，版本谱系又相对复杂，所录版本和异文内容应尽可能保证有足够的涵盖性，同时又指称明晰，叙述简洁，不做烦琐之论。

进一步看，为了更好地厘清版本状况，展现版本演变背后的诸种因素，"校注"与"校读"工作始终也是必要的。校注方面，限于篇幅和体例，《穆旦诗编年汇校》仅对那些明显存在错误的版本信息进行校注，其他的则暂未做说明。校读文字自是可详可略，本篇可归入最为详尽的校读文字之列，概因目前现代作家作品的汇校工作尚未全面展开，故不厌其繁、不厌其细，以引起更多的注意。

结　语

而如本篇开头所宣告的，上述关于穆旦诗歌编年与汇校的翔实讨论应该足够揭示作品编年与汇校所具有的效应远非止于一般层面的文献整理与校勘，它能全面触及文献整理层面的一系列内容，也完全可能容纳更广泛的研究内涵，诸如个人写作史、文本演变史、个人写作与时代语境的复杂关联等。质言之，现代文学文献学本身也是一种切实有效的文学史研究和文学批评方法，以文献学的视野观照现代文学研究，不仅能促进文本整理的精确化，亦将带来研究方法和研究内容的更新。

当然，现代文学作品的整理与校勘是一项宏大而繁复的工程，不同文体如何处理芜杂的异文，又如何"确定一些基本的工作标准，并酌定可供同行共同遵守的文献工作规范以至于可通用的文献工作语言"，也是未来一个时期之内现代文学文献学工作者所必须面对的难题。

（曾刊载于《中国现代文学研究丛刊》2020 年第 4 期）

个人写作、时代语境与编者意愿

——编年汇校视域下的穆旦晚年诗歌研究

穆旦于 1977 年初去世，其晚年诗作均是此后才被整理发表和出版的。就一般情形而言，作者本人既已去世，作品的写作时间、版本认定等方面的问题当无疑义，但穆旦诗歌的实际情况却非如此。根据目前收录穆旦作品最为齐全的《穆旦诗文集》，晚年诗作共 29 首，是标注为 1975 年和 1976 年的作品。穆旦当时致友人书信曾抄录过若干诗作，其去世之后，部分诗作以遗作形式见刊于《诗刊》、《雨花》、《新港》、香港版《大公报》等处，并收入诗合集《八叶集》（1984 年）和个人诗选集《穆旦诗选》（1986 年），部分则是直接由手稿收入《穆旦诗全集》（1996 年）、《穆旦诗文集》（2006 年）一类诗全编。也就是说，晚年穆旦诗歌有手稿本（目前仅有部分披露出来）、书信本、初刊本、初版本、最终整理本等不同的版本形态。

比照多种版本，可发现穆旦晚年诗作多有异文。涉及 20 首，包括《妖女的歌》《智慧之歌》《理智和感情》《演出》《歌手》《理想》《冥想》《春》《夏》《友谊》《有别》《自己》《秋》《沉没》《停电之后》《好梦》《老年的梦呓》《退稿信》《黑笔杆颂》《冬》，超过此一时期全部诗作的三分之二。尽管穆旦本人在书信中对部分诗歌的修改做过或详或略的说明，但鉴于穆旦本人的去世先于作品发表与出版的事实，这些版本状况显然只能说是部分地反映了穆旦的修改行为，更多的情况下，穆旦本人的意志已经暧昧不明。由此，规整穆旦晚年诗歌所存在的众多异文，并以汇校视域来观照之，既可见出在"1976 年"这个时间节点上，作家写作与时代语境、个人境况之间的特殊关联，也能呈现当代作家文献整理过程中较易出现的一些问题。

《智慧之歌》等诗与穆旦晚年诗歌的写作时间问题

就总体范围而言，穆旦晚年诗歌的写作时间基本上是没有疑义的，但写作时间的准确认定，以及由此所涉及的穆旦作品整理者的相关意图，均可待进一步辨析。

目前关于穆旦晚年诗歌的编年问题是由穆旦家属和相关人士所确定的：在《穆旦诗文集》（增订版，2014 年）之中，1975 年有诗两首，即《妖女的歌》《苍蝇》。其余的均编排在 1976 年名下，起于 3 月的《智慧之歌》，止于 12 月的《冬》。仔细甄别《穆旦诗文集》所透露的时间信息，29 首诗作可分为四个类型。第一类是标注了年月日、年月或者月日的诗作，属时间可以确定的诗作，即《智慧之歌》《理智和感情》《城市的街心》《演出》《诗》《理想》《听说我老了》《冥想》《春》《友谊》《夏》《有别》《自己》《秋》《停电之后》《退稿信》《黑笔杆颂》《冬》，计有 18 首。第二类是笼统标注为"1975 年"或"1976 年"的诗作，即《苍蝇》《沉没》《好梦》《老年的梦呓》《"我"的形成》《神的变形》，计有 6 首。第三类是"据作者家属提供的未发表稿编入""写作时间推测为 1976 年"的作品，即《问》《爱情》，计有 2 首。第四类是时间未定，即归入 1975 年名下的《妖女的歌》和归入 1976 年名下的《秋（断章）》和《歌手》，计有 3 首。此外，《穆旦诗全集》曾收录《面包（未完稿）》，注明"大约写于 1976 年后半年，诗人的思绪亦在断章中大致表现出来"[1]。该诗已完成的诗行共有 4 节，可能是十四行诗的样式，其结构为 4 - 4 - 3 - 3，但第 4 节第 3 行未完成。若为十四行诗，则此诗已算是大致完成，但《穆旦诗文集》未录，故暂时忽略此诗。

很显然，第三、四类诗作，实际上都属无法确定写作时间的作品，只是第三类对写作时间进行了"推测"。与此同时，第二类诗作可能与它们也并不存在本质区别。统观穆旦的全部写作，大部分作品明确标注了写作日期，在总体上是便于系年的，因此，《穆旦诗文集》将部分诗作笼统地标注为"1975 年"或"1976 年"，并不符合穆旦本人的做法。而从另一个

---

[1] 穆旦著、李方编《穆旦诗全集》，北京：中国文学出版社，1996 年，第 357 页。

角度来看，若根据一个先例，即编者对 1957 年所发表的诗歌的处理方式来推测，则很可能也无法确定写作时间：1957 年，穆旦共发表诗歌 9 首，其中除了两首注明时间为 1951 年，其他 7 首则均未署写作时间，但《穆旦诗文集》一律将 7 首诗歌的写作时间署为"1957 年"。两首标注为"1951年"的作品曾引起讨论①，而从 7 首诗歌的内容来推断，固然可说是与1957 年的时代语境非常之切近，但将发表时间直接等同于写作时间，终究缺乏必然的依据。此外，第一类中的《停电之后》一诗，在 1986 年版《穆旦诗选》中，写作时间并非标注为"1976 年 10 月"，而是"1976 年"。第二类中的《老年的梦呓》一诗，其第 2、4、5 节曾载入穆旦 1977 年 2 月19 日致董言声的信，题为《老年》。书信写作时间和诗歌写作时间之间是否有关系，看起来也只能是一个谜。第四类中的《歌手》，曾和《演出》一起载入 1977 年 1 月 12 日致郭保卫的信，未署写作时间，此前也未单独成篇，增订版《穆旦诗文集》首次单独析出，但并不是依据书信写作的时间，而是编入标注为 1976 年 4 月所作《演出》之后。这样的编排方式，自然也是可以进一步商榷的。

综合来看，至多有 60% 的穆旦晚年诗作可以确定时间，其余的诗作则可说是缺乏实证材料而无法确断写作时间。以此来看，将两首写作时间难以确断的作品编入 1975 年，又将两个有确切写作时间的作品分别编排在1976 年写作的首位和末位，中间贯穿着若干写作时间无法确定的作品，可谓包含了某种人为的编辑意图，而非穆旦本人写作图景的真实呈现。

先来看起始点。或可先提出的是，友人杨苡曾在回忆中谈到，更早的时候，比如"劳改"之余看着远处乡村的炊烟穆旦也会写下诗，当时在给她的信中即抄录有。② 不过，限于资料，此一写作行为已经无法确证。仔细审察目前所整理出来的诗作，归入 1975 年的《妖女的歌》《苍蝇》和排在 1976 年首位的《智慧之歌》，其编年均有可议之处。

《妖女的歌》属于未经发表而直接入集的作品。最令读者感到蹊跷的是写作时间的异动：首次收入编年体《穆旦诗全集》时，被列入 1956 年；

---

① 参见胡续冬《1957 年穆旦的短暂"重现"》，《新诗评论》2006 年第 1 辑；〔韩〕金素贤：《智者的悲歌——穆旦后期诗歌研究》，《现代中国文化与文学》第 1 辑，成都：巴蜀书社，2006 年。
② 易彬：《"他非常渴望安定的生活"——同学四人谈穆旦》，《新诗评论》2006 年第 2 辑。

收入《穆旦诗文集》时，却又列入 1975 年。何以会有这番时间跨度如此之大的挪移，编者却未置一词说明。这两部穆旦诗集有十年的间距，不少讨论曾根据前一个时间点做出过精彩的分析，看起来却可能是失效的。①作家手稿的整理及编年的权力由作品整理者（包括家属）所掌握。一般的研究者所掌握的信息有限，往往无法察知其来龙去脉。相关异动给研究者所带来的困惑，此即典型一例。

《苍蝇》也存在时间异动的问题，不过相关信息主要和书信有关。初版《穆旦诗文集·1》有注释："此诗大约写于 1975 年 5 月或 6 月，系诗人在 1975 年 6 月 25 日信中抄寄给诗友杜运燮的。"② 所称信件，应该是《穆旦诗文集·2》所录 1975 年 6 月 28 日致杜运燮的信，时间上略有出入，当是文稿誊录之误。该信附有《苍蝇》《友谊》和另一首诗（篇目不详），据此，这三首诗的写作时间至迟也就在 1975 年 6 月。但是，在《穆旦诗文集·2》（增订版）之中，此信的写作时间后移为"1976 年 6 月 28 日"。信中提到"是自己忙，脑子里像总不停"的状态，确是更接近于 1976 年年中的穆旦其他书信中所流露的某种感伤情绪，何以会后延一年，编者并未给出任何说明。

细察之，该信为残信，缺开头部分，落款也仅署"6.28 晚"。初版《穆旦诗文集》将该信认定为 1975 年，又将《友谊》的写作时间标为"1976 年 6 月"，这已属不妥。增订版《穆旦诗文集》变更此信的写作时间，主要原因应该是为了与《友谊》的写作时间相吻合，但这同时使得《苍蝇》的写作时间成为问题。穆旦在该信中有 "《苍蝇》是戏作……我忽然在一个上午看到苍蝇飞，便写出这篇来"，以及"写点东西，寄你三篇看看"之语。按照一般写作情形来推断，所寄上的"三篇"很可能写于同一时期。若此，则《苍蝇》的写作时间很可能要后移至"1976 年 5 月或 6 月"。不过，增订版《穆旦诗文集》亦未给出书信写作时间后移的确切理由，严格说来，"1975 年 6 月 28 日"这一时间点也并未截然失效，而这

① 个人印象非常深的一个细节是，2006 年 4 月南开大学文学院举办穆旦诗歌创作学术研讨会期间，《穆旦诗文集》首发，刘志荣当时即发现《妖女的歌》写作时间的异动，并有所感慨。此前，刘志荣在《生命最后的智慧之歌：穆旦在一九七六》（《文学评论》2004 年第 3 期）中，从"1956 年"的角度，对《妖女的歌》有过讨论。

② 穆旦著、李方编《穆旦诗文集·1》，北京：人民文学出版社，2006 年，第 316 页。

又会使《友谊》的写作时间成为一个问题。当然，缺乏确凿的证据，这些都只能止于推测。不过，穆旦致杜运燮的另一封信，编者确实是曾经将写作时间后移了。①

被置于 1976 年诗歌之首、标注为 1976 年 3 月所作的《智慧之歌》也存在系年问题。自穆旦家属和友人杜运燮所编选的《穆旦诗选》出版以来，该诗始终被如此编排。这么做无外乎两个原因：其一，它确是穆旦 1976 年的开篇之作；其二，作品的整理者愿意将其视为穆旦 1976 年诗歌的开端之作。

对照《智慧之歌》的不同版本，手稿版②署"3.10"，初刊本（《新港》1983 年第 2 期）署 1976 年，收入《八叶集》《穆旦诗文集》等集时，均署 1976 年 3 月。姑且认为"1976 年 3 月"这一时间没有问题，但基于先前关于穆旦晚年诗作写作时间的总体状况的分析，"1976 年 3 月"是否为本年最早的写作时间点，其实并没有确切的证据，因此，将《智慧之歌》编排在穆旦 1976 年诗歌之首的做法，更多的应是出于后一层的考虑——《智慧之歌》完全可称为那种泄露写作者内心秘密的诗篇，开篇即写道：

> 我已走到了幻想底尽头，
> 这是一片落叶飘零的树林，
> 每一片叶子标记着一种欢喜，
> 现在都枯黄地堆积在内心。

这个"从幻想底航线卸下的乘客"，不仅"永远走上了错误的一站"（《幻想底乘客》，1942）；而且，终于走到了"幻想底尽头"——在这个"幻想底尽头"，年轻时的激愤消退，人生沧桑静穆之感浮现。

晚年穆旦生命之中有一个关键性的事件，那就是 1976 年 1 月 19 日夜里骑车摔跤，腿伤一直未得治愈。此事看似偶然，却是根源于现实之痛。

---

① 初版《穆旦诗文集·2》第 144～145 页所录穆旦致杜运燮的信，时间标为"1976 年（日期不详）"。根据书信内容推断，此信的实际写作时间最迟当在 1975 年底（相关讨论可参见易彬《穆旦评传》，南京大学出版社，2012 年，第 521 页）。《穆旦诗文集·2》（增订版）已将此信时间改为"1975 年（日期不详）"。

② 陈伯良：《穆旦传》，北京：新世界出版社，2006 年，第 192 页。

其时，穆旦长子已下放到内蒙古，这是他晚年非常忧心的一件事，当时书信频频谈及此事，当日夜里骑车出门也正是为了打听招工的事情。从这个角度说，腿摔伤一事呈现了穆旦与现实的紧密关联。由于腿伤没有及时治疗，肉体的疼痛一直到穆旦去世也没有消失——穆旦最终因心脏病发作而倒在手术台上。

检视穆旦这一时期的书信，此前，其情绪并不算低落，依然流现着某种理想信念——他甚至在新购的鲁迅杂文集《热风》的扉页上写下自我勉励的话："有一分热，发一分光，就像萤火虫一般，也可以在黑暗里发一点光，不必等候炬火。"腿伤之后呢？从 1976 年 1 月 25 日开始，一直到 1977 年 2 月 4 日，穆旦在给董言声、郭保卫、孙志鸣、江瑞熙、巫宁坤、杜运燮等旧友、新知的书信中，反复谈及腿伤——越往后，越是较多地出现一种忧伤、恐惧的情绪，即死之将至、人生虚无、生命幻灭的感叹。完全可以说，"腿伤"这一至关重要的事件——一种"人生无常"的境遇从根本上改变了晚年穆旦的生命图景，直接诱发了穆旦"最后的写作"。因此，姑且不论被置于 1975 年名下的两首时间不明的作品，从隐喻的意义来看，在"1976 年 3 月"这一时间基点上，晚年穆旦重新开始了诗歌写作——也正因为如此，这批诗歌首先应看作穆旦个人的喃喃自语。一句"我已走到了幻想底尽头"可谓写出了人生的全部酸楚，足可统领穆旦晚年的全部写作。

统言之，从晚年穆旦的人生轨迹与实际境遇来看，现行穆旦诗集将《智慧之歌》编排在 1976 年诗歌之首的做法有其合理性，虽然这终究无法断然排除其他的可能性。

《停电之后》：令人疑惑的誊录之误？

《穆旦诗文集》的编者指出："诗人晚期的创作，受恶劣的环境所限，往往写在小纸片、信笺的空白或日历的边沿处，有些是被弃置，有些又是有意藏匿，文字校勘相当困难。"[①] 诚然如此，如何厘定不同版本的异文仍是一项复杂的工作。

---

① 穆旦著、李方编《穆旦诗文集·2》（增订版），北京：人民文学出版社，2014 年，第 417 页。

穆旦晚年诗作中的异文，有一些是标点符号的不同标记，有一些是常见的语言现象或书写习惯，如"的"与"地"、"他"与"它"、"像"与"象"、"做"与"作"、"年轻"与"年青"、"一会儿"与"一会"、"消溶"与"消融"、"和谐"与"合谐"、"蔚蓝"与"蔚兰"、"舞弄"与"午弄"的混用之类。还有一些，属脱字或者衍字。比如《理想》一诗的"逐渐淤塞，变成污浊的池塘"一行，初刊本（《新港》1981年第12期）作"逐渐汙淤塞，变成污浊的池塘"，"汙"应属衍字。另外，手稿书写亦有一些问题。比如《智慧之歌》中"但唯有一棵智慧之树不雕"一行，其他各版"不雕"均作"不凋"。很显然，"不雕"应订正为"不凋"。又如，"我诅咒它每一片叶的滋长"一行，手稿"诅咒"二字被涂掉，初刊本（《新港》1983年第2期）、《八叶集》版作"诅咒"，《穆旦诗文集》版作"咒诅"。在整理时，据较早版本补入"诅咒"二字也是必要的。其他例子，《退稿信》的书信版和《有别》的手稿版，均将"熟稔"写作"熟诿"，《有别》的"一幕春的喜悦和刺疼"一行，手稿版"一幕"写作"一暮"，这种明显的书写错误也是应该订正的。大致说来，这些状况跟书写、誊录、排版等因素有关，印证了研究者所指出的："我们今天对现代文学文本的初刊本或初版本的校勘，事实上常常是在纠正当初排版中的误排以至作者原稿中的笔误。"①

穆旦晚年诗歌中的此类异文，多数在可理解的范围之内，但也有突出的例子，那就是1976年10月所作《停电之后》。此诗初刊于《雨花》1980年第6期，载入穆旦晚年所结识的年轻友人郭保卫的回忆文《忆穆旦晚年二三事》（《新港》1981年第12期）之中，题作《停电之夜》；随后收入《穆旦诗选》《穆旦诗全集》；更全的版本则是随穆旦诗文选集《蛇的诱惑》（1997年）而首次披露的1976年10月30日穆旦致郭保卫的信中。至此，《停电之后》一诗的异文情况全部显形。

在不同版本中，异文共有13处，涉及诗题、标点、字词和诗行，多数涉及字词的改动。下文为《穆旦诗文集》（增订版）所录穆旦致郭保卫的书信版《停电之夜》：

① 解志熙：《老问题与新方法——从文献学的"校注"到批评性的"校读"》，《考文叙事录——中国现代文学文献校读论丛》，北京：中华书局，2009年，第1页。

太阳最好，但是它下沉了。
拧开电灯，工作照常进行。
我们还以为从此驱走夜，
暗暗感谢我们的文明。
可是突然，黑暗击败一切，
美好的世界消失、灭踪。
但我点起小小的蜡烛，
把我的室内又照得光明：
继续工作，也毫不气馁，
只是对太阳加倍地憧憬。

次日睁开眼，白日辉煌，
小小的烛台还摆在桌上。
我细看它，不但耗尽了油，
而且残留的泪挂在两旁：
那是一滴又一滴的晶体，
重重叠叠，好似花簇一样。
这时我才想起，原来一夜间
有许多阵风都要它抵挡。
于是我感激地把它拿开，
默念这可敬的小小坟场。

从形式上看，书信版诗行形式整饬，分两节，每节均为 10 行；其他各版虽然亦是两节，但初刊本每节均只有 8 行，回忆文版和《穆旦诗文集》版则是同为第 2 节 10 行，第 2 节 8 行。再看异文，题作《停电之夜》，书写即时的图景，有着某种幽微的色调；题作《停电之后》，则更多叙事性或者散文化的意味，一字之差，还是有着不同的人生况味。诗行中的异文，初刊本缺"我们还以为从此驱走夜，/暗暗感谢我们的文明。"两行；"消失"作"消影"；"耗尽了油"作"耗尽了心血"；"有许多阵风都要它抵挡。"作"有许多冷风都未使它消亡，"。除了"消失"与"消影"外，其他几处异文均可说是包含了明显的修改意图。至于回忆文版、《穆旦诗文集》版，异文则还有"光明"作"通明"、"烛台"作"蜡台"，"残留"作"残流"等，这几处异文基本不致影响对全诗的理解，是否为誊录或者排印错误也未可知。

上述异文之外，各版还有共同之处，那就是第2节均令人疑惑地缺少了两行：

> 那是一滴又一滴的晶体，
> 重重叠叠，好似花簇一样。

从书信版第2节的诗行来看，第4行末尾为冒号，第5、6两行诗为描述性的文字，生动地描述了蜡烛残留的情形，冒号的使用与这一情形正好符合。删去这两行，第4行末的冒号不变，所对应的内容则变成了第7行——由描述性的内容变成了一种心理活动。从冒号本身所具有的语法功能来看，这种改动使得上下意思衔接不当。而从诗意生成（诗歌经验）的角度看，"花簇"一词，与全诗最末一行的"坟场"构成了恰切的对应。蜡烛燃尽而剩余些许烛油（"残留的泪"），这不过是一个日常事件，而"坟"是一个富有精神内涵的镜像（或可称之为"心象"），将日常事件提升，这是一种常见的诗歌经验——穆旦在这方面的能力是非常突出的。而从实际效果看，只有对日常事件（事物）有所铺垫，"诗意提升"才会显得自然而不至于很突兀，从这个角度说，"那是一滴又一滴的晶体，/重重叠叠，好似花簇一样"这一实写式的描述，却也恰似坟头上点缀着的花簇。即，经由"花簇"这一中介意象，从"燃尽的蜡烛"到"小小的坟场"的提升显得更为生动、形象，更有诗意内蕴。此外，穆旦晚年诗作多整饬，从诗行对称的角度考虑，第1节既是10行，那么，第2节10行显然是更为合理的写法。至于初版本，两节均为8行，形式固然也很整饬，但缺少一些重要的诗行，并不能视为完整的版本。

综合来看，书信版显然是更为合理的版本，而且可以认为是改定版。那么，进一步的问题则是：这个误差是由谁造成的呢？是穆旦本人修改的结果？还是家属或回忆文作者在传抄过程中产生的差漏？晚年穆旦诗歌形式多整饬，前者似乎不大可能；但若指认为后者，又缺乏足够的证据。从相关诗集的编选来看，仅有《穆旦诗选》指出查明传"担负了全部诗稿的抄写工作"①，查明传为穆旦次子，应该是穆旦子女之中主要负责其诗歌整理的人选，日后还将穆旦早年编订的一部诗选整理为《穆旦自选诗集》（天津人民出版社 2010 年版）出版——固然，此一整理工作也确实存在不少缺憾，但终究无法作为其早期抄写工作必然存在错漏的明证。

在《停电之后》这一例子当中，书信起到了至关重要的作用。顺着书信的角度进一步来看，其效应确实非常之明显：一方面，如下文讨论所示，《黑笔杆颂》《冬》等诗的修改，书信所提供的信息有助于读者做出更进一步的解读；另一方面，尽管书信并非一种成熟的文体，相关版本可能是也可能不是最终定稿，但文本本身以及相关谈话语境非常生动地展现了穆旦诗歌写作的过程，有助于读者更为深入地理解穆旦的写作行为。因此，在穆旦诗歌的汇校整理之中，将书信中的异文列入也是必要的。

《黑笔杆颂》《神的变形》：现实政治因素的渗入

关于《黑笔杆颂——赠别"大批判组"》《冬》等诗的修改，穆旦在书信之中有过自叙，相关讨论将更有迹可循。

《黑笔杆颂——赠别"大批判组"》一诗的写作信息可见于 1976 年 11 月 10 日穆旦致郭保卫的信，信中谈到了此一时段所写的两首诗："今天忽动诗思，写了一首'退稿信'，是由于看到'创业'的批示而有感。想到今后对百花齐放也许开放一些了吧。前十多天，在听到'大批判组'的垮台后，写了一首'黑笔杆颂'，这两首看来是可以发表的，但我自己已无意发表东西，想把它们送给你，由你去修改和处理，如果愿送诗刊，（我想是可以送诗刊）那就更好，那就是你的东西，由你出名字，绝不要提我"；"如果你觉得不好送出，那就看后一笑置之。我也许再给你寄些以后针对发表而写的东西。这有无兴趣，还得以后看。"

"无意发表东西""绝不要提我""针对发表而写的东西"等语句，显示了穆旦对时代语境的体察，只是因为突发的变故，个人历史不得不遽然终止：穆旦随后不久即去世，郭保卫是否曾将作品寄给相关刊物暂不可知，"针对发表而写的东西"是什么形态也已无缘察见。下文是此次书信

---

① 杜运燮：《后记》，穆旦：《穆旦诗选》，北京：人民文学出版社，1986 年，第 159 页。

中的版本：

> 多谢你，把正确的一切都"批倒"，
> 人民的愿望全不在你的眼中：
> 努力建设，你叫作"唯生产力论"，
> 认真工作，必是不抓阶级斗争；
> 你把革命的纪律叫做"管卡压"
> 一切合理的制度都叫它行不通。
> 学外国的先进技术是"洋奴哲学"，
> 但谁钻研业务，又扣上"只专不红"；
> 连对外贸易，买一些外国机器，
> 你都喊"投降卖国"，不"自力更生"。
> 不从实际出发，你只乱扣帽子，
> 你把一切文字都颠倒了使用：
> 明明是正在走的一伙走资派，
> 你说是"革命左派"，把骗子叫英雄；
> 每天领着二元五角伙食津贴，
> 却要以最纯的马列主义自封；
> 人民厌恶的，都得到你的吹呼，
> 只为了要使你的黑主子登龙；
> 好啦，如今黑主子已彻底完蛋，
> 你作出了贡献，确应记你一功。

郭保卫在随后的复信之中应该寄上了抄录的诗词和对穆旦所寄诗作的改稿。11 月 22 日，穆旦在复信中对郭保卫所添诗句的不当之处做出了分析：

> 你添的句子，有一点问题。"退稿信"原意是讽编者脑中的旧框框，不适用"百花齐放"的形势；你添的话把诗引向江青，与其他四段不合……第二段并不影射"创业"的十大罪状……"黑笔杆"是指大批判组之类的黑文人的，不好把江青私生活的东西放进；而且批的

是他们的言论。"你"指黑文人，非江青。

　　总之，你看情况吧，如把握不定，等些时再寄也好。像"退稿信"，现在也许太早，等一等看，杂志上提倡百花时，再拿出也不晚。凡有点新鲜意见的东西，都会惹麻烦，人家都不太喜欢的。"黑笔杆颂"也许较平稳些？

　　"'创业'的批示""'大批判组'的垮台"等说法自是有着特定的时代内涵。① 12月2日，穆旦又进一步谈到了《黑笔杆颂》的修改以及时代语境方面的话题：

　　　　现在写东西顶好按照要求写，听听编者要什么，否则大概是碰壁而回。因此我兴趣不大。即使批四人帮吧，你得批到恰好的程度，多一点少一点都不行，本来我想提他们把"按劳付酬"扣上帽子为"物质刺激"，但因现在报上不见此话，所以也删去。报上有什么，你再重复什么，作品又有什么意思。②

　　与《穆旦诗文集·1》所录版本相比，书信版缺副题"赠别'大批判组'"，异文则多达14处。其中有标点之异动，更多的还是字词和诗行方面的变化。一些明显体现修改意图的异文有："正确的一切"作"一切治国策"，"你把革命的纪律叫做'管卡压'，"作"你把按劳付酬叫作'物质刺激'，"，"合理的制度"作"奖惩制度"，"办学不准考试，造成一批次品，/你说那是质量高，大大地称颂。"两行缺，"明明是正在走的一伙走资派，/你说是'革命左派'，把骗子叫英雄;"作"到处唉声叹气，你说'莺歌燕舞'，/把失败叫胜利，把骗子叫英雄，"，"却要以最纯的马列

---

① "对《创业》的批示"应是指1975年7月25日，毛泽东为反映大庆石油工人艰苦创业的电影《创业》所写下的批示："此片无大错，建议通过发行。不要求全责备。而且罪名有十条之多，太过分了，不利调整党的文艺政策。"与此相关，文艺界的整顿一度出现可喜的局面。"大批判组"应是指"北京大学、清华大学大批判组"，以"梁效"等为笔名，从中共十大（按，1973年8月24日至28日，中国共产党第十次全国代表大会在北京召开）到1976年10月"四人帮"垮台，在三年多一点的时间里，共写出文章两百余篇，公开发表181篇，内容涉及政治、经济、科技、教育、文学艺术、历史等各个方面。

② 穆旦著、李方编《穆旦诗文集·2》（增订版），第242页。

主义自封;"之后另多两行:"吃得脑满肠肥,再革别人的命,/反正舆论都垄断在你的手中。"

从这几次书信所谈以及相关异文来看,时代政治因素对穆旦晚年写作的渗透显现无疑——《黑笔杆颂》《退稿信》等诗表明,在 1976 年 10 月"四人帮"被揪出这一历史时刻,穆旦以既兴奋又谨慎的心情写下了自己的历史观感。其笔调与其重点翻译对象、英国诗人拜伦的诗歌多有相通,即一种"半庄半谐,夹叙夹议,有现实主义的内容,又有奇突、轻松而讽刺的笔调"①。

由此所带来的版本问题也别有意味:12 月 2 日信中有"本来我想提他们把'按劳付酬'扣上帽子为'物质刺激'"、最终还是"删去"等内容,以此来看,和《停电之后》相似,《穆旦诗文集·1》所录版本实际上是初稿,书信版反而是改定版。

作家的书信版本与相关手稿之间所存在的微妙差异,还可以见于标注为 1976 年 4 月所作、1977 年 1 月 12 日抄录给郭保卫的《演出》一诗。该诗书信版的异文多是标点和字词上的差异,背后所浮现的时代语境问题并不比《黑笔杆颂》复杂,对全诗的理解也不致造成影响。但既有异文,也可以认为写作时间较早的手稿为初版,写作时间更靠后的、有一定修改的书信版为改定稿,在作家文献的具体整理过程之中如何处理,终归也是一个问题。

论及穆旦晚年写作中像《黑笔杆颂》这样针对现实的作品,还有一首得到了更多讨论的《神的变形》。该诗属于前述第二类型的诗作,即仅仅署"1976 年"的作品,首次入集是在《穆旦诗全集》,注明"系作者家属提供的未发表稿"②。没有材料透现《神的变形》一诗写作或修改的情况,但下文分析将指出,基于其语言表述方面的状况,是否最终的完成稿也未可知。

诗歌设置了"神""权力""魔""人"四个角色——和早年诗歌《神魔之争》(1941 年)的角色设置大致相当,看起来,其间也回荡着《神魔之争》的声音:"神"与"魔"相互争斗,"神"是世界的"主宰""掌握历史的方向","魔"则是要"推翻""神的统治"的"对抗"者。"权

---

① 查良铮:《拜伦小传》,《拜伦诗选》,上海:上海译文出版社,1982 年,第 7~8 页。
② 穆旦著、李方编《穆旦诗全集》,第 353 页。

力"是"神"的"病因"，将"神""腐蚀得一天天更保守"。"人"呢，"我们既厌恶了神，也不信任魔，/我们该首先击败无限的权力！/这神魔之争在我们头上进行，/我们已经旁观了多少个世纪！"别有意味的是，多半是出于强化话语效应的考虑，"人"还用了一句时髦的政治话语："哪里有压迫，哪里就有反抗。"①

但略加对照即可发现，与《神魔之争》相比，无论是篇幅、题旨还是情绪，《神的变形》已经大大简化或者说弱化：诗歌的整体情绪明显变得缓和，现实指向性也大大加强，不再如《神魔之争》那般构设文化的隐喻，也全无那种神秘诡异的、充满戏剧张力与舞美效应的争斗情境。四个角色，实际上不过是近于四个理念符号，"神"与"魔"都是单面的，"权力"明显逊于《神魔之争》之中的"东风"角色，"人"也没有"林妖"那般鲜活，虽被"神"与"魔"压迫而依然保有对生命的疑惑。《神的变形》最终以"权力"的发言结束：

> 而我，不见的幽灵，躲在他身后，
> 不管是神，是魔，是人，登上宝座，
> 我有种种幻术越过他的誓言，
> 以我的腐蚀剂伸入各个角落；
> 不管原来是多么美丽的形象，
> 最后……人已多次体会了那苦果。

所谓"不管是神，是魔，是人，登上宝座"似可理解为一种"城头变幻大王旗"式的权力变换，"以我的腐蚀剂伸入各个角落"则可说是一种现实的训诫；最末一句"最后……人已多次体会了那苦果"尤其富有意味，"人已多次体会了那苦果"这处于最末位置的十个字，连话语方式都变了。请注意，说话者是"权力"，它要说的无非是：以它的威力，"不管

---

① 毛泽东在《从历史来看亚非拉人民斗争的前途》（1964年7月9日）中写道："有压迫，就有反抗；有剥削，就有反抗。"（见《毛泽东文集·8》，北京：人民出版社，1996年，第384页。）1972年2月28日，《人民日报》发布《中华人民共和国和美利坚合众国联合公报》，其中也写道："中国方面声明：哪里有压迫，哪里就有反抗。国家要独立，民族要解放，人民要革命，已成为不可抗拒的历史潮流。"

原来是多么美丽的形象"最后都将承受被"腐蚀"的"苦果",因此,按照正常的语法表达,这两行诗应该是:

> 不管原来是多么美丽的形象,
> 最后……都将让人多次体会那苦果。

而"人已多次体会了那苦果"这一呈现为完成时态的表述,更像是出自一个洞察世相的、全知的叙述者之口——对从1953年回国以来就一再地经受折磨而试图为人生做出某种归结的穆旦而言,一句"最后……人已多次体会了那苦果"直可说是穆旦内心景状的隐喻:一个"……"似乎表明,诗人已无力再铺陈推衍"神""魔"与"权力"一类话题,而不得不急切地却又是相当无力地用超越说话者固有的身份或语气的方式强制性地终结了诗篇。"人已多次体会了那苦果",十个最通俗浅白的字,其含义恰如"我已走到了幻想底尽头"或"多少人的痛苦都随身而没"(《诗》,1976年4月)。这又一次寓示了穆旦晚年诗歌确是哀伤而凄厉的生命挽歌。

从文献辑录的角度看,诗歌语言所存在的这种状况,可能表明了写作的未完成性。而就诗歌本身的意绪来看,与其说晚年穆旦是要通过写作而对外在的权力社会发言,倒不如说是在为被"权力"不断"腐蚀"的自身生命而哀挽,"权力"不过是个体生存境遇之中无法规避的东西,在穆旦所生活的年代,各种"权力"对人的压制显得尤为明显。正如《黑笔杆颂》等诗所呈现出来的现实热情被时代语境压下去了,《神的变形》这种看似向现实发言的诗篇最终也蜕化为残酷人生的总结。写作之中所流现的这样一种情绪,可能是把握穆旦晚年诗歌最恰切的逻辑起点。

《冬》之修改:"老朋友"的劝诫与时代语境的效应

作于1976年12月、被视为绝笔之作的《冬》,是穆旦晚年作品中受关注度最高的一首。这既和诗歌所流露的情绪有关,也得益于它的修改——更确切地说,得益于穆旦本人对修改的谈论以及较长一段时间内这种谈论的隐没。

一般读者第一次见到《冬》是在《诗刊》1980年第2期。下文为这个初刊本的第 1 章：

> 我爱在淡淡的太阳短命的日子，
> 临窗把喜爱的工作静静作完；
> 才到下午四点，便又冷又昏黄，
> 我将用一杯酒灌溉我的心田。
> 人生本来是一个严酷的冬天。
>
> 我爱在枯草的山坡，死寂的原野，
> 独自凭吊已埋葬的火热一年，
> 看着冰冻的小河还在冰下面流，
> 似乎宣告生命是多么可留恋。
> 人生本来是一个严酷的冬天。
>
> 我爱在冬晚围着温暖的炉火，
> 和两三昔日的好友会心闲谈，
> 听着北风吹得门窗沙沙地响，
> 而我们回忆着快乐无忧的往年。
> 人生本来是一个严酷的冬天。
>
> 我爱在雪花飘飞的不眠之夜，
> 把已死去或尚存的亲人珍念，
> 当茫茫白雪铺下遗忘的世界，
> 我愿意感情的热流溢于心间。
> 人生本来是一个严酷的冬天。

　　全诗 4 章，关注度最高的无疑就是第 1 章。从语言、句式的角度看，它至少有三处突出的表达：一个是频频出现的冷色、晦暗的词语——即便是"太阳"也是"短命的"；二是每节诗的末一行为复沓句式，均以"人生本来是一个严酷的冬天"收束，这一复沓句式在此前的《好梦》中也曾出现——《好梦》全诗五节，各节也均以"让我们哭泣好梦不长"收结；

三是"我爱在……"句式，看起来要表达的是一种喜爱的情绪，但具体诗行所展现的却多半是一种虚拟之境，姑且认为第一句"我爱在淡淡的太阳短命的日子"是实写——但"太阳短命"显然是一个阴冷的说法。之后三句："我爱在枯草的山坡，死寂的原野""我爱在冬晚围着温暖的炉火""我爱在雪花飘飞的不眠之夜"无不是用虚拟的语气写成，所展现的乃是一种人生的失落。这种语气在《智慧之歌》之中有（"另一种欢喜是迷人的理想，/……/可怕的是看它终于成笑谈。"），在《停电之后》之中亦有（"太阳最好，但是它下沉了"）。因此，言说《冬》是穆旦的绝笔之作，看起来非常之合理，它最终像网一样将晚年作品结了起来，可说是涵盖穆旦全部人生的一首诗。

但在此后家属主导的穆旦作品的出版行为之中，所录《冬》均是新的版本——直到《穆旦诗全集》才有了简要的版本说明，其中提到穆旦当时将此诗抄寄给友人时，杜运燮"认为如此复沓似乎'太悲观'，故改为不同的四行。""《诗刊》发表的系诗人家属当时提供的最初手稿。""穆旦家属和杜运燮所编《穆旦诗选》（1986年）收入的即为诗人改定稿。"[①] 此后，尽管穆旦的一批书信出现在诗文合集《蛇的诱惑》之中，但抄录《冬》或论及《冬》的修改的信件，又是到了十年之后的《穆旦诗文集》方才披露。至此可以看到，1976年12月至1977年1月间，穆旦曾将《冬》的不同章节抄送给了杜运燮、江瑞熙、董言声等多位老友，与此同时，《冬》的多份手稿也被披露出来。[②] 以此来看，《冬》有手稿本（多份）、书信本（多份）、初刊本、改定本等多个版本，相关文献也更为充分，使更确切的讨论成为可能。但十年间穆旦修改动因的隐没，也激发了一些富有想象力的讨论。[③]

现有文献表明，1976年12月9日，穆旦在给杜运燮的信中谈道："看到你的信，有一种气氛，使我写了冬（1）这首诗，抄给你看看，冬（2）是以前的。"这里有两个信息：一是和《苍蝇》相似，《冬》的写作又一次

---

① 穆旦著、李方编《穆旦诗全集》，第362页。
② 《穆旦诗文集·2》书前插页有该诗第1章手稿，上有多处涂改痕迹；陈伯良所著《穆旦传》（2006年）书前插页也有该诗修改后的手稿；此外，还有抄送给友人杨苡的手稿，也是修改之后的版本，但仍有细微的差别。
③ 典型的例子如王攸欣《穆旦晚年处境与荒原意识——以〈冬〉为中心的考察》，《中国现代文学研究丛刊》2007年第1期。

受到了老友杜运燮的激发；二是，《冬》的各章并非同一时间完成的——《冬》分4章，各章内部结构多有讲究，整体结构却明显不均衡①，此一状况应该是肇因于各章并非完成于同一时间。

杜运燮在复信中认为《冬》第1章各节均以"人生本来是严酷的冬天"收束，未免太悲观，并附上新写的《冬与春》以激励友人。诗歌化用穆旦所喜爱的英国诗人雪莱的名句："冬天已经来到，春天还会远吗？"（"但一有冬天，新的春天就不远"）并极力铺陈了一种乐观的情绪："炉边的快慰是寻找冬天里的春天，/人生是不绝的希望，无数的新起点；/灰烬里的火星也在发光发热，/地球一转身，又是万山绿遍。"② 这对穆旦显然有所触动。12月29日，穆旦再次致信杜运燮，具体论及了诗歌的修改：

> 我给你抄寄的那诗，大概由于说理上谬误而使人不服；可是有形象在，形象多少动人，尽管那形象也是很陈词滥调的，像听熟了的不动脑筋的歌曲。我并不喜欢，但我想在诗歌变得味同嚼蜡时，弄一些老调调反倒"翻旧变新"了。你反对最后的迭句，我想了多时，改订如下：将每一迭句改为①多么快，人生已到严酷的冬天②呵，生命也跳动在严酷的冬天（前一句关于小河，也改为"不知低语着什么，只是听不见。"）③人生的乐趣也在严酷的冬天④来温暖人生的这严酷的冬天。这样你看是不是减小了"悲"调？其实我原意是要写冬之乐趣，你当然也看出这点。不过乐趣是画在严酷的背景上。所以如此，也表明越是冬，越看到生命可珍之美。不想被你结论为太悲，这当然不太公平。现在改以上四句，也许更使原意明显些。若无迭句，我觉全诗更俗气了。这是叶慈的写法，一堆平凡的诗句，结尾一句画龙点睛，使前面的散文活跃为诗。③

《冬》诗分4章，后3章在不同版本中也有不少异文，如"勾销"作"勾消"、"闭塞住"作"闭住"、"硬壳"作"躯壳"等，但重要性已明显次之。

---

① 《冬》第1章分4节，每节5行；第2章分3节，每节4行；第3章分4节，每节4行；第4章分4节，每节4行；前两章的差别尤其明显。
② 杜运燮：《杜运燮60年诗选》，北京：人民文学出版社，2000年，第79页。
③ 穆旦著、李方编《穆旦诗文集·2》（增订版），第171页。

学界的关注点几乎全在第1章。综观穆旦的复信，有几处地方值得注意。

其一，穆旦强调"越是冬，越看到生命可珍之美。不想被你结论为太悲"，但从《冬》整首诗所透现的诗情来看，实在是有一种寒彻心扉的冷。第1章中所有关于"温暖"的诗句，要么被接踵而至的冷意扑灭，要么是以一种虚拟的语气写成。第2章的寒意尤重，第3章也是寒意，用了类似于第1章的复沓句式，其基本旨意可用最末1节的"因为冬天是好梦的刽子手"来涵括；第4章甚至用"又迎面扑进寒冷的空气"来收结。据此，如若不认为穆旦是在有意辩解，那么，可以认为其写作在主观意愿和客观效果上存在着反差：主观意愿是想"要写冬之乐趣"，实际写成的诗句却冷到了极致，"太悲"。穆旦试图用文字来遮掩内心，但诗歌恰恰违背他的意志——泄露了他的内心。越解释，越可反衬出他内心之悲、之寒。

其二，结句之中有"若无迭句，我觉全诗更俗气了"之语。穆旦最初强调所写不过是"陈词滥调"；现在又有"更俗气"的说辞，可能暗示了一点：他其实并不愿意修改；修改"也许更使原意明显些"（请注意这里的"也许"一词），但是，将以诗艺损害为代价，即"更俗气"。他似乎并不愿意看到这一点。

其三，在上述背景之下，"我想了多时"显得别有深意。按照另一位友人巫宁坤后来的解释——他原本并不知道详情，对《冬》所存在的不同版本感到奇怪，而一经获知详情之后，就从"老朋友"的角度做出了解释：

> 运燮是穆旦的老朋友，他的意见无疑是出于对老朋友的关心和爱护。当时"四人帮"被揪出不久，政治形势并不十分明朗，多少人还心有余悸。运燮素来谨言慎行，何况良铮的"历史问题"还没有平反，"太悲观"的调子不符合"时代精神"，不仅不能发表，没准儿还会给作者招来新的"言祸"。良铮也是过来人，为了不辜负老朋友的关爱，"想了多时"才做出了改订。①

巫宁坤、杜运燮和穆旦都是交往数十年的老朋友，当时的境遇也是颇

---

① 巫宁坤：《人生本来是一个严酷的冬天——穆旦逝世二十八周年祭》，《文汇读书周报》
2005年2月25日。

多不顺，杜运燮当时被下放到山西，巫宁坤的境遇更为糟糕，先后被下放到北大荒、安徽等地。因此，有理由相信，"为了不辜负老朋友的关爱"应非随意性的断语，而是基于那一群（代）人特定的历史遭遇而生发，这道出了穆旦的内心所虑：为了给朋友们以慰藉，避免朋友们为他担心，身为"过来人"的他最终做出了修改——而诗艺，则不得不被牺牲。

综合考量之，《冬》的修改行为固然是由穆旦自己做出的，但也确实加入了友人的意志。如上文所列4个结句，在诗艺层面，穆旦自认为"更俗气"；从第1章的实际效果看，每1节的前4行与最末1行总不大贴合，这样一种局势，究其根本，应该还是因为"乐趣"与穆旦本人的心境相违背。而这，又从另一个角度彰显了晚年穆旦写作境遇的复杂性。

当然，仍然不可忽视的一个问题是，穆旦1977年2月底去世，标注为1976年12月作的《冬》确是接近于其生命末期的作品，不过，如前述关于穆旦晚年诗歌的写作时间问题的讨论所显示，因为部分作品的写作时间无法确断，也就没有足够的证据确断《冬》就是最后的写作。实际上，家属或编者对穆旦晚年作品的编排以及对《冬》作为穆旦的绝笔诗的认定也有其历史过程：在较早出版的《穆旦诗选》之中，所录11首晚年诗作的先后顺序有变，而且，编排在最后的作品也非《冬》——之后另有《沉没》《停电之后》两诗，可见其时对穆旦晚年诗歌的"全貌"还缺乏足够的掌握，及至《穆旦诗全集》《穆旦诗文集》等带有全集性质的作品集中，穆旦晚年诗歌的"全貌"才得以展现。① 但是，综合来看，如《智慧之歌》被视为开端之作，《冬》被视为绝笔之作也显得非常之合理。从《智慧之歌》到《冬》，穆旦晚年的诗歌写作由此有了一个看起来非常完整的精神谱系：在经历了漫长的折磨之后，1976年的穆旦看起来是在不断地往里缩——往自己的内心、往"死亡之宫"② 收缩，最终都落到了"人生本来是一个严酷的冬天"的嘘叹之中；从《智慧之歌》到《冬》，穆旦写下了数曲哀伤而凄厉的生命挽歌，其中弥散着一股冷彻的寒意，一种挥之不去的死亡气息。

---

① 在最新出版的、"收录了穆旦现行于世的所有诗歌作品"的《穆旦诗集》（人民文学出版社2019年版）中，《冬》被编排在全部诗歌的倒数第二首，最末一首为《歌手》，但该诗未注明任何写作或发表的信息。

② 语出穆旦本年所作诗歌《沉没》："爱憎、情谊、蛛网的劳作，/都曾使我坚强地生活于其中，/而这一切只搭造了死亡之宫。"

大致结论与拓展看法

如前文所论，在整体上是本人目前所进行的《穆旦诗编年汇校》的一部分。[①] 因为各种原因，中国现当代文学作品存在着纷繁复杂的版本状况，运用文献学方法加以重新校理已是学界之共识，"从文献学的'校注'到批评性的'校读'"也被认为是一条有效的研究路径。[②] 穆旦是一位勤于修改的诗人，如前所述，其早年诗歌版本的复杂状况远甚于晚年写作。但其晚年写作，由于穆旦本人的意志暧昧不明，也就有了特别的话题意义。综合视之，对穆旦晚年诗歌的规整，在如下几方面有着特殊的难度。

其一，作品的系年。系年作为中国文学研究的一个重要的传统方法，所强调的是作家写作与外在社会事件之间的内在关联，通过写作，既可见出作者的心志，也可见出时代的风貌。对穆旦作品整理者而言，在清理这些晚年遗稿并为之系年的时候，需要考量各种因素，自是有其难度与困境；对研究者而言，作品的编辑内幕难以察知，还要面对相关作品系年的不明所以的异动，这无疑也是不小的困扰。

家属回忆指出，在做手术之前，穆旦表示已将《欧根·奥涅金》等译著"弄完了"，并且将译稿"整整齐齐"地放在"一只帆布小提箱"里[③]，给人一种一切都安顿好的感觉。但也有学者通过对译稿的细致分析，认为"译著前半部分和后半部分出现两种不同的风格"，是"突发的心脏病"使得穆旦中断了翻译工作。[④] 对穆旦当时的诗歌写作亦可同等观之。穆旦因心脏病发作而倒在手术台之上，断然不会将晚年写作打理得井然有序——不会将一切都安顿好了而走向那不可知的死亡——对于死亡，穆旦尽管有所预感，并且在给杜运燮、巫宁坤、江瑞熙等老友的信中多有谈及，但又如何能或者说如何愿意断定那手术台就是自己的死地呢！

综合上述讨论来看，在大多数情况下，穆旦晚年的诗歌写作及其修改

---

① 易彬汇校《穆旦诗编年汇校》，北京：北京大学出版社，2019 年。

② 解志熙：《老问题与新方法——从文献学的"校注"到批评性的"校读"》，《考文叙事录——中国现代文学文献校读论丛》，北京：中华书局，2009 年。

③ 参见英明瑷平《忆父亲》，杜运燮等编《一个民族已经起来》，第 136 页。

④ 剑平：《查良铮先生的诗歌翻译艺术——纪念查良铮先生逝世三十周年》，《国外文学》2007 年第 1 期。

是由其本人独自完成的，是一种个人行为，但也确有少数作品受到了友人的劝诫和时代语境的激发，而在日后的实际编辑过程之中，又明确包含了编者的主观意图，因此，在相当大的程度上，目前所见穆旦晚年写作图景乃是个人写作、时代语境和编者意愿共同融合的一种奇妙混合物。尽管从常理判断，作品写作时间既有复杂性，将可以确定时间的作品分为一组，将不能完全确定时间的作品另分为一组，也不失为一种编法；但也不能不说，目前所见穆旦晚年诗歌的编排符合晚年穆旦的人生境遇与写作风格，确有其独特的合理性。

其二，作品集的版本原则问题。《穆旦诗文集》有过说明："许多作品，是在作者辞世多年后由家属、友人所提供，此类背景凡能确定者，也在注释中予以说明。""诗人晚期的创作"，"文字校勘相当困难。因此，收入诗文集的这类创作，文本尽量以诗人手稿、包括修改稿为依据。"[①] 以此来看，编者的整理与校勘工作包括背景说明和底本确定两个方面。

所谓说明文字终归是一种辅助性信息，此处不再赘述。底本方面，"尽量"一词显得暧昧不明。所录《冬》诗表明，此诗"修改稿"确已被采信；但在其他情形之下，此一原则并未完全贯彻：书信版《停电之后》《黑笔杆颂》《演出》，尽管相关异文的重要程度不同，但均可说是改定版，也都没有得到编者的采信。这些都是有待进一步改善的。

其三，汇校方面的问题。凡汇校，均需要确定底本。本文旨在更好地展现穆旦诗歌版本的复杂性，实际讨论选取了手稿本、书信本、初刊本或通行本等不同版本。在具体汇校之中，我个人还是倾向于首先考虑手稿，凡能找到完整的手稿的，均以手稿为底本；其余则只能以通行本为底本。问题在于，目前无法获取穆旦晚年诗歌的完整手稿。这对穆旦诗歌的版本状况虽不致产生决定性的影响，但终究是有不够完善之处。研究者总会受到各种因素的限制，这也可说是一例吧。从目前的情况来观察，穆旦手稿可区别为家属所存和友人所存两种。前者是穆旦诗文集编订的重要依据，实际数量应较大；后者包括杨苡、杜运燮等人所存手稿——尽管所见有限，但仍可发现其中多有异文。同时，以上述汇校视域观之，那些直接由手稿入集的诗作，之前曾讨论过《神的变形》可能存在的状况，其他的作

---

① 穆旦著、李方编《穆旦诗文集·2》（增订版），第 416~417 页。

品，那首已在小范围流传但至今尚未入集的叙事长诗《父与女》，已知手稿和打印稿至少在个别字词方面存在异文；至于《城市的街心》《诗》《听说我老了》《秋（断章）》《"我"的形成》《问》《爱情》《神的变形》8 首，手稿和正式出版稿之间是否存在异文，其实也是可待进一步考察的。

还可以适当拓展来看，按照目前的中国当代文学史理念，穆旦晚年诗作均可归入"潜在写作"的范畴之中，被认为是"潜在写作"的重要作家。[①]"潜在写作"作品的写作时间、版本认定等问题，一度引起了学术争议。从相关文献的整理来看，自 10 卷本"潜在写作文丛"（2006 年）之后，似未见新的、大的动向，但这并不意味着关于"潜在写作"的文献辑录与历史建构工作已经完成。实际上，仔细辨析 10 卷文丛，各卷对所录作品写作时间问题的处理并不尽相同——严格说来，在某些方面存在着相互抵牾之处。[②] 也正是对文献资料的不同立场，最终导致这套文丛的编选水平参差不齐。[③] 晚年穆旦的诗歌不在此列，但其中的复杂景状无疑也有助于对此一现象的认识。

换个角度说，忽视作品的写作时间，在某种程度上也可说是放弃对艺术辨识能力的苛求，即对不同时代诗歌写作的艺术特点缺乏更细微的辨析。就人物境遇及作品的相关主题意绪而言，与现今被讨论的多数"潜在写作者"不同的是，穆旦没能活过那个漫长而"严酷的冬天"，更别说迎来新时期的曙光了，其个人写作与时代语境之间可谓别有关联：尽管也有《黑笔杆颂》一类明确针对现实问题的写作，但从《智慧之歌》到《停电之后》《神的变形》再到《冬》，这样一条写作路线并未制造出一种个人

---

① 参见陈思和《试论当代文学史（1949－1976）的"潜在写作"》，《文学评论》1999 年第 6 期；刘志荣：《潜在写作 1949－1976》，上海：复旦大学出版社，2007 年。

② "潜在写作文丛"主编陈思和教授在"总序"中将"靠记忆来保存潜在写作"视为一种"最为经典的形式"。但李润霞在所编 3 卷的"编选体例和编选原则"中，明确谈到"回忆性的创作"不在收录之列，并且指出："'版本不一'的问题，这是在研究潜在写作时最值得警惕之处""只选可以确证创作年代的作品，只要有存疑的作品皆不收入""尽可能以最充分的依据，找到离创作真实最接近、最原始的版本，这样才能恢复历史本来面目，才能切实为潜在写作在文学史上的意义和价值做出定位。"见李润霞《编者序：亦诗亦史——关于"文革"时期的潜在写作》，食指等著、李润霞编选《被放逐的诗神》，武汉：武汉出版社，2006 年，第 9～15 页。

③ 有的选本甚至出现了将作者当年公开发表的作品收录于正文部分的现象，比如张中晓《无梦楼随笔》的正文部分收录了 4 篇当年在《文汇报》《文艺月报》等处发表的作品。

与时代相对抗的话语，却是以其生命挽歌的书写而有着独特的声线——在穆旦这一个案之中，"潜在写作"乃是一种分散的、隐秘的、个体化的写作行为，"公开"渠道虽被阻断，但与其说个人与历史之间的纠葛减少，倒不如说变得更为隐秘，更加复杂化。

再往下看，这种独特的声音与新时期之后成功"归来"或"复出"，并且或长或短地延续了其写作生涯的作家群形成了截然的对比。令人惊讶的是，不少选本和论著都将穆旦列入"归来者"诗群。最典型的选本如《鱼化石或悬崖边的树——归来者诗卷》（1993 年），作为"当代诗歌潮流回顾写作艺术鉴赏丛书"之一种①，选入包括《智慧之歌》《春》《友谊》《冬》《停电之后》等在内的 11 首诗作，相关讨论也不在少数，这不能不说是对晚年穆旦的一种最大的误解。

所谓"归来"或"复出"是中国当代文学史叙写中的一个重要概念，按照文学史家洪子诚先生的说法，尽管学界对这一概念有着不同的认定，但"大多认可下面的这种说法：指在'文革'发生以前（特别是 50 年代）就受到各种打击而停止写作和发表作品的那一部分"。时隔二十多年之后重新出现，"在一个相对集中的时间里（大约是 1978 到 80 年代初），他们纷纷把自己生活道路的坎坷和获取的感受，投射到'归来'之后的诗篇中。最初的创作，普遍带有某种'自叙传'的性质：把个体的'复出'，与'新时期'的到来联系在一起。他们把这种'复出'，看做是原有生活、艺术位置的'归来'：从被'遗弃'到回归文化秩序的中心"②。以此衡量，无论是作品的主题意绪，还是实际的写作时间以及作者的生命状态，晚年穆旦都没有打上"新时期"或者"归来"的烙印，未来社会并没有出现在穆旦的诗学视域之中——穆旦同时代人郑敏所做出的观察是至为准确的："他并没有走近未来，未来对于他将永远是迷人的'黑暗'。"③

（曾刊载于《中国现代文学研究丛刊》2018 年第 3 期）

---

① 谢冕编选《鱼化石或悬崖边的树——归来者诗卷》，北京：北京师范大学出版社，1993 年。
② 洪子诚、刘登翰：《中国当代新诗史（修订版）》，北京：北京大学出版社，2005 年，第 129 页。
③ 郑敏：《诗人与矛盾》，杜运燮等编《一个民族已经起来》，第 31 页。

第 三 辑

　　书信作为一种私性的且逐渐消逝的文体，也是当下文学研究值得特别重视的文献类型。

　　总的来看，现代阶段的作家书信总量有限，且已得到比较充分的发掘，新见书信已相当稀少。新中国成立之后到1970年代中期的书信，多半已被毁弃。1970年代后期以来的书信则在持续的整理与发掘之中。据观察，知名文化人物、从事文艺组织工作的人士（如出版机构的编辑），所存书信量应该是比较多的，整理空间还非常之大，是当代文学新材料、作家集外文发掘的重要源头。彭燕郊与文艺界知名人士的大量通信，即得益于1980年代初期以来所筹划乃至主编的一系列外国文学译介丛书。

　　本辑以彭燕郊书信为中心展开讨论。综合视之，晚年彭燕郊花费大量时间和精力从事文艺活动，是有着一种切实的文化自觉的，即通过外国现代诗的译介，获得必要的参照系，进而获得一种"坚实的自信"。这种借助译介活动推动当代文艺发展的自觉意识，大大地拓展了彭燕郊的文化身份，有效地凸显了他在1980年代以来的文艺建设之中新的、独特的作用。基于这种观察，相关论文的内容旨向往往从彭燕郊而扩大到新时期以来作家（翻译家）们的文化身份、时代语境等话题。

　　而更多彭燕郊文献的整理过程，阅览众多文坛前贤书信的过程，也是一个文化不断累积的过程。越深入，越能真切地感受到文化的温度。

晚年彭燕郊的文化身份与文化抉择

——以书信为中心的讨论

在中国现代文学研究领域，作家全集或文集、成形的文献资料已大量出现，重要作家研究、文学史研究诸层面的文献资料积累工作已经颇具规模。但在当代文学研究领域，文献的搜集与整理工作远未完成，大量的重要文献资料仍处于零散状态，因为文献资料的拘囿而造成文学人物——特别是跨越现当代文学阶段的人物认识出现偏差的情形并不在少数。彭燕郊（1920~2008）即算得上这方面的一个重要例子。

彭燕郊首先是一位诗人。1939年10月，年仅19岁的彭燕郊得到了素未谋面的胡风的特别看重，其诗四首，《冬日》《雪天》《夜歌》《怀厦门》总题为《战斗的江南季节（诗集）》，刊载于胡风主编的《七月》第4集第3期的头条位置。胡风在类似于编辑手记的《这一期》中点明了彭燕郊当时的"新四军"身份，也特别强调了年轻的彭燕郊正处于诗情勃发的阶段——"一年来'发了狂样的'写了近二百首诗，但被发表出来这似乎是第一次"。

彭燕郊在写作初期与胡风的这一相遇对其文学旨趣特别是人生道路有着非常深远的影响。完全可以说，它规约了彭燕郊作为"胡风学生"这一基本形象——当然，细分之下，还包括两个基本向度：其一是"七月派"诗人或"七月派"作家群成员；其二，"胡风分子"。现代文学史或思想史关于彭燕郊的讨论即主要着眼于这两个方面。这种认知及具体处理方式基本上是在现代文学的总体语境之下展开的，这固然有其历史合理性，但并不能直接移换到对"当代彭燕郊"的认识上，要言之，偏执于"七月派"诗人的身份，晚年彭燕郊艺术创新的冲动与实践往往容易被忽视。而过于强调"胡风"这一精神线索，则往往容易忽视彭燕郊在当代文化建设中的身份与贡献。如何化解此一难题呢？目前比较合适的途径是释读彭燕郊与友人间的大量书信，其中少量已面世，能为读者所阅知，更多的则是未经整理的手稿。因为时代、政治、个人生活等方面的原因，存留下来的绝大部分是新时期以来的书信，更为完整的彭燕郊书信史看起来已难以建构，但其中所包含的海量信息，对认识 1980 年代以来的文化与社会无疑是大有助益的，而彭燕郊本人在此一历史进程之中的文化身份、抉择与贡献无疑也能得到相当程度的厘清。

作为胡风的学生："先不急于写自己，
而应该把胡先生写好"

彭燕郊与友人间的书信，目前仅有少量被披露出来，其中以胡风为中心的居多，与路翎、胡风、聂绀弩等人的书信较早即已随这些人的作品集披露。新近出版的则有《梅志彭燕郊来往书信全编》。[①] 而从目前所掌握的材料来看，彭燕郊与原"七月派"作家或"胡风分子"之间存有书信往来的，还包括绿原、舒芜、贾植芳、何满子、曾卓、罗飞、罗洛、牛汉、冀汸、朱健、耿庸、孙钿等十数位。

这些书信材料显然有助于人们对彭燕郊作为胡风学生这一文化身份的认识。其中值得特别注意的，自然是《梅志彭燕郊来往书信全编》，所录为 1982 年之后彭燕郊与梅志（1914～2004）之间长达 20 余年的通信，另有几封彭燕郊与胡风及其女儿张晓风的信，共计 117 封。话题自然多关乎胡风，它们出自饱受磨难的历史当事人之手，有着特殊的文献价值，为认识胡风及相关事件提供了更大的空间。

彭燕郊作为胡风学生的身份在此确是有着非常充分的体现。如果说在《回忆胡风先生》[②] 一类回忆录中，彭燕郊比较偏重于史实的叙述的话，那么，在与梅志的私人通信中，彭燕郊时时流露着对胡风的尊敬、景仰之情。非常典型的即 1985 年 6 月 12 日，胡风逝世四天之后，彭燕郊以胡风

---

① 北京鲁迅博物馆编，晓风、龚旭东整理辑注《梅志彭燕郊来往书信全编》，郑州：海燕出版社，2012 年。

② 刊载于《新文学史料》2002 年第 4 期。

学生的身份所发出的叩问："胡先生在文学史上的劳绩，他的辉煌成就，铮铮的一生，如今是有定评的了。现在人们就会问一问我们这些胡先生当年用自己的心血和汗水培育出来的学生：你们将怎样学习他，继承他的遗志？"①

从书信中可以很明显地看出，在较长一段时间内，梅志与包括彭燕郊在内的众多胡风学生之间处于一种相互激励的状态，为胡风作传、讲述胡风及其影响的故事是他们不容推却的历史使命。彭燕郊在信中即多次表达一种严肃而急切的观念，诸如"还有许多事等着我们去做""要做的事很多，且须加紧做""那是历史给你的任务"，要满足"读者需要"，要"对历史负责"，"先不急于写自己，而应该把胡先生写好……我们应该先把《回忆胡风》写、编、印出来，这是当务之急"。彭燕郊也多次谈及"胡风传""聂绀弩传"的写作计划和具体提纲（在当时胡风圈内的人士看来，彭燕郊是作"聂绀弩传"的合适人选），彭燕郊本人对此类文章的写作显然有着更大的抱负——试图从"历史的高度"来书写：

> 胡先生的一生我以为是一部活的文艺运动史，在他身上呈现的是一个现代世界文学史上只有革命初期的苏联才差可比拟的重大问题或重要现象，即在共产党（作为现实的政治实体）的强大影响或强有力控制下，马克思主义的文艺运动应该由谁、采取什么方式进行。说实在的，不是这几年，也不是"胡案"发生前后那几年，四十年代初期，特别是中期，我就开始思考这个问题了。这个问题不但在共产党当权的国家有，在其他国家也有。这是个大问题，我只能是想想而已，非我的学力所能深入研讨的。但我以为如离开了这个宏观视点，就写不出胡先生悲壮的一生（同样也涉及鲁迅先生的一生）。我之所以不敢轻易写，原因就在这里。②

彭燕郊对胡风情感的深度或真诚度显然是非亲历者所能比拟的，但值得注意的是，从一个更长的时间维度来看，彭燕郊关于胡风及聂绀弩的诸

---

① 彭燕郊：《致梅志》（1985 年 6 月 12 日），见《梅志彭燕郊来往书信全编》，第 71 页。
② 彭燕郊：《致梅志》（1989 年 12 月 20 日），见《梅志彭燕郊来往书信全编》，第 185 页。

多宏大的写作构想仅仅实现了一小部分。重要文章除了前面提到的《回忆胡风先生》外，仅有《他心灵深处有一颗神圣的燧石——悼念胡风老师》《千古文章未尽才——聂绀弩的旧体诗》以及作为"遗作"发表的长文《我所知道聂绀弩的晚年》①等。实际上，《回忆胡风先生》这篇长文仍然只能说是未完成之作，所记仅止于胡风桂林时期的活动。稍后讨论将揭示这种"未完成性"，肇因于历史的要求与个人的实际行动之间存在的差异。

身为"文艺组织者"："我仍在忙一些
别人不会去忙的事"

略略浏览彭燕郊所存书信，与胡风有关的人士的通信其实只是其中很小的一部分，数量更大的是与包括文学界、翻译界、出版界、民间文艺界、研究界等在内的各种文艺界人士间的通信，如端木蕻良、骆宾基、徐迟、卞之琳、罗念生、罗大冈、沈宝基、魏荒弩、袁可嘉、王佐良、叶汝琏、王道乾、曹辛之、陈敬容、郑敏、唐湜、罗寄一、屠岸、林林、米军、章道菲与黄元（木刻家黄新波的妻子与女儿）、郭茜菲、艾以、石天河、卢季野、涂石、蔡其矫、晏明、公刘、邵燕祥、冯英子、顾蕴璞、吕同六、张英伦、王央乐、葛雷、王守仁、梁启炎、郑民钦、顾子欣、周家树、黄家修、秦海鹰、赵毅衡、柯文溥、郑玲、姚锡佩、姚辛、张铁夫、陈耀球、林贤治、刘湛秋、唐晓渡、张洪波、赵振开、马高明、李之义、柏桦、张曙光、杨远宏、董继平、黎维新、杨德豫、唐荫荪、余开伟、管筱明、骆晓戈、彭浩荡、龚旭东、邱晓崧、贺祥麟、林伦彦、吕剑、邹绛、田仲济、陈子善、李辉、杨益群、陈思和与刘志荣、李振声、张福贵、周良沛、刘扬烈、陈梦熊、黄泽佩、郭洋生、荒林、钟敬文与陈秋子夫妇、王文宝、谷子元、龙清涛、萧园、唐慭以及台湾、香港等地的林海音、李魁贤、莫渝、张国治、刘以鬯、高旅（慎之）、罗孚、陈实、马文通等。此外，与家人、学生及文学爱好者的通信量也很大。其中，与叶汝琏、葛雷、郭洋生、郑玲、莫渝、马文通等人的通信量都比较大，与陈

---

① 分别刊载于《中国文化报》，1986年2月2日；《读书》1991年第10期；《现代中文学刊》2012年第1期。

实、陈耀球的通信更是足可编成两大卷往来书信集。

问题由此而来：何以偏居长沙的彭燕郊与众多文艺界人士会有如此广泛的通信呢？1984 年 11 月 9 日，彭燕郊给梅志的一封信有助于理解这一点：

> 我仍在忙一些别人不会去忙的事，我在想办一个译诗丛刊，不像绿原搞的那个，是专门介绍现代、特别是当代的外国诗的，名叫《世界诗坛》。这个丛刊，可以与原兄的《外国诗》①相辅而行。本来，拟自己筹资办，已有点眉目了，现在，有个出版社愿出了，可算是个好消息……
>
> 另外，还想编一套外国文学丛书，专收"格调高"的，同时读者也欢迎的作品，主要是诗、散文、中篇小说。
>
> 还想搞个《世界散文》，专门介绍外国古典、近代和现代、当代散文。
>
> 我的设想中还有一套《诗学译林》，系统地、全面地介绍希腊、罗马至今的诗论，包括各大诗人和大流派的诗论、诗见。
>
> 另外，还想搞个大型理论丛刊《诗学》，每期四五十万字（这样才可以容纳二万字上下的论文），不定期，或许每年出一两期。
>
> 还想出一套《中国新诗全集》，像日本中央公论社、新潮社出版的《日本诗歌全集》那样……
>
> 总之，我是一个爱"想"的人，不能安静。总想干点什么。②

彭燕郊所谈到的是自己在编选（译）方面的诸多构想。按说，彭燕郊不过是一介书生，并非出版界人士，也非任教于著名学府，所掌握的所谓出版资源或文化资本相当有限，个人经济状况也一般；而且，彭燕郊为 1920 年生人，新时期之初已是花甲之年，其身体状况始终不好，长年看病、服药，并曾到北京、广州、四川、桂林等地求医。个人状况如此，驱动他不断工作的动力又是什么呢？"爱'想'""不能安静""总想干点什

---

① 指绿原操持的译诗丛刊《外国诗》，外国文学出版社，1983 年 9 月出版第 1 辑，后不定期出版，至 1987 年 7 月，出版第 6 辑。

② 彭燕郊：《致梅志》（1984 年 11 月 9 日），见《梅志彭燕郊来往书信全编》，第 57~58 页。

么"一类说法显然太过笼统。彭燕郊在给朋友们的信中有过一些零星说法，更为确切的说法可见于 1989 年 3 月 12 日致木斧的信：

> 艺术更新对于我们之所以必要，是因为首先：现实向我们提出了诗的要求，其次，我们身上的旧观念过去已经浪费了我们大部分的大好光阴，我们再不能被它拖住故步自封了。你和我一样，过去漫长的封闭岁月中我们的求知欲是被压抑到最低点的，到最后，人类文明的全部成果被宣布为"封资修"垃圾，能说我们没有受这个大文化环境，文化气氛的影响吗？改革、开放的十年来，有幸的是我自己总算慢慢的睁开眼睛了，知道该看看世界，看看自己的国家，和自己身上有些什么东西了。这样，我就既有奋发、乐观的一面，又有痛苦的反省的一面……这几年我用大部分时间编译介［绍］各国现代诗的目的也在于让大家看看到底现代诗是个什么样子，现代诗是怎样发展过来的，从中也可以比较一下到底人家有什么长处我们有什么短处。我以为在这种情况下如果能形成我们的自信，应该是一种坚实的自信。能看到的我们的新诗的前途应该是现实的可靠的前途。起哄和胡闹是没有用的，只有甘心于默默无闻，情愿做个默默无闻的埋头苦干的人，才真正能够得到真正的诗。①

从彭燕郊本人的这番自述来看，花大量时间和精力做编选（译）、出版工作，其背后是有重要的文化抱负的："过去漫长的封闭岁月"压抑了求知欲，桎梏了眼界，新诗的前途在于"艺术更新"，即通过对外国现代诗的译介，获得必要的参照系，进而获得一种"坚实的自信"。类似想法，亦可见于彭燕郊为《国际诗坛》创刊号所撰写的"前言"。② 林贤治后来将彭燕郊的工作称为"诗人的工作"，称彭燕郊是诗人当中"少有的一位醉心于出版者"③，将"出版"行为与"诗人"使命并置，所着眼的正是彭燕郊出版行为的特殊性。

种种资料表明，彭燕郊的文化抉择在新时期之初就已做出。最初的构

---

① 彭燕郊：《致木斧》（未刊稿）。
② 彭燕郊：《前言》，彭燕郊主编《国际诗坛》，桂林：漓江出版社，1987 年，第 1~5 页。
③ 林贤治：《诗人的工作》，《新文学史料》2008 年第 4 期。

想是"出版一套译诗的丛书，要概括五四以来外国主要名诗人的诗和中国的名译"，这就是后来的大型诗歌翻译丛书"诗苑译林"。按照时任湖南人民出版社副社长、译文室主管领导、与彭燕郊"相识相交近六十年"的李冰封的回忆①，此一构想 1980 年就已提出，并得到时任湖南人民出版社社长黎维新的支持，后经夏敬文、杨德豫、唐荫荪等人具体协商，拟定主要书目和译者。彭燕郊则受委托外出组稿，曾专程到上海、广州、北京等地，听取施蛰存、梁宗岱、卞之琳等人的意见。彭燕郊此一时期给朋友们的信中，反复提到自己处于"忙乱"状态，主要是忙于为"诗苑译林"奔走筹稿等事务。

前面提到，1984 年 11 月彭燕郊很兴奋地向友人提出了自己的出版构想，各种计划虽然并没有全部实现，但也是多有成绩的，所列构想前三种基本上实现了："译诗丛刊"即先后以《国际诗坛》（漓江出版社）、《现代世界诗坛》（湖南人民出版社）之名出版。②"外国文学丛书"则有漓江版"犀牛丛书"③；《世界散文》则有湖南人民出版社的"散文译丛"④ 以及花城版"现代散文诗名著译丛"⑤。"译诗丛刊"两种均署"彭燕郊主编"，其他几种则没有类似字眼，当下的读者对这些译著的操作内情可能会比较陌生。林贤治在回忆花城版"现代散文诗名著译丛"时即曾特别谈道："我要他任主编，他非要拉我一起挂名，我不同意，他也就坚辞不受。读者在丛书中所看到的只是一篇序言，其实作序之外，策划选题，联络作

---

① 李冰封：《彭燕郊与〈诗苑译林〉及〈散文译丛〉——哀悼一代诗人彭燕郊》，《新文学史料》2008 年第 4 期。按：本书所引李冰封文字均出自于此，不另说明。

② 《国际诗坛》与《现代世界诗坛》具有衔接性，前者出版 4 辑，后者出版 2 辑。

③ 该套书 1985 年中段商定，1988 年左右开始出版，包括《爱经》（〔古罗马〕奥维德著、戴望舒译）、《卡夫卡随笔》（〔奥〕卡夫卡著、冬妮译）、《巴尔扎克情书选》（〔法〕巴尔扎克著、管筱明译）、《普希金情人的回忆》（〔俄〕安·彼·凯恩著、张铁夫译）、《自杀的女诗人：回忆茨维塔耶娃》（〔苏〕茨维塔耶娃著、陈耀球译）等。

④ 根据李冰封回忆，大约在 1982 年，彭燕郊向湖南人民出版社建议出版"散文译丛"丛书，1985 年前后开始出版，有《希腊罗马散文选》（罗念生等编译）、《一个孤独的散步者的遐想》（〔法〕卢梭著、张驰译）、《战地随笔》（〔美〕斯坦贝克著、朱雍译）、《面向秋野》（〔苏〕帕乌斯托夫斯基著、张铁夫译）等。

⑤ 该套书从 1990 年前后开始出版，包括《夜之卡斯帕尔》（〔法〕贝尔特朗著、黄建华译）、《黄金幻想》（〔日〕鲇川信夫等著，郑民钦译）、《地狱一季》（〔法〕兰波著，王道乾译）、《隐形的城市》（〔意〕卡尔维诺著，陈实译）、《卡第绪——母亲挽歌》（〔美〕金斯伯格著，张少雄译）、《白色的睡莲》（〔法〕马拉美著，葛雷译）等。

者，审阅书稿，他是做了许多琐碎的工作的。"①

1980 年即开始筹划诗歌翻译丛书，奔波于湘、粤、桂等地的出版社，并且积极替朋友们向各地刊物、出版社荐稿，彭燕郊的这样一种身份，按照梅志的说法，可称为"文艺组织者"②。时间稍长，朋友们显然也已经习惯于彭燕郊的这种出版联络人的角色。③ 由此，大致可以说，偏居长沙的彭燕郊之所以与文艺界人士有着广泛的通信，非常直接的一个原因是和1980 年代前期以来的"诗苑译林"、《国际诗坛》《现代世界诗坛》、"犀牛丛书""现代散文诗名著译丛"等翻译活动的筹稿有关。

与此相关联的一个问题也可一说，即偏居长沙的彭燕郊何以能在新时期之初就做出此般文化抉择呢？这一问题，涉及彭燕郊的阅读状况、知识积累、艺术视野等。按照彭燕郊本人的回忆，其童年乃是"纸墨飘香的童年"，很早即开始买书、邮购图书；及至 1950 年定居湖南之后，图书购买量也是非常之大的——即便是被打成"胡风分子"之后的 20 多年里，买书、读书也始终没有间断。④ 他后来曾被媒体评为"长沙十大藏书家"，其书多而杂，显示了非常广博的阅读视野。⑤ 而从彭燕郊晚年的诗歌写作来看，1979 年 8 月，彭燕郊在《诗刊》上发表《画仙人掌》一诗，这是他新时期以来发表的第一首诗，"不是起于一种高音，如众声喧哗般的'我归来了'（艾青《归来的歌》）或者独异的'我—不—相—信'（北岛《回答》)"，而是以"唯美"的笔触去"画仙人掌"："那些花，呵/都有着我们这些欣赏者给予它的/美的自觉和美的自信/形成那么一种生动的风致/有着那么一颗惹人喜欢的祖露的小小的心/婴孩般的严肃，少女般的安详/

---

① 林贤治：《诗人的工作》，《新文学史料》2008 年第 4 期。

② 梅志：《致彭燕郊》（1985 年 12 月 26 日），见《梅志彭燕郊来往书信全编》，第 82 页。

③ 非常典型的例子即如 1991 年 2 月 16 日施蛰存的来信所示，施看到漓江出版社出版了法国作家拉迪盖的《魔鬼附身》（程曾厚等译，1990 年），请彭代为联系该出版社戴望舒所翻译的《陶尔逸伯爵的舞会》；又请他为台湾诗人纪弦的选集"物色出版家"。见《北山散文集·2》，上海：华东师范大学出版社，2001 年，第 1820 页。

④ 参见彭燕郊《纸墨飘香》（岳麓书社 2005 年版）一书中的《邮购之乐》《纸墨飘香的童年》《长沙淘书记》等篇什。

⑤ 一般读者可能都是借助《和亮亮谈诗》（生活·读书·新知三联书店 1991 年版）而察知彭燕郊诗学观点的基本方面，即对浪漫主义的批评以及对现代主义的推崇。而根据彭燕郊 1982 年、1984 年在湘潭大学开设的"诗歌研究"课程讲稿整理出版的《彭燕郊谈中外诗歌》（杜平整理，徐炼导读、注释，湘潭大学出版社 2011 年版）一书，对中国古典诗歌和外国诗歌均有相当多的引述，显示了彭燕郊在古今中外诗歌方面的综合素养。

青年人般的富于幻想而且有些顽皮/不止是逼真/而且要画出那真正的天国一般的愉快/呵，这些花呵！"对彭燕郊个人写作而言——也可扩大来说，对新时期文学而言，这是一个有意味的"起点"："粗略比附一下，如果说'文革'后文学是从'真'开始的话，得到普遍赞誉的巴金《随想录》就在于'讲真话'；那么，彭燕郊的写作是从'美'开始的。"① 这样一种对"美的自觉和美的自信"的追求姿态，也包括后来持续探索的理念（所谓"我不能不探索"，写"不像诗的诗"等）与旺盛的创作力等，均可显示出彭燕郊的诗歌写作与其长期广泛的阅读，与其诗学活动、出版行为之间具有一种良性的互动关系。由此，也就不难理解何以彭燕郊在新时期之初即能敏锐地把住时代的精神需求了。

"薪尽火传"：与各类文艺界人士的交往

彭燕郊与文艺界人士的通信，包含了非常多的历史、文化诸方面的信息，这里择要述之。与文坛前辈的通信，包括罗念生（1904～1990）、施蛰存（1905～2003）、沈宝基（1908～2002）、罗大冈（1909～1998）、卞之琳（1910～2000）等人。② 其中与施蛰存的通信量相当大，披露出来的有27封之多，是目前除了梅志通信之外，披露最多的。施、彭二人最初的通信不迟于1981年9月，目前所见施蛰存的最后一封来信是1999年6月15日，已到了"九五之尊"的施蛰存在信中感慨老朋友"故世的多，活着的多不出门了。今天想到你，写此信问候。希望兄安好，能复我一信，谈谈近况"③。文字平淡至极，但仍能见出20年交谊的辉光。施蛰存与彭燕郊信中所谈，多是读书、写作、编选（译）、出版等方面的内容。与罗念生、沈宝基、罗大冈、卞之琳所谈，亦多是译介、出版方面的事。凡此，既可彰显一批已是耄耋之年的"文化老人"在新时期之后的时代语境之中的精神操守与文化信念，也可借助彼此之间的"互动行为"而展开

---

① 参见易彬《彭燕郊研究论纲》，《南京师范大学文学院学报》2008年第3期。
② 罗念生、施蛰存、沈宝基、罗大冈、卞之琳、王佐良、袁可嘉、王道乾等文艺界人士致彭燕郊的17封书信已被整理出来，见本辑第三篇。
③ 施蛰存：《北山散文集·2》，第1841页。

"实存分析"，从而更深入地探究其文学行为与时代语境之间的关联。①

与彭燕郊年龄相仿的通信者有相当一批，如曾被称为"九叶诗派"或 "'中国新诗'派"的王佐良（1916～1995）、陈敬容（1917～1989）、曹辛之（1917～1995）、郑敏（1920～）、唐湜（1920～2005）、罗寄一（1920～2003）、袁可嘉（1921～2008）等。在一些文学史描述当中，"七月派"与"'中国新诗'派"被认为是 1940 年代中国新诗的两大高峰，但两者当时处于某种对峙状态。新时期以来，这种纠葛也一直存在。但从彭燕郊的角度来看，在"1980 年代"这一时间节点上，这些年过花甲的老人在交流时，基本上并无所谓流派或者门户之见，如袁可嘉明确表示彼此之间并无所谓"成见"②。更多的话题都是关乎当代文化特别是中外文化的交流。这些人当中，郑敏、袁可嘉的书信都比较多，但私谊更好的应是陈敬容和罗寄一。彭燕郊曾撰长文深情回忆陈敬容。③ 早年毕业于西南联大的罗寄一（本名江瑞熙）大抵上可称得上文学史上的失踪者，坊间关于此人的资料非常之少。近年来，其早期诗歌已被打捞出来，并被放置到穆旦、郑敏、杜运燮等西南联大诗人谱系当中加以考察。即便如此，罗寄一晚年的思想与创作情况仍基本上处于阙如状态，彭燕郊与罗寄一的较多书信，无疑能在相当程度上弥补此一方面的缺憾。④

---

① "互动行为"语出解志熙：《相濡以沫在战时——现代文学互动行为及其意义例释》，《新文学史料》2011 年第 3 期。按：就彭燕郊这一话题而言，除了本文所涉及的若干人事外，叶汝琏、王道乾与彭燕郊三者的互动，施蛰存客居长沙，精通法国文学但"多年不露面"的沈宝基的"鼓气"等，也都是很好的例子。

② "七月派"与"'中国新诗'派"之间的纠葛显然和政治文化语境有关。1980 年代中前期，牛汉、曹辛之等人站在派别立场上有过笔战，曹辛之在给《九叶集》同人的书信中，对此也多有涉及（参见赵友兰、刘福春编：《曹辛之集·1）》，上海人民出版社 2011 年版）。但 1980 年代后期以来，相关情势逐渐缓和，1991 年 5 月 4 日，袁可嘉在致彭燕郊的信中写道："我和绿原同志常有来往，相处融洽。我自信无门户之见，对诗友一律坦诚相待，只觉得新诗界有些人的框框和圈圈实在太多了，成见也很深，不利于诗的发展，常为之心忧耳。"绿原后来在针对类似观点时也认为："不论从哪个角度来说，我从未有过'对立'的感觉"，见《答王伟明问》，《书屋》2001 年第 7～8 期。

③ 彭燕郊：《明净的莹白，有如闪光的思维——记女诗人陈敬容》，《新文学史料》1996 年第 1 期。

④ 目前坊间所传罗寄一诗歌，如《西南联大现代诗钞》（杜运燮、张同道编，中国文学出版社 1997 年版）所录均是早年作品。笔者在编选《中国新诗百年大典（第 8 卷）》（长江文艺出版社 2013 年版）的时候，正是凭借罗寄一写给彭燕郊的较多书信，找到了不少罗寄一晚年写作的线索，并编入其晚年诗歌 5 首。

更年轻一代的通信者当中，李振声（1957～）特别值得一说。李振声与彭燕郊通信已是1990年代中期的事情了，其时，李振声负责编选《梁宗岱批评文集》①，两人的交往即缘起于此。对梁宗岱，彭燕郊有很深的情感，文献资料方面又多有积累。② 李振声在后来的文字中多次叙及与彭燕郊的交往：彭燕郊不仅寄去了手头上珍藏的关于梁宗岱的各种资料，而且，"整个编选过程，我们前后作了不下十数次的书信往来，从大到篇目的敲定，小到现在难以觅见的资料的复印，他对我始终是有求必应。他甚至还自告奋勇，替我致信现居香港的梁思薇女士，征得她对乃父这本诗学文集出版事宜的允肯"。彭燕郊的态度如此之热情、执着，李振声在回信中满怀感慨：彭燕郊对一位后学"编这本文集的悉心关照，并不仅仅只是关乎像我这样一介晚学的事，而是关乎到一宗文化遗产的守护和传承"，这让他"真实地弄懂"了"薪尽火传"这个典故的意义。③ 李振声后来写过多篇关于彭燕郊的文章，对彭燕郊写作的精神向度做了细微的体察④，对其写作之中可能存在的"参差"也做了如实的评价。⑤ 彭燕郊先生逝世之后，李振声曾将彭燕郊的信寄给其家属，有理由相信：这样一批往来书信不仅能见证两代人之间的精神交流，在当代文化史上，亦具有重要的个案意义。

李振声所谓"薪尽火传"，在林贤治（1948～）看来，是一种超于"私谊"之上的"使命感"："我初到广州日报编译室做事，即向他报告工

---

① 李振声编《梁宗岱批评文集》，珠海：珠海出版社，1998年。

② 彭燕郊在筹划"诗苑译林"丛书时，即得到梁宗岱的指点。梁逝世后，其遗孀甘少苏将其"几乎全部遗著"都寄给了彭燕郊，并不断寄来各种资料，彭燕郊则协助甘少苏完成了《宗岱和我》（重庆出版社1991年版）一书，并为之作序《一瓣心香》；后又作《诗人的灵药——梁宗岱先生制药记》（《新文学史料》1994年第2期）、《可爱的梁宗岱先生》（《芙蓉》2003年第5期）等文。

③ 李振声：《薪尽火传》，《中华读书报》1997年3月26日。按：该文收录了1996年9月14日彭燕郊致李振声的信以及李振声的复信。

④ 在《诗心不会老去》（《读书》2007年第12期）中，李振声写道："他的诗，尤其他晚近的诗作，始终维系在一个很高的精神高度上。我虽不便说，它们的存在，是如何在不时地提示和警醒着人们远离那些足以使人类精神矮化的种种场景和事物，但我心里很清楚，它们的存在，是怎样在延缓着我个人精神生活的退化和萎缩。"

⑤ 在《谁愿意向美告别？》（《扬子江评论》2009年第4期）中，李振声对呈现了"诗境的多种向度和众多可能性"的长诗《混沌初开》给予了高度评价，但也对由《生生：五位一体》修订而来的《生生：多位一体》提出了批评，认为其诗思基本上是在"单一向度"下展开的。

作的性质，并就旧籍重版问题请教于他，数天之后，他便来信给我开具一份几页纸的长长的书单，而且分门别类，附加了不少建议。我知道，这份热忱，包含着他对诗，对文化，对真理和教育的本能的挚爱，不仅仅出于私谊，而且出于他对于社会的一贯的使命感。"① 扩大一点来看，彭燕郊与郭茜菲（桂林《力报》研究）、林海音与陈子善（询问梁宗岱著作出版事宜②）、李辉（胡风研究）、杨益群（桂林文化城研究）、陈思和与刘志荣（"潜在写作"研究）、刘扬烈（"七月派"研究）、陈梦熊（辛劳研究）、黄泽佩（严杰人研究③）等人通信，就相关话题展开细致的讨论，其效应大致上也可作如是观。

"搞得我狼狈不堪"：出版受挫

1980 年开始筹划，"诗苑译林"丛书、《国际诗坛》、《现代世界诗坛》、"犀牛丛书"、"现代散文诗名著译丛"等陆续出版，彭燕郊所筹划的出版事业可谓成绩斐然，为国内文艺界所瞩目，友人们的信中对此颇多鼓励与激赏；但彭燕郊所遭受的挫折大概也不在少数，1980 年代中后期以来彭燕郊与友人的信中，这方面的话题就一直或隐或现，有的时候，情绪表现得相当强烈。"诗苑译林"丛书出版方面，1980 年代中期即生罅隙，工作主要由出版社来操办。④ 对漓江版"犀牛丛书"，彭燕郊措辞激烈的言论不在少数，如 1989 年 4 月 27 日给梅志的信中写道：自己为"犀牛丛书"

---

① 林贤治：《诗人的工作》，《新文学史料》2008 年第 4 期。

② 彭燕郊逝世之后，陈子善有怀念文章《彭燕郊：诗般跌宕的生命》，载《新京报》2008 年 12 月 30 日。

③ 彭燕郊 1940 年代前期在桂林期间认识严杰人（1922～1946），后曾撰写《回忆严杰人》一文（收入回忆文集《那代人》，花城出版社 2010 年版），还存有一批严杰人文章的剪报（均出自新中国成立前的报纸）。彭燕郊生前也曾问及严杰人作品集的出版可能，笔者在协助其家属清理作品时，其夫人也曾特别谈及此事。

④ 较早出版的"诗苑译林"丛书均有《"诗苑译林"出版前言》，其中有句："特别感谢湘潭大学彭燕郊教授，他在这套丛书的规划、组稿、审校等工作上，都曾付出过辛勤的劳动。"但后来双方生了罅隙，感谢字眼被取消，后期丛书主要也是由出版社方面来操办的，不过一些译著，如孙钿所译《日本当代诗选》（湖南人民出版社 1987 年版），显然是由彭燕郊组来的稿。双方何以发生罅隙，坊间并没有很明确的说法，彭燕郊本人认为是人事方面的原因，参见彭燕郊口述、易彬整理《我不能不探索：彭燕郊晚年谈话录》，桂林：漓江出版社，2013 年，第 33～34 页。

组稿 10 多部，结果书出来，"竟没有我'主编'的字样，却说这套丛书是某某'倡导'和'帮助'下编的，稿费也没发全，特别气人的是样书至今半年一本也不送给我，托人去问，置之不理……××对我欺侮，已登峰造极，这笔账当然是要算的，但现在谁又有精神去和这类流氓再打交道！唯一的办法，是设法收回那些稿件，另找出版处，好向热情支持我的朋友有个交代。我就是背着这么个包袱，不能不拼老命走南闯北地奔波"。1991 年 1 月 14 日的信中则谈道："这两年我也渐渐明白了，想做的事不但做不成，还得受多少肮脏气！书编了，出不成，译者只找我，出版社是虱子多了不痒，不算一回事；我得赔复印费、抄稿费、邮费，还得花费大量时间写信解释，请朋友们原谅。前有'漓江'，近有'湖南文艺'，搞得我狼狈不堪。"①

彭燕郊这里所谈到的是名分、费用以及辜负文艺界朋友所托等方面的问题，但各种丛书终究还是出版了多种。在整个过程中，彭燕郊有操劳、荐稿乃至奔波之苦，但终究是一个筹划者的角色，本人并无须直接负文字之责（写信、提出丛书方案等不在此列）。稍后彭燕郊直接出任主编的一部诗歌辞典却让其陷入长达数年的纠葛之中。

编"词典"是 1980 年代后期出版界非常热衷的事务，"钱"途可观。安徽某出版社所筹划的诗学大辞典显然是受到此一风气的影响。大辞典拟分"中国卷""外国卷""理论卷"三大卷，分别请罗洛、彭燕郊和刘湛秋出任主编。彭燕郊被提请，既是由于老朋友张禹、罗洛等人"一再介绍"的缘故，想必也是彭燕郊多年来筹划诗歌翻译丛书、丛刊所积累的名望所致。不过，彭燕郊此前已与出版社打了很多交道，起初对此非常之谨慎，从相关书信可以看出，1987 年下半年即接到邀约，待到 1988 年中期出版社派人到长沙，后又寄来聘书，方才开展工作。

联系到此前彭燕郊本人所谈到的诸多想法，这样一部《外国诗辞典》无疑是很符合其诗学构想的。彭燕郊也确是抱着很高的期待，组织了相当一批翻译界人士（设副主编 5 人，编委 34 人，工作中心设在广州外国语学院），工作严谨，以图编出不同一般的文学辞典来。② 此一事件也形成了相当一批书信，涉及的人当有数十人之多。出版社方面有朱守中、刘明达

---

① 参见彭燕郊《致梅志》（1989 年 4 月 27 日）（1991 年 1 月 14 日），《梅志彭燕郊来往书信全编》，第 176 页、第 205 ~ 206 页。

② 参见彭燕郊《〈外国诗辞典〉序》，《书屋》2011 年第 12 期。

等；工作方面的则有黄建华、陈实、罗寄一、梁启炎、程依荣、李之义、刘瑞洪、钱鸿嘉等。

综合来看，工作大致上是从 1988 年下半年开始，至 1990 年上半年初步完工，彭燕郊在给朋友们的信中多次传达了喜悦之情；但扫尾工作迟迟难以结束，给朋友们的信中，逐渐多了后悔之意，也不乏措辞激烈的言论。直到 1992 年 4 月，出版社副总编亲自到彭燕郊处取走文稿——最后形成的书稿，字数在 220 万字左右（超出计划 40 万字），词条在 11000 条左右，重量则达到 50 多斤。①

按说历经数年认真而辛苦的工作，出版方又算是非常之重视，多次派人来长沙，最终还进入了编辑流程，有清样寄来（1994 年上半年），并承诺该书已与安徽省政府签了目标责任状，将"限期保质出版"②，出版应是指日可待的事情了。但是，当代出版文化显示了它非常诡异的一面：在未给主编合理解释的情况下，耗费各方人士大量精力的一本书最终居然不了了之。③ 这种诡异，大抵上只能概括为：不是以文化传承为使命，而是受制于市场或其他因素。彭燕郊生前曾与出版社多番交涉，出版社最终只是退还了全书的目录（厚厚一叠），书稿却始终不见踪影。④

花较多篇幅对彭燕郊的出版受挫展开讨论，并非要进行所谓"问责"（实际上，由于种种因素的限制，目前所见基本上还只是彭燕郊单方面的材料），而是借此展开彭燕郊在新时期以来的文化语境之中的出版行为的复杂境遇：翻译丛书、丛刊的较多出版，使得彭燕郊对文化及诗歌前途满怀期待。但出版社的意愿变动则往往使他难以招架——历时数年、投注大量心力的《外国诗辞典》最终未能出版，非常典型地放大了晚年彭燕郊的一大尴尬之处：一介书生，手中并未直接掌握半点出版资源或文化资本，在与出版机构及市场风尚的博弈当中，终难免受挫。这样一种文化挫败，

---

① 这里关于《外国诗辞典》相关情况的归纳主要是基于彭燕郊与陈耀球的信。

② 据 1994 年 4 月 21 日，刘明达给彭燕郊的信。又，8 月 10 日，刘明达在收到校样之后，来信感谢彭燕郊有"谨严的精神"，并表示"增强了辞典胜券在握的信心"。

③ 实际上，三种词典仅出版一种，即罗洛主编《诗学大辞典（中国诗歌卷）》，合肥：安徽文艺出版社，1995 年。

④ 唐朝晖后来发起了寻找彭燕郊手稿的事件，此事经《新京报》（2012 年 11 月 15 日）以《亲属追讨彭燕郊书稿》为题予以报道之后虽造成了一定的媒体效应，但随着出版社人事更迭，下一步如何处置，目前显然还不可确知。

无疑也构成了晚年彭燕郊出版事业的重要内容——扩大点说，也构成了1980 年代以来文化语境的重要内容。

"相期完胜业"：民间文艺方面的工作

1980 年，彭燕郊提出筹办大型诗歌翻译丛书的构想，并为之展开了大量工作。不大为文艺界人士注意的是，他在民间文艺界也展开了一系列的工作。与钟敬文、陈秋子、王文宝、谷子元、龙清涛、唐愍、萧园等人的通信即显示了彭燕郊作为民间文艺工作者的一面。

彭燕郊对民间文学始终怀有比较强烈的兴趣①，也做了不少实际工作。新中国成立之初，第一次文代会后，彭燕郊曾短期居留北京，和钟敬文先生一起编《光明日报》的《民间文艺》等副刊，该副刊是"解放后报纸所办的唯一的一份民间文艺副刊"，对新中国民间文艺的发展起到了重要的推动作用。② 到湖南之后，彭燕郊曾随湖南大学到益阳、溆浦等地参加土改，其间搜集了大量的各地民间文艺资料。后被聘为湖南通俗读物出版社（湖南人民出版社的前身）的编审委员，并编选《湖南歌谣选》由该社出版（1954 年）。

因为民间文艺方面的经验与成绩，彭燕郊的民间文艺专家的身份其实也是很突出的。比如，参加第四次湖南省文代会和全国文代会所在组别均是"民间文学"组，而非"文学"组。其工作，除了民间文艺资料搜集等实践层面的外，还包括业务管理、刊物编辑、理论探讨、人才培养等多个方面：曾任中国民间文艺研究会湖南分会副主席，并参与编辑由该会主编的《楚风》多年；曾撰写《谚语和哲学》《保护民族民间文化：理解和期待》等长篇论文；曾在湘潭大学中文系成立民间文学教研室，开设"民间文学课程"，并且曾与钟敬文先生所在北京师范大学联合培养了一届民间文学方向的硕士研究生。凡此，均可见出彭燕郊在民间文艺方面工作的广度。

从彭燕郊所存书信看，钟敬文先生曾多次将其发表在《北京师范大学学报》等处的古体诗词寄来（署名"静闻"），并在《喜燕郊北来》一诗

---

① 2005 年之后，笔者开始做彭燕郊的系列访谈，彭燕郊主动提出应谈谈新诗与民间文学的关系，参见《我不能不探索：彭燕郊晚年谈话录》第六章的相关内容。

② 张义德、彭程主编《名人与光明日报》，北京：光明日报出版社，1999 年，第 298～299 页。

中表达了"相期完胜业"的愿望——所谓"胜业"指的是"关于民间文学的编集和研究"①。也有北京师范大学、中央民族学院（现中央民族大学）以及湖南本地的相关讲习班邀请彭燕郊讲授民间文学方面的课程，有到峨眉山、咸宁、广州等地参加民间文艺方面会议的记载，如参加1984年5月底在峨眉山召开的"全国民间文学理论著作选题座谈会"等。也有祁连休（1937~）、叶春生（1939~）等民间文学研究者的来信。及至1980年代中期，中国民间文艺家协会、文化部、国家民族事务委员会等机构联合下发文件，要求全国各地大规模地开展《中国民间故事集成》《中国歌谣集成》《中国谚语集成》的调查、搜集、整理与编纂工作（简称"三套集成"工作），彭燕郊也曾被湖南省民间文艺研究界委以重任，担任其中"一套"的主编，但彭燕郊自觉年事已高，"实不敢担任此种长期性的重任"，最终推却了此一邀约。②

　　从"三套集成"工作的后续发展来看，历时之长、涉及人员之多、材料搜集范围之广，确可称为一桩"长期性的重任"③。彭燕郊后来也还是有所参与，比如为湘潭地区搜集整理的民间文学集成资料作序等。但此后的书信当中，已只能零星地看到一些彭燕郊参加民间文艺活动方面的信息，比如到某民间文学讲习班讲课等。他长期搜集的关于民间文艺方面的资料最终只能堆积在书房的角落里，无缘得到进一步的整理。④

文化身份与文化抉择

　　除了上述三种文化身份外，晚年彭燕郊还有其他一些身份，比如"新

---

① 见《钟敬文文集·诗词卷》，合肥：安徽教育出版社，2002年，第192页。

② 据彭燕郊《致杜平》（1985年9月18日），未刊稿。按：杜平即彭燕郊所指导的民间文学方向的硕士研究生。

③ 据资料，民间文学三套集成工作最终历时约20年，"动员了200余万人次的基层文化工作者参加调查和搜集，共搜集记录民间故事184万篇，民间歌谣302万首，谚语748万余条，总字数超过40亿字。各地编辑地方卷本4000余种"。参见向云驹《人类口头和非物质遗产》，银川：宁夏人民教育出版社，2004年，第201~202页。

④ 笔者参与整理彭燕郊藏书与遗物时，发现其中有大量这方面的材料。据老友黎维新的回忆（《一个出版人对彭燕郊先生的怀念》，《芙蓉》2008年第6期）：2008年春节期间，彭燕郊曾向他表示：多年搜集的民间文学资料"放在那里未及整理，真太可惜了"。此事发生在彭逝世前夕，可见他虽无力整理，但仍念兹在心。

四军"身份,彭燕郊与新四军战友黄宛年、沈柔坚等人有通信,曾撰写回忆新四军经历①及战友辛劳②、丘东平③等人的文章,为《烽火诗情新四军诗选》一书作"序"④,等等。又如,文学爱好者、青年学子的精神导师形象。湖南本土文艺界乐于视彭燕郊为大师级人物,视其为长沙的文化地标,前往拜访的人相当之多。全国各地文学爱好者慕名前往或写信求教的也不在少数。此外,因为与莫渝、马文通、陈实等人的大量通信,彭燕郊与中国香港、中国台湾及海外文艺界人士也有较多联系。莫渝(1948~,本名林良雅)在台湾,为笠诗社同人;马文通在香港,供职于《大公报》。此二人可谓联结彭燕郊与港台地区文艺界的直接纽带——换个角度说,也是促成彭燕郊在港台地区及海外传播的主要人物。莫渝除了书信之外,长期给彭燕郊寄赠《笠》诗刊等资料,而且,因为他的介绍,林海音等人都与彭燕郊有书信往来,商讨梁宗岱译著出版之事。彭燕郊在马文通主编的《大公报》副刊上发表了一批作品,施蛰存、罗大冈等人也曾通过彭燕郊与马文通等香港文艺界人士建立联系。

但总体上说来,彭燕郊三种文化身份更为突出,更有话题意义。从实际事务的处理的角度看,"胡风派"成员、文艺组织者和民间文艺工作者这三种身份,还是有某种主次之分的,比如民间文艺工作者身份自1980年代中期之后就已逐渐消退。"胡风派"成员的身份一直存在,除了撰写一些回忆文章外,还有一个重要事件,那就是2002年,已年过八旬的彭燕郊亲自到上海参加了"纪念胡风诞辰一百周年暨第二届胡风学术研讨会",与梅志及贾植芳等十多位健在的"胡风集团"成员聚首,在会上做了长篇主题报告《世纪之痛的沉重课题——读鲁贞银的〈胡风文学思想及理论研究〉》,同时,还别有一重认识,即因读到张业松的《舒芜的两篇"佚文"》而走出历史的"迷雾"。此前,彭燕郊与舒芜多有书信往来,被舒芜

---

① 《流囚九千里——皖南事变后的叶挺将军》《北上抗日行军途中》,分别刊载于《云岭》总第44期,2001年12月;第45期,2002年6月。

② 彭燕郊:《他一身都是诗——悼念诗人辛劳》,《新文学史料》2000年第2期。

③ 彭燕郊的《傲骨原来本赤心——悼念东平》,初刊于《随笔》2008年第2期,后作为"代序"收入罗飞主编《丘东平文存》(宁夏人民出版社2009年版)一书,并与《我的悼念》一文收入许翼心、揭英丽主编《丘东平研究资料》(复旦大学出版社2011年版)一书。

④ 邵凯生、朱强娣编注《烽火诗情新四军诗选》,合肥:安徽人民出版社,2005年。按:该集收录彭燕郊诗歌11首。

女儿方竹视为父亲好友之中"如春阳般让人感到温暖的人"①；但此后，彭写成《我所知道绀弩的晚年》《聂绀弩与舒芜》以及问答体文章《答客问》，态度陡变，文中对舒芜进行了非常严厉的批评，并借此对"胡风事件"展开新的反思。彭燕郊逝世后一年，舒芜逝世——重评舒芜获得新的契机。不多久，《答客问》以及方竹（舒芜女儿）、姚锡佩、叶德浴等人的文章见诸《新文学史料》《中华读书报》等处，话题再次聚焦于"舒芜评价"这一老问题上。② 以此来看，彭燕郊与胡风、"胡风事件"及相关人物，在他生前始终缠绕着他；而在身后一段时间之内，其对舒芜态度的陡然转变也都将是一个话题——这种转变发生在 80 岁高龄之后，彭燕郊也许将成为此一事件的一个特殊个案。③

在与姚锡佩、叶德浴等人的信中，彭燕郊谈到要写"聂绀弩与舒芜"，且自认"联系诗、信，及我亲见亲闻来写，当能廓清迷雾"④。但是，严格说来，这一写作计划也未能完成，实际形成的文本基本上是基于个别历史当事人的"谈论体"，是关于历史的单方面证词。而且，"聂绀弩与舒芜"的篇幅也着实有限——若将此与 1980 年代到 1990 年代那些未完成的关于胡风、聂绀弩等人的写作联系起来，那么，在相当的程度上可以说，彭燕郊的胡风学生的身份始终具有一种未完成性：其情感形态有着超常的深度；而就观念层面而言，彭燕郊关于胡风及相关人事的认识已

---

① 参见方竹《知识分子在政治大潮中的宿命——记我的父亲舒芜》，《新文学史料》2010 年第 1 期。按：彭燕郊认识舒芜比较晚，是 1979 年第四次文代会时，由牛汉、绿原等人陪同去看望舒芜，方才认识并开始通信。

② 2009 年 8 月舒芜辞世。同年 12 月 16 日，《中华读书报》刊发了李洁非的《反复：舒芜的路》，对舒芜提出批评。2010 年 1 月 27 日，该刊又刊出舒芜女儿方竹的反驳文章《不幸的思想者舒芜：并非怀有不可告人的卑劣动机》，并引述 1997 年 5 月 9 日彭燕郊致舒芜的信，认为彭燕郊是"唯一肯公正讲话的"。《新文学史料》2010 年第 1 期推出"舒芜专辑"，有方竹《知识分子在政治大潮中的宿命——记我的父亲舒芜》、姚锡佩的《往事问天都冥漠——悼舒芜先生》等文，其中亦引述彭燕郊致舒芜的信。该刊第 4 期又推出叶德浴《彭燕郊与舒芜》（附彭燕郊《答客问》），叶文摘录了 2002 年之后彭燕郊写给他的 6 封信，正面申扬了《答客问》的主旨。

③ 方竹在《知识分子在政治大潮中的宿命——记我的父亲舒芜》中曾叙及几位"胡风派"的朋友与舒芜之间"密切的友谊，从二十世纪五十年代，一直持续到二十世纪八十年代初"，随着"胡风案"的平反，朋友"渐次疏远"，"最判若两人的就是绿原先生"。文章也叙及 2002 年上海会议，"几个当年胡风派的人在会上抱头痛哭，其中有彭燕郊"，"从此，他们再无通信。（2002 年，他和别人谈到父亲时，态度和观点与前大变。）"

④ 据叶德浴《彭燕郊与舒芜》所摘录的 2003 年 10 月 4 日彭燕郊的信。

经达到了超乎常人的"历史的高度",但其所提供的具有反思意味的文本尚不足以"廓清迷雾"。

彭燕郊的情感与热情是毋庸置疑的,这种"未完成性"或有资料、能力、身体等方面的因素①,更有可能是"心有旁骛"、忙于他事——如果说,胡风学生的身份是历经较长时间淬炼的一种历史事实,关于胡风的诸种写作是一种历史的要求的话,那么,在新的文化语境下,彭燕郊还是有着强烈的个人诉求的。从前面的描述来看,这种个人诉求大致可归结为借助译介活动来推动当代文艺发展的自觉意识,主要是由"文艺组织者"的身份来呈现。新时期以来,彭燕郊始终乐此不疲地从事着外国文学的译介等方面的"文艺组织活动",即便屡受挫折,也仍投入大量的心力,"拼老命走南闯北地奔波"。梅志在书信之中多次劝彭燕郊,以他的才情,应多写东西——写自己的东西,也包括写和胡风有关的东西,文艺组织者要耗费大量的精神和时间,对像他这样"能写的人来说是太可惋惜了"②。但彭燕郊显然并未听从这样一种善意的提醒,可见他在这些方面有着重要的精神寄托和文化抱负。

在《外国诗辞典》出版遭遇挫折之后,年事已高的彭燕郊在出版组织方面似有所沉寂,但进入 21 世纪之后,彭燕郊还主编了湖南文艺出版社版"散文译丛"并作"丛书前言",2004 年之后陆续出版,有若干新印的,也有不少是 1980 年代湖南人民出版社所出"散文译丛"的重印本。又为花城出版社版"现代散文诗名著名译"丛书作"总序"。而据林贤治的回忆,2007 年底,彭燕郊在信中谈及 2008 年是拜伦诞辰二百二十周年,"何不趁此纪念一下,借此张煌鲁迅先生《摩罗诗力说》,对目前迷茫中的诗歌界,应该有振聋发聩的作用"③。就其文化效应而言,这些出版或构想,显然已无法与 1980 年代相比,"受到读者的热情支持,几乎每隔不到两个月就有一种新书出版,大多数读者都以读到每一种新书为快"——彭燕郊在"丛书前言"中提到的这类情形已不可复现,但还是可以见出,即便到了生命的最后时刻,彭燕郊对当代文艺建设仍然抱有期待。

---

① 这几方面的情况,彭燕郊在致梅志的信中均有谈及。

② 梅志:《致彭燕郊》(1987 年 1 月 14 日),见《梅志彭燕郊来往书信全编》,第 113 页。
按:1991 年 12 月 21 日,舒芜在致彭燕郊的信中亦有类似观点。

③ 转引自林贤治:《诗人的工作》,《新文学史料》2008 年第 4 期。

与胡风、梅志等人的通信，非常明显地凸显了彭燕郊作为原"七月派"或"胡风分子"的身份，相关话题显示了彭燕郊作为一名现代作家在当代文化语境之中是如何展开其历史认知与自我辩诘的。与众多文艺界人士的通信，在外国文学作品（特别是诗歌）的译介、出版方面所做的大量具体工作，则充分显示了彭燕郊在新的文化语境之下所做出的文化抉择，这种借助译介活动推动当代文艺发展的自觉意识，大大地拓展了彭燕郊的文化身份，有效地凸显了他在 1980 年代以来的文艺建设之中新的、独特的作用。

"诗苑译林"等出版物一经面世即受到文艺界的特别看重。施蛰存当时在给江声（杨德豫）的信中写道："'五四'运动以后，译诗出版物最少，《诗苑译林》出到现在，发表译诗数量，已超过了一九一九至一九七九年所出译诗总数。我相信你们这一项工作，对现今及未来的中国诗人会有很大的影响，颇有利于中国新诗的发展。"[①] 彭燕郊先生逝世之后，李冰封在悼念文章中特别呼吁："希望大家千万不要忘掉这件五四以来，中国当代诗歌出版史上的重要史实。而这件事的首创者，乃是一代诗人彭燕郊兄。"杨德豫则指出：彭燕郊是"诗苑译林"丛书的"'精神领袖'或'社外主编'，业绩斐然，功不可没。《诗苑译林》丛书的广大读者，以及更广大的外国诗歌爱好者，都会对彭燕郊教授怀有历久不渝的敬意和谢意"[②]。在当事人看来，世事变迁，彭燕郊费尽心力所操持的"诗苑译林"丛书似有被遮蔽、被遗忘之势，有必要重申其意义。

结语：彭燕郊之于当代文学人物文献
资料建设的个案意义

在交通不便、现代通信技术尚不普及的时代，书信是人们进行交流的主要手段。在文献资料的保存方面，书信往往具有不可替代的作用。各种作家全集或文集也往往设有书信卷。孔另境所编选的《现代作家书简》就曾受到学术界的普遍好评，鲁迅在"序言"中认为：从作家的日记或尺牍

---

① 施蛰存：《致江声》（1989 年 7 月 28 日），《北山散文集·2》，第 1767 页。
② 杨德豫：《彭燕郊教授与〈诗苑译林〉》，《芙蓉》2008 年第 6 期。

这类"非文学类作品"上，"往往能得到比看他的作品更其明晰的意见，也就是他自己的简洁的注释"；能"显示文人的全貌"，"知道人的全般，就是从不经意处，看出这人——社会的一分子的真实"①。

彭燕郊是一名非常热情的书信家，其书信数量自然已难以准确估定，但写作量大、接触面广、信息丰富已是毋庸置疑的。对那些出版过书信集或者多卷本作品集的人物而言，如罗念生、施蛰存、卞之琳、罗大冈、梅志、田仲济、端木蕻良、徐迟、贾植芳、曹辛之、蔡其矫、绿原、曾卓、牛汉、邵燕祥等，致彭燕郊的信均可称为集外佚简，而对于沈宝基、罗寄一、王道乾、叶汝琏等原本资料就比较稀少的人物而言，更是非常珍贵的文献资料。

对于中国当代文学人物——特别是跨越现当代文学阶段的人物的文献资料建设而言，如何获取更为广泛的资料，以实现对人物的全方位认识，彭燕郊在这一方面无疑也具有突出的个案意义。就已有彭燕郊作品集的出版情况来看，成形的作品集有两种，即由彭燕郊本人所审定、在其逝世前后所出版的三卷本《彭燕郊诗文集》和三卷本"彭燕郊纪念文丛"②，前者按诗歌、散文诗和评论分卷，其中诗歌卷分上、下两册；后者则按诗歌、散文诗和回忆录分卷。撇开版本等问题不论③，其所呈现的彭燕郊形象，基本上就是一位经历了风云变幻的时代、有着漫长写作生涯（1938～2008年）的写作者形象，读者借此可以获得关于彭燕郊写作的总体印象。

近两三年来，彭燕郊各类文献资料的整理工作也在提速，除了上述集中披露的与梅志的来往书信、课程讲稿（《彭燕郊谈中外诗歌》）外，还包括日记（《溆浦土改日记（1951.12—1952.1）》《"文革"日记选录（1967年5—6月）》，2013年④）、系列谈话录（《我不能不探索：彭燕郊晚年谈话录》，2014年）等多个方面。这些文献资料，加上上述以书信为中心所

---

① 鲁迅：《序言》，孔另境编《现代作家书简》，上海：生活书店，1936年，第2页。按：可注意的一个线索是，1997年10月24日，施蛰存在致彭燕郊的信中提到此书，并称编者"还有许多余稿，待编续集，现存其女海珠处。八十年代，广州花城出版社曾想印，不知为什么未印成"。见《北山散文集·2》，第1840页。

② 分别为湖南文艺出版社2006年版，花城出版社2010年版。

③ 彭燕郊生前对其作品进行了全方位修订，这可视为一位写作者对自我写作行为的最终看法，从文献版本的角度看，即所谓"定稿"，若要全面了解彭燕郊不同时期的写作情况，则还需要查找更早的版本。

④ 陈思和、王德威主编《史料与阐释（贰零壹壹卷合刊本）》，上海：复旦大学出版社，2013年。

述及的诸种文献资料，则可大大丰富彭燕郊的历史形象，将有助于学界更为深入、全面地认识彭燕郊——特别是当代文化语境之下的彭燕郊，同时，也能为 1980 年代以来文化语境及文化建设研究开掘新的空间。

当然，与那些已经成形的文献资料相比，这里所面临的问题也比较明显：彭燕郊与友人间的通信，除了前面提到的胡风、梅志、施蛰存、聂绀弩、路翎等人外，仅有与端木蕻良、常任侠、邵燕祥、陈思和与刘志荣、张洪波、余开伟等人的少量书信被披露，学界所知有限。而且，目前绝大部分的彭燕郊书信都还散落在收信人手里，能征集到什么程度，仍然充满了未知数，因此，对彭燕郊的文化身份及其独特的历史效应的认知也就有待时日。

（曾刊载于《中国现代文学研究丛刊》2015 年第 3 期）

新时期以来翻译出版事业的见证

——关于施蛰存与彭燕郊通信的初步考察

借助比较完备的资料，厘清文人往事、复现历史情境，自是一件快事；但由于各方面原因的限制，即便是知名人物，文献资料的搜集往往也困难重重——有时候即便知道了文献搜集的方向，目标也未必能够达到。

2014 年，施蛰存先生与海外学人孙康宜教授的七十余封往来书信，辑成《从北山楼到潜学斋》（上海书店出版社）出版的时候，我有一个最直观的感受：施蛰存先生与彭燕郊先生的往来书信，也足够辑成如此一册的厚度。在稍后写成的彭燕郊与他人的一册往来书信集的"编后记"中，我甚至做了预判："假以时日，施、彭二人书信清理出来，辑成类似的往来书信集，应该也是没有问题的。它们对于认识 1980 年代以来施、彭二人的思想及文艺活动，认识新时期以来的文化语境，无疑是多有助益的。"①

但实际上，我很清楚，这样的往来书信集很可能难有辑成的机会了。

"这些时我一直在等你的信和稿件"

我最初注意到施、彭二人有较多书信往来，是 2005 年开始做彭燕郊晚年口述的时候。其时，《北山散文集》已出版多年，其中收录了注明为 1991 年 2 月至 1999 年 6 月间，施蛰存致彭燕郊的书信 27 封。8 年，27 封，对两位耄耋老人来说，数量算是很不少的了。我当时还在华东师范大学中

---

① 易彬：《书信、文化与文学史：关于〈彭燕郊陈耀球往来书信集〉的相关话题》，《现代中文学刊》2016 年第 2 期。

文系攻读博士学位，施蛰存先生是华东师范大学的著名教授，《北山散文集》又是由学校出版社出版（2001年）。当时，彭燕郊先生又已找出若干施先生更早时候的来信，某次我回学校时，他曾托我与该书的责任编辑联系，希望有机会能增补进去。我去过出版社，未见到责任编辑先生本人，只能在电话里大致说明情况。该先生后来与彭燕郊先生联络的情况如何，我不得而知，只知2011年《北山散文集》归入多卷本《施蛰存全集》再次出版的时候，情形依旧。现在回想起来，当时彭燕郊先生已经找到的是哪些信，我并没有特别留意——当时完全没有想到2011年之后，会有机会着手整理彭燕郊先生遗藏的文献资料，而其中最主要的就是书信。

施蛰存为1905年生人，长彭燕郊15岁。两人的人生道路可谓迥乎不同。施蛰存居上海，早年写"新感觉派"小说，办《现代》杂志，蜚声文坛，日后长期在大学任教，在文学创作、古典文学研究、外国文学翻译和研究、石版石刻整理方面卓有成绩——这就是施蛰存本人所称平生治学，开了四扇窗，是海内外知名的文学家和学者。彭燕郊是福建莆田人士，早年投身新四军，后因投稿《七月》，得胡风赏识，被目为诗人。日后定居中部省份湖南，虽也曾在大学任教，但更显著的身份还是新诗人（"七月派"）、"胡风分子"。按说两人的人生原本是完全不在一个轨道之上的，何以会有那么多的交集呢？

在彭燕郊的晚年口述材料中，有一段专门谈及施蛰存先生：

> 这老头很可爱的，我每次去上海都去看望他。他写信很勤，他写给我的信大概有五十多封。他和我通信是在编《诗苑译林》的时候，开始是编《戴望舒译诗集》，我就找了他。后来我又出了一本他的《域外诗抄》，本来想搞成《施蛰存译诗集》，他说不要那么叫。他的贡献确实也大，编了很多书，也译了很多书，都很好。有人称"北钱南施"。钱是钱钟书。[①]

目前并没有确切的材料表明两人的交往始于何时，翔实的资料集如两

---

① 彭燕郊口述、易彬整理《我不能不探索：彭燕郊晚年谈话录》，桂林：漓江出版社，2014年，第131～132页。

大卷《施蛰存先生编年事录》①，也没有明确的记载。不过，就其起点而言，无疑和新时期之初彭燕郊筹划大型外国诗歌翻译丛书"诗苑译林"紧密相关。其通信的时间，先前我根据施蛰存相关书信判断，最迟不超过1982 年 6 月。② 现在，通过孔夫子拍卖网拍卖平台及相关渠道找到了 1981年 9 月至 1982 年 9 月间彭燕郊致施蛰存的信九封，根据这批新发现的材料，两人通信的时间还应稍稍往前推一点。而两人的交往细节以及相关文化史的话题，也具备初步讨论的可能性。③ 彭、施会面的具体时间暂不可考。看起来，是先有通信而后有会面。彭燕郊在 1984 年 9 月 4 日的信中提到两人都曾参加 1979 年的全国第四次文代会，1982 年 7 月 22 日的信中提到在北京友人处见到施蛰存的近影，但都没有会面的记载，看起来还要后移一段时间。

彭、施通信的内容，目前所见，多是关于翻译出版事业的。据回忆，早在 1980 年前后，彭燕郊即曾向湖南人民出版社建议"出版一套译诗的丛书，要概括五四以来外国主要名诗人的诗和中国的名译"，这就是后来的大型诗歌翻译丛书"诗苑译林"。此一构想得到了出版社领导的支持，彭燕郊随即受委托外出组稿，曾专程到上海、广州、北京等地，听取施蛰存、梁宗岱、卞之琳等知名翻译界人士的意见。④

从彭燕郊致施蛰存的信来看，此一工作的起步阶段难度并不小。一是观念层面的，1981 年 9 月 4 日彭燕郊在信中说："出版译诗丛书，是我开的头，给他们提的建议，开始似乎还不那么热心（这些年人们提到诗就摇头，假、大、空泛滥之后果如此者！），现在期待颇切，我也乐于帮他们'跑跑腿'。"从"不那么热心"到"期待颇切"，何以会在较短时间内有如此大的转变呢？彭未交代，但据 1981 年 12 月 7 日信，市场可能是一个重要因素，"据说目前读者倒是趋向于要求高级读物，且不怕'专'，有个趋势，译作的销量上升"。

① 沈建中编撰，上海古籍出版社，2013 年。
② 1982 年 6 月 23 日，施蛰存在致周良沛的信中提到彭燕郊，见《施蛰存全集·5》，上海：华东师范大学出版社，2011 年，第 1954 页。
③ 本文所引施蛰存致彭燕郊的信，均据施蛰存：《施蛰存全集·5》，第 2258～2274 页，不另注明；所引彭燕郊致施蛰存的信，均见本篇附录，将随文注明日期。
④ 李冰封：《彭燕郊与〈诗苑译林〉及〈散文译丛〉——哀悼一代诗人彭燕郊》，《新文学史料》2008 年第 4 期。

二是资料搜集的难度。习惯于互联网、数据库以及各种资料汇编书籍的今日读者大概难以想象新时期之初的情形，异地图书查阅不便，个人藏书又毁坏严重，线索往往难以查找，即便是作者本人，对几十年前发表作品的信息往往也难以掌握。彭燕郊信中谈到藏书丢失以及去桂林的图书馆查阅资料的情形，也谈到施蛰存、戴望舒的文章搜集以及图书编辑方面的想法："望舒译的散文……你如没有时间，可否给提供线索，让我要我的助手到北京图书馆或上海图书馆去查阅旧报刊，抄下来再编成集，你的，也同样由他去找去抄，再编起来……资料找齐了，你再动手编定一下，不费你太多时间。"（1982 年 9 月 27 日信）这固然是反映了彭燕郊在图书编辑与出版方面的急切心理，也显示了当时在资料查阅方面的难度。

与此相关，作者联络也别有其难度——既有联络不便、线索难找方面的因素，更在于所要联络的译者数量非常多。按照彭燕郊在 1981 年 10 月 30 日给施蛰存的信中所谈到的构想，"诗苑译林"丛书"除了总结'五四'以来译诗成果外，也得努力组织力量译那些必要译而至今未译的重要作品，出版那些应出版而未出或未认真出版过的名译佳作"：

> 例如，五十年代纪念迦利陀娑时（作为世界文化名人纪念的），金克木译了《云使》，可惜只印了少数单行本，最近我在《春风译丛》上读到他译的伐致诃利的《三百咏》，也很好，很想请他参加一册《印度（古代）诗选》，但不知他的地址，你知道吗？请告诉我，最好请代为介绍。
>
> 上海有没有搞法国诗翻译的同志？龙沙，还有维尼，缪塞，拉马尔丁，我想都得好好译过来。又如塔索和彼得拉克，至今没译，真太遗憾了。你看能找到合适的译者不？

实际上，这些范围与人物只是彭燕郊诸多——也完全可以称得上宏大的——构想中的一部分。类似构想，亦见诸当时与其他友人的通信①。而

---

① 非常典型的如 1984 年 11 月 9 日致梅志的信，谈到了数种翻译出版计划，如"译诗丛刊"、"外国文学丛书"、《世界散文》、《诗学译林》、"大型理论丛刊"《诗学》、《中国新诗全集》等，见晓风、龚旭东整理辑注《梅志彭燕郊来往书信全编》，郑州：海燕出版社，2012 年，第 57 ~ 58 页。

粗略统计彭燕郊所存部分书信，有过书信往来的知名文艺界、翻译界人士当在百人之上，所提及的人物则暂时难以计数。仅是在致施蛰存的 9 封信之中，彭燕郊所提到的翻译人士就包括戴望舒、杨周翰、朱湘、于熙俭、周作人、胡愈之、鲁彦、绿原、沈宝基、梁宗岱、卞之琳、徐霞村、邢鹏举、石民、郭沫若、韦素园、孙用、金克木、林林、周煦良、罗念生、孙毓棠、徐志摩等人，其中戴望舒的译作《弟子》《紫恋》、邢鹏举与石民的波德莱尔散文诗翻译、韦素园的《黄花集》、孙毓棠的《鲁拜集》以及施蛰存的"域外文学珠丛"等，都可以称得上"在一般人的视野之外"的译作。由此不难看出彭燕郊对现代翻译总体状况的熟悉程度。

从信件看，彭燕郊当时筹稿的心情是非常急切的。比如 1981 年 10 月 30 日的信，两页，六百余字，信中却三次出现"这些时我一直在等你的信和稿件""希望这几天就能接到你的信和书稿"一类语句，在其他几封信中，也多有"盼早寄稿来"或类似语句，其心情可见一斑。

日后，彭燕郊向翻译界人士广泛约稿，上述信中所提到的诸位译者多在彭燕郊的联络下有过相关出版或译作发表，如《梁宗岱译诗集》《朱湘译诗集》《英国诗选》（卞之琳译）、《译诗百篇》（孙用译）、《印度古诗选》（金克木译）。徐霞村是否联系上，没有相关信息。前引段落中，"搞法国翻译的同志"，除了身处长沙的沈宝基外，日后还联系上了程抱一、罗大冈、叶汝琏、王道乾等人。"诗苑译林"丛书中，有沈译《雨果诗选》、程译《法国七人诗选》，预告有叶译《法国当代诗选》，但不知何故未能出版，不过，叶译圣－琼·佩斯、兰波诗曾刊载于彭燕郊主编的《国际诗坛》；王译兰波作品《地狱一季》则被彭燕郊列入花城版"现代散文诗名著译丛"。至于龙沙、维尼、缪塞、拉马尔丁、塔索、彼得拉克等法国、意大利的诗人作品，不见于"诗苑译林"丛书，想是彭燕郊和相关翻译作者联系不顺吧。

在今日看来，这种联络顺利或者不顺，都构成了新时期以来翻译出版事业的重要内容，书信及相关资料的搜集与整理，是值得期许的。

"希望兄安好，能复我一信，谈谈近况"

但资料的散失乃至毁弃，却是一个普遍的现象。在"施蛰存—彭燕郊"的关系研究上，资料的不对等是目前一个突出的困难。彭信目前仅见9 封，已找到的施信在 30 封左右，除了《北山散文集》所录 27 封书信外，还有 1986 年到 1989 年的数封，但暂时还无法建立起两人书信的直接往来关系。

检视已经发现的施蛰存来信，所谈基本是读书、写作、编选（译）、出版等方面的内容。所涉及的书籍，梁宗岱遗孀甘少苏完成、彭燕郊作序的《宗岱和我》一书（重庆出版社 1991 年版）可单独提出。施蛰存称当初梁宗岱遗弃沉樱而与粤剧演员甘少苏结合，文艺界对梁"颇有非议"，但甘少苏的文字"坦率真诚，使我对二人之结合，改变旧时看法"；又称赞彭燕郊的序文"充满感情，不同凡响，精诚所至，非率尔之作，尤为佩服"；又称好几个看过的人都说好，沉樱的好友赵清阁即表示"不胜感慨"，且随后就发表了书评随笔（见 1991 年 6 月 1 日、7 月 8 日、7 月 18 日信）。彭燕郊在筹划"诗苑译林"丛书时，即曾得到梁宗岱的指点，并组织出版了《梁宗岱译诗集》；梁逝世后，其遗孀甘少苏女士将他的"几乎全部遗著"和各种资料陆续寄给了彭燕郊，又因其文化程度低、文字能力差，彭燕郊费了很大心力协助其完成《宗岱和我》，并为之作序《一瓣心香》；接着又完成长文《诗人的灵药——梁宗岱先生制药记》①，勾描了梁宗岱先生惊心动魄的晚年人生；再往后，李振声、陈太胜等更年轻的学者因编选或查阅梁宗岱资料而得到彭燕郊的大力帮助，李振声曾有"薪尽火传"之慨，称这并不仅仅关乎"一介晚学的事"，"而是关乎到一宗文化遗产的守护和传承"②。这样的历史脉络与文化传承，当值得进行更深入细致的梳理。

施蛰存信中提到的其他书籍，有漓江版《魔鬼附身》、戴望舒所译《陶尔逸伯爵的舞会》、纪弦的选集、《大刚报》、《斯大林肃反秘史》、赵凌河的《中国现代派文学引论》(其中论及刘呐鸥、穆时英和施蛰存的小说)、《意象派诗选》、台湾胡品清翻译的《巴黎的忧郁》与《现代中国诗选》、严文庄所译《一罐金子》、荷兰高罗佩的《中国古代的性生活》（中文名为《中国古代房内考》)、《七日谈》（《新故事百篇》)、戴望舒的《苏联诗坛

① 《新文学史料》1994 年第 2 期。
② 李振声：《薪尽火传》，《中华读书报》1997 年 3 月 26 日。

逸话》、F. 耶麦的诗、赵清阁评《宗岱和我》一文的剪报、《新文学史料》所载与吴福辉的信（论及"现实主义"与"现实性"）、彭燕郊拟赠的《双梅影》、阿保里奈尔的诗、所译《域外诗抄》、《爱经》、显尼志勒的《妇心三部曲》、所译《多情的寡妇》、彭燕郊所编《国际诗坛》、杨德豫寄赠的译诗集、Herbar Read 的《今日之艺术》（已译）与《艺术之意义》（未译）、《春艳》剪报（非全译本，似乎是发表于"沦陷时期的商业刊物"）、罗孚的书、《燕子龛诗》（苏曼殊诗及诸家题赠苏诗）、《现代创作丛刊》、所著小说集《追》、Fanny Hiee 作品影印本、所编《外国独幕剧选》、所编《中国文学珍本丛书》的影印事宜、彭燕郊所赠《汉镜》《知堂书话》等、《散文与人》、香港古剑所编《文廊》杂志、彭燕郊所编花城版"现代散文诗名著译丛"、拟编《超现实主义文学选》与《杂碎》（零星译文合编）、《弥陀罗》、所著《文艺百话》、王道乾译《地域一季》、所编《迦兰夫人》、华东师大出版社拟编的文集、所编《中国历代碑刻图鉴》、孔令俊所编《现代作家书简》，等等。施蛰存时有直率之语，比如因胡品清选译的《现代中国诗选》"有几首大陆诗人的作品"，纪弦等人"群起而攻之，使其被禁锢十年，不得出境"，施对老朋友的这种做法"很有反感"；又如，认为王道乾所译《地狱一季》"译文不好"，有些译法是"死译"，等等。

上述书籍比较驳杂，蕴含了各式各样的文学史、文化史的线索与话题。进一步看，它们多是关乎翻译与出版。尽管彭燕郊并非出版人，但新时期以来，其出版热情颇高，在前述"诗苑译林"丛书稍成规模之后，彭燕郊又积极筹划和组稿湘版"散文译丛"、花城版"现代散文诗名著译丛"、漓江版"犀牛丛书"等外国文学翻译丛书，并亲自主编译诗丛刊《国际诗坛》《现代世界诗坛》。其间，积极替朋友们向各地刊物、出版社荐稿，并且奔走于广州、桂林、北京、成都等地的出版社，寻求出版资源。彭燕郊此一时期给朋友们的信中，反复提到自己处于"忙乱"状态，主要是忙于为翻译出版而奔走、筹稿等事务。这种身份，胡风夫人梅志曾称之为"文艺组织者"①。时间稍长，朋友们显然也已经习惯于彭燕郊的这种角色——在施蛰存眼里，彭燕郊俨然就是一位出版

---

① 梅志：《致彭燕郊》（1985 年 12 月 26 日），晓风、龚旭东整理辑注《梅志彭燕郊来往书信全编》，第 82 页。

联络人。1980 年代中前期，经彭燕郊筹划，戴望舒和施蛰存的译诗集先后在湖南人民出版社出版，从现存书信看，施蛰存经常跟彭燕郊谈到自己在外国文学介绍方面的构想，比如 1994 年 6 月 2 日谈到，"想编译一本《超现实主义文学选》"；9 月 1 日又谈到，"我早年就想介绍外国文学，最好按国家或流派编译一些选集，例如《法国浪漫主义文学选集》《西班牙 '98 文学选集》《苏联"拉普"文学选集》，这样就很有意思，可惜这个工作还没有人做"。同时，施蛰存也还在继续托彭燕郊寻求出版机会，比如 1991 年 7 月 18 日的信中，在询问法国的《七日谈》（《新故事百篇》）、戴望舒的《苏联诗坛逸话》等书的出版可能性；再往下，在看到漓江出版社出版了法国作家拉迪盖的《魔鬼附身》之后，1991 年 2 月 16 日，施蛰存来信请彭燕郊代为联系该社出版戴望舒所翻译的《陶尔逸伯爵的舞会》；又请他为台湾诗人纪弦的选集"物色出版家"。出版物之外，施蛰存还曾托彭燕郊查找自己的早年作品①，这显然也是对彭燕郊查阅资料的热心与能力的认可。

"诗苑译林"丛书最终出版五十余种，其中相当部分是由彭燕郊筹划、组稿的。对彭燕郊的这份工作，施蛰存给予了很高的评价。1989 年 7 月 28 日，施蛰存在给江声（杨德豫）的信中写道："'五四'运动以后，译诗出版物最少，《诗苑译林》出到现在，发表译诗数量，已超过了一九一九至一九七九年所出译诗总数。我相信你们这一项工作，对现今及未来的中国诗人会有很大的影响，颇有利于中国新诗的发展。"彭燕郊当初向湖南人民出版社建议"诗苑译林"丛书的时候，杨德豫是出版社主要的实际操持人之一。1994 年 5 月 19 日，施蛰存在给彭燕郊的信中谈道："近来出版界风气不好，没有好书，兄所编诸书，格调均高，不知还能再鼓气编几种否？"1994 年 6 月 2 日，施蛰存又在信中写道：

> 前天整理藏书，一部《诗苑译林》是兄的不朽工作业绩。将来如有可能再版，或可重新改编为大本书，近来似乎一大册的洋装书反而好卖（这部《诗苑译林》我不会送人）。

---

① 如 1991 年、1995 年的多封信中，都有托彭燕郊查找《大刚报》所载《枯树赋》和"一些别的文字"的信息；在 1993 年 5 月 25 日信中，也有类似的内容。

　　这里关涉施蛰存晚年"散书"的话题，稍后还会再提及。施蛰存的意思是，很多书会送人，但"诗苑译林"是彭燕郊的"不朽工作业绩"，不在送人之列。2008年，彭燕郊逝世之后，杨德豫在回忆中则论及：彭燕郊是"诗苑译林"丛书的"'精神领袖'或'社外主编'，业绩斐然，功不可没。'诗苑译林'丛书的广大读者，以及更广大的外国诗歌爱好者，都会对彭燕郊教授怀有历久不渝的敬意和谢意"①。

　　检视1990年代中段施蛰存的信，还有施托人给彭带回肉松、巧克力华夫饼干，以及彭给施寄来（或托人带来）菌子并做菌油等内容。看起来，随着时间的推进，施、彭二人的交往从最初的说文论艺而日益渗透到日常生活之中，私谊日渐深厚。目前所见施蛰存写给彭燕郊的最后一封信是1999年6月15日，已是"九五之尊"的施蛰存在信中写下了"念念"之情：

　　燕郊我兄：

　　　　久无信，合府安健否，念念！

　　　　我今年已"九五之尊"，真正老了，近年心脏跳得慢了，记忆力差了，腕力不够，写字也不十分利索了。

　　　　兄情况如何？希望来一信谈谈。

　　　　北京的朋友去了好几个，上海也没有老朋友来，故世的多，活着的多不出门了。

　　　　今天想到你，写此信问候。希望兄安好，能复我一信，谈谈近况。

　　　　　　　　　　　　　　　　　　　　　　　施蛰存

　　　　　　　　　　　　　　　　　　一九九九年六月十五日灯下

　　文字平淡至极，但仍能见出二十年交谊的辉光。2002年11月，借着"纪念胡风诞辰一百周年暨第二届胡风研究学术讨论会"召开的机会，已是八十有二的彭燕郊先生最后一次到上海——最后一次拜见施蛰存先生，其时，年近百岁的施先生已无法用言语交谈，只能用笔谈。笔谈记录，至今仍被当时与彭燕郊同行的龚旭东先生珍藏。

---

　　① 杨德豫：《彭燕郊教授与〈诗苑译林〉》，《芙蓉》2008年第6期。

"我现在已在遣散藏书"

接下来要说的是书信的存留问题，其中的一些细节，在作家书信搜集与整理过程中是有必要注意的。

一般的书信存留自然都是信纸和信封一起保存的。但在彭燕郊这里，大抵是因为来信实在太多的缘故，他基本上没有保留信封，而是按照年份，将相近时段的书信卷在一起，然后装入牛皮纸袋。短时间内，这样处理大致无妨，但时间一长，至少有两方面的问题变得棘手：一个是时间的认定，另一个是资料的清理。

时间完整署置的书信一般来说应该无妨，但例外总是有的——彭燕郊写给施蛰存的九封信均署有完整的年月日，但 1981 年 10 月 30 日和 1982 年 7 月 22 日的两封，年份均署 1980 年，根据书信内容以及邮戳信息，可确断为误署。而像施蛰存这般，落款经常只有日月而没有年份的情形也并不在少数，系年能否准确也可能是一个问题。《北山散文集》所录施蛰存致彭燕郊的信，当是彭燕郊本人所提供的。① 饶是如此，也还是有几封明显系年错误。比如第 7 封，系年为 1992 年 3 月 30 日，但信中有"赶抄《域外诗抄》"、为戴望舒译著《爱经》写序等细节，所提到的两种书，前者于 1987 年 10 月出版，后者是 1987 年 9 月 20 日完成、1988 年 1 月出版的，看起来，写信时间为 1987 年的可能性非常大。第 8 封，系年为 1992 年 4 月 22 日，但信中提到将法国象征派诗人头像木刻八幅交给《域外诗抄》责编，同前信，时间也极可能是 1987 年。第 12 封，系年为 1993 年 5 月 11 日，但信中提到《外国独幕剧选》第五、六集"一九八六年已排好版，搁着未出，现在听说决定出版"。第六集的实际出版时间为 1992 年 1 月（上海文艺出版社），故此信的时间可能是 1991 年。

另一方面的问题则是因为藏物过于繁杂而造成资料搜集不全的情形。但凡去过彭燕郊先生家的人都知道其生活环境之局促——房子老化，而藏书藏物又实在太多，且不说书柜的每层几乎都前后放着两排书，从进门的

---

① 1996 年 10 月 21 日信中，施蛰存曾提到华东师范大学出版社将印文集，将收一卷书信，并请彭燕郊"选几封复印寄来"。

过道开始，到处是一摞一摞地堆放着的各类书物（摆放很整齐，并非随意堆放）。彭燕郊先生生前是如何理清如此庞杂的资料的，已无从得知。但毫无疑问，这给家属和作品整理者带来了巨大的难题，而从近年我所参与的资料清理工作来看，有些资料存放在书架下层或某个角落，应该是彭燕郊本人生前也没有清理过的。

彭燕郊称施蛰存的来信"大概有五十多封"，《北山散文集》实录27封——尽管前面提到有多封书信系年错误，但总体来看，大部分来信还是在1991年之后的。考虑到施、彭二人都热衷于写信，且1981年到1991年这十年，施、彭二人精力更好，施蛰存所编译的多种译著又是经彭燕郊之手出版的，我甚至猜测施蛰存来信的实际数量会比彭燕郊的估计更多——前述彭燕郊致施蛰存的信起止时间大致为一年，其中缺1982年2月至6月的部分，数量就已经达到9封；反观之，施蛰存这一年间的来信至少也在相当数量。而施蛰存围绕所编《戴望舒译诗集》和所译《域外诗抄》，通信量也不会少。从彭燕郊藏物清理的角度来看，也就还大有空间。实际上，彭燕郊先生生前即曾找出施蛰存此前的部分书信，近年来，我们在清理彭燕郊先生的遗藏时，也陆续有新的发现。

上述两方面的问题，目前看起来确有其难度，但资料在，终归还是有可能解决的。彭燕郊先生的去信则是现在有待进一步追索的。从常理推断，彭燕郊是晚辈，彭的去信至少也会有相当的数量，两人的往来书信量至少有百数十封之多，足可辑成比一部《从北山楼到潜学斋》更厚的集子，但是，从目前情形看，彭的去信很可能已经被施蛰存"遣散"而永远无法比较完整地集拢了。

施蛰存晚年散书的行为早已为学界所熟知，坊间的说法是，"20世纪90年代起，施蛰存先生开始做结束工作了，其中一项工作就是生前散书。有年轻朋友去看他，他就会让他们从他的书架上挑喜欢的书拿走"①。《北山散文集》所录书信，1990年代之后的部分多有这方面的记载，给彭燕郊的信中亦有不少。1994年1月17日的信中有："兄以后不要再送我书了，我也无力看书，子孙一代，没有一个搞文学的。我的书已在渐渐处分，不

---

① 安迪：《北山楼藏西文书一瞥》，上海图书馆中国文化名人手稿馆编《纸上落英：中国文化名人藏书票》，上海：上海书画出版社，2013年，第177页。

必再增加了。"3 月 18 日的信中又有："我已不想藏书，看过都可奉还，你不必再送我书了。"6 月 2 日的信中则有："我现在已在遣散藏书，上月送了五十八本书给松江中学（我的母校）。"

看起来，被遣散的施蛰存书物，部分确是被相关机构与个人所收藏，但从目前的情势来看，已有大批施蛰存及其旧藏相关人物的资料进入了旧书交易市场——前述彭燕郊致施蛰存的 9 封信，即 2016 年 8 月之后，本人通过竞拍和其他方式所获得的。再往前溯，施蛰存的此类材料频频进入旧书网络交易平台，最初的交易距今已有十年左右的时间了。

拍卖市场、网络交易平台如今异常火爆，已被认为是现当代作家文献（特别是手稿材料）发掘的新的重要来源。检索网络平台十年来与施蛰存相关的信息，直到 2016 年 8 月，方才出现"施蛰存—彭燕郊"的材料。因此，即便不考虑价格方面的因素（实际上，此类材料往往要价不菲，且去向多是收藏，一般研究者绝难获取），下一次彭燕郊致施蛰存的书信浮出水面会是什么时候，是一封还是多封（此次的 9 封信为同一位卖家所掌握），或者，还会不会再次出现，终究只能说是一个未知数。而"施蛰存彭燕郊往来书信集"，至少在比较长的一段时间内，都还只可能是一种构想。

往来书信集与作家间"互动行为"的研究

再来说说作家书信整理的效应。作家书信的搜集与整理受重视的程度素来较高。仔细清理作家书信集、勾画出其中内蕴的"文史价值"，是引人关注的文学史研究话题。① 民国书信集，孔另境所编选、鲁迅作"前言"的《现代作家书简》即曾受到学术界的普遍好评。有意味的是，彭燕郊曾向施蛰存表达过编选作家日记、书信的想法，"每人一册，十万字"。1997 年 10 月 24 日，施蛰存在复信中称，"集许多人的日记、书信于一册，较为有味"。又提到《现代作家书简》，编者"还有许多余稿，待编续集，现存其女海珠处。八十年代，广州花城出版社曾想印，不知为什么未印成"。他建议彭燕郊重印此书，"再加编一册续集"，"或合二为一，印一大册，

---

① 参见金宏宇《中国现代作家书信的文史价值》，《中国现代文学研究丛刊》2016 第 9 期。

也好"。

而从另外的学术动向来看，作家的"互动行为"得到了更多关注——在面对文学现象时，不能止于"文坛掌故、文学谈助或名人轶事之类"，而应"回到一个朴素的原点，重新定义文学活动的性质及其与作家自身、和他人和社会到底是个什么样的关系"，应对作家（们）的文学行为展开"实存分析"，进而探究其"文学史意义"①。从"关系"的梳理到"意义"的获取，自然有不少路径，但作家间的来往书信无疑是揭示彼此"互动行为"最重要的方式之一。20世纪中国文化人士的生活环境多波折动荡，书信的存留往往是一个大难题，极难完整保留。坊间所传作家书信集总量颇为可观，但"×××"与"×××"的往来书信集就相对较少了，其中如《罗振玉王国维往来书信》（收函974件）、《暮年上娱：叶圣陶俞平伯通信集》（收函800余件）、《周作人与鲍耀明通信集1960-1966》（收函745件）、《叶圣陶、周颖南通信集》（收函255件）、《张元济蔡元培来往书信集》（收函189件）、《胡适雷震来往书信选集》（收函147件）、《两地书》（鲁迅、许广平通信集，收函135件）等，无不包含了大量的私人信息和时代话语，具有广泛的文化效应。

看起来，彭燕郊与友人的往来书信集，日后在此类书籍中将会有一个比较突出的位置，目前成形的已有三种，即《梅志彭燕郊来往书信全编》、《彭燕郊陈耀球往来书信集》和《彭燕郊陈实往来书信集》。第一种已出版，收函百余件，始自1982年，止于2007年；② 第二种待出版（百花洲文艺出版社），收函660件，始自1983年，止于2007年；第三种目前正在整理当中，其中陈实致彭燕郊的部分书信已入集③，往来书信总数亦当有数百件之多，始自1984年，止于2008年。此外，彭燕郊与其他一些文艺界人士，通信量虽没有这么大，但辅以某个专题（如彭燕郊与李振声的往来书信，辅以各自的梁宗岱研究），也是可能单独成集的。这些往来书信集，自是有助于深入认识作家间的私人交往，对揭示新时期以来的政治语

---

① 解志熙：《相濡以沫在战时——现代文学互动行为及其意义例释》，《新文学史料》2011年第3期。

② 2004年梅志逝世之后，收信人为其女儿张晓风；又，新近又清理出数封梅志写给彭燕郊的信函。

③ 见陈实著、黄元编《陈实诗文卷》，香港：天地图书有限公司，2015年。

境、文化活动、翻译与出版等方面，无疑也是别有效应的。

从施蛰存的角度来看，除了前述施蛰存与孙康宜的往来书信集《从北山楼到潜学斋》以及《北山散文集》所录施蛰存致 50 余位友人和机构的书信外，只有一部收录"文革"后至 1990 年代末期，施蛰存致 18 位海外友人的《施蛰存海外书简》（辜健整理，大象出版社 2008 年版），收函 297 件，通信者多是海内外知名的文化人物，书信的效应自不待言，但整体观照之，失收的书信当不在少数，仍有比较大的辑录空间。

施蛰存是更为知名的文化人士，这里仅结合施、彭二人的信，从晚年彭燕郊的文化身份角度来简略说说书信的效应问题。长期以来，彭燕郊被视为"七月派诗人""胡风分子"——两者的内涵自是不同，但终归还是有着密切的关联。新时期以来，年过花甲的彭燕郊在诗歌上持续用力，其诗歌写作一直持续到生命的最后一刻。这样一种持续创造的行为本身，在中国现当代作家身上无疑是非常少见的。至于其效应，则是见仁见智。有人大加称道，称之为"衰年变法"，也有人不以为然——施蛰存大致属于后者。前述彭燕郊 1982 年 1 月 24 日的信中，包含了对施蛰存评价的回复：

> 拙诗有承奖誉处，内心甚为感奋，特别是你指出我的一个老毛病，往往肆意为文，不善于控制自己（控制真是一个不容易的艺术）。另外，我从开始写诗就爱（语言方面的）散文美，欲从这条路上找出语言美的新路子，结果也带来个毛病：不够精炼。友人灰马（三十年代在《新诗》上发表过诗作）说我"太不注意形式"，我认为他说得对，时刻记着他这句话。你说我那首《钢琴弹奏》可删者至少在三分之一，可谓痛下针砭矣！我感谢你，我会永远记着的。愿以后能写好些。

"诗的散文美"是新诗的经典命题。想要从"散文美"的方向"找出语言美的新路子"，彭燕郊在新诗写作方面的这番抱负并未得到施蛰存的认可。再往下，从施蛰存来信的相关信息看，彭燕郊还曾寄去长篇散文诗《混沌初开》和其他作品，1992 年 6 月 15 日，施蛰存回信表示："长篇散文诗未看完。老实说，我不很喜欢，也劝兄不要走此道了。这是十九世纪文学，现代人不做这样的文体了。中国青年还在写卅万字的小说，也背时，现代人无耐心看这么长的小说了。"及至 1996 年 1 月 24 日，施蛰存在信中甚至有"请从此搁笔"的劝诫:"兄诗确是四十年代之作,与'九叶派'还不同气。文学与时代气质随波逐影,无可逆转,请从此搁笔,改写杂文如何?"施蛰存将彭燕郊的诗歌区别于"九叶派"的作品,显示了他对文学史的把握,但这位曾经为"现代诗"积极鼓吹的前辈,对新时期以来彭燕郊的诗歌似已有隔世之感——在另一处,施蛰存也曾提到了有"几个自称八十年代诗人的青年"来访,其诗"真够朦胧的了",只好说"不了解"(1992年3月30日信)。

看起来,"新诗"的话题在施、彭二人的书信交往之中只是偶尔出现,而施的评价似乎也并没有影响两人的交往。换言之,维系彭燕郊与施蛰存长期交往的并非诗歌,而是外国文学作品的译介——这里所透现的,即新时期以来彭燕郊的文化身份问题。大致说来,新时期之初,彭燕郊即开始筹划外国诗歌翻译丛书,首先是基于一种文化使命感——放大点说,即一种文化自觉。

彭燕郊非出版中人,手头没有任何出版资源,其时年事已高,身体状况很不好,经济状况也一般,何以会有如此大胆的构想和行动呢?在给朋友们的信中,彭燕郊有"爱'想'""不能安静""总想干点什么"一类说法,在给施蛰存的信中(1982年1月24日)也有感慨:"我们这些人都是饱经风霜的,死了好几个,如今,既然还活着,当然想多作些于'四化'有益的事,其奈心有余力不足何!"更为确切的说法,可见于1989年3月12日致友人木斧的信。基于这些材料,近几年来我曾反复申述晚年彭燕郊的文化身份问题,大致情形是:在新时期之初,彭燕郊即痛感到"过去漫长的封闭岁月"压抑了求知欲、桎梏了眼界,新诗的前途在于"艺术更新",即通过外国现代诗的译介,获得必要的参照系,进而获得一种"坚实的自信"。至少从最初的"诗苑译林"丛书、"散文译丛"以及诗歌翻译丛刊《国际诗坛》等出版物来看,当时已经产生了积极的效果,文艺界人士对此也是多有肯定——施蛰存信中即包含了对"诗苑译林"丛书的热切肯定以及对其他翻译出版活动的期盼。"这种借助译介活动来推动当代文艺发展的自觉意识,大大地拓展了彭燕郊的文化身份,有效地凸显了他在1980年代以来的文艺建设之中新的、独特的作用。"① 从这样的意义来

---

① 详见本书本辑前一篇的讨论。

说，施、彭二人通信，始自 1980 年或者 1981 年，止于 1999 年，将近二十年时间，通信量大，话题集中，直可说是新时期以来翻译出版事业的见证。

从另外的角度看，尽管彭燕郊不谙外语，但前述材料已然表明，彭燕郊熟悉 20 世纪文学翻译的历史脉络与总体状况，对各路译品了然于心，足可称得上一位优秀的翻译出版活动组织者。而新时期以来较长一段时间之内翻译出版物良好的销售行情，包括施蛰存、梁宗岱、卞之琳等名家在内的众多翻译界人士的热情支持，无疑也构成了彭燕郊组织翻译出版活动的总体语境——正是个人行为和时代总体语境之间的这种内在关联，使得晚年彭燕郊的翻译出版事业具备了更为广泛而深远的文化意义。

常有因为文献资料整理发掘不够而导致作家交往行为及相关史实未能有效地进入研究视野的现象，"施蛰存—彭燕郊"方面无疑也算得上一例。基于施蛰存的文化地位，也基于新时期以来彭燕郊的文化自觉意识，其往来书信集，即便最终无法成形，也还是让人期待和向往。

附录　彭燕郊致施蛰存（九封）

（一）1981 年 9 月 4 日

蛰存同志：

得到你的信，真高兴！

暑假我到长沙去了（离此一百二十华里）①，今夏大热，简直受不了。我估计你可能出去避暑去了，可我自己前天才回来，距你给我的信寄到之日已将近一个月了。

四次文代会②，日程太紧，我住北京市四所，和你们的住处相近，但也没法多去，只去一次，匆匆间见到王西彦、许杰、马宁、郭风几位，很多想见到的都没能见到，真太遗憾了。

但我在报上读到你的新作，引起很多感触。（不止对你一个人的）我

---

①　彭燕郊家住长沙，当时在湘潭大学中文系任教，经常往返于长沙、湘潭两地。

②　全国第四次文代会于 1979 年 10 月 30 日到 11 月 16 日在北京召开，施蛰存也参加了会议，但看起来两人并没有会面。

之称你为前辈，自己认为是恰当的。我认为一个人的劳绩是不能（当然更不应）无视的，你为新文学运动作的贡献，应当得到应有的评价。而我呢，毕竟是得到你的教①的后辈中的一个。

出版译诗丛书，是我开的头，给他们提的建议，开始似乎还不那么热心（这些年人们提到诗就摇头，假、大、空泛滥之后果有如此者！），现在期望颇切，我也乐于帮他们"跑跑腿"，现在，得到你的援助，可庆幸处，岂仅得一忘年之知己而已。

译诗集计划以人名集，就带有"全"集之意了。我们的设想，某个人的译作，不管过去是否出过单行本，都要把它包括进来。望舒译洛尔迦，译恶之华，都是一绝，不可不收，这似乎也不涉及版权问题。最近看"人文"书目，洛集他们亦未列入重印计划。此外散见各处的译诗，我所保存的仅叶赛宁、《西莱纳集》②两组。今秋我拟去桂林查阅该地图书馆所藏报刊，我记得那里是有《星岛日报》（当年望舒在编"星座"时的）的，当可查到一些。资料搜集到后，当即寄到你处，请你编定。"人文"处，所拟出的全集，我估计不会包括译作，因译作成书者多达三十种上下，有些（如《弟子》、《紫恋》③）恐亦在一般人的视野之外。不过这只是我的揣测吧了。总之，如这里先出，也就没问题了。

你的译诗，我记忆最深的是《现代美国诗抄》④，我认为也是译诗中之一绝（你当可相信我辈中人皆不善于说不由衷之言的），其中不少诗（如《咏树》）后来有好几个译本（杨周翰等），平心而论，确都译得差些。我建议你把原计划的四册合成一集，使之全，读者必定会感激你的。过几天我到长沙，和他们具体商量好，再写信给你。至于篇幅多少，是没有什么关系的。

另外，还有这些事要麻烦你告诉我：

1. 《现代》上的陈御月，是否望舒的笔名？安簃是否你的笔名？⑤

---

① 原信此处在信纸转页处，"教"后疑有脱字。
② 〔法〕特·果尔蒙：《西莱纳集》，戴望舒译，《现代》第1卷第5期，1932年9月。
③ 〔法〕蒲尔惹：《弟子》，戴望舒译，上海：中华书局，1936年；〔法〕高莱特：《紫恋》，戴望舒译，上海：光明书店，1935年。
④ 1934年10月，《现代》第5卷第6期出版"现代美国文学专号"，其中有施蛰存译《现代美国诗抄》30首。《咏树》为乔也斯·凯尔默（Joyce Kilmer）的作品。
⑤ 陈御月为戴望舒笔名，安簃为施蛰存笔名。

2. 我想建议把朱湘译的《番石榴集》列入译诗丛书①，需要找朱的家属，不知你知道不？有什么线索？

3. 抗战前上海商务印书馆出版了于熙俭译的《邓肯女士自传》②，此书大可重印，但找不到于熙俭其人，你知道吗？

4. 我很喜欢艾林·沛林，拟写一小文谈他的作品在中国的流传。抗战胜利后你在上海出的那套"域外文学珠丛"③（我没记错吧），我一直保存其中两种（《战胜者巴尔伐克》（？）《称心如意》）。文革乱后，已失去了，我明显记得其中是有艾林作品的，而且记得东欧小国短篇集，在你那套丛书中有三种或更多些。不知你手中还保存这些书不？能不能把尊译艾林作品篇目见示，（从周作人起到胡愈之、鲁彦直至解放后所译的，我大体有个眉目了）。介绍东欧短篇，我认为也是你的一大劳绩。

5. 记得你在"珠丛"序言中曾提到你想过用"北山译乘"名这套丛书④，此名甚好。译诗丛书，你能代拟个名称吗？简截地叫"译诗丛书"，似乎不够味，我又想不出，只好向你再啰嗦一阵了。

开学了，想必甚忙，本期我没课，因而可以较自由些。你年事已高，千万多珍摄，不能不以此类琐事相扰，乞谅！乞谅！

盼赐复，即颂

健好！

彭燕郊

81.9.4

---

① 朱湘选译《番石榴集》，上海：商务印书馆，1936 年。又，"诗苑译林"丛书后来出版朱湘译、洪振国整理加注《朱湘译诗集》，长沙：湖南人民出版社，1985 年。

② 〔美〕Isadora Duncan：《邓肯女士自传》，于熙俭译，上海：商务印书馆，1934 年。

③ 1948 年 9 月，施蛰存译作《丈夫与情人》（匈牙利莫尔纳著）、《称心如意：欧洲诸小国短篇小说集》（原名《老古董俱乐部》）、《胜利者巴尔代克》（波兰显克微支著）三种，均列入"域外文学珠丛"，由上海正言出版社初版印行。根据出版物当时所刊登的广告，原计划应是出版 10 种，但实际上仅出此三种。参见沈建中编撰《施蛰存先生编年事录》，上海：上海古籍出版社，2013 年，第 570 页。

④ 1945 年 10 月，施蛰存译东欧诸国短篇小说集《老古董俱乐部》，列入"北山译乘第一辑"，由福建永安十日谈社初版印行，书末刊有广告"北山译乘第一辑——施蛰存先生选译"，计划出版 10 种，参见沈建中编撰《施蛰存先生编年事录》，第 522 页。

（二）1981 年 9 月 17 日

蛰存同志：

得九月七日来信，大喜。十日回长沙（我家属还住长沙，距湘大一百二十华里），一是过节，二是找出版社的同志商量译丛的事，他们听到我所说的你的意见，同样大为高兴。现在他们正在定明年的计划，译丛事实上已列入计划了的，接下去的就是具体安排了。

你提出几点，都很中肯。望舒译诗集，就是个"洛尔迦诗钞"要不要收进来的问题了。我已去信绿原同志（他在人文外国文学部），请他代征求一下人文的意见。如他们不同意，也就算了。

集名依你所说，不用译者名集，我想了一下，确乎好些。如"洛"集不收入戴集，诗集用的不是他的名字，即不带有"译诗全集"的含意，也就较有回旋的余地了。但如朱湘的《番石榴集》能收进来，用原书名怕商务会有意见，去年这里出了李健吾的《福楼拜评传》其实商务是不会再印此书的了，据说也仍然提出异议，理由是他们书店现在还存在。

丛书名确乎不宜太雅。"外国诗歌丛刊"（"丛书"似较能与目前的大型文学丛刊——实即变相杂志有个分别），确较通俗，但目前此类名字的刊物（如外国文学丛刊、美国文学丛刊等）不少，用一个既通俗、又大方、又好记的名字，当更理想些，你看怎样？要我想，一时却想不出。

开本，如你所说的，甚好。但"百花"那套小丛书我未见到。我也喜欢诗集印雅致些，不要搞出堂而皇之的一大本。直行排，大约不可能，可以试着跟他们提一提。

绿原答允译一册"欧美现代诗选"，沈宝基在长沙铁道学院，他在写一篇论阿波里奈尔的论文，也译了十来首阿波里奈尔的诗给我了。他有个学生也在译。梁宗岱、卞之琳不知已回信给我了没有（我到长沙来了，信是寄到学校里的），其余的尚在联系。十二册当可无问题。

现在，可以确定的首先是你和望舒的、绿原的。请把书名拟定（你和望舒的）、篇幅大体上多少行。你看是不是一般在二百页上下为好，一百五十页似乎薄了些，厚一些倒没有什么关系。一般每页（横排）二十二行上下，用五号仿宋体。

望舒译的那几首叶赛宁诗，过几天我回学校，当即抄奉。

　　我想要知道你译了那几篇艾林·沛林？收在那本书里？我拟写一文，亟须你告知。艾林的其余译本，我大体上掌握了。至盼！至盼！

　　匆匆　　祝

秋好！

彭燕郊

81. 9. 17

（三）1981 年 10 月 12 日

蛰存同志：

　　你九月廿四日写给我的信我是三十日接到的，那天我就回长沙去了。一来是回家过国庆节，再则是译诗丛书的事，还有，此间办一民间文学刊物（名《楚风》，每期约十四万字，季刊）暂无人负责，我只好顶着。①在长沙共住十二天，译诗丛书的事已全谈妥了，明年一月开始出书，现在就得赶快些交稿。你的和望舒的，盼能即寄给我，如此，则出书可更早些。湖南人民出版社算是较有魄力的了，最近出版的鲁诞百年纪念集②，想亦已寄给你了。这样的出版物，国内是不多的。我们这套丛书，从内容到形式，我都想搞得尽可能好些。出版社也寄予较大期望。你的那本，能否也在 200 页上下？梁宗岱的，差不多也是那个样子（如收入莎氏十四行，当更多些）。

　　谢谢你把《艾林·沛林还历纪念》③寄给我，现奉上，请查收。《文心》想是孤岛时期出的刊物，不知后来还出不？这回回长沙家里，清理一个书柜时，竟又找到了《称心如意》，也够我称心如意了。这样，我写《艾林·沛林在中国》，资料就丰富了。④

　　梁宗岱同志有部《蒙田散文选》⑤，嘱我找地方出版，我是个好事之

---

① 彭燕郊当时为中国民间文学研究会湖南分会副主席，前信提到参加全国四次文代会，彭燕郊的身份是民间文艺工作者。

② 鲁迅博物馆鲁迅研究室编《鲁迅诞辰百年纪念集》，长沙：湖南人民出版社，1981 年 7 月第 1 版。

③ 施蛰存：《艾林·沛林还历纪念》，《文心》第 2 卷第 4 期，1940 年 2 月。

④ 从目前所见资料来看，此文后来应未写成。

⑤ 梁宗岱译法国作家蒙田的《蒙田散文选》曾连载于郑振铎编辑的《世界文库》（生活书店发行）第 7～12 册，1935 年 11 月至 1936 年 4 月。

徒，又勾起了我多年就有的一个想法：能不能出一套"世界散文译丛"？郭风对散文很有劲头，他曾设想过编一套散文丛书，约我把过去的习作也整理整理①，但有几个月没接到他的信了，不知他近来怎样，大约工作够忙的。他那"榕树"似乎也好久没出了。

如能出散文丛书，你和望舒的这方面译作，是都可以成集的。记忆中望舒在星岛日报（还有《华侨日报》，黄茅编付刊）发表过不少巴罗哈的散文②，用的是"江兼葭"这个笔名③。也译过阿左林。还有卞之琳和徐霞村也译过。现在的中、青年，是连这些作家的名字都没听说过的，水平怎能不日见低落?!

你寄给我的那本书，开本似嫌小了。现在流行印大三十二开（是否即过去的二十四开?），堂而皇之，实在也不好，但他们似乎认为要够"气派"才好。你的意见呢？丛书的名字，想来以"外国诗丛"为好，还未最后和他们商定。

《流冰》④ 我也藏有一本，但那译法，似乎太旧了，重印恐不会受读者欢迎。朱湘遗族尚未找到。绿原同志要我找徐霞村，我这两天就写信去。散文诗，我想还是不收入为好，如能出散文译丛，编进那里头似乎好些。巴金不知在上海不？久不见他露面了。邢译波氏散文诗⑤，确差些（石民也译过⑥），沈宝基同志最近在我的劝驾下，也译了一批，我给郭风寄去了。郭译《鲁拜集》⑦ 后来收进他的译诗集里去了。他的译诗，以此为最好。能找到好插图，单独印也是件大好事。可惜叶灵凤死了，找谁问这些事？

---

① 彭燕郊的散文诗集《高原行脚》，后来收入郭风主编的"曙前散文诗丛书"，花城出版社，1984年6月版。

② 戴望舒翻译巴罗哈散文的情况待查。按：黄茅（1916~1997），原名黄蒙田，广东人，曾主编《华侨日报》"艺术"副刊（双周刊）。

③ 经多方询问，"江兼葭"很可能是"江兼霞"的误记或误写。"江兼霞"这一笔名比较复杂，可能是戴望舒、施蛰存等人合署（另一个笔名"江思"，情况类似，也是戴、施等人合署）。

④ 〔苏〕查洛夫等：《流冰新俄诗选》，画室（冯雪峰）译，上海：水沫书店，1929年。按：施蛰存有回忆文《最后一个老朋友——冯雪峰》（《新文学史料》1983年第2期），其中谈到了《流冰》。

⑤ 〔法〕波多莱尔：《波多莱尔散文诗》，邢鹏举译，上海：中华书局，1930年。

⑥ 〔法〕波德莱尔：《巴黎之烦恼》，石民译，上海：生活书店，1935年。

⑦ 应是指郭沫若所译波斯诗人莪默·伽亚谟的《鲁拜集》，该译版本较多，最早应是1924年的泰东书局版。

我所最怀念的一本译诗集是韦素园译的《黄花集》（开明版）①，如能找到就好了，你能帮忙找一找吗？我的一本，抗战时早已丢失了。

又：我藏有你的《追》②，不知你自己有没有？这次回长沙没找到。如你要，下次回去找出寄给你。

盼早寄稿来。匆匆颂

教安

彭燕郊

81.10.12

急于付邮，请恕潦草，此间每日只一班邮。

（四）1981 年 10 月 30 日

蛰存同志：

你好！

这些时我一直在等你的信和稿件。

《梁宗岱译诗集》已编好，卞之琳和孙用的译诗集正在联系中，他们对译诗丛书都很支持，很热情地提了不少宝贵意见，也提供了一些线索。

朱湘的家属正在找，北大中文系有个孙玉石同志是研究他的，可能知道情况。我已写信去了，还写了信让我在厦大的妹妹去找徐霞村，听说徐在那里工作。

你和望舒的译诗集什么时候能寄出？我希望最近就能得到。

"人文"将出一不定期的译诗丛刊名《外国诗》，这样，译诗或能兴旺发达一些了吧。他们可以为译诗丛书吹一吹风，这对我们也是个鼓励。

我想，丛书除了总结"五四"以来译诗成果外，也得努力组织力量译那些必要译而至今未译的重要作品，出版那些应出版而未出、或未认真地出版过的名译佳作。

例如，五十年代纪念迦利陀娑时（作为世界文化名人纪念的），金克

---

① 韦素园译《黄花集》，北京：北新书局，1929 年。按：此书所录为俄罗斯的散文和诗歌作品，作者有契里诃夫、勃洛克、都介涅夫、科罗连珂、戈理奇、蒲宁等。

② 可能是指施蛰存小说集《追》，初版为水沫书店 1929 年版。

木译了《云使》①，可惜只印了少数单行本，最近我又在《春风译丛》上读到他译的伐致诃利的《三百咏》②，也很好，很想请他参加一册《印度（古代）诗选》，但不知他的地址，你知道吗？请告诉我，最好请代为介绍。

上海有没有搞法国诗翻译的同志？龙沙，还有维尼，缪塞，拉马尔丁，我想都得好好译过来。又如塔索和彼得拉克，至今没译，真太遗憾了。你看能找到合适的译者不？

上次寄信时，忘记把你的埃林还历纪念一文寄上。这两天清积存资料，找出了抗战时你发表于桂林创作月刊上的一篇译文③，一并寄上，请查收。

希望这几天就能接到你的信和书稿。

匆匆不尽　　即颂

秋安！

弟　彭燕郊　上
1980. 10. 30④

（五）1981 年 11 月 14 日

蛰存同志：

有好多天我一直在等你的信，直到收到收到⑤你 2 日的来信⑥收才安下心。接到你的信后我就决定上长沙来，那几天接连着又接到孙用、卞之琳、林林的信，更感到非快些来和出版社的同志商量不可了。你说周煦良同志译的霍思曼能加入我们这个译丛，这真是太好了，同时你又告诉我金克木同志的地址，这都得感谢你！这样，目前可以确定的就有这样几种了：一、戴望舒译诗集，二、你的域外诗选，三、卞之琳译诗集（题未定），四、梁宗岱译诗集，五、周煦良译霍思曼《西泼洛州的少年》，六、

---

① 〔印度〕迦梨陀娑：《云使》，金克木译，北京：人民文学出版社，1956 年。按：该书印5000 册。

② 金克木随后译有《伐致呵利三百咏》，北京：人民文学出版社，1982 年 1 月版。

③ 施蛰存在《创作月刊》上的译文发表信息，待查。

④ "1980. 10. 30"属误署，信封上的邮戳显示，寄到上海的时间是 1981 年 11 月 2 日；同时，信中有"埃林还历纪念"以及戴望舒、施蛰存译著方面的信息，故时间当为 1981 年。

⑤ 此处两个"收到"，当是误写。

⑥ 此处宜有一个逗号。

孙用译世界诗选（题未定），七、林林译《日本古典俳句选》，八、如金克木同志稿未被别处约去，则还可以有一本《印度古代诗选》了。这个阵容列出去，我相信是很可以的了。①

因学校里有些事拖住了，我直到前天才回长沙。昨天到出版社，和两位负责同志就丛书事进行了较详尽的讨论，确定了：一、这套丛书可以先出第一集，十二种，以后陆续出。二、丛书要起一个好名字，我介绍了你想的几个名字，一时不能确定下来，请再想想。三、书名准备这样安排，让每本书有个同一的"规格"，初步设想如下：

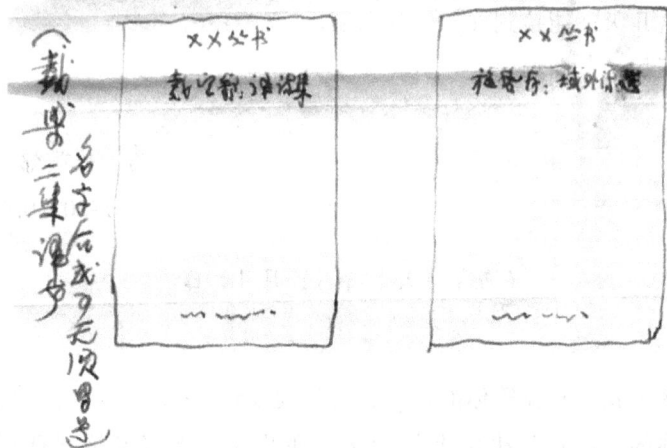

这样，对象戴、梁（将来或有朱湘）的集子，保留了"译诗集"的书名，对别的译者，也可以用先列出译者名字的办法使之与他书一致。不知你以为如何？四、要有一篇总序。五、每集都要写一篇后记，后记中要写入作者介绍。六、封面、装帧要搞得好些，尽可能地好，要印一部分精装本，如林林译的"俳句选"，他是对外友协的负责人之一，与日本俳人协会联系较密切，势必要拿一部分到日本去的。同时，也要考虑向国外发行。

---

① "诗苑译林"丛书稍后出版了戴望舒译《戴望舒译诗集》（1983 年 4 月）、施蛰存译《域外诗抄》（1987 年 10 月）、卞之琳译《英国诗选》（1983 年 3 月）、梁宗岱译《梁宗岱译诗集》（1983 年 3 月）、周煦良译《西罗普郡少年》（1983 年 11 月）、孙用译《译诗百篇》（1988 年 10 月）、林林译《日本古典俳句选》（1983 年 12 月）、金克木译《印度古诗选》（1984 年 1 月）。

给周煦良同志的信，请代转去，我热烈盼望他最近即把稿寄来。望舒那一部，一定要请你写篇详细些的后记。"洛尔迦诗钞"你原来写的，我想要保留下来。那篇译文是否保留，请你决定（我记得你译了一篇介绍洛尔迦的文章），十二月份务请把稿寄来。你的那一部，我希望至迟在明年一月份给我。金克木同志处我已去信联系了。

出版社有位同志问了罗念生同志，看罗的回信，似乎他可以代表朱湘家属。罗在信中说，朱湘的女儿，本来要由他抚养的，后来闻一多要去了。卞之琳已答允编一集。

房子事想已搞好了，这么大年纪了，还要为这些事折腾！近来想较宽舒，亦一大好事。暇盼来信。即颂

文祺！

彭燕郊
1981.11.14

又：《番石榴集》我藏有一册，但其中有缺页，将来必要时再向周煦良同志借抄。

（六）1981 年 12 月 7 日

蛰存同志：

你好！

先得请你原谅，我上月十四日离校，在长沙停了几天，十九日到桂林。在广西第一图书馆查阅资料，昨（6）天才回到长沙。校里的同志把你上月十九日的信带来了。今天才能给你写信，已拖延十几天了。

译诗丛书你一定得来一本，一百二〇页是薄了些，能加上一些新译是太好了。目前情况大体是：第一本先出望舒译诗集，第二本出梁宗岱的。三本以下，视卞之琳、孙用、周煦良、朱湘、金克木、林林诸人稿到先后再定。这次在桂林，读到孙毓棠抗战时发表的《鲁拜集》①，觉得不少比郭译好多了，很想写信征求他的意见，看能不能编入丛书。比亚兹莱的插图，浙江出的一文学插图集里有二十五幅，惜印得不算好。如找不到更好的，虽不太理想，也可以用的。朱湘遗族情况，据徐霞村说，可问罗念

---

① 孙毓棠译《鲁拜集》，《新文学》1 卷 2 期，1944 年。

生。徐还说朱的儿子最近才落实政策回来，我拟写信去问罗，估计没什么问题了。林林译俳句，是用的你说的那种译法。曾见过两三种《万叶集》译文，用的都是中国的五言诗，确甚觉乏味。彭君所译，则未见到。

封面依你的意见，确较好。情况大约是这样两种：一种是"（戴）望舒译诗集"等，下面似无须再印译者名字，因如果朱湘的叫《朱湘译诗集》下面再印，似乎重复。一种是书名下再排译者姓名，如《霍思曼：西泼洛州少年》下面署：周煦良译。封面图案、色彩均统一，或图案统一而色彩略有不同，或图案风格统一而各有不同，均可。希望能找得一位好设计者。

我还想搞一本徐志摩译诗集①。中山大学有位研究生，收集了五十余首，已可成集。如能编成，或请卞之琳写一序、跋。

你给望舒译诗集写的序跋不要太短了。"洛尔迦诗钞"我已问过绿原同志，他说他们不拟印，收进来没问题。还得打听一下有无"手续"问题。金克木有复信来，伐致诃利的《三百咏》人文已要去了。《云使》可以交给我们，但也得先问过人文。

"文苑"事，我一回来就拿着你写的计划和一位同②谈了。他的看法和我一样，估计出版社没敢出它。杂志内容固应"杂"，但目前已有《名作欣赏》、《艺丛》之类的刊物了，且都无甚"苗头"，出版界是一股风。此间有一大型文学丛刊，学上海的《收获》的，也是尽量登小说，迄无何起色，然他们乐此不疲，对于办"文苑"这样的刊物，却无兴趣。据说，目前读者倒是趋向于要求高级读物，且不怕"专"，有个趋势，译作的销量上升。最近出的《拜伦抒情诗七十首》初版八千册，很快就卖光了，就得重版。与上半年有所不同，广州一地，即有外国文学刊物四种。我看到的两种，内容很差，亦"一股风"也，但此风颇能说明问题。

明春我可能去北京，拟就便再到上海，希望能有机会去拜访你，到时当可海阔天空地长谈了。我也有些想法，恐亦不切实际，不过极想征求你的意见。

信寄挂号，是因为我们这里有时有些乱，多因孩子们集邮，有时连信

① "诗苑译林"丛书后来出版徐志摩译、晨光辑注《徐志摩译诗集》，长沙：湖南人民出版社，1989年。
② "同"后应是有脱字，看起来，应是"同志"或"同事"。

也"集"去了，而邮票则以花花绿绿的为多。你那里该不是"大杂院"吧。此举亦颇是说明一个人年纪大了就有些过分小心。

在桂林借阅抗战时报纸，见四三年《新文学》杂志有你译的约翰·根室的《大使夫人》①，借阅该刊，恰缺这一期。另有两篇，则是已收入《称心如意》的了。

不多写了，下次再谈。匆此　即颂

文祺！

彭燕郊
81. 12. 7

（七）1982 年 1 月 24 日

蛰存同志：

春节好！

十五日来信收到好几天了。我寒假前仍忙着一些琐事，到二十二日才离校回到长沙家里过春节。今天除夕，在家给你写的这信。

《望舒译诗集》我们当然希望能作为第一种出版。目前，梁宗岱译诗集稿已在我这里，正在写作者简介。每个作者都要写一短短的一二、三百字上下简介。同时得写一短跋，对译者也略作介绍——略侧重于译诗方面。梁老本人卧病已久，一时也找不到别人写，只好以"编者"名义写一写。另外想写一总序，也是以编者名义，不署个人名字，这样较好些。

拙诗有承奖誉处，内心甚为感奋，特别是你指出我的一个老毛病，往往肆意为文，不善于控制自己（控制真是一个不容易的艺术）。另外，我从开始写诗就爱（语言方面的）散文美，欲从这条路上找出语言美的新路子，结果也带来了个毛病：不够精炼。友人灰马（三十年代在《新诗》上发表过诗作）说我"太不注意形式"，我认为他说得对，时刻记着他这句话。你说我那首《钢琴弹奏》可删者至少在三分之一，可谓痛下针砭矣！我感谢你，我会永远记着的。愿以后能写好些。

我近来没时间写了，写了，也没时间去完成它，我写诗很少肆口而成的。总是觉得不满意，写诗很少给我快乐，只给我苦恼，并使自己对自己

---

① 〔美〕约翰·根室：《大使夫人》，施蛰存译，《新文学》第 1 卷第 1 期，1943 年 7 月。

不满，或年纪大了，有以致之。

我们这些人都是饱经风霜的了，死了好几个，如今，既然还活着，当然想多作些于"四化"有益的事，其奈心有余力不足何！绿原序，有欲言又止之概①，其心情也不难想见。

此集②在京发售，情况较热烈。王府井大街书店三天就卖光了，此间未到书，爱诗的朋友们时来打听，大约过些时才能到。如何③发行工作环节也太多了。

望舒集，仍盼赶一赶。尊集，也盼接下去就赶出来。

劳荣集④望寄来，可寄学校，因我过了年就想回去，下学期我有课，还带两个研究生，不能在家多停留的。匆匆不尽，盼复。即颂
文祺

弟　彭燕郊
82.1.24

（八）1982 年 7 月 22 日

蛰存同志：

我月初回校后，又到岳阳去开了十来天会，前天才回来。读到你的信，很高兴。在北京时，确曾打算过取道上海返湘，后来因种种原因改变了计划。不过，今年内我总要到上海一次的。张式铭同志告诉我你精神十分健朗，在京时，刘北汜同志给我看了你的近影，确实很健朗，依稀仿佛，尚存当年风采（那是在战时的永安，我还是个小青年，在路上见到过你，你当然不认得我）。我到上海，目的之一是约稿。"诗苑译林"第一批四种，出版社说就要付排了，或已付排。望舒集，当照你的意见，将道生的那两首仍编进去。这次寄来的《瓦上长天》⑤是原来就有的。另外那几首，我想到图书馆去找找看，象《文学周报》这样的杂志，应该是好找的。现在是大热天，你当然要多休息。秋凉后，望能把《域外诗抄》编起

---

① "概"当是"概"之误。
② 当是指绿原、牛汉编《白色花：二十人集》，北京：人民文学出版社，1981 年 8 月版。
③ "如何"不通，可能是"如今"之误。
④ 《劳荣集》，目前无法查实具体情况。
⑤ 指戴译法国诗人魏尔伦的诗歌《瓦上长天》。

来。"外国散文译丛"仍望你给予支持，我想，以《域外文人日记抄》①为基础，再加上历年所译，也甚有可观了。如编辑事务，特别象抄稿，找资料等，只需你开个目录，可以要人去作的，请先考虑考虑吧。罗念生同志已允编一《希腊罗马散文选》，另介绍了一本培根的，一本琼善的。② 我看是可以搞得起来的。这件事希望你多支持，除了你自己的之外，给我们出主意，介绍稿件或提供线索，至盼！至盼！

湖南是大陆性气候，到现在这时候，稻谷成熟，乡里人所谓"发南风"天气，大刮热风，非常难受。上海是沿海，入夜就凉快了，而这里最难过的是从黄昏到午夜，真不得了。暑假，你得多多珍摄，能搁下来的就搁一阵再说吧。余容再叙。即颂

夏安！

彭燕郊

80.7.22③

（九）1982 年 9 月 27 日

蛰存同志：

十五日的信收到好几天了，恕迟复。你要我把望舒译诗集抄个副本给你，我们研究了一下，一时怕抄不出来，因为有五百多张稿纸，抄很费事。且这书已发排，尽管印刷厂生产能力差，我们去催一下，我们可以请他们多打一份样子给我们，再寄给你，这样比抄一道要便捷得多。

现在，我把你寄来的望舒译诗底稿先寄给你，我认为这都是十分珍贵的资料，放在我这里，我生怕搞坏了。请你收到后再清点一道，看有缺的没有，很可能忘乱中搞错了放到另外个地方（因同时处理几部稿子），还可以找的。

你的《域外诗抄》务必在明年一月一定交稿，千万！千万！你所听说的译诗销售情况不确。目前文艺刊物确在大跌，有的省级刊物已跌至

---

① 施蛰存编译《域外文人日记抄》，上海：天马书店，1934 年。

② 彭燕郊筹划、组稿的"散文译丛"后来由湖南人民出版社出版，1980 年代中期出版了数种，其中有罗念生编译的《希腊罗马散文选》，1985 年 6 月版。

③ "80.7.22"属误署，信封上的邮戳显示，寄到上海的时间是 1982 年 7 月 25 日；同时，结合信中"诗苑译林"付排的细节，可确定为 1982 年。

几千份。不过他们反正有公家的钱可贴，无所谓的。目前读者兴趣转入"高档"读物，译诗已是属于"一上架就喊再版"一类。（"上架"指在门市部开始出售）所以出版社乐于印较高级的读物，虽然初版往往因书店不肯多进货而印数偏低，但很快就再版，可以不断地印，反而不怕蚀本的。

望舒译的散文，"人文"集中未列入译作一项（译诗除外），你如没有时间，可否给提供线索，让我要我的助手到北京图书馆或上海图书馆去查阅旧报刊，抄下来再编成集，你的，也同样由他去找去抄，再编起来。"外国散文丛书"一定要搞，出版社劲头不小，我以为不妨促一促。资料找齐了，你再动手编定一下，也不费你太多时间。这事，希你能俯允。我们将非常之感谢！

嘱转信，我未转去。此等事，以不了了之为最好。此间似又进入一热潮，我们系里要提为付教授的有十一人，占比例很重，其办法是由两个"专家"对科研成果写出鉴定（有印好的表格一类的东西）。事关重大，我是愧乏菲才，谢绝了。当然，这是个很有意义的工作，去年我参加省里的评审工作的一大部分，结果发现此等事不是象我这种条件的人所能胜任的，颇后悔不该去参加，当然是个工作，不参加也不好，如此陷入矛盾、苦恼之中。……凡此琐琐，实不足为长者道，闲谈而已，当不见怪。

一写，又写了这么多。盼来信，祝
教安！

弟　燕郊

82.9.27 晚

整理说明：（1）格式。对书信格式做了大致统一的处理。（2）标点。原信没有书名号，涉及书名、丛书名处均作双引号。整理时，凡书名处，用书名号；丛书名处，如译诗丛书，用双引号。也极少数标点（逗号、句号、括弧）明显用错的情况，径直改正。（3）书写。因为手写体的缘故，有一些书写习惯，如"哪"作"那"、"像"作"象"、"副"作"付"

（如"副刊"作"付刊"）等；又有一些书名，不同处也略有出入，因有上下文，在可理解范围之内，均循原样，未一一出校。（4）下篇的书信整理稿，亦有一些类似情况，不另说明。

（曾刊载于《扬子江评论》，2017 年第 3 期）

彭燕郊所存文艺界人士书信选辑

这里所选辑的是文艺界人士致彭燕郊书信17封，是彭燕郊所存文艺界人士书信之中极少量的一部分，写信人罗念生（1904～1990）、施蛰存（1905～2003）、沈宝基（1908～2002）、罗大冈（1909～1998）、卞之琳（1910～2000）、王佐良（1916～1995）、袁可嘉（1921～2008）和王道乾（1921～1993），为彭燕郊的前辈或同辈人士。所谈话题多是1980年代的译介和出版方面的内容，从中不难看出这批已是耄耋之年的"文化老人"在新时期之后逐渐开化的时代语境之中的精神操守与文化信念。

除罗念生的两封信后来收入增订版《罗念生全集》（上海人民出版社2016年版）外，其余各信均未见于相关作品集。

书信以写信人的齿龄为序排列。

罗念生致彭燕郊（2封）

（一）1984年7月30日

燕郊兄：

《古希腊罗马散文选》① 已交稿。

我今天赴青岛开外国文学教学会议。下月十二、三日可回京。不知湘潭大学有无教师参加此会。

已函北京朝外幸福一村六巷八排八十三号钱光培同志把《蕃石榴集》②注释及朱湘的集外译诗直接寄给您。朱译要加快整理，否则来不及。我手

---

① 罗念生等译《希腊罗马散文选》，长沙：湖南人民出版社，1985年。
② 朱湘选译《番石榴集》，上海：商务印书馆，1936年。

头有这本集子。请速将您的引言寄来。我可能写一篇简短的前言。集中疑难问题，早日告诉我。集中错字要修改。《虎》一诗最好删去。《二罗一柳忆朱湘》①，十月可能出书，其中有我五十年前评此集的短文。皑岚忆朱湘的文章及朱湘年谱有无发表可能？安徽出版社要出朱湘全集。

敬候

暑安

罗念生上

1984. 7. 30

（二）1986 年 5 月 26 日

燕郊同志：

《修辞学》②（150，000 字）中论性格部分，外加论情感部分，配合《性格种种》③ 最合适。二人是师徒，又同样论性格。

我对"漓江"不热心，他们至今没有寄叶译《阿加曼农王》④ 给我。《修辞学》可在他处出书，或几年后由"漓江"出，这要看他们的态度。

我的老大和我带古希腊悲剧《俄狄浦斯王》到希腊去演出。我下月初飞雅典。⑤

致

敬礼

罗念生

86. 5. 26

---

① 罗皑岚、柳无忌、罗念生：《二罗一柳忆朱湘》，北京：生活·读书·新知三联书店，1985 年。
② 〔古希腊〕亚理斯多德：《修辞学》，罗念生译，北京：生活·读书·新知三联书店，1991 年。
③ 为亚里斯多德的门生特奥弗拉斯托斯所作。
④ 指〔古希腊〕埃斯库罗斯：《阿伽门农王》，叶君健译，桂林：漓江出版社，1984 年。
⑤ 1985 年 6 月，中央戏剧学院排演的索福克勒斯悲剧《俄狄浦斯王》应邀到希腊德尔菲市参加国际古希腊戏剧节，并在雅典进行公演。罗念生以中国戏剧家代表团团长身份随剧组参加了这一盛会。参见罗锦鳞、赵淑宝《罗念生》，收入刘启林主编《当代中国社会科学家》，北京：社会科学文献出版社，1992 年，第 191 页。

施蛰存致彭燕郊（2封）

（一）1986 年 5 月 10 日

燕郊同志：

前回寄呈一信，想可鉴及。

今寄去"波兰诗抄"① 十四首，请审阅，可用否？

望舒②尚有二部译稿，未印过：

（1）二皮匠　西班牙阿耶拉著

　　　　　（译稿在人民文学出版社王央乐③处）

（2）陶尔逸伯爵的舞会　法拉第该著

　　　　　（在《现代》④ 刊毕，未有单行本）

另有一稿：

　　　一罐金子　爱尔兰诗人詹姆斯·斯蒂芬思著

　　　严文庄⑤女士译（1934）（十万字不到）（稿在我处）

你的丛书可考虑。此颂　旅安

蛰存　10/5

---

① "诗苑译林"丛书后有施蛰存所译《域外诗抄》（湖南人民出版社 1987 年版），其第 4 辑
即为"波兰诗抄"。

② 关于戴望舒译稿的相关情况，可参见施蛰存的《诗人身后事》一文。戴望舒译著至少有
两种由彭燕郊组稿、列入相关丛书，即列入"诗苑译林"丛书的《戴望舒译诗集》（湖
南人民出版社 1983 年版）和列入"犀牛丛书"的《爱经》（〔古罗马〕奥维德著，漓江
出版社 1988 年版），且彭燕郊作《〈爱经〉重印后记》。

③ 王央乐（1925～1998），时任职于人民文学出版社外国文学编辑室，与彭燕郊有不少通
信，所译《西班牙现代诗选》（湖南人民出版社 1987 年版）列入"诗苑译林"丛书。

④ 〔法〕雷蒙·拉第该：《陶尔逸伯爵的舞会》，戴望舒译，连载于《现代》第 3 卷第 1 期
至第 4 卷第 4 期，1933 年 5 月至 1934 年 2 月。

⑤ 关于严文庄少有文字记载，徐迟曾记载 1933 年左右结识严文庄的情形，并谈到后来施蛰
存希望他能想办法给她出版《一罐金子》（*A Crock of Gold*），见《江南小镇》，天津：百
花文艺出版社，2006 年，第 87～92 页。另外，施蛰存 1991 年 7 月 18 日给彭燕郊的信中
称："严文庄是严文井一家人，还在世"，见《北山散文集·2》，第 1823 页。

（二）1989 年 11 月 19 日

燕郊兄：

好久不闻消息，我也懒得没有寄出问候，但常常在想到你。我一切如常，退休之身，又加病废，没有社会关系，外间一切风波，与我无涉，倒也安宁。

兄近来做些什么？健安否？

听说湖南人民出版社已停业，确否？今后若何？

漓江有问题否？这两家出版社是近年出书最好的出版社，我希望它们无恙。

希望兄告我一些文化消息。

上海文化出版社也得撤销，《书林》停刊，其他尚有未决定者。

专此即问起居

蛰存　19/11

沈宝基致彭燕郊（1封）

1986 年 9 月 30 日

燕郊同志：

一个月以前，我曾修书问候，谅必收到。目前为教师晋升事，被选为评委，特别忙。

拙译阿波里奈和普莱维尔的诗集①，有无消息。某出版社知道我译阿诗，来信说它那可以出版，我还没有答复，听听你的意见再说。

今后我打算多译些法国现当代的诗歌，某出版社希望我这样做。

此致　　撰安

沈宝基
九月三十日

---

① 沈宝基曾发表翻译此二人的诗歌（可见沈宝基、罗洛译《阿波里奈诗选》，《外国诗·2》，外国文学出版社 1984 年版；沈宝基译《普莱维尔诗选》，《国际诗坛·3》，漓江出版社 1987 年版），但坊间未见沈宝基所翻译的此二人诗集出版，《沈宝基译诗译文选》（佘协斌、张森宽选编，安徽文艺出版社 2003 年版）所录此二人诗歌，均只有数首。故沈宝基的译稿是否成集或译稿下落何处，暂不得其详。

193

罗大冈致彭燕郊（2封）

（一）1988年4月24日

彭燕郊同志：

三月廿六日来信早已于三月卅日奉悉。迟迟未复，甚感疚歉。关于 Rimbaud（决定音译：兰波，不用韩波，这是葛雷同志①告诉我的）的文章，我已匆匆赶写了一篇，约4000字。题为：《诗人兰波》②。明后天去邮局挂号寄上（舍下距离邮局甚远）。先写此平信奉告。因为挂号信很慢，至少比平信慢3至5倍。也就是说，你要等到五月十日左右，才能够接到拙稿《诗人兰波》。稿件怕遗失，所以不得不挂号。

拙稿水平不高，请你指教。也许不适合作为译本序文。如不合用，请掷还，不必客气。如可能，先在《现代世界诗坛》发表，不知尊意如何？

《现代世界诗坛》如已出版，请购寄一册，先观为快。关于艾吕雅的稿子（《巧遇艾吕雅》）不知仍需要否？稿子如何写法，要长稿还是短稿，也要看了刊物后再决定篇幅。

专此奉复，并请

文安！

罗大冈　上
88.4.24

齐香③嘱笔问候。

附：1988年5月3日　罗大冈审读《兰波诗集》意见一则

这部《兰波诗集》是由葛雷，黄△△和程△△三位同志合译的，他们的工作态度是严谨的。当然，翻译外国诗歌是极其艰难的工作，谁也不敢说自己译的外国诗已经完全合乎理想，没有再提高的余地。但是能译成现

---

① 葛雷，时任教于北京大学西语系，与彭燕郊多有通信，其所译法国诗人马拉美的《白色的睡莲》，编入彭燕郊筹划的花城版"现代散文诗名著译丛"。
② 该文后发表于《法国研究》1989年第1期。
③ 齐香为罗大冈的夫人，北京大学西语系教授，主要从事法国文学的教学、研究与翻译工作。

在的水平，应该说是很好的开端。译坛上应当百花齐放，尤其是译诗。译诗是一种艺术，艺术力求精益求精，永无止境。我国译界一向对兰波的诗译得很少，这部兰波抒情选译所译兰波诗篇目数之多，几乎可以说兰波的全集。这是我国翻译介绍这位杰出的法国诗人第一次比较完整集子，对于我国爱好诗歌的读者提供了很难得的参考，很宝贵的贡献。

罗大冈
88.5.3 于北京

（二）1988 年 6 月 12 日

彭燕郊同志：

近来好？

您上次来示，提到把拙文《诗人兰波》寄香港大公报副刊发表，不知已经寄去否？对方意见如何？

最近遇到一些令人啼笑皆非的现象：北京某报副刊来信征求我的散文，可是又怕接触到当［今］社会上的实际问题，从而得罪权贵。北京大报不敢刊登的稿子，香港小报也许敢登（直言不讳），因此我希望和你的朋友，香港大公报的马（?）① 先生直接通信联系，以便有时寄散文、杂文稿件给他，不知你可否把马先生的姓名地址告诉我，最好附一言以为介绍。专此奉托，并请

撰安

罗大冈
88.6.12

卞之琳致彭燕郊（2封）

（一）1986 年 4 月 26 日

燕郊同志：

想来你已回长沙。

---

① 马先生即马文通（有笔名马海甸），与彭燕郊有大量通信。

"犀牛丛书"这个名字实在不好，这种动物本身形象既丑，又有法国荒诞戏剧的不愉快联想，一定得改掉。我由"灵犀"（又正是会触犯世界稀有野生动物保护界的犀角）而想到李商隐诗句"身无彩凤双飞翼/心有灵犀一点通"，那么叫"彩凤丛书"如何，译成西文就是"凤凰丛书"也可以，西方联想为火凤凰，也不碍事。中国凤凰有自己的特点。或以"彩凤"太俗，就叫"飞凤"，强调"双飞翼"，图案画"飞凤"，突出展翅双翼，既非"彩凤"，可不着色作简单标志。你说怎样？

丹丹①已来信，说星期一到天坛干作业，晚上回校才看到信，未能及时赶来聚会。她在北京上学，大家总有机会见面。

祝好。

之琳

四月二十六日晚

（二）1988 年 11 月 12 日

燕郊同志：

久无音讯，近从长沙开会回京的友人处得悉你精神还是很好，在出版界还是很活跃，甚慰。听说你已跟漓江出版社疏远了，但是青乔赶译出的加奈特小说②两种一书，我应命赶写出的译本序文，都是你经手交去的，于情于理，你不能撒手不管，书面合同还在，后来出版社补要去的书中所引《王孙赋》一段古文复印件的邮寄挂号收据还在，两年前说要当年底出版，现在还无消息，务请你百忙中抽暇催问一下为感。

匆此，祝好。

卞之琳

十一月十二日（'88）

青乔嘱笔附候

---

① 丹丹即张丹丹，彭燕郊之女，时为中央工艺美术学院学生，现居广州。
② 〔英〕大卫·加奈特：《女人变狐狸》，青乔译，桂林：漓江出版社，1988 年 8 月第 1 版。

王佐良致彭燕郊（1封）

1984 年 8 月 15 日

燕郊同志：

洪振国同志①来时，适我去内蒙旅行，未见到，甚以为歉。

函询苏格兰诗选②进展情况，适逢此书骨格已经确立，计选古今诗人八家，诗五十余首。现趁暑假，拟再译几首，并加评介语，所以尊嘱冬前译完一点，不成问题，也许一二月内即可交稿，请放心。（将来希望出版社能印得快些。此套丛书，很有特色，不久前因写文仔细读了《戴望舒译诗集》更感到这是出版界的卓越成果之一。）

此复，并祝

夏安

王佐良

15. Ⅷ. 84

袁可嘉致彭燕郊（5封）

（一）1989 年 7 月 19 日

燕郊兄：

来信和《现代世界诗坛》都收到了，谢谢。

《诗坛》的内容是充实的，丰富的。能印 5 千册，就很不错了。

寄信索稿，我当积极响应，目前因迁居事忙乱，一时还难着手，年内或可寄点译诗给你。

所谓"迁居"，实际上是把原来分居两处的两套（四间）房子换此处楼下一层的三大居，这样住房面积是损失了。但使用上方便得多，老小三

---

① 洪振国，时任教于湘潭大学外语系，"诗苑译林"丛书有洪振国整理加注、罗念生作序的《朱湘译诗集》（湖南人民出版社 1986 年版）。

② 王佐良所译《苏格兰诗选》（湖南人民出版社 1986 年版）列入"诗苑译林"丛书。

代人照顾上有利。下次你来京请来聚会，仍在……①

兄仍关心《世界诗库丛书》一事，热心可佩。按目前出版界情况，此事只能待诸来日了。

天时炎热，话声珍重。

握手！

可嘉
7. 19

（二）1990 年 1 月 12 日

燕郊兄：

贺片和年初大礼均悉，谢谢。

《现代世界诗坛》已收到两期。能继续出下去，就是了不起的事情了。湖南人民出版社归并后，《诗苑译林》还出得来吗？我二年前交给湖南文艺出版社的译稿《为吾女祈祷》（收叶芝诗 40 首），一直无出书消息，兄有熟人，乞代为敦促，此稿原系邹兄荻帆代组。我近受上海文艺出版社委托主编《欧美现代十大流派诗选》一书，刚刚动手，如有佳稿，当为你提供一些。春节将临，谨祝

阖家康乐！

可嘉
90. 1. 12
我处邮政编码为 100022

（三）1991 年 3 月 18 日

燕郊兄：

大函和大作《混沌初开》② 收到已过一月，因杂事太多，今天才算草草拜读一遍，极为兄之创作力旺盛和追求诗艺的执着精神所感动。我深信这确是你在经历过多年的痛苦反思，解剖自我所得的成果。在诗艺上，看来你是努力借鉴象征主义和超现实主义大师们的手法的，也取得了成就。

---

① 此处为袁可嘉的具体地址，从略。

② 《混沌初开》为彭燕郊晚年所作长诗（散文诗体）。

同时我也感到全诗主旨还不够明朗，对旧我——第二我——非我的界说尚嫌模糊，形象方面有点过分单一，颇多重来复去之处，这只是初步印象，未必中肯，仅供参考。

我近来极忙，虽已退休，但专著未完，社会任务不断。这当然是好事，但也使我应付不了，不能专心致志地工作。存在湖南文艺出版社的那部译稿，尚无出版希望，我也不管它了，放着以后再说。

《卞之琳与诗艺术》① 一书，不知兄已有否？如无，我当寄赠一册。

匆此　祝

诗安！

可嘉

3/18

（四）1991 年 5 月 4 日

燕郊兄：

大示悉。《现代世界诗坛》如能重出②，自然很好，我当给予支持。至于编委一节，我以为少点人好，以不超过 10 - 15 人为妥，各主要语种有一二人带头即可。我那本叶芝诗四十首，经湖南文艺出版社来信说，去年曾征订，仅得一千，未能开印，今年拟再征订试试。这原是获帆兄来组稿的，限制在 1500 行以内，我自己想搞一完整的译本，但眼前还抽不出时间来。③ 关于现代派的争论又在《文艺报》上开展了，这次是讲美术新潮的。且看会有什么新的论点出现。

《卞之琳与诗艺术》现寄奉，请查收并批评。我和绿原同志常有来往，相处融洽。我自信无门户之见，对诗友一律坦诚相待，只觉得新诗界有些人的框框和圈圈实在太多了，成见也很深，不利于诗的发展，常为之心忧耳。

匆此　祝

诗安

可嘉

5 月 4 日

---

① 袁可嘉、杜运燮、巫宁坤编《卞之琳与诗艺术》，石家庄：河北教育出版社，1990 年。

② 彭燕郊一直想寻求机会续出《现代世界诗坛》这类译诗丛刊，但未能如愿。

③ 2012 年，湖南文艺出版社重新推出"诗苑译林"，其中有袁可嘉所译《叶芝诗选》（分两册），收录叶芝诗作 183 首。

（五）1992 年 2 月 17 日

燕郊兄：

新年好。

收到寄赠的散文诗译丛①，很高兴，也很感谢。兄多年来苦心筹划的一项工作总算有了成果，真是为诗歌界作出了贡献！我年来忙于赶写《欧美现代派文学概论》一稿，现已告竣，交给了上海文艺出版社，总得在一年后才能问世了，届时自当寄奉求教。

和绿原兄等合作编选的《欧美现代十大流派诗选》据说即将出书，这是项集体工程，希望有益于读者。

匆此 祝

新春康乐！

可嘉

2 月 17 日

王道乾致彭燕郊（2封）

（一）1990 年 2 月 17 日

燕郊同志：

久未问候。在这里先向你祝福，在这新的一年里，谨祝诸事如意，健康愉快！

前一时期我听说湖南出版社遇到一些问题，情况为何不甚了了，因此想到《现代世界诗坛》是否也会遇到一些困难，至为惦念。《诗坛》在你主持之下，做得十分精彩，也可说是空前的，我认为我们国家，我们的文学事业需要这样一种高水准的季刊，希望它能继续出版。困难很多可以预料，且不说别的，仅经济上的问题就够折磨人的了。其中情况很希望了解。我自知无能，不能做些什么，只有在这里向你表示敬意并致以慰问，如此而已。

还有原说散文诗译作丛书，情况为何，亦在念中。

---

① 指彭燕郊筹划的花城版"现代散文诗名著译丛"，该套书未署彭燕郊主编，但有其所作《总序》，从 1990 年左右开始出版。

又《诗坛》去年两辑寄我都已收到，至为感谢！

专此，即颂

文安！

我住址是：上海 200040 延安西路……①

王道乾
1990.2.17

（二） 1991 年 6 月 29 日

燕郊先生：

五月及六月十日信均收到，寄我的甘少苏夫人《宗岱和我》② 一书也收到，至为感谢！近一时期，身体不行（血压很高），再加别的事干扰，未能及早写信，一定请加原谅。

《宗岱与我》是一本动人的书，你写的序言也很感人。对梁先生事过去仅是耳闻，今见夫人亲述，真挚自然，比读一本文学评传还觉丰富。此书出版，一定颇费周折，出之不易，更觉珍贵。

《地狱一季》③ 全靠你得见天日。运来书近四十公斤，已经取回，是否售出，在所不计，对此你非常关心，怕我有了一个大负担，还想为我设法推销，我想先放一放再说吧。书是小小的，想到你、叶汝琏④，还有两位年轻朋友，反觉其厚重，有情意，这是比什么都可珍视的。

稿费日前花城已从邮局汇来。书与稿费处理办法，我想按书上的页数比例（赠书 20 册，380 册算是作者购书）加以分割，这一方案我已写信商之于秦李⑤二位，征得他们意见后再行办理。不知这样处理是否妥善。

此书有无样书寄你处？如无请示之，当即寄上。这套丛书其他译作，上海是不见踪影（当然，大书店我未去看），如有可能可否寄我几种。

---

① 此处为王道乾的具体地址，从略。

② 指梁宗岱夫人甘少苏女士所作回忆录《宗岱和我》，重庆出版社 1991 年版。按：彭燕郊在文字上给予了很多帮助，并作序《一瓣心香》。又，该信下文书名《宗岱与我》，当属笔误。

③ 指王道乾所译兰波的《地狱一季》，花城出版社 1991 年版，为彭燕郊所筹划的"现代散文诗名著译丛"之一种。

④ 叶汝琏（1924～2007），诗人、翻译家、法国诗歌研究专家，时任教于武汉大学，与彭燕郊多有书信往还，其间，也曾多次将王道乾给他的信寄给彭燕郊。

⑤ 秦、李指秦海鹰、李夏裔，《地狱一季》中有此二人所翻译的部分文字。

叶汝琏先生去法旧地重游，听说五月已成行。他与法方与北京《世界文学》商定由《世界文学》出一法国南方诗人专辑（十月份），其中也命我译两位南方诗人，盛情难却，勉为其难，已寄去北京，尚不知情况如何。

《现代国际诗坛》是否还在出版，上海未见有售。上海有个《文汇读书周刊》，小报形式，但传布全国，可在此刊宣传一下，如你认为可以，你写一篇一至二千字文章，我可送请他们刊出。刊物亦可寄该周刊。

匆匆先写此信，容再详谈。

祝

文安

王道乾

6 月 29 日

（曾刊载于《新文学史料》2014 年第 3 期）

第 四 辑

为作家编订年谱，就研究思路而言，是中国文学研究中比较老套的做法，个案研究，编年（作品编目、谱表编写等）先行。

年谱工作是本人研究工作中用力颇多的一种，此前已完成《穆旦年谱》（2010 年初版，即将再版），现又初步完成《彭燕郊年谱初编》。本辑所录，其一是新版《穆旦年谱》导言，其二、三则是对近年来新出的两种年谱的评介。于此之中，有几个感受特别明显。

一是材料的选取。20 世纪的文化语境盘根错节、复杂难辨，作家年谱、传记的撰写很有必要突破谱（传）主的单一性材料的局限；而且，这种突破的力度越大越好——突破越大，越能呈现出广阔的传记知识背景，也就越能呈现出复杂的时代面影。

二是档案的困扰。学界有一个说法，如果当代档案解密的话，当代文学史、文化史、思想史都将可能有重要的乃至根本性的改变。当然，在目前的情势之下，类似话题也无法深究，研究者总会受到各种时代因素的限制，此即一例也。

三是特别想提及网络资源、数据库的积极意义。这些资源采集上的便利无疑值得充分利用，但电子资料和纸质资料是否准确对应，文献的非完整性对作家与相关语境的认识是否会有影响，也并非可以简单忽视的问题。

呈现真实的、可能的作家形象

——说新版《穆旦年谱》，并说开去

　　为作家编订年谱，就总体思路而言，其实是中国文学研究中比较老套的做法，个案研究，编年（作品编目、谱表编写等）先行。大概在2000年前后，我开始有意识地搜集穆旦的相关文献资料。2006年前后，我的博士学位论文已经确定以穆旦为对象，同时开始着手撰写穆旦年谱。2010年底，《穆旦年谱》与《穆旦与中国新诗的历史建构》同时出版。因此，说来大概也不算夸张，到当时为止，这个过程已是"历十年之功"。

　　穆旦现在被视为中国现当代文学史上最为重要的诗人和翻译家之一，但放眼看去，在重要作家当中，穆旦无疑属于资料较少的那种类型。穆旦生前名气并不大，而且，除了随《穆旦诗文集》所披露的少量书信、日记外，坊间几乎没有穆旦的自述类文字。其大学同学王佐良当年即曾说过，穆旦对名声"觉得淡漠而又随便"[1]，实际上也可以说，穆旦缺乏自述（自传）的环境，其生前境遇多是比较严峻，去世又比较早——对穆旦本人来说，虽然1976年10月之后曾因为"四人帮"的倒台而有过短暂的兴奋期，但1977年初，终归还是其人生的黑暗时期，当时致友人的书信以及家人后来的回忆，均显示出穆旦对未来情势的悲观判断，这即如友人郑敏所言，"他并没有走近未来，未来对于他将永远是迷人的'黑暗'"[2]。从更长的历史时段来看，比照年长于穆旦的作家如艾青、卞之琳、冯至等，年龄相仿的如辛笛、杜运燮、袁可嘉等，即可发现所谓"自我塑造"在"新

---

[1]　王佐良：《一个中国新诗人》，《文学杂志》第2卷第2期，1947年7月。

[2]　郑敏：《诗人与矛盾》，杜运燮等编《一个民族已经起来》，南京：江苏人民出版社，1987年，第31页。

时代"乃是一个非常突出的事实。

但材料的多与少,终究是一个相对性的话题。下文所述作家形象的"真实"与"可能"方面的问题,首先是基于 2010 年版《穆旦年谱》,也与此后本人在现当代文学(穆旦)文献的搜集、现当代文学(穆旦)研究的拓展以及拟出版《穆旦年谱》(增订版)有关;而其中对相关的文献搜集、整理以及年谱撰写工作的指涉,则是试图拓宽话题,以观照现代作家年谱编写与研究中的一些普遍的问题。

档案的获取、甄别与运用

对于跨越中国现当代阶段的作家或文学现象的研究而言,档案的重要性已经得到了普遍的认可,有些人甚至认为,如果当代档案解密的话,当代文学史、文化史、思想史都将可能会有重要的乃至根本性的改变。当然,在目前的情势之下,类似话题也无法深究,研究者总会受到各种时代因素的限制,此即一例也。

最初开始着手撰写《穆旦年谱》的时候,八卷本《穆旦译文集》和两卷本《穆旦诗文集》已出版,亦有专门的年谱和传记,穆旦写作和发表的主要格局已定,但彼时即曾感到非常困惑,穆旦的生平材料实在太少。毫不夸张地说,穆旦生平之中的若干重要转折点几乎都是模糊不清的,如1940 年留校后的情况,1942 年从军以及回国之后未重回学校、在大西南生活多年的情况,1946~1947 年在东北办报的情况,1948~1949 年在上海、南京、曼谷等地生活的情况,1949~1952 年在美国留学的情况,1953 年初回国并到南开大学任教的情况,这些穆旦的主要经历,仅能从少量的回忆文章、相关报刊和校史材料中获得一些零散的信息。最终突破这种状况的,归功于南开大学所藏查良铮(穆旦)个人档案及相关档案,主要包括《南开大学档案馆馆藏人事档案查良铮卷》(其中包括 8 份相关登记表以及若干零散材料)、《南开大学人事室南开大学有关教师调动卷》、《南开大学关于"外文系事件"的有关材料》、《南开大学教职工名册》、《南开大学关于院、系、专业调整、增设、机构建立、人员编制等方面的材料》、《南开大学关于开展学术讨论和批判的决议、总结、情况报告等及有关外文系事件的总结报告》、《南开大学五反办公室(对各部、处批评意见转递表）》、《南开大学农村四清办公室（参加四清师生、干部登记表）》等。这些材料厘清了穆旦的诸多生平疑点，实际上有助于深入呈现穆旦与时代（特别是新中国）文化语境的内在关联。

近期，又有多批档案材料流出。先是孔夫子旧书网的拍卖平台出现了两批穆旦及夫人周与良留学归来之初的材料，包括由穆旦夫妇本人填写的多种回国留学生登记材料，以及广东省政府、中央人民政府高等教育部、人事部、南开大学等机构的部分函件。之后也有几批 1966 年至 1973 年的材料，多是穆旦个人交代材料和外调材料，也有一些零散的相关材料。这些材料原本应归入相关档案卷宗，不知何故流散书肆之间。它们与原有档案略有重叠，更多的则是新见材料，有助于更为精细地呈现穆旦回国之初的行迹和心迹以及 1960 年代中后期的状况。新材料的特殊效应，于此也可见一斑。①

获取档案之后，进一步的工作则是甄别与运用。至少有两个层面的因素需要考虑。首先是史实（事实）层面。穆旦不同时期所填写的履历表和交代材料，多涉及个人的主要经历。这些材料有助于澄清穆旦生平中诸多疑点，同时也带来一些疑惑，即不同材料对同一事件的载记或者相关信息的填入存在异动现象。

统观之，有的异动应是属于记忆之误，概因不同材料写于不同时期。比如，对一些时间点的记载，可能会有一两个月甚至几个月的出入。在绝大多数情况下，这类误差都难以找到其他材料来附证，比如穆旦在国际宣传处主办的中央政治学校做新闻学院学员一事，不同材料的时间起点都是记为 1943 年 10 月，结束时间则有 1944 年 1 月与 2 月的不同记载。关于 1948 年在南京、上海生活期间的记载，起讫时间往往会有一两个月的误差。类似情况，《穆旦年谱》在实际撰写之中只能采取大而化之的原则，以某份材料为主线，同时用"或"来杂叙其他时间记载，以标明时间的不确定性。

有的异动则应该是时势使然。比如，相关表格的"曾用名（笔名）"一栏，是否填入笔名"穆旦"即多有异动。1950 年代，以"穆旦"之名发表的诗作不过寥寥数首；同时，鉴于在当时的南开大学和天津市的相关

---

① 参见易彬《从新见材料看回国之初穆旦的行迹与心迹》，《扬子江评论》2016 年第 5 期；《"自己的历史问题在重新审查中"——坊间新见穆旦交待材料评述》，《南方文坛》2019 年第 4 期。

审查材料之中，提及穆旦的早年写作基本上都充斥着"匪"报（指在国民党的报刊发表作品）、"书写反动诗"一类用语，且在1957～1958年，诗人"穆旦"之名多次被《人民日报》《人民文学》《诗刊》等刊物公开批评，因此，有理由相信，相关材料之中"穆旦"之名的异动显示了穆旦本人对时局或个人处境的考量。又比如，各类材料基本上有社会关系（进步的与反动的）或交往情况（"经常来往的朋友"）版块，相关事迹也需要填写"证明人"，这样一来，某人出现或不出现，某人多次出现，某一经历的证明人，先是这人后却又换为那人，这些异动应该都包含了穆旦对时代语境的感知。

但是，也有些异动难以判断。比如填写时间比较相近的不同材料，在同一事件的记载方面，可能会出现不同的人物。比如关于1942年初从军任翻译的一事，《历史思想自传》（1955年10月）和《我的历史问题的交代》（1956年4月22日）都有记载，主要内容也相近，都谈到"要写诗必须多体验生活，对教书工作也感到不满和厌倦"，翻译的内容也是"和当时作战有关"；但是后者多了一个细节：

> 去军队前，是不认识其中任何一个人的。潘仲鲁曾因我是他亲戚之故，似曾写信介绍我给杜聿明的参谋长罗又伦认识，只是请他私人关照之意，因他和罗又伦在昆明曾见一面。但绝非他派遣我去的，我去从军前也没有号召别人从军，我从军是为了抗战，而不是为了帮助蒋介石。（小组会上曾作了非事实的交待①）。

在《我的历史问题的交代》的其他部分，穆旦还谈道："潘仲鲁是姑丈（一个本家姑姑的丈夫），他任中央社昆明分社主任""把我当作自己家人看待"。潘仲鲁固然是实有其人（穆旦的姑姑查荷生的丈夫），但何以在相隔半年的材料里冒出这么一个亲戚，后人看来也是难以理得清了。

另一个需要考虑的层面则是所谓的思想认识。前面说到坊间极少有穆旦的自述类材料，档案材料自然也是一种自述，但两者终归还是不能放到

---

① 在穆旦的手写材料之中，"交待"与"交代"多混用，本书所作引述均保持原样，未做统一处理，但在一般行文之中，统一使用"交代"。

同一层面来衡量。

穆旦档案材料中的某些自述，可以得到他人材料的佐证。比如，《历史思想自传》（1955 年 10 月）在述及家庭情况时所言："在大家庭中，我们这一房经济最微寒，被人看不起，这给我留下深刻的印象，我当时即立志要强，好长大了养活母亲，为她增光吐气"；述及初中三年级时爆发的"九一八事变"时所言，"这激起了我爱国心，曾到处告人别买日货"，均可以得到胞妹查良铃回忆的印证[①]，当可说是具有更高的可信度。又如，《回国留学生分配工作登记表》（1953 年 2 月 21 日）中所谓"在美时和中国同学谈话，常常为了辩护及解释祖国一切合理的设施，争辩得面红耳赤"，和妻子回忆中的"经常和同学们争辩"一节，大致上是相通的。而妻子提到的当时很多留美学生"观望"的说法，穆旦因亲身经历旧中国"劳苦大众的艰难生活"而"热爱祖国，热爱人民"的说法，以及穆旦本人所谓从国内来信受到鼓舞的说法，亦可见于比穆旦夫妇稍早回国、曾在南开共事的巫宁坤的晚年回忆录。[②] 同时，鉴于"回国"乃是穆旦后半生具有转折意味的行动，他曾以极大的热情来从事文化建设（文学翻译）工作，也有理由相信他对新中国的认识（"她崭新的光明的面貌使我欢快地激动"）在总体上亦是有其心理依据的。

但是，在更多时候，那些漫衍开来的"思想认识"显然包含了更多的政治文化信息，它本身就是个人所承受的历史压力的一种最直接的体现。不妨选取一份略略述之，1956 年 4 月 22 日所写《我的历史问题的交代》。一般的读者应该知晓这一时间本身的含义，不过，这里倒无意强调这一点，而是想谈一谈所谓的"客观的叙述"。该交代分 11 个部分，其中 10 个部分为各阶段经历、行为动机与思想状况的交代，最末为总结。这是一般交代的程序，但开头部分有这样一段别有意味的文字：

在运动中，自己并且交待过自己的历史问题。不过，由于在小组

---

① 查良铃：《怀念良铮哥哥》，杜运燮等编《一个民族已经起来》，南京：江苏人民出版社，1987 年，第 145～146 页。

② 除了一些类似细节外，巫宁坤还写道："和大多数中国同学一样，我是在国难和内战的阴影下成长的，渴望出现一个繁荣富强的中国。"见《一滴泪》，台北：远景出版事业有限公司，2002 年，第 10～12 页。

上，感到群众的压力，并且由于自己的错觉（认为要说"实质"和
"意义"，做了很多推论和假定），作了一些不附合事实的、不负责的交
待，这是不应该的。这里，我要就自己过去的重点问题，作一个实事求
是的、负责的叙述，同时指出曾经作过的不负责的交待。我想尽力作出
客观的叙述，不加自己的批判，以便使组织对我的过去作出明断来。

实际材料中一再地陈述当时的一些交代是如何"不附合事实"，比如，
"美国留学"部分在交代了与国民党高级将领罗又伦的往来后，有一小段
文字："在肃反小组会上我说罗又伦派我回大陆潜伏等话，是完全不合事
实，绝对没有的。"肃反期间穆旦向组织和群众交代的场面已无法复现，
但这份交代就真的是"客观的叙述"吗？显然也不是。

且不说文字中为自己所做的诸种曲意辩护，仅说一说当时所遗留下来
的一个细节：在交代出国前的思想状况时，穆旦写下了这样的对时局的认
识："我原已准备迎接解放，因为当时我认识到，共产党来了之后，中国
会很快富强起来，我个人应该为百分之八九十的人民高兴，他们翻了身，
个人所感到的不自由（文化上，思想上）算不了什么，可以牺牲。"这段
文字旁有下划线，且有四个字的批语："纯粹扯淡！"在我看来，它以一种
粗鄙而又地道的语言涵括了那些深谙政治文化奥秘的审阅交代材料者对穆
旦的"思想认识"的基本看法。

实际上，检视相关档案材料，审阅者留下的痕迹并不算稀见，比如在
《回国留学生分配工作登记表》（1953 年 2 月 21 日）、《高等学校教师调查
表》（1953 年 6 月）等材料之中，多处文字下均画有红色波浪线。以前份
表格为例，"有那些进步的社会关系"部分，李广田及相关说明信息（云
南大学副校长，共产党员，朋友）下画有红线；"有那些反动的社会关系"
部分，查良鉴、查良钊、杜聿明、罗又伦这四人名字下均画有红线；"回
国经历情形？"部分的"但香港过境，又有问题，必需有卅人以上才能团
体押送过境，因是我们又由十月初等到十二月底，才得以搭船离美。""你
在回国后有何感想？"部分的"既然有共产党领导，人民就应该跟随，好
像这跟随是被动的，被拉着走的。"均画有红色波浪线。看起来，所画记
的都是一些比较重要的信息，应是出自材料审阅者之手。

因此，在运用这类档案材料时，《穆旦年谱》尽量只选取其中的事件

线索，而剔去那些枝枝蔓蔓的"思想认识"。当然，即便没有"纯粹扯淡"一类批语，相信今天的读者对此类材料自会有明晰的判断，不致迷失。

从作家文献整理的角度来看，较早时候，检讨类材料基本上不被录入或仅见单篇。但近年来已呈现新的动向，该类材料被收入作家全集或专题出版，聂绀弩、郭小川、沈从文、王瑶等人全集对此均有较多收录，郭小川此类材料的处理尤其引人瞩目。据说现存郭小川的检查交代（小传、自我鉴定、检查交代等）和批判会记录共有40余万字。① 新近出版的《冯雪峰全集》（人民文学出版社2016年版）则用两卷篇幅收录了多达80余万字的"外调材料"，时间跨度为1954年至1974年。

总体来看，作家档案材料的整理与出版，在学界引起了强烈的反响。著名文学史家洪子诚先生较早的时候曾经指出，新时期之后的一段时间内，郭小川原本已经"逐渐退出诗界关注的中心""失去在新的视角下被重新谈论的可能"，但随着包含了"大量的背景材料和诗人传记资料"的《郭小川全集》的出版，"作为当代诗人、知识分子的郭小川的精神历程的研究价值得以凸显，也使其诗歌创作的阐释空间可能得以拓展"；扩大到当代文学研究来看，它也"有助于更切近地了解这一时期文学和作家的历史处境，和文学的'生成方式'的性质"，推动"'当代文学'研究的改善和深化"②。《冯雪峰全集》甫一出版，论者也称之为"迄今所见最奇特的'交代材料'，也是最珍贵的回忆录，更是具有重要历史研究价值的学术研究史料""标志了二十一世纪中国人对待历史文化遗存态度的进化"③。

当然，疑问声也是存在的，洪子诚先生新近在完成总题为"材料与注释"系列文章的写作之后曾谈道："更重要的问题是，这些材料能不能成为当代文学的史料，一直存在疑问。当然，在写这些文章的时候，已经是把它们作为史料处理，但是总感到困惑。我们不是生活在'文革'，也就是说'检讨材料'有着私密的性质；公开使用它们是不是合适？如何让读者真切了解这些材料产生的特定背景，感受人无法掌握自己命运的历史氛

---

① 先是《郭小川全集·补编》（广西师范大学出版社2000年版）收录"与作者生平、创作及思想关系密切的部分"，约25万字；稍后又以《检讨书——诗人郭小川在政治运动中的另类文字》（郭晓惠等编，中国工人出版社2001年版）之名专题出版。

② 洪子诚：《历史承担的意义》，郭晓惠等编《检讨书》，第362~365页。

③ 王锡荣：《虽是交代材料，也有史家品格——从〈冯雪峰全集〉收入"交代材料"谈起》，《文汇报》2017年1月17日。

围？还有是，使用这些材料，不管你是否愿意，使用者显然处于一种道德优势，道德高地：这是应该成为事实的吗？"①

总之，基于对档案（交代）材料的特殊价值的判断，本谱尽可能多地录入了这方面的资料；又基于某种限制，篇幅较大的材料仅完整地录入一份。

口述历史：可能与限度

口述是中国现当代作家文献发掘的新方向。在内容和空间上，口述历史之于当代文学研究都会有重要的拓展。我这些年在这方面做了若干工作。当然，就实际呈现的材料而言，并非严格意义上的"口述历史"概念，而是一般层面的人物访谈。

最初的工作即始于 2002 年对杜运燮、杨苡、江瑞熙（罗寄一）、郑敏等穆旦同学的采访。之后，围绕穆旦家属、同事、友人也做过一些零散的访问，包括邵燕祥、申泮文、冯承柏、来新夏、魏宏运与王黎夫妇、王端菁与李万华夫妇、刘慧（穆旦外甥女）、鲲西（王勉）、王圣思以及穆旦儿子查英传、查明传，等等。所提到的这些人中，有些是知名人士，或与穆旦交往的线索非常清晰，或曾撰文评论、忆及穆旦，如杜运燮、杨苡、江瑞熙、郑敏、邵燕祥、来新夏等人。但相比之下，刘慧则明显不为人所知，至于南开校园之内的申泮文、魏宏运、冯承柏、王端菁与李万华等人，其与穆旦交往的情况，在南开校园之内不成问题，但也面临着传播有限的窘况——2006 年，我初次到南开访问诸位穆旦同事时，他们对彼此与穆旦交往的情况都有所了解，谈话间彼此偶尔也会有所照应，魏宏运先生还曾表示要找机会和诸位当事人一起谈谈，之后是否谈过已不得而知。

这类近乎田野调查的口述历史采集工作，无疑能进一步拓宽穆旦传记资料的方向。比如，穆旦中学同学、著名化学家、中国科学院院士申泮文先生不仅谈到了穆旦中学、大学时候的若干细节，还提供了一些稀见的资料，如存世可能仅有两本的《南开中学 1935 班毕业纪念册》，并且强调，

① 洪子诚：《当代文学的史料问题》，《长沙理工大学学报》2016 年第 6 期；洪子诚：《材料与注释》，北京：北京大学出版社，2016 年。

"要写好穆旦，就一定要了解产生他的背景"①。杜运燮、杨苡、江瑞熙等穆旦大学时期的多位友人共同回忆穆旦，是第一次，也是唯一的一次。其中关于穆旦恋爱，1940年代后期在上海、南京等地生活，晚年的心理状态等，都是独有的材料；而且"他非常渴望安定的生活"这一说法，也很贴近穆旦的实际状态。② 魏宏运、冯承柏此前曾谈到过穆旦的情况，但与本人访问时的实际所谈也还是有一些新内容，王端菁与李万华夫妇等人所谈到的穆旦在南开大学图书馆的情形则不见闻于其他材料。此外，魏宏运先生所提供的《魏宏运自订年谱》此前也未进入穆旦研究者的视野，实际上，因为魏宏运"老南开人"的身份，其中诸多关于南开大学的信息能为穆旦传记提供宽泛的背景，部分记载更是能确认穆旦日记中的某些细节。③

至于穆旦的后代（辈），儿子查英传、查明传和外甥女刘慧，所提供的材料更是有别于一般人。其中有不少值得记录的生活细节，而随穆旦儿子参观其住所，阅览其藏书，并且参观当年穆旦一家"文革"期间住过的另两处住所（穆旦晚年友人郭保卫、《穆旦传》作者陈伯良先后在场），则是增添了不少感性的印象。

口述历史的方法、规则与价值意义近年来已经得到了很好的申扬，无须赘述。这里想强调两点。一是机缘。因为穆旦而接触到的这些对象，多是年届耄耋的老人，所以有个特别强的感受，那就是机缘非常重要。错过了机会，就永远错过了。2002年访问杜运燮一个多月之后，老人家就过世了。江瑞熙、冯承柏两位老先生，情况也相似。2013年，借着在南开大学文学院举办学术会议的机会，我对魏宏运、王端菁与李万华夫妇进行回访的时候，已明显有时不我待的感觉。当时也想回访申泮文先生，被告知老

---

① 参见易彬《穆旦的中学毕业纪念册》，《新文学史料》2007年第2期。按：申先生当时称该书仅有一本存世，但从目前所查证的资料来看，至少还有另一本在南开大学图书馆。

② 易彬：《"他非常渴望安定的生活"——同学四人谈穆旦》，《新诗评论》2006年第2辑。

③ 《穆旦诗文集》所录穆旦日记中的一些记载，相关背景几乎完全隐去，比如1970年5月5~6日的日记为："下午开校动员大会，连动员大会，4·18反革案。"初看之下，所记仿佛是密语。查《魏宏运自订年谱》（社会科学文献出版社，2004年，第74页）可知：1970年4月18日这天，南开大学校园内出现了反革命标语。标语是剪贴报纸上的铅字拼成的。5月4日这天，全校师生从完县返回学校，追查这一案件。但在更多情况下，日记所记内容，如1970年5月11日"开市内落实3个文件大会"，1971年3月15日下午"开展'四大'大会"，4月8日晚"大会批黑电台"，1972年1月26日晚"讨论公开信"等，均因缺乏背景材料，一时还难以察知其确切含义。

先生在医院，以致最终失去了回访的机缘。所以，有相关人物线索，一定要及早着手。

另一个则是文化。当代作家年谱撰写或相关文学现象的资料搜集，相关情形似乎没有那么紧迫，但文化的积累都有一个过程，及早进行，既可早积累素材、发现问题，也有助于开拓视野、拓展方向。

就我本人的实际工作来看，十数年来，在口述历史的采集与整理方面也算是做了不少工作：其中的一种是2005～2008年所做的彭燕郊口述，相关文字最终结集为《我不能不探索：彭燕郊晚年谈话录》（漓江出版社，2014年版）。另一种比较成形的则是借着2016～2017年在荷兰莱顿大学从事访问学者工作的机会，采访了八九位荷兰汉学家，拟集合相关材料，结集为《中国现当代文学在荷兰》。以现在的口述经验来看，较早时期的访问在资料准备等方面还存在不少缺陷。采访杜运燮、江瑞熙、杨苡等穆旦友人是在2002年，那时我刚硕士毕业，参加工作一年，也是第一次做访问工作，文献知识、采访经验等方面实在是非常之欠缺，但回想起来，值得欣慰的是，我从一开始就列出了提纲、提出了问题，也得力于杨苡先生的热心张罗，最终在有限的时间内还是很有收获。所以，做口述，准备工作是非常必要的，得熟悉对象，有针对性地准备资料与问题，要让受访者觉得你就是准备最充分的、问题最独特的那个访问者。如果可能的话，可以将访问提纲预先送到受访者手里，给受访者一定的准备时间。记忆的打开方式有时候是非常重要的，独特的问题、充裕的时间，都能很好地激活受访者的记忆。同时，人的记忆往往有其芜杂之处，按照唐德刚在《文学与口述历史》中的说法，即便是像胡适这样资料详备的人，其口述也要查找大量的材料加以"印证补充"①。因此，访问之后，资料的核实是必不可少的。口述历史中的很多问题，特别是因史实错乱而缺乏足够可信度的现象，固然肇因于受访者有意无意的记忆错漏，也和采访者的素养和主观失误有关。

难题在于，在面对更为个人化的历史叙述的时候，无法"印证补充"的情形往往多有存在，如多位历史当事人关于穆旦的回忆，即出现过相互抵牾的现象。有当事人对另外的当事人的"历史问题"提出了质疑，认为

---

① 唐德刚：《书缘与人缘》，沈阳：辽宁教育出版社，1998年，第65页。

其回忆并不准确，是在粉饰历史、美化自己。这一度影响了笔者对材料的取舍，但最终还是保留了多种声音。

各类书刊材料的采集与作品版本谱系的呈现

在年谱资料采集过程中，最常规的对象自然还是各类报刊、书籍材料。首先要查找的就是穆旦的各种个人资料。尽可能地发掘、利用谱主的相关文献，这自然是撰谱的基本要义所在。综合来看，《穆旦年谱》撰写的潜在优势有二：其一，《穆旦译文集》《穆旦诗文集》等穆旦诗集奠定了穆旦写作与发表（出版）的基本格局；其二，穆旦生前诗名有限，年谱材料的总量偏少——亦可以反过来说，年谱材料总量偏少，正显示了穆旦生前诗名的限度。

当然，新发现的穆旦材料（包括档案）也已经有了一定的数量，相关刊物包括《益世报》、《清华副刊》、《火线下》、《益世周报》、《今日评论》、《教育杂志》、香港《大公报》、桂林《大公报》、《文学报》、《中南文艺》、《联合画报》、《文聚丛刊》、《枫林文艺丛刊》、《大公晚报》、《独立周报》、《侨声报》、《平明日报》、《谷雨文艺》、《正报》、《译文》、香港《文汇报》，等（部分信息由多位学界同人所提供），其中部分信息已经补入《穆旦诗文集》（增订版）。相关记载如林徽因、夏志清与夏济安兄弟、吴兴华①等人的书信材料，虽然不过是略笔带过，也都别有趣味。

而以我本人目前的实际工作经验来看，佚文的发掘固然重要，但作家的版本谱系的清理可能更有其紧迫性。作家佚文固然在持续发掘之中，但总体说来，现代重要作家文献的基本格局已定，很难再有轰动性的重大发现，但作家作品的版本谱系显然还没有得到应有的关注——此一现象往大处看，反映在作家文集或者全集的编校之中，则是作品的校理明显缺乏规

---

① 林徽因、夏氏兄弟的书信可见于谱文和附录，吴兴华的文字出自 1947 年 12 月 26 日致宋淇的信："最近杂志上常登一个名叫穆旦的诗作，不知你见到过没有？从许多角度看起来，可以说是最有希望的新诗人。他的语言是百分之百的欧化，这点是我在理论上不大赞成的，虽然在实践上我犯的过错有时和他同样严重，还有一个小问题就是他的诗只能给一般对英国诗熟悉的人看，特别是现代英国诗，特别是牛津派，特别是 Arden，这种高等知识分子的诗不知在中国走得通否？"见吴兴华《风吹在水上：致宋淇书信集》，桂林：广西师范大学出版社，2017 年，第 187 页。按：Arden 当是 Auden 之误，即奥登。

范和秩序。

作家作品的修改现今得到了比较广泛的关注，但版本谱系方面的因素如何在作家年谱里更好地呈现，还是一个值得深究的问题。在为《艾青年谱长编》所作书评中，我曾谈到"作为现代最为有名的诗人，艾青的作品可谓大量印制，版本繁多"，但"艾青诗歌版本的流变"在年谱中没有得到清晰的呈现。艾青作品集中，以"全"命名的就有两种，即1991年花山文艺版的五卷本《艾青全集》和2003年人民文学版的三卷本《艾青诗全编》。这两部集子全无版本观念，曾引起学者的非议。实际上，作者掌握了大量的信息，也反复提到"集外佚文"，"为读者简要地勾勒一条艾青作品的版本谱系还是可能的"（见本辑第三篇的讨论）。

穆旦是一个勤于修改的写作者，诗歌写作和翻译行为之中，均存在大量的异文。目前所见穆旦诗歌的总数为156首，存在异文的诗歌将近140首，其中大多数和穆旦本人的修改意志有关，1937年《野兽》之后直至1948年的作品，普遍有多个版本，修改力度之大、范围之广可见一斑。翻译也多有修改，主流意识形态、译者的人生经历以及中国文化的接纳等因素，都对穆旦的翻译行为产生了重要的影响。[①] 为此，本谱一方面对作品的题目、写作时间等异动现象逐一做了标注，对少数非常重要的修改段落做了标识；另一方面则单独设附录《穆旦作品版本状况及诗歌汇校举隅》，集中说明修改的现象，并对不同时段、三首存在大量异文的作品，即《玫瑰之歌》、《诞辰有作》（后改题为《三十诞辰有感》）和《冬》，作为汇校实例进行了展示。

当然，目前这种处理方式只能说是权宜之计——主要从观念层面触及了这个问题。目前，我已经完成《穆旦诗编年汇校》一书（北京大学出版社2019年版），对能够搜集到的全部版本进行了非常细致的汇校，但具体信息如何更为清晰合理地编入年谱，显然还有待进一步商讨。

各类背景资料的采集，包括相关原始报刊、档案、校史、回忆录、传记、年谱、访谈以及研究著作等，也值得单独一说。从初衷来说，这自然是因为穆旦本人的自述类文字较少——较多地援引背景材料，并且希冀借

---

① 参见高秀芹、徐立钱《穆旦 苦难与忧思铸就的诗魂》，北京：文津出版社，2006年，第165~179页。

此弥补谱主个人叙述的不足。实际上，在本谱较早撰写的阶段，对背景材料的依赖度相当之大，后来随着穆旦个人及相关档案的加入，这一局势才得到一定程度的缓解：较多档案材料的加入降低了背景材料的篇幅比例，与此同时，不是因此就删除各类背景材料，而是形成了更为丰富的材料格局——从最终的效果来看，则可说是提供了更为广阔的传记知识背景。当然，也必须承认，在相当程度上，材料对年谱的实际写作起到了支配性的作用：穆旦年谱材料总量偏少，为广泛地吸纳各种材料提供了可能性——正因为如此，对穆旦生前本人的材料以及各种相关材料，可以采用穷尽的方式加以搜集。

不妨将相关资料称为同时代共生性的文献资源。何谓"共生"呢？穆旦既是中国新诗史和翻译史上的重要人物，绝非一个孤立的人物，而且呈现于具体历史语境之中，是诸多历史因素复合而成的。这些因素包括教育背景、媒体环境、政治文化语境、具体人事等方面，这些同时代的各类材料（因素）之间可谓天然具有一种共生关系，能起到相互说明的效果，共同构成了时代语境。实际上，按我的理解，20世纪的文化语境复杂难辨，年谱、传记的撰写很有必要突破谱（传）主的单一性材料的局限；而且，这种突破的力度越大越好，突破越大，越能呈现出广阔的传记知识背景，也就越能呈现出复杂的时代面影。

因此，年谱在实际撰写中着意列举了较多的外部性因素，其中如期刊信息的较多罗列（如发表穆旦作品的当期刊物的其他作者信息等），旨在传达这样的观点：不同作者在同一刊物发表作品，在分享了同一发表空间的同时，更意味着分享了某种共通的历史境遇。教育材料（如学校培养方案、教材、课表等）的列入，则旨在呈现穆旦的教育与成长背景；其他的，如1942年参加中国远征军在缅甸战场的经历、《新报》经历以及其他一些重要人生节点的谱文，也视情况或长或短地补入了相关背景材料。

统言之，本谱集合多重材料，希冀能在穆旦生平的基础之上，进一步实现如下几个设想：更为清晰地厘清穆旦的成长线索与空间，凸显穆旦与同时代人共通的历史境遇，呈现穆旦与时代之间的互动关系与深刻关联，澄清此前学界对穆旦的一些模糊认识（比如，在穆旦经历中占有非常重要的地位但始终没有清晰呈现的"《新报》经历"与"外文系事件"等），甚至是纠正一些错误判断等。综合视之，这样一些设想与具体做法，无疑将使本谱获具更多的学术含量，同时也为读者提供更多的信息，提示更多的线索与问题——线索繁多，问题也不可能穷尽，如果读者愿意顺着其中的某些点、某些方面深掘下去，那其实正是我所期待的。

偶然性与可能性的问题

材料本身不仅有其复杂性的一面，而且材料之于穆旦形象构设的偶然性与可能性的话题也值得一说。

所谓"偶然性"，一方面在于个别材料的加入完全是偶然的、意料之外的；另一方面，由实际存留下来的材料所建构的穆旦形象，又带有较大的偶然性。可以举三个例子来看，一是吴宓日记的记载，二是梁再冰的"检举材料"，三是《穆旦诗文集》（第3版）新增的"女友"曾淑昭的材料。

吴宓是民国时期知名教授，在清华大学与联大时期，作为老师和同事，与穆旦有过交道。穆旦1935年入清华大学，后随校迁移，1940年毕业后，曾留任西南联大外文系助教。1943年从军回来后，虽未再任教，但也在昆明多有滞留。按常理推断，在校时间既有数年，穆旦和清华大学以及联大老师应较熟悉，有较多交往。这些老师的日记、书信乃至评论文字里，似应有较多关于他的记载或论述，从而为梳理穆旦形象提供若干线索；但是，遍检冯至、卞之琳、朱自清、闻一多、沈从文、李广田等知名新文学作家的此类文字，除闻一多有所提及、沈从文在1940年代和1970年代的文字中多处记载，其他的记载则相当之少。

在这种背景下，吴宓日记中对穆旦的较多记载显得尤为珍贵。吴宓对白话文运动显然并无好感，其联大期间的日记基本上没有涉及西南联大文学社团的活动，联大学生的回忆也表明，因为吴宓教授反对新文学，当时的学生文学活动均是心照不宣地不请吴宓为导师，而更亲近闻一多、朱自清等人。① 穆旦本人后来所填写的诸多表格之中，曾叙及吴宓，但所列"证明人"、社会关系（进步的与反动的）或交往情况（"经常来往的朋

---

① 参见刘兆吉《与吴宓先生在一起——自学生到同事三十年回忆录》，王泉根主编《多维视野中的吴宓》，重庆：重庆出版社，2001年，第88~89页。

友")等部分，冯至、李广田等人在列，从未出现过吴宓的名字。以此来看，诸多新文学的热情参与者的文字中较少有关于穆旦的记载，文化保守主义者吴宓这里却较多出现，实在是具有较大的偶然性。

现在看来，吴宓完全可称得上是日记体作家，已经整理出版的日记达20卷之多（1998年、2006年）。所记可谓非常之翔实，被认为是"以生命实践个人文化理想的记录"，"二十世纪中国学术史、教育史的珍贵记录"（参见日记折页处的介绍）。《吴宓日记》关于穆旦的记载约有12处。其中新中国成立前有10处，起于1937年12月6日，止于1943年8月1日，涉及穆旦的恋爱、留校后、从军以及从军回来之后等方面的情况。新中国成立之后有两处，其时吴宓与穆旦已无缘相见，吴宓日记所记，一处是听友人方敬"述查良铮事"（1953年4月18日），另一处则是读了查译普希金著作的感受（1955年7月28日）。吴宓日记中所出现的人物为数甚巨，关于穆旦的这12处记载，在数量和篇幅上均算不上醒目，但足可见出两人的师生情谊。而从文化的角度来看也别有意味，所有记载均以"查良铮"（或"良铮""铮"）名之，且无一例外，从未指涉过穆旦作为新诗人的那一面，这无疑又从另一个角度印证了吴宓作为文化保守主义者的身份。

梁再冰为梁思成与林徽因的女儿，在一般的材料之中，绝无与穆旦交往的线索。线索首先来自档案。一方面，穆旦所列社会关系或者证明人一栏，多次出现梁再冰的名字；另一方面，更为重要的是，穆旦档案中有一类为"检举材料"，其中有一篇1955年11月26日梁再冰所写的《关于我所了解的查良铮的一部分历史情况以及查良铮和杜运燮解放后来往的情况》，长达11页。根据这份材料可知，两人约在1947年春认识，之后有较多书信往来。这份检举材料即多依据穆旦写给她的信，交代了彼此交往的情况。在穆旦个人的诸多交游之中，梁再冰本不算突出，但材料既可以得到穆旦本人的相关叙述的证实，其基本真实无可怀疑，其中所提及的书信与相关内容以及一些事件自然也就按年月日列入具体的谱文。就这样，因为一份偶然留下的材料，梁再冰一下子在1947~1953年的谱文中占据了突出的位置。当然，检视林徽因的材料，1947年10月初林徽因在致友人费慰梅的信中，也显示了当年她、女儿与穆旦等人交往的信息。

至于曾淑昭，在此前的材料之中，仅有非常零星的线索，较早时候，友人江瑞熙等人在忆及穆旦当年的恋爱故事时曾提及此人；在稍后找出的穆旦档案材料中，也能见到非常简单的记载，或称其为"女同事"，或称其为"女友"——不过，"女友"一词，在其表述之中，应该并非特指女朋友，而就是指女性朋友。除此之外，再无其他记载。有的研究根据这些材料坐实了穆旦与曾淑昭的恋爱关系。① 应该说，确是可成一说，但线索终归是太单薄。而且，一般而言，曾淑昭长期不在视野之中，穆旦的同时代人基本上已老去，《穆旦诗文集》也出过两版，再有新材料的可能性不大。但新近出版的第3版《穆旦诗文集》令人意外地收录了包括曾淑昭的口述及其所存穆旦照片、诗歌、书信等在内的多种材料。根据编者描述的相关材料的发掘过程，曾淑昭一直寓居美国，"穆旦（查良铮）长子查英传美国多次与曾淑昭联系，并获得其珍藏六十余年的穆旦诗作、信笺手迹和照片等珍贵文献"。诗文集采信了2014年穆旦长子查英传所作的曾淑昭口述材料——其中有一个特别有意味的细节："1945年9月，查由昆明到重庆，在回北平前将一些照片和诗信手稿留给曾，说'放在你这里可靠，将来见面时再给我'。1947年曾托中航出差到沈阳的同事亲手将照片、诗信交还查，但因当时查不在沈阳，结果把装有照片、诗信的大信封带回给曾。"② 鉴于穆旦当时的材料基本上已湮灭无闻，如果当初这批材料成功送达穆旦手里，今日读者很可能已无缘窥见。这番际遇实在是太过偶然。这批"珍藏六十余年的"材料不只第3版《穆旦诗文集》最大的亮点，也可说是近年来穆旦资料发掘非常重要的收获。

"可能性"也和材料有关。比之"偶然性"，它在更多层面得以体现，它既指个别现象，即材料本身或是孤证，或无法得到充分的证实；也指一种总体效果，即由全部材料所建构而成的穆旦形象，有着不少不确定的因素。

具体而言，以本谱所利用的回忆材料为例，其作者为穆旦家人或友人，从相关回忆的撰写时间看，往往距离事情发生已有一段距离。从经验的角度看，不仅回忆差误难免，"家属意志"与"友人塑造"也是在所难免——实际上，相当一部分回忆文章是写作于某些纪念日前后，如穆旦逝世10周年、20周年等，"纪念"这一机缘可能会对回忆产生影响。

① 参见林建刚《穆旦情诗中的隐秘情人》，"腾讯·大家专栏"，2015年11月25日首发。
② 曾淑昭口述、查英传记录，现据李方《穆旦（查良铮）年谱》，穆旦：《穆旦诗文集·2》（第3版），北京：人民文学出版社，2018年，第386～387页。

　　和之前提到的口述类型相似，对回忆可能带有的误差现象，也仅是在极少数情况之下，我才能做出有效的甄别，比如综合穆旦本人的材料、多种回忆而得出某些回忆在细节时间上存在误差；更多的时候则无从辨识。

　　正因为有了一些不确定性，材料的取舍就成为一个难题。洪子诚先生曾从文学史写作的层面来看取这个难题，他在考察"文革"期间写作的时候，提到当时研究者利用的材料往往都是"孤证"；"文革期间，还有文革前的那条'异端'的，秘密的文学线索，这方面的材料，我们只有某些当事人的陈述，这些陈述有时又含糊不清，或有矛盾，没有别的旁证，别的方面的材料来作为印证。这使我们陷入尴尬之中。你不能不信，但又放心不下，事情就是这样。如果这个材料比较脆弱，经不起检验，这个文学史就很可疑。"①

　　在实际的处理过程中，对那些明确存在误差的现象将予以确断，对那些相互抵牾的回忆文字，目前更倾向于多种文字材料并存，辅以适当的按语说明。举例来说，两位南开大学历史系人士，冯承柏和辜燮高，其回忆均提到穆旦参与美国史翻译一事。前者提到的是《美国南北战争资料选辑》，这是可以确证的。1978年该书出版时，署名参加翻译的共9人，查良铮、冯承柏均为其中的人选（但未标出各自所翻译的章节）。后者提到穆旦参与翻译了《美利坚共和国的成长》（第一卷，第一分册）一书。综合各类材料来看，说法有可疑之处。这倒不是因为该书署集体名，即"南开大学历史系美国史研究室译"，而是其中若干细节，如相关翻译时间、分工（工作量）、署名等方面，都有不合之处，相关人物的回忆似也有参差。当然，这其中也可能有采访者漏记或者误记的情况。总的说来，可疑是可疑，却又无法完全确断，只能录入，并进行一定的说明（参见年谱1975年10月的条目内容）。

　　基于诸方面的状况，想强调的是，年谱所呈现的固然是一个更为真实复杂也更富历史内涵的穆旦；但在某种程度上，相关材料既较为驳杂难辨，所呈现的也就是一个"可能的穆旦"，即某些材料——特别那些近乎孤证的材料，所呈现的更类似于一种线索，一种可能性，它能不能进一步

---

　　① 洪子诚：《问题与方法：中国当代文学史研究讲稿》，北京：生活·读书·新知三联书店，2002年，第78页。

凝缩成穆旦的品质或者特点，还有待更多材料的支撑。

而读者显然也会发现这样的问题：在某些阶段，谱文内容翔实具体；而在某些阶段，谱文却又简单粗略。这样的详与略，虽然在某种程度上可以见出穆旦参与的程度或给人的印象，但综合本文所述诸种情况来看，并非详细就是因为实际参与事件多，而简略就是因为参与事件少。前述梁再冰的出现就是一例，晚年阶段的谱文较为翔实也是因为材料较多，既有较多书信，也有不少回忆文字，因此，接续前述话题，也有一个"可能性"的问题，即在更主要的层面上，详或略乃是因为材料获取方面的缘故，材料佚失、回忆盲点以及缺乏必要的自述等原因共同造成了某些阶段材料的简略。这一点，自然是希望读者能有所辨明。

（曾刊载于《新文学史料》2018 年第 4 期）

西南联大诗人群研究：文献、视域及新的可能性

——从《西南联大诗人群史料钩沉汇校及文学年表长编》说开去

近二十年来①，学界对西南联大这样一所存世仅仅八九年的战时大学始终保有持续的关注，这既是学校所创造的成绩使然，也包含了学界从学术、文学、教育、制度诸多层面对历史、现实与未来所做的反思与期待。

具体到西南联大文学研究，如果说较早的时候学界多纠结于观念的辩驳，其中夹杂着新的文学现象甫一出现时的那种文学史焦虑，一如第一部西南联大诗选《西南联大现代诗钞》（1997 年）的编后记所称："现在还远不是公正评价西南联大现代诗的时候。遗漏、偏见与美学变迁依然无法越过时间的鸿沟。"② 那么，随着观念辩诘期的过去，西南联大文学的经典地位的确立，近年来引起更多注意的研究已是基于文献的发掘、整理所展开的诸种工作。③

---

① 西南联大得到更全面的关注，应是始自《国立西南联合大学校史》（西南联合大学北京校友会编，北京大学出版社 1996 年版）和六卷本《国立西南联合大学史料》（北京大学等编，云南教育出版社 1998 年版）的出版。

② 张同道：《警报、茶馆与校园诗歌——〈西南联大现代诗钞〉编后》，北京：中国文学出版社，1997 年，第 596～597 页。

③ 李光荣教授的研究是这方面的典型代表，其研究从西南联大文学社团资料极为细致的清理入手，辅之以联大文学作品选，最终则是借助"民国文学观念"这一新兴的文学史观，对西南联大在现代文学史格局之中的价值意义进行了新的整体观照。相关著作有《西南联大文学作品选》，北京：人民文学出版社，2011 年；《季节燃起的花朵——（转下页注）

再进一步看，"西南联大诗人群"作为一个整体进入读者视野，应是始自杜运燮、张同道所编的《西南联大现代诗钞》。杜运燮是历史当事人，张同道当时则是中国现代主义诗歌研究的新锐，这部诗选至少从两个方面确立了西南联大诗人群的总体形象：一方面是诗人多，包括冯至、卞之琳、穆旦、杜运燮等已经得到较多讨论的诗人在内，共24位；另一方面则是"现代主义"的总体形象。书名即源自闻一多当年所编选的诗集《现代诗钞》——闻一多当时已被认为是构成了"40年代现代派诗潮产生的艺术氛围"①；张同道关于"中国现代诗"的观点②在编后记中亦有明显体现。作为第一部西南联大诗选，它对相关研究起到了积极的带动作用，加之当时翔实的联大校史和多卷本校史资料先后出版，西南联大文学研究在短时间内即成蔚然之势。诗歌方面，不仅冯至、穆旦等知名诗人得到了更广泛的研究，罗寄一、王佐良、俞铭传等人也得到较多关注，被认为是构成了"四十年代现代主义诗潮"全新版图的重要内容。③

"但是，学术的热闹并不等于这一领域已经被开垦完毕，恰恰在一些基本的文献史料中，我们还一知半解，并没有完整的把握。"④邓招华博士出版的《西南联大诗人群史料钩沉汇校及文学年表长编》（以下简称"邓著"）即认为，"由于整体上拘囿于流派、社团的研究范式，有关西南联大诗人群的研究在取得显著成果的同时，也留下了一些缺憾。一个突出的表征是，当研究者过于拘泥于某一流派、社团，总是试图整一地寻求其整体特征时，也在某种本质化的追求中简化了历史，从另一个侧面掩盖了历史的复杂性"。在西南联大研究日益推进的大背景之下，这样的声音无疑值得注意。

（接上页注③）西南联大文学社团研究》（与宣淑君合著），北京：中华书局，2011年；《西南联大与中国校园文学》，北京：人民出版社，2014年；《民国文学观念：西南联大文学例论》，北京：商务印书馆，2014年。

① 孙玉石：《中国现代主义诗潮史论》，北京：北京大学出版社，1999年，第303～306页。

② 参见张同道《中国现代诗与西南联大诗人群》，《中国社会科学》1994年第6期；《探险的风旗：论20世纪中国现代主义诗潮》，合肥：安徽教育出版社，1998年。

③ 参见姚丹《西南联大历史情境中的文学活动》，桂林：广西师范大学出版社，2000年；张松建：《现代诗的再出发——中国四十年代现代主义诗潮新探》，北京：北京大学出版社，2009年。

④ 李怡：《有"思想"的文献史料——代序》，邓招华：《西南联大诗人群史料钩沉汇校及文学年表长编》，北京：人民出版社，2016年，第2页。

文献拓展：展现"空间上的偶然"

"邓著"分两大板块：一是1937年至1946年的"文学年表长编"；二是附录四种，前两种是对昆明版《中央日报》"平明"副刊所载联大诗人作品的搜集与考察，第三种是对《文聚》杂志及文聚社的考释，第四种是一种整体性的反思，《知识学考古："九叶诗派"再考察——兼对流派研究范式的反思》。要言之，"邓著"试图从两个层面来呈现"西南联大诗人群"这一并不陌生的话题：一个层面是既有文献的整合与新材料的发掘，另一个层面则是基于文献而衍生的新认识。

在文献的发掘与整合上，"邓著"的主要旨趣在于："抛却流派研究范式浮光掠影式的概括性描述"，"从最原始最琐碎的材料入手"，"将西南联大的办学理念、学校体制、课程设置、教学科研、社团活动、刊物创办，以及师生的衣、食、住、行等均纳入考察的范畴"，"在大量的第一手材料的扒梳、整理中，力图使西南联大诗人群的生成、流变等丰富多样的原始样貌呈现出来"。具体说来，"邓著"所采信的文献可归为三类：第一类，"有关西南联大的原始档案、史料汇编、回忆录"；第二类，"联大师生的日记、书信、回忆录等传记性材料"；第三类，"当时的校园刊物以及西南联大诗人刊发作品的各种杂志与副刊"。看似庞杂，但"并非为了书写一部西南联大校史"，而是基于"文学社会学的考察视野"，将诗人群的诞生、创作"与大学教育、文学传播乃至政治运动等制度性因素""与西南联大的校园活动、政治氛围、艺术追求等大学文化形态的互动关系"贯连起来，"以期在整体的历史脉络中凸显西南联大诗人群具体而多样的存在形态"[①]。

不难发现，"邓著"首先试图辨析的是：所面对的这个群体是"西南联大诗人群"，而不仅是"西南联大现代主义诗人群"。"邓著"并不否认这是"一个学院诗人群体"，但同时指出："学院空间、学院文化从来都不是一种乌托邦式的理想存在，而是一种具体的、现实的存在，并处于生生

---

① 邓招华：《前言：还原一个真实的诗人群体》，《西南联大诗人群史料钩沉汇校及文学年表长编》，第2页。

不息的变动之中。战争环境中的西南联大更是如此。西南联大这一学院空间，本身就是战争的产物，战争的影响以及诸多现实条件的制约显而易见。"由此，"邓著"所呈现的一个基本认识是："西南联大诗人群得以出现在新诗的历程中"，"与其说是一种时间上的线性必然，不如说是一种空间上的偶然。"① 换言之，这个诗人群体的聚合乃是基于特定的历史境况，而首先并非诗歌旨趣的相投。

基于这等观念认识，"邓著"对相关诗歌史实的采信与描述，至少有三个方面值得特别注意——有意味的是，这三个方面有一个大致的时间脉络，即前期以昆明《中央日报》"平明"副刊为阵地的写作；中间时段以《文聚》杂志为核心的写作；后期以何达等人的朗诵诗创作为主的讨论。

昆明版《中央日报》"平明"副刊历时一年五个月（1939 年 5 月 15 日至 1940 年 10 月 14 日），不定期出版，共计 290 期。较长的时间跨度，知名人物、西南联大教师朱自清、沈从文等人合编，都使得该副刊具有话题意义。该刊作者主要为联大师生，有朱自清、闻一多、沈从文、叶公超、钱钟书、穆旦、赵瑞蕻、杜运燮、林蒲、卢静、陈时、刘兆吉、汪曾祺、马尔俄、林元等，学生占了大多数，这是"西南联大教师积极促进学生文学活动的一个表现"。所载联大诗人作品 21 首，除了穆旦、林蒲、赵瑞蕻各 1 首外，陈时与卢静各 9 首。穆旦已为今日读者所熟知，赵瑞蕻、林蒲也有一定的知名度，但陈时与卢静是陌生的名字——可以说，他们是"邓著"着意发掘的诗人。新诗作品既较多，"两位都可算是西南联大早期诗歌创作的重要成员"，借此"可以见出西南联大早期诗歌创作的多样形态及其艺术性的探索"，"并不是通常所说的'现代主义'创作所能包含的"②。

《文聚》杂志此前已有若干研究。"邓著"的做法还是不厌其详地列举原始材料，包括杂志各期目录和相关细节。其基本结论有二：一是，"由于战争的纷乱，地域的偏远，交通的阻塞，社会环境的恶化等缘由"，对这样一份出版周期不固定的刊物，"有关其文学意义及文学史价值地位，显然均不应过于夸大，尤其从文学社会学层面考察更是如此"——"其实际的社会影响力或许并不如人们想象的那么深远"；二是，"征诸历史实

---

① 邓招华：《前言：还原一个真实的诗人群体》，《西南联大诗人群史料钩沉汇校及文学年表长编》，第 1~3 页。

② 邓招华：《西南联大诗人群史料钩沉汇校及文学年表长编》，第 345 页。

际，文聚社也没有什么文学活动，主要是从事《文聚》杂志的组稿、出版等"，因此，"多数研究者将文聚社视为联大校园的一个重要文学社团，似欠妥当。究其实际，文聚社不是一个真正意义上的文学社团，只是《文聚》杂志一个对应的出版实体而已"①。

上述两个阶段性的诗歌发表阵地的材料可见于实际谱文，相关观点则在附录中有清晰的呈现。相较之下，关于以何达为代表的后期朗诵诗的兴起，相关观点尚未整体呈现，还只是一种描述，大致是"西南联大后期，随着社会现实的进一步恶化，校园氛围也有所转变，'左'倾思潮日益蔓延。在这日趋激进的社会文化思潮的刺激与影响之下，文艺社、新诗社等文学社团极力主张文学的社会功利性，新诗社更是积极提倡朗诵诗创作。对于何达、叶华、沈叔平、秦泥、沈季平等朗诵诗的创作者而言，他们的创作既是社会激进思潮的一种反映，也是西南联大校园环境、文化氛围转变的一个见证"②。

不同时期有着不同的阶段性特征，这本身便是校园文学的特殊属性所在。李光荣教授在研究西南联大文学社团时，将其分为前期、中期、后期三个阶段③，也是对这一属性的充分关注和把握。由此可以说，基于对"空间上的偶然"属性的把握，近年来包括"邓著"在内的相关研究，都旨在展现西南联大文学的复杂性。

学术目的："还原一个真实的诗人群体"

"邓著"继续追问的是西南联大诗人群研究中的某种本质化倾向——一个突出表征是："多数研究者倾向于将西南联大诗人群视为一个现代主义诗人群体，这种预设的流派阐释范式，在外延上仅将冯至、穆旦、杜运燮、郑敏、袁可嘉、王佐良等少数诗人纳入研究对象的范畴，极大地简化乃至遮蔽了历史。征诸历史实际，西南联大诗人群的诗歌创作形态是丰富多样的，既有早期卢静等人的浪漫之作，也有穆旦等人的新的诗艺探索，

---

① 邓招华：《西南联大诗人群史料钩沉汇校及文学年表长编》，第365～367页。
② 邓招华：《西南联大诗人群史料钩沉汇校及文学年表长编》，第3页。亦可参见邓招华《闻一多后期转变与西南联大朗诵诗的兴起》（未刊稿）。
③ 李光荣、宣淑君：《季节燃起的花朵：西南联大文学社团研究》，北京：中华书局，2011年。

冯至等人对自我诗艺的转变与突破，还有后期以何达等为代表的新诗社等社团的朗诵诗创作。显然，西南联大诗人群的创作不是任何一种单一的流派主义所能囊括。而多数研究者将何达等后期联大诗人的朗诵诗创作排斥于研究范畴之外，无疑是对历史的一种暴力切割。这自然阻碍了对西南联大诗人群乃至 1940 年代诗歌创作形态的深入研究。"①

基于此，"邓著"最终落实到文学史层面——"九叶诗派"的重辩与对流派研究范式的反思，自然是一种合理的结果。尽管就全书议题的设定来看，"西南联大诗人群的整体考察"更为切题，但"九叶诗派"的话题于此也是别有来由，那就是穆旦、杜运燮、郑敏、袁可嘉等"九叶诗人"均出自西南联大，而这一出身以及此一时期诸位诗人的诗歌道路，对"九叶诗派"的认定与内涵又多有影响。

"邓著"从刊物渊源与流派特征两个层面切入讨论，其中包含了某种回溯式的视角，即先从 1940 年代后期的刊物阵地入手，再逐步回溯到西南联大的相关史实。刊物方面，"邓著"认为《诗创造》和《中国新诗》都称不上"是一个流派刊物"，前者"作者十分庞杂"，"不是一个现代主义性质的刊物"；后者仅存五个月，"昙花一现"，"无力支撑一个现代主义诗歌流派的形成，更不成其为'九叶诗派'得以诞生的刊物渊源"。"所谓'九叶诗派形成于《诗创造》时期，成熟于《中国新诗》时期'的判断有违基本的历史事实。"

同时，"流派主义式的泛泛而论"，很容易忽视不同个体的艺术个性或差异性，"当人们将其视为一个整齐划一的流派，并以'综合'、'平衡'、'戏剧性情境'、'表现上的客观性与间接性'等概括其流派特征时，既忽视了具体诗人的创作实际，模糊了不同诗人之间巨大的创作差异，也在大而化之的强求统一中简化甚至歪曲了历史"。被用作例证的不仅是那些看似风格差异较大的个体如辛笛、杭约赫，更包括像穆旦这样"现代主义"风格突出的诗人，"穆旦于《中国新诗》发表诗作，并不表明穆旦发动或参与了一场新的诗歌运动。作为一个早期的校园诗人，穆旦成熟于 1940 年代初期的西南联大。与其将穆旦放置在'九叶诗人'中，抽象地概括出几

---

① 邓招华：《前言：还原一个真实的诗人群体》，《西南联大诗人群史料钩沉汇校及文学年表长编》，第 1 页。

条诗学原则，还不如将其还原到西南联大的历史情境中，具体地探讨特殊的文化语境于穆旦诗歌创作的意义。""西南联大"的话题效应于此体现出来——正是因为穆旦等四人"在西南联大特殊的文化语境中形成了自己的诗美品格，与《中国新诗》无甚关系，也与辛笛、杭约赫等差异甚大"，因此，一些研究如"从《中国新诗》往前追溯，一直追溯到西南联大时期，以'一校两刊'（即西南联大、《诗创造》、《中国新诗》）来追溯'中国新诗派'的形成"，进而认为"'中国新诗'派从不自觉的凝聚到自觉的形成，经历了1937年后的民族抗战和1945年以后的争取人民民主的解放战争这样两个历史阶段"，"看似完整的叙述，其实是一种人为的后设叙述"。

但文学史的难题在于，正如《九叶集》的出版作为一个历史事实已无法更改，"九叶诗派"这一追加性的历史命名虽然一直存在争议，但已是一个基本的文学史概念。"1980年代以来，随着社会、文化环境的宽松，将'现代主义诗潮'作为一股遭压抑的'逆流'而挖掘出来，并描述出一个总体的发展历程的阐释框架逐步形成。正是在这种阐释框架中，从1920年代的象征派诗歌到1930年代的现代派诗歌，再到1940年代的'九叶诗派'，一个脉络清晰的现代主义诗歌发展图式被勾勒出来。'九叶诗派'也由此奠定了其重要的诗学价值和史学地位。然而，在这看似完美、流畅的美学叙述中，新诗自身内部复杂、微妙的诗学张力也在很大程度上被悄然涂抹。"归根结底，"邓著"对流派研究的范式展开反思，最终要质疑的乃是"九叶诗派"这一概念本身：

> "九叶诗派"既不构成一个真实的诗歌流派，其大部分的创作也不具备真正意义上的现代主义色彩。作为一次事后的命名，"九叶诗派"的指认只是一种研究范式的操作而已，本身即是新时期以来诗歌研究领域的研究范式、阐释框架等知识谱系的症候式体现。无论是流派研究范式，还是"现代主义"的诗学阐释，依然是一种外在的知识框架，也在某种制度化的学术生产流程中，模糊甚至忽略了中国新诗特殊的语境压力，复杂的诗学构想以及具体诗人的写作实践。这样，对"九叶诗派"的再考察及质疑，不再仅仅是对一个具体诗歌流派的考察、审视，而是对一种研究范式与阐释框架的反思与突破。我们需要在对既有范式的"抵制"与"改写"中，突破固化的知识谱系对历

史复杂性的简化、遮蔽，凸显新诗具体而复杂的历史原貌及其特殊的诗学价值。①

征诸历史，"九叶诗派"自诞生起就是一个备受争议的概念，近年来，相关争议之声逐渐偃息——但这与其说是学界已达成共识，倒不如说是随着"九叶诗派"在文学史叙述之中一再被确认，相关命题的辨析已呈学术疲劳之势，难以再被有效激活。目前学界对惯常意义上的"九叶诗派"研究，给人印象更深的路数有两种：一种是李章斌近期的工作，即仔细梳爬1940 年代后期文坛格局中的各种历史因素，特别是那些对立性的因素，为"九叶诗派"的"凝成"寻求更为充分的历史合理性②；另一种则是张松建稍早进行的关于"四十年代现代主义诗潮"的总体考察。张著发掘了极其广泛的原始文献，旨在呈现多元而丰富的历史状况，打破学界1940 年代现代主义诗歌就是"九叶诗派"或"'中国新诗'派"的成见——"九叶"之外，"至少还应该包括平津地区的吴兴华、沈宝基，上海的路易士，移居香港和桂林的鸥外鸥，西南联大的王佐良、罗寄一，离散法国的罗大冈，中法大学的叶汝琏和王道乾，等等"③。尽管张著也强调"九叶"已经"奠定了文学史上的经典地位"，但其实际研究循着相关诗学主题展开，"九叶诗派"这一历史命名似有被摒弃之势。

从相关信息来看④，"邓著"在观念上更接近后者，即充分体认历史的驳杂性；同时，也认同张同道更早时候在《探险的风旗》（1998 年）一书中的做法，即将辛笛等五位诗人命名为"上海诗人群"，"并从现代诗质的多个层面将其与穆旦等西南联大诗人群明确区分开来"。这样一来，尽管尚未做出明确论证，"邓著"参证翔实的历史文献，旧案重提，还是具备了新的学术清理的意义：西南联大诗人群是一种"独立存在"，并非"'九叶诗派'的不自觉的初始阶段"。

---

① 以上相关引文均出自邓招华《西南联大诗人群史料钩沉汇校及文学年表长编》，第 368 ~ 386 页。

② 参见李章斌《"九叶"诗群的凝成与左翼作家的"反向推动"》，《中国现代文学研究丛刊》2015 年第 3 期。

③ 张松建：《现代诗的再出发——中国四十年代现代主义诗潮新探》，北京：北京大学出版社，2009 年，第 2 页。

④ 邓招华：《西南联大诗人群史料钩沉汇校及文学年表长编》，第 384 页。

西南联大诗人群谱系的体例与视野商议

总体上说来，"邓著"着眼于文献的发掘与整理，其观念与实际研究的深度能否匹配，还有待观察。这里亦从文献层面来谈谈西南联大诗人群研究的整体体例与视域，以及文献拓展可能性方面的话题。

先说体例。前文已叙及"邓著"为"诗人群"作谱，所涉及的范围比较大，文献来源庞杂，这里为讨论方便，还是缩小到诗人层面来看。目前联大诗歌选集除了《西南联大现代诗钞》外，仅李光荣所编《西南联大文学作品》（2011 年）有诗歌版块。综合两书，进入视野的联大诗人共 37 位，其中教师 10 人，即卞之琳、冯至、沈从文、李广田、闻一多、燕卜荪、马君玠、孙毓棠、陈梦家、薛沉（诚之）；学生 27 人，为马逢华、王佐良、叶华、沈季平、杜运燮、何达、杨周翰、陈时、周定一、罗寄一、郑敏、林蒲、赵瑞蕻、俞铭传、袁可嘉、秦泥、缪弘、穆旦、刘一士、萧珊、许若麈、李金锡、许明、赵宝煦、尹落、萧荻、白炼。这 37 人并未全然出现在"邓著"之中，但"邓著"也有增补，其中诗作未见于上述两书（有散文被选入）的卢静自然是重点发掘的，陈时虽被选入，但受关注度甚低，"邓著"亦给了较多篇幅。刘重德、辛代等诗人也有提及。其他的，"邓著"在叙及南湖诗社、高原文艺社、南荒文艺社等方面的信息时，所提及的社员名字还有刘兆吉、高亚伟、祖文、董庶、杨苡等数十人。

不过，面对浩如烟海的历史文献，穷尽式发掘几乎是不可能的，诗人的多与少终究是一个量的问题。体例方面的问题——入选对象、时限等——值得优先关注。"邓著"并非某个人的谱表，而是针对一个群体。类似群体性或专题式的谱表也并不算稀见，此前即有齐家莹的《清华人文学科年谱》（1999 年）。"清华人文学科"也是一个相对松散的大学群体（时间为1925～1952 年），故不妨以此比照之。采信哪些材料，不采信哪些材料，该年谱作"编撰例言"以明确限定，其核心原则如下：

> 以收入教师在校期间的著述为基本原则，个别教师离校期间的著作因考虑其连续性及影响，亦收入。西南联大时期只收入清华大学编制

的教师之著作。清华大学各时期均有兼职教师，著名者亦不在少数……本书未将其学术活动列入。①

"西南联大诗人群"无疑也存在时限与对象的问题。时限方面，"邓著"并未给出明确交代；但基于前述"空间上的偶然"，至少应包括两个要素：一个是学校的实存时间，另一个是人员情况。依据校史，联大"自1937年8月教育部命令设立国立长沙临时大学开始，直至1946年7月31日，梅贻琦常委主持西南联大最后一次常务委员会，宣布'西南联合大学至此结束'为止，共计8年零11个月"②。关于西南联大诗人群的文献采集也应该在这个时间范围之内。"邓著"的文献采集时间始于1937年1月穆旦的诗作发表，止于1946年5月4日西南联大的结业典礼。这两个时间点，一个上延，另一个不足，都有欠妥当。

对象方面，"邓著"主张将更多的诗人融合进来，这本身并没有疑义；但教师有工作变动的问题，学生也有新入学、毕业离校的情况，这些人员的流动性也应考虑在列。但自《西南联大现代诗钞》开始，症结就一直存在。以卞之琳为例，该集共选卞诗18首，其中1940年出版的《慰劳信集》选入17首。问题在于，卞之琳进入联大的时间为1940年8月③，《慰劳信集》为其延安时期的诗作。④ 按照《清华人文学科年谱》这等同类书籍的处理方式，卞之琳进入联大之前的作品应排除在外。其他一些知名文学人物沈从文（1939年8月到校）、冯至（1939年8月到校）、李广田（1941年4月到校）等也存在类似情况，相关作品的时限认定也有必要厘清。我个人的看法是，鉴于这几位知名作家在进入联大之前就已有较长的创作期，之前的作品及诗学活动均不宜列入联大诗歌文献的范围——当然，也无须刻意回避，可以考虑在该作家正式进入联大的时间点的叙述

---

① 齐家莹：《清华人文学科年谱》，北京：清华大学出版社，1999年，第V页。

② 西南联大北京校友会编：《国立西南联合大学校史（修订版）：一九三七至一九四六年的北大、清华、南开》，北京：北京大学出版社，2006年，第1页。

③ 卞之琳以及沈从文、冯至、李广田、孙毓棠等人的到校时间均据《国立西南联合大学三十一年度教员名册》，北京大学等编《国立西南联合大学史料·4（教职员卷）》，昆明：云南教育出版社，1998年，第118~128页。

④ 目前所见《慰劳信集》，只能查到1940年出版，而无法查实月份。不过，卞之琳稍后编《十年诗草》（明日社1942年版），也是明确将其归为1938~1939年的作品。

上，对其以往的情况做一个大致交代。

学生方面，通常做法是不考虑其离校时间，径直列入。王佐良、杨周翰、袁可嘉、俞铭传等留校任教的可不论，但更多的学生诗人毕业即离校，或须另当别论。以毕业后曾留校但后又离职的穆旦为例。穆旦1935年秋入清华大学外文系，抗战爆发后随校迁入长沙临时大学，毕业后留校任助教；1942年3月加入中国远征军奔赴缅甸战场；1943年初回国之后并未重返学校，而是在昆明、曲靖、重庆、贵阳等地谋生活，1945年底离开大西南地区（先于西南联大的北归）。严格说来，对"穆旦/西南联大"这一话题而言，"1943年初"是一个时间节点。在此之后，穆旦与联大教师吴宓，留校任教的王佐良、李赋宁等人以及《文聚》杂志的同人继续保持着联系。对此类状况，我目前还没有明确的看法，但严格说来，其时限的认定终归并非一个不言自明的问题。

视域方面的问题也值得单独一说。视域与文献的采集范围直接相关，有什么样的视域，才会有什么样的采集结果。也还是缩小到诗歌文献来看，"邓著"所采取的大致是"新诗"的视域，即搜罗"新诗"写作与发表、新诗诗论等方面的信息。新诗作品的搜录，先按下不表。诗论方面，采信朱自清的"新诗杂话"系列文章，闻一多关于艾青、田间等人的讨论，自然都是题中应有之义；但整体上说来，多半还是拘囿于"新诗理论"的视域，而不是"现代诗学"的视域。

按照解志熙教授的讨论，"大多数研究者把中国现代诗学和中国新诗理论视为两个完全同一的、可以互换的概念。这是一个本不应有而又可以理解的误解。""中国新诗理论并不足以概括整个中国现代诗学。因为中国新诗理论所指称的只是关于中国现代新诗的理论批评，而中国现代诗学则涵盖了发生在现代中国的所有从现代观点出发的、富于诗学理论意义的诗歌批评和研究。就此而言，新诗理论只是中国现代诗学的一个部分。""由于认识的改变和视野的拓展"，"所要研究的问题之繁多和复杂"也就成为研究者不得不面对的问题："实在不能把新诗坛主流的诗学主张作为中国现代诗学之现代性的惟一标准"，"《学衡》派和其同道者以及新儒家等非主流派的诗学主张"，"俞平伯、顾随、浦江清、闻一多、缪钺、钱钟书、傅庚生、程千帆等人对古典诗歌与诗学的研究"，"冯至、叶公超、罗大刚、杨周翰、王佐良等人对外国诗歌与诗学的研究"，也都不能被"拒之于中国现代诗学的研究视野之外"①。

征诸这等更为开阔的诗学视域，除了"邓著"已经采信的资料外，卞之琳《十年诗草》的出版信息，评论《读诗与写诗》《新文学与西洋文学》等，其关于英国文学的译介；冯至的《一个对于时代的批评》《论新诗的内容和形式》以及关于歌德、尼采等德语诗人的译介；沈从文的诗歌《一个人的自述》《莲花》《看虹》，文论《给一个诗人》《文运的重建》《"五四"二十年》《从徐志摩作品学习"抒情"》等，均是发生在此一阶段，有必要进一步整合。其他的，如孙毓棠（1939年2月到校），"邓著"仅在1943年6月关于《文聚丛刊》的条目中提到了其诗《失眠夜》，实际上，相关信息还有诗集《宝马》的出版，评论如《谈抗战诗》、翻译如《鲁拜集》等。再者，叶公超（1941年离校）战前关于艾略特与新批评方面已多有译介，此一时期的诗学活动也可进一步梳理。吴宓、吴达元、闻家驷等人诗学活动或翻译行为也可采信。自然，这些方面的信息并非完全缺席于"邓著"，但多湮没于各类资料的杂叙之中，并未形成一个立体的概念。

再者，朱自清、闻一多、浦江清等人的古典诗学研究，作为"现代诗学"总体构成的一部分，也有理由采信。旧体诗词的写作也有必要提出。"邓著"1938年7月7日条目等处，曾提及陈寅恪、吴宓、冯友兰等人的旧体诗词。实际上，钱穆、朱自清、潘光旦、浦薛凤、魏建功、浦江清、萧涤非等人也多有旧体诗创作。按照当下的观点，联大教师们的旧体诗词作品"不纯然是文学问题的反映，更多地牵涉中国的政治、思想、教育、文化等，折射出大时代的精神氛围以及读书人的悲欢离合"②。以一个更为宽广的诗学视域来看，此类问题绝非可有可无。

西南联大诗人群文献发掘的新方向

相关文献的采集，还有一些值得特别注意的线索。本文大致从新诗

---

① 解志熙：《视野·文献·问题·方法——关于中国现代诗学研究的一点感想》，《河南大学学报》2005年第1期。
② 陈平原：《岂止诗句记飘蓬——抗战中西南联大教授的旧体诗作》，《北京大学学报》2014年第6期。

人、期刊和域外文献的角度简要述及。

其一，教师和学生诗人方面的线索。教师方面，吴宓日记被较多采信，其他教师的类似材料如柳无忌日记①、浦薛凤回忆录②等，也可关注。新诗人方面，联大文学社团主要有南湖诗社、高原文艺社、南荒文艺社、冬青文艺社、文聚社、文艺社、新诗社，相关研究已经形成的观点及相关线索③值得参照。若具体到学生诗人，汪曾祺以小说名世，但早年的新诗创作亦有不少。④姜桂农的诗歌见于香港版《大公报·文艺》。当然，线索或方向虽能找到，但由于笔名等因素的困扰，能否确证也是一个问题。⑤

其二，各类报刊。因各方因素的制约，抗战爆发之后的期刊形态发生了很大变化，人员、资金等均缺乏足够的稳定性，刊物往往周期短、开本小、页码薄、期数少、传播面窄，"邓著"重点讨论的《文聚》就是非常典型的一例。此外，纸张差，保存不易，对今天的文献查阅来说，也是特殊的难度所在。

与西南联大有关的期刊可作补充的，如《火线下》（三日刊），实存两个月（1937年11月12日至1938年1月15日），主要撰稿人多是长沙临时大学的高年级学生，可视为以长沙临大学生为主体的刊物，加之与长沙临大实存时间多有重叠，为认识西南联大初期的政治文化环境提供了诸多便利因素。该刊诗歌信息不多，但有穆旦的佚诗《在秋天》。再往下，杨振声、李广田主编的《世界文艺季刊》（1945～1946年），共出4期，刊载了卞之琳、冯至、李广田、杨周翰等联大师生的文字。其中，卞之琳的《新文学与西洋文学》、冯至的《论新诗的内容和形式》、杨周翰的《路易·麦克尼斯的诗》（第1卷第1期）、《论近代美国诗歌》、《近代美国诗选译》（第1卷第3期）等，都值得采信。

其他的，《明日文艺》（桂林）、《时与潮文艺》（重庆）、《战时青年》

① 柳无忌：《柳无忌散文选——古稀话旧》，北京：中国友谊出版社，1984年。

② 浦薛凤：《浦薛凤回忆录》（三卷本），合肥：黄山书社，2009年。

③ 李光荣、宣淑君：《季节燃起的花朵：西南联大文学社团研究》，北京：中华书局，2011年。

④ 汪曾祺当时在香港版和桂林版《大公报》、昆明版《中央日报》、《生活导报周刊》等处发表诗作10首，它们均已收入人文版《汪曾祺全集》（2019年）。感谢徐强兄所提供的详细材料。

⑤ 参见李光荣《西南联大文学与香港〈大公报·文艺〉》，李建平、张中良主编《抗战文化研究·第2辑》，桂林：广西师范大学出版社，2008年，第49页。

（重庆）等文艺类报刊，也有不少西南联大的文艺作品或相关信息。同时，文化、教育、政治、经济、军事等方面的报刊或综合性报刊的相关版面亦值得注意。《今日评论》所载穆旦、赵瑞蕻、辛代等联大诗人诗作、《教育杂志》所载查良铮（穆旦原名）的文章都能说明这方面的情况。此外，还可加大对当年云南地区所出版的相关报刊文献的采集力度。从常理推断，联大在云南超过八年，相关文献量应不在少数，其中所蕴含的鲜活的即时资料，不仅能丰富诗人群研究的内容，也能进一步完善西南联大的整体研究。其中如《益世周报》《中南报》《生活导报周刊》等已进入研究视野，但还可待深入发掘。不过相关志书所提供的线索有限①，全赖到相关图书馆现场翻阅了。"邓著"也注意到了这方面的信息，且在云南省图书馆查到了《文聚》和昆明版《中央日报》等文献，不过从1938年之后的相关条目来看，虽屡屡提到《云南日报》，但均是转引自其他相关专书，资料搜寻的难度可见一斑。

其三，域外文献。综观联大时期，外籍教师并不少，以外文系为例，即有毕莲、吴可读、温德、翟孟生、威廉·燕卜荪、罗伯特·白英等人。在相当长时间之内，关于这些外教的文献只见于一些零散的回忆文中，缺乏整体性。其中，被认为是"有数学头脑的现代诗人，锐利的批评家，英国大学的最好产物"②的燕卜荪得到了更多关注。杨周翰、赵瑞蕻、王佐良、周珏良等人都曾著文论及，其长诗《南岳之秋》也被收入于《西南联大现代诗钞》（王佐良译）。这方面的信息，"邓著"已有采信。

换个角度看，先前关于外籍教师的材料均出自联大人士之手，缺乏来自外籍教师本身（国）的更为直接的文献。这一情况目前已有一定程度的改观，2016年出版的相关传记即有两种，《温德先生：亲历中国六十年的传奇教授》和《威廉·燕卜荪传（第一卷）：在名流中间》③，作者均来自传主所在国，其中都有关于西南联大的专章，这无疑有助于学界从整体上

---

① 查《云南省志》第76卷《出版志》、第77卷《报业志》（云南人民出版社，2000年），民国报刊信息都比较单薄。

② 王佐良：《穆旦：由来与归宿》，杜运燮等编《一个民族已经起来》，南京：江苏人民出版社，1987年，第1~2页。

③ 〔美〕伯特·斯特恩：《温德先生：亲历中国的传奇教授》，马小悟、余婉卉译，北京：北京大学出版社，2016年；〔英〕哈芬登：《威廉·燕卜荪传（第一卷）：在名流中间》，张剑、王伟滨译，北京：外语教学与研究出版社，2016年。

加以把握。

即便如此，外文资料还有较大的发掘空间。罗伯特·白英便是一例。白英"一生编撰著述一百多部，其中三分之二与中国有关。这些著作成为上世纪三四十年代西方世界通往东方的重要窗口。然而，由于种种原因，白英的作品在海内外很少被提及"，国内也是近期"才有文章专论他对中国现代新诗的翻译"①。白英所出版的英文书籍中至少有四种翻译物和联大紧密相关，即两种诗选，《当代中国诗选》（1947 年）和从古代到当代的中国诗选《小白驹》（1947 年），两种小说选，与袁家骅合译的《当代中国短篇小说选》（1946 年），与金堤合译的沈从文小说集《中国土地》（1947 年）。作品的翻译得到了联大师生如闻一多、卞之琳、浦江清、沈有鼎、杨业治、袁家骅、俞铭传、金堤、汪曾祺、李赋宁、袁可嘉等人的大力支持。目前，学界对相关文献资料的整理与研究还很有限。② 另一类则是"中国日记"。白英日记非逐日记载，但当时即有整理发表，其中，1941～1943 年的集为《重庆日记》——后增补至 1944 年 4 月 9 日，集为《永恒的中国》（1945 年）出版，1944 年 12 月 6 日至 1946 年 8 月 4 日的日记则集为《中国觉醒》（1947 年）。后两者日后合成一册《中国日记：1941–1946》（1970 年）。从中可以看出，1943 年 9 月到达昆明之后，白英在联大任教期间，与闻一多、卞之琳等人都有比较深的交谊。这些日记仅见少数零散的介绍，因此，对于西南联大及其诗人群研究而言，文献发掘还有很大的空间。

结　语

综合来看，"邓著"着意于文献的驳杂与繁复，以展示西南联大诗歌生长的复杂性，其对文献资料的深度开掘，应和了近年来西南联大文学研究——也可放大到现代文学研究——注重文献的新态势，而这对于作家群体研究的文献拓展而言，将具有重要的参照意义。但相关背景材料终归有

---

① 陈倩：《美国学者罗伯特·白英的中国观》，《南京师范大学文学院学报》2014 年第 2 期。
② 参见〔英〕罗伯特·白英《〈当代中国诗选〉前言》，侯静等译，《华文文学》2012 年第 5 期；李章斌：《罗伯特·白英〈当代中国诗选〉的编撰与翻译》，《中国现代文学研究丛刊》2012 年第 3 期。

过于驳杂之嫌，体例的有效性、视域的展现等方面，则还有进一步商议的空间——如何在"杂"与"专"之间达成更好的平衡，显然还有待进一步的考量。

而年谱式的文献发掘与整理工作终究只是一种基础性的工作，放诸文学史的整体视域，一面是既有的文学史概念——固然其中有若干显在的缺陷，但终归也有其历史合理性；另一面是尚未完全清理好的驳杂的历史文献。如何重新树立"西南联大诗人群"的整体形象，对"邓著"而言，对西南联大文学研究而言，不能不说是一个新的文学史难题。

（曾刊载于《现代中文学刊》2017 年第 6 期）

年谱材料的误用与谱主形象的塑造

——《艾青年谱长编》商议

　　放眼 20 世纪中国诗坛，如果说有一位真正具有非常大而广泛的影响力的诗人，那么，这位诗人必然是艾青（1910～1996 年）。因此，尽管关于艾青的研究材料已经相当之多，但新资料依然令人期待。1998 年出版的程光炜教授的《艾青传》①就是一本厚实的传记。2010 年，又有叶锦先生穷三十年之功而完成的《艾青年谱长编》②，篇幅宏大的艾青年谱，这是第一次出现。

　　据作者的"后记"所称，《艾青年谱长编》写作始于 1978 年，之后，陆续写成《艾青简谱》（1980 年），《艾青七十年简谱》（1991 年），真正发力写作是在 2006 年，最终完稿则是 2010 年 2 月。封底简介语称："本书汇集条目近万条；涉猎海内外近千种书刊杂志、大量的内部档案资料，以及许多当事人的口述资料和函札书信，有若干量历史真相的披露和历史谜团的破解。"通读下来，这绝非夸溢之辞。其中，1932～1933 年，上海法租界警务处、江苏高等法院第三分院、最高法院刑事第四庭等机构关于艾青被捕及判决的材料；新中国成立后，艾青参加各类政治活动、社会文化活动的材料，对艾青的评论资料，特别是新时期之后的评论资料，都是相当翔实的，非常有助于了解艾青的实际境遇及其写作的社会反响。

　　放诸现当代文学史，诗人年谱的总量偏少，郭沫若、闻一多这类有着显赫的社会身份的人士之外，主要以诗人著称的人士如冯至、卞之琳等，

---

① 程光炜：《艾青传》，北京：北京十月文艺出版社，1998 年。
② 叶锦：《艾青年谱长编》，北京：人民文学出版社，2010 年。

迄今仍未有比较详尽的年谱，因此，作为艾青的第一部年谱，其意义是应该予以充分肯定的——但也正是鉴于艾青在 20 世纪中国文化史上的重要地位，这里想就本年谱材料的运用以及谱主艾青形象的塑造问题略做辩诘。

不均衡：资料来源及其引述原则

与一般的谱主不同，艾青是中国现代最有名的诗人之一，也是一位文化名人、社会活动家，参与了大量的社会文化活动乃至政治活动，这种身份效应在新中国成立之后体现得尤为明显。此外，艾青实际生活时段为 1910 年至 1996 年，见证了 20 世纪的诸多重要事件，因此，关于艾青的资料可谓相当丰富且庞杂。那么，资料的厘定、引述也就不是一个简单的事实。这里有一个选择与遮蔽的问题。选择哪类资料，又摒弃哪类资料，其实不但关乎谱主的形象——按照一般的经验，这多半意味着作者对谱主形象的维护，即选择更有利的材料；同时，它也将彰显作者对谱主乃至对历史的基本看法。

就一般的年谱写作而言，材料无非两种，一种是直接材料，另一种是间接材料。前者自然是必须尽可能发掘和运用的，后者往往也能与谱主建立起联系[1]，能揭示谱主的境况，因此也有其必要性。年谱不同于年表之处在于它的丰富性，年表可单以对象的个人资料为依据，年谱则需要突破谱主的单一性材料的局限。按我的理解，20 世纪的文化语境盘根错节、复杂难辨，这种突破的力度越大越好，像艾青这样有着广泛影响力的"名人"，突破越大，越能呈现出广阔的传记知识背景，也就越能呈现出复杂的时代面影。

年谱材料的运用，在目前这样一种开放的时代语境之下，我认为应充分发掘"同时代共生性的史料资源"。何谓"共生"呢？即谱主并非一个孤立的人物，"而是呈现于具体历史语境之中，是诸多历史因素复合而成的。这些因素包括教育背景、媒体环境、政治文化语境、具体人事等等方

---

[1] 谢泳曾以鲁迅留学日本期间弘文学院编制的《普通科、师范科讲义录》为例，说明间接材料"也能在一般材料中建立与研究对象的直接关系，是新史料产生的一个重要思路"，见《中国现代文学史料的搜集与应用》，台北：秀威资讯科技股份有限公司，2010 年，第 2～10 页。

面，这些同时代的各类材料（因素）之间可谓天然即具有一种共生关系，能起到相互说明的效应，共同构成了彼一时期的时代语境"①。若从这个角度来看，这部《艾青年谱长编》的资料来源及其引述原则其实是可以进一步商榷的。总体印象，这部年谱所引述的材料确实非常之多，但丰富性（广度）仍然不够，也就是说，材料"多"并没有必然形成视域"广"的局势。不妨从两个角度来看。

一个角度是实际引述的材料。仔细考察，该年谱所引述的材料主要有两种。一种是艾青的著述、行踪等基本资料。个人资料是年谱最为基本的内容，艾青的行踪变化较为频繁，尽管该谱在艾青的行踪交代上有不少不甚清晰之处，但也并无大碍。另一种是各类报刊上关于艾青的材料，如前所述，相关资料搜罗仔细，是其特色，但有时候也会有问题，如1983年7月31日条目的内容为：

> 31日《人民日报》第7版本报消息：《〈诗刊〉成立新的编委会》。消息说：
>> 中国作家协会主办的《诗刊》前届和本届两届编委会最近举行联席会议，总结近几年来诗歌创作和刊物工作，并组成新的编委会。《诗刊》新的编委会是中国作家协会为适应文艺事业改革的要求，进行调整成立的。主编邹荻帆，副主编柯岩、邵燕祥，编委丁国成、公刘、艾青、田间、朱子奇、阮章竞、严辰、李瑛、克里木·霍加、杨金亭、吴家瑾、邹荻帆、邵燕祥、柯岩、赵恺、流沙河、鲁藜、臧克家。会上，张光年代表作协党组和书记处将聘书——递交给了新的编委。除克里木·霍加远在新疆未能赴会外，其他编委都参加了会议。（第329页）

借助这种罗列，《诗刊》新的编委会成立的相关情况交代得很清楚了，但这是艾青年谱，而非《诗刊》大事记，其中也就潜藏着可待追究的问题：其一，就单一材料而言，这段文字约270字，它与艾青本人生平经历的关联度到底有多大？可否精减？其二，就全部材料而言，在新中国成立

---

① 易彬：《穆旦年谱》，北京：中国社会科学出版社，2010年，第2页。

后，特别是新时期以来的谱文之中，这类材料占了大量的篇幅，其重要程度到底如何？

就前一个层面而言，艾青既是《诗刊》编委，关联度自然也是有的，但这段文字全是公开的、公文式的信息，完全可以缩减为两行文字，即交代艾青为《诗刊》的新的编委会成员之一就足够了。就后一个层面而言，它们既能揭示艾青的行踪，也能彰显艾青在整个社会文化体系中的身份与位置，其重要性自是不言而喻。但问题是，作者似乎非常着迷于这种材料的罗列，进入新中国之后的条目，基本上就是《人民日报》《光明日报》《文艺报》《人民文学》一类权威（主流）媒体上的材料，这一做法意味着作者有意无意地忽略了对其他材料的发掘——挤压掉了其他材料原本应有的空间。

被忽略或被挤压掉的是些什么材料呢？实际上可以将上述材料换个角度来看，占据大量篇幅的引文主要是公文式语体，即在相当程度上，本年谱所引述的乃是一种主流的、正面的、公务类的资料，这些材料不断地强化（维护）艾青的文化身份与政治待遇，而那些更近于私人交往的材料，或者某些似乎不利于艾青形象的材料，则被有意无意地排挤在外了。

何以得出这般看似很危险的结论呢？先来看一个例子，1993 年 5 月的条目：

> 本日① 胡风夫人、作家梅志接受《人民日报》记者李辉采访。李问：他（指周扬——编著者注）一直在做文艺官。不过，毛泽东对他好像也不满意，每次运动往往一开始是批评他。梅：他有这个本事，运动开始时有他的责任，但一转过来又领导运动，借此打击异己。这可是在运动中见真工夫。听说在延安时，周扬开始并不行，是丁玲、艾青占上风。到文艺整风时，他借王实味这件事把丁玲、艾青打下去了，这样他才在文艺界站住脚。

年谱引述这段近 200 字的文字着实令人费解（同一时期的类似材料还有 1992 年 12 月 4 日条目所引述的近半页的张光年接受《人民日报》记者

---

① 此处"本日"疑为"本月"之误。

李辉的采访文字等），单单就是因为"艾青"出现在其中？若这类材料都
要引述的话，这本年谱的字数再翻三番恐怕也不够。但这类材料引述的不
合理性还不在于篇幅，而是梅志和李辉的这种主观倾向非常明确却又夹杂
着"好像""听说"一类推断性语词的谈话材料终究是难以作为切实可靠
的证据来用的。

实际上，若从胡风的角度看，艾青不仅与胡风有较多交往，也深深地
影响到了一大批"七月派"诗人——艾青与后起的"七月派"诗人群之间
的精神传承关系乃是中国现代文学史上的著名"事件"，理应成为艾青年
谱的基本史料方向，相关材料如与"七月派"作者之间的各种人事关系、
文学往来以及书信写作等，其中除了情感的流现、观点的表达外，也有不
少可以采信的史料信息。相关材料也并不难找见，比如《胡风全集》一类
著作即明确收录了胡风致艾青的书信，"七月派"诸位成员关于艾青的记
载文字也多有流传，但这方面的材料年谱却基本上没有呈现。我最初明确
意识到这个问题是因为近年做了原"七月派"诗人彭燕郊的长篇访谈（实
际字数在 10 万字以上），非常真切地感受到了彭燕郊对前辈诗人、诗歌引
路人艾青的深挚的感情，他还曾专门写过回忆文章《吹芦笛的诗人艾青》①
（年谱第 433 页曾提到）。除了"七月派"作家群外，阳太阳、林林以及番
草（钟鼎文）等当年和艾青关系很紧密的人士，年谱除了偶有提及外，基
本上没有引述相关材料。

要说私性材料非常之少，还有一个特别的例子，那就是关于艾青婚姻
方面的材料。艾青的婚姻变故早已不是秘密，对此进行了详细梳理的、给
人明确而强烈印象的是程光炜的《艾青传》。但从这部年谱来看，很明显，
艾青的第一任妻子张竹如在谱文中基本上是一个沉默的形象，在结婚、离
婚等少数几处提到了她，离婚时的条目是这样的：

> 本月　张竹如见与艾青的婚姻已无法挽回，将孩子留给艾青离开
> 新宁。
> 1983 年 3 月艾青回忆这段往事时说："她后来也到了新宁。在那

---

① 刊载于《黄河文学》2001 年第 5 期。按：彭燕郊的回忆文章以及访谈材料，多次谈及艾
青，其中除了深情的回忆外，还有对其道路的历史反思。

儿生了一个男孩，她感到已无法与我在一起了，就离开了，把孩子扔下了。——我与她是和平的分手的……"（第72页）

看过程光炜《艾青传》的读者对艾青与张竹如离婚前前后后的经历应有深刻的印象，该传记也没有下论断，而是采取史家笔法，强调不同当事人对此一事件的记载出入很多。因此，采取了多方引证的方法，涉及的材料，既包括周红兴的《艾青回忆与访问记》中所载张竹如的回忆，也包括阳太阳、梅志、彭燕郊以及此一事件的直接当事人韦嫈等人的回忆文字，很好地呈现了事件的复杂性——或者说，很好地传达了诸多当事人对此一事件的复杂感受。但在年谱之中，这一切全不见引述，一场给当事人的肉体和心灵都留下巨大创伤的离婚事件①，被艾青本人的一句"是和平的分手的"轻易化解。

第二任妻子韦嫈处于一个更加不利的位置，所呈现的材料没有任何美好的一面，仅仅出现在历次婚姻纠纷官司之中（似乎在不断地纠缠艾青），从没有主动"说话"——尽管作者在"后记"中称曾采访到她，但谱文并没有任何引述。从1939年6月20日（谱文为"本日艾青与韦嫈结为伴侣）到1955年正式离婚，韦嫈伴随着艾青从桂林、湖南、重庆、延安再到北京，与艾青共同生活的时间约为16年，艾青从29岁走到了45岁，《火把》《黎明的通知》等上百首诗作以及大量的散文书信都是在这一时期完成的。其间，如年谱第99页所示，《水车》在《大刚报》发表时，曾署名韦嫈；而友人如胡风，给艾青写信，有时也是艾青、韦嫈并称的，如1950年3月27日的信②。当然，艾青由一位深沉、忧郁的"土地诗人"蜕变为一位"颂歌诗人"也是在这一时期。在艾青的经历中，这其实是相当重要的一段时期，但在年谱之中，韦嫈与艾青结合所引起的风波，16年间

① 所谓"在那儿生了一个男孩"，按照程光炜《艾青传》的说法，大致情形是：在收到艾青离婚的信后，怀有身孕的张竹如先是从金华赶往桂林，又因艾青的婚姻风波在桂林引起很大的反响而无法待下去，商议的结果是，艾青将韦嫈送到衡阳，即将临产的张竹如则交给阳太阳夫妇，约好了在湖南新宁会合，路途遥远，张竹如、阳太阳等人一行先坐火车，后租轿子，在新宁的路上，张竹如产下一个男孩。其间，还经历了村民围攻情形（按照当地风俗，轿子是不抬孕妇的）。之后则发现，艾青也并没有如先前承诺的那么做，韦嫈随他到了新宁。参见该书第237～252页。

② 这个信息并不见于本年谱，可见于《胡风全集·9（书信）》，武汉：湖北人民出版社，1999年。

所经历的风雨，基本上被排除在外——当读到该书第 93 页，1941 年 2 月初，艾青从重庆，经宝鸡、咸阳、洛川等地，最终于 3 月 8 日抵达延安的时候，发现其中全无韦嫈的身影，我当时即有预感，韦嫈将较少出现，事实也果然如此。

与之相对应的，则是对艾青的第三任妻子也是最终的人生伴侣高瑛的《我和艾青的故事》① 中材料的较多引述，而在某些条目中，如 1975 年 5 月 17 日的条目，年谱更是用近两页的篇幅全文引述了艾青写给高瑛的信。考虑到相当一批艾青给友人的信都仅作为一条信息存在，因此，严格说来，且不说这封信的内容如何，这一全文引述的做法终究破坏了全书的体例。

这般描述，所要引导的结论绝不是所谓暴露诗人的隐私生活，而是想指出一个事实：婚姻不过是私性材料中最为独特的例子，它更为清晰地寓示了作者（也可能包括谱主的家属）对某些事件——绝不仅是婚姻一事——所采取的一种回避策略，有意遮蔽掉部分明显不利于艾青形象的信息。

材料运用不当与艾青形象的暧昧性

初读这部年谱，几页之后就发现一个问题，没有一处正规的注释，通读下来，发现仅少数地方用文中加注的方式做了说明，但全无版本、页码等方面的信息；书末所附《主要参考书目》仅 13 种，与封底介绍文字中的"近千种"差之甚远，而且，也没有标注版本信息。

考虑到作者非学院中人，这样的处理方式虽不符合所谓"学术规范"，也无须深究。但是，看起来，这还只是次要一类的问题——真正的问题是，很多材料读来像是故事或轶闻，比如 1954 年 9 月的条目中有：

> 艾青从南美洲回来，王震请他去。见面之后，王震说："我在大兴安岭看到的景色真美呀，我想到你了，我想若是艾青来，该写出多少好诗呵！你到铁道兵来吧，全国只要铁路能通的地方你都可以去。

---

① 此书初版为中国戏剧出版社 2003 年版。

我给你一部车子，一个秘书，你去不去？"谈话间，艾青看到一本
《艾青诗选》，里面划满密密的圈点。扉页上是王震写给儿子的"指
令"，也记不清了，大约是说：凡是我打了一个圈的，你们要熟读，
会朗诵。打了两个圈的，你们要会背。（第 187 页）

这个材料要说的，大约是王震这样的党内高级将领对艾青的诗歌非常
看重。① 又如，1984 年 9 月 10 日的条目：

10 日中秋节。上午参加中宣部在京西宾馆文艺座谈会。丁玲发
言：夏天我到福州，有人告诉我说，这里听到北京有人说，你们是四
条棍子（指的是我与艾青、臧克家和欧阳山）。我想来想去，不就是
在清理精神污染时新华社采访了我们这几个人，说了那么几句话吗？
这怎么竟成了棍子！（第 345 页）

熟悉"清理精神污染"那一时段的语境的读者，可能会知晓丁玲等人
"说了那么几句话"的含义，但现今读者应是难以察知其确切含义的。引
述这段材料，是因为出现了"艾青"，而且，有中宣部、丁玲等人的信息？
1985 年 11 月 27 日的条目看起来更加不着边际：

27 日　《人民日报》第 8 版刊登张琦的文章，标题《要是有人来
问我……》。文章写到：贵州，我回家了。……但我还是被妹妹硬拖
到将军山去了。……呵，溶洞之美妙神奇，大出我的想象。说它是地
下龙宫，一点也不夸张。众多的稀世珍宝，实在是美丽、动人。诚如
著名诗人艾青所题：大自然的奇迹。

不知道是不是《人民日报》的名头决定了作者的选择，否则的话，实
在难以解释这样一条以散文笔法写就、看似与艾青并无直接关系的材料何
以会被引述。实际上，"《人民日报》标准"可谓普遍存在，1991 年 8 月

---

① 　实际上，正如人们已经熟知的那样，艾青被打成"右派"之后，在新疆等地相对安稳的
　　境遇，与王震的关照直接相关。

26 日条目（第 388~389 页），对《人民日报》所载李冀蜀的《园厅即景》一文的引述，1992 年 7 月 31 日条目（第 395~396 页）对《人民日报》所载吕建设的《艾青与战士》一文的引述均超过半页，1993 年 3 月 23 日条目（第 399 页），对《人民日报》所载刘梦岚的《艾青依旧迷人》一文的引述更是超过了一页。

问题不在于篇幅，而在于这些材料之中夹杂了太多文学描述式的、个人想象式的成分，缺乏足够的史料价值。即如 1985 年 11 月 27 日这一条目中的材料，可能是暗示艾青曾给将军山题词（姑且不论艾青题词的时间是否可以考证），但这完全可以用一种更为清晰、简洁的方式来表达。

综合上述状况来看，这部《艾青年谱长编》在材料的运用方面实际上存在着一种非常尴尬的情况：一方面，那些史料含量更高的"同时代共生性的史料资源"较少被发掘；另一方面，大量史料含量较低的材料却又被大段大段地引述，由此所呈现的艾青形象显得暧昧不清——就主要层面而言，与作者对艾青的身份、待遇过于看重，对一种充满想象意味的文学式写法的倚重相对应的是，艾青的文艺观点、其诗歌版本的流变等方面的材料呈现得都很不充分——扩大一点，艾青的诗人形象呈现得很不充分。

毫无疑义，艾青首先是一位诗人，但总体而言，在这部年谱中，艾青的文艺观点少有大段引述或进行概括的，如著名的《诗的散文美》，或产生广泛影响的《诗论》，或对秧歌等大众（民间）文艺形式的看法，在谱文中只是作为一条信息而存在，从中根本就无法窥见艾青本人的文艺观点。艾青的书信，除了极少数外，也都是作为一条信息而存在，缺乏必要的概括或对主要观点的摘录——这些内容倒也并不必然是年谱的内容，但在对其他材料大量引述这一前提之下，对文艺材料的忽视，既有损于体例的平衡，更遮蔽了艾青的行踪、内心状态或文学方面的信息，有损于其"诗人形象"的呈现。

有的时候，这种忽视可能是出于维护艾青形象的考虑。比如，新时期之初"朦胧诗"兴起，艾青所发表的言论实际上产生了一些负面影响，这也不是秘密，但此间的种种纠葛（如与黄翔、北岛等人的关系），年谱也多是一笔带过。抑或，前引丁玲"四条棍子"的材料，可能是作者不便直说，而要借丁玲之口来说明艾青在此一事件中的态度及其所引起的反响？但看起来作者并无此意。

艾青诗歌版本的流变也没有得到清晰的呈现。作为现代最为有名的诗人，艾青的作品大量印制，版本繁多，其中有两种以"全"命名的，即1991年花山文艺出版社的五卷本《艾青全集》和2003年人民文学出版社的三卷本《艾青诗全编》。我至少碰到过两个治现代文学的学者，称这两个集子不能作为研究资料来用。为什么呢？这两个集子全无版本观念。前书出版时，艾青本人尚健在，摒弃了不少似乎并不利于艾青形象的诗文。后书呢，诗歌的搜集比前书更为全面——诗歌的总体形象也更接近于艾青本人，但也是全无版本信息。

像艾青这般在晚年的时候对作品进行修订的行为并非孤例，较近的例子如诗人卞之琳生前编定三卷本《卞之琳诗文集》，昌耀生前编定一卷本《昌耀诗文总集》，彭燕郊生前编定三卷四册《彭燕郊诗文集》，等等。①这些都显示了诗人对自己羽毛的爱惜。对诗人本人而言，这是无可厚非的，虽给研究者设置了新的障碍，却可视为个人写作与文学史叙述之间的复杂性的一种呈现。

一部艾青年谱自然也无力排除这道障碍，但为读者简要地勾勒一条艾青作品的版本谱系还是可能的，作者反复提到"集外佚文"——这里所说的"集"是指1991年花山文艺版《艾青全集》，也反复提到哪些作品没有收入1991年花山文艺版《艾青全集》，但通读下来，印象仍是相当零散，若列一个附录，即艾青佚文或未收入《艾青全集》的作品列表，读者自会知晓哪些作品被艾青有意或无意地摒弃在外。这种缺憾，尽管可以通过叶锦的《〈艾青全集〉集外佚诗佚文143（篇）略述》以及孙玉石、解志熙等人2010年发表的文章②来弥补，但读者在阅读本年谱的时候，终究也不方便。

诗歌之外，《诗论》的版本谱系也可单独勾勒。在为1980年版《诗论》所写的"前言"中，艾青曾谈到《诗的散文美》一文"最后的版本原已抽去，现在经一些朋友的建议，又补充进去了"③。艾青的这种犹豫似乎表明了对"诗的散文美"这一观点的某种不确信。实际上，《诗论》的

---

① 分别为安徽教育出版社2000年版，青海人民出版社2000年版，湖南文艺出版社2006年版。
② 《现代中国文化与文学》第8辑，成都：巴蜀书社，2010年；同期刊出的另有孙玉石《艾青佚诗及发现过程述忆》、解志熙《艾青诗文拾零》两文。
③ 艾青：《诗论·前言》，北京：人民文学出版社，1980年。

篇目在不同时代多有变化，这种变化完全可视为艾青本人诗歌理念的变化，其中的变化轨迹与历史纠葛，作为"年谱长编"，也可适当勾勒。

比之前述史料发掘上的不均衡状况，版本的角度更清晰地表征了该年谱非历史化的研究倾向，而这也反映了新诗研究——特别是诗人研究这一大的范域之中的一般状况，即对版本的忽略——版本成为次一等的问题。

结　语

总的来说，作为著名诗人艾青的第一种翔实的年谱，这部《艾青年谱长编》对艾青研究的持续推进有着重要的意义，但如上所述，大致显示了它在材料的丰富性、均衡性与谨严性方面尚可待进一步完善。正由于材料运用诸方面的原则不尽合理，这部年谱所呈现的艾青形象显得相当暧昧——尽管在当下的研究格局之中，艾青及其所经历的时代被历史化的程度日渐加深，但作者似乎无意于全面呈现艾青的历史形象，而有意对艾青形象进行"塑造"。

当然，所谓"完善"的说法本身看起来也有可疑之处，版权页标识的印刷字数为 39 万字，实际字数自然是小于此一数据。但"后记"称，2006 年的初稿是 80 万字，2009 年又扩充到 90 万字，"2009 年 12 月下旬至 2010 年 2 月初，艾青生前的秘书、儿子艾丹花了一个多月的时间，先后两次帮忙删改，提出修改意见，形成了目前的这个本子"。"两次帮忙修改"最终改掉了近 60 万字？这可是一个非常庞大的数字啊，不知道那未经艾青家属修改的年谱稿本中，艾青又是如何一副形象？

（曾刊载于《中国现代文学研究丛刊》2012 年第 12 期）

附录　胡风日记、书信中的艾青

说明：文中提到《艾青年谱长编》所引述的材料方面的问题时，曾举胡风文献为例，较早时期披露的胡风材料如日记、书信之中，对艾青多有记载，此类材料，《艾青年谱长编》仅偶有采信。新近披露的胡风日记（1937 年 11 月至 1941 年 4 月），对艾青的记录也是非常频密。兹录如下，算是为《艾青年谱长编》做若干补订。

（一）《胡风全集》所录胡风致艾青书信的信息汇总①

1950 年

3 月 9 日，自上海致艾青。

3 月 27 日，自上海致艾青、韦嫈。

5 月 15 日，自上海致艾青。

7 月 21 日，自上海致艾青。

（二）《胡风全集》所录胡风日记里的记载②

1949 年

1 月 28 日，旧历除夕，"早饭后，到鲁艺和丁玲闲谈"，谈及"艾青的情形"。

3 月 26 日，"在走道上遇见艾青。他引来周扬、沙可夫。" 27 日，"早饭后，到许广平房里，闲谈了约一个小时。恰好艾青夫妇来，找不着我，回去了。" 28 日，"上午，艾青夫妇来。""下牛，宋之的来。王朝闻、江丰、艾青来，欧阳山来，与他们到美专看木刻展，又到东安市场小馆喝了酒。"

4 月 3 日，"不在中艾青来过。" 7 日，"艾青米。" 8 日，"艾青夫妇、陈庆楣夫妇来洗澡。请他们到东来顺晚饭。" 11 日，"到艾青处，适李则蓝

---

① 以下所引胡风书信信息见《胡风全集·9（书信）》，武汉：湖北人民出版社，1999 年。

② 以下所引胡风日记信息见《胡风全集·10（日记）》，武汉：湖北人民出版社，1999 年，第 12～468 页。

来，一道到东安市场小馆吃饭。饭后逛旧书店"。21日，下午"艾青、欧阳山、巴人来"，"与艾青、欧阳山到小馆喝酒后，游了东安市场。"23日，"下午，《解放报》开座谈会，谈工人文艺"，"艾青说，现在说形式如何，未免过早了。"26日，"艾青、王亚平来，一道逛叫做人民市场的摊子，艾青请吃了七个煎鸡蛋。"

5月1日，"艾青夫妇携小孩来。"10日，"艾青来，一定要拖去开文协筹备会，跑去向艺专代我辞去了约定的下午讲演会。"11日，"艾青把他的两篇旧的记事文交来，看了一篇。"15日，"艾青夫妇来，闲谈到六时，一道去吃饭，又一道去看了《马克·吐温历险记》（他们上午来的，午饭在这里吃）。"16日，"下午，艾青来，闲谈他在桂林的恋爱故事。等到周而复来，一道到周处坐了一会，见到周的太太。""和艾青到盛此君处坐了一会。"17日，"艾青约去吃饭，见到田间太太葛文。"18日，"上午艾青来，谈了一会，说我情绪'消极'。""艾青再来，一道到周而复处。周和什之、夏衍、潘汉年等今天动身去上海，一直送到门外。""艾青和葛一虹转来回到这里，坐了一会，艾青先走"。20日，"艾青来取去预支版税。"23日，"艾青来，坐了约一个小时以上，看了《第一片土》。"24日，"先到艾青处碰见李广田"，"回到艾青房里，周扬来了，见到来会周扬的陆万美，听他们谈华东情形，和他们一道吃饭，听他们谈文代会准备情形，和艾青一道出来，到'人民市场'走了一转，请他喝了酒。"

6月1日，"柯中平及艾青等几个人来。"2日，"艾青来坐了一会，对新诗说了抱怨的话。"7日，"袁静、艾青来。"20日，"上午，艾青来，和他一道到文代会。在文代会吃饭后，与丁玲、周文、艾青等闲谈到五时才回来。"25日，"艾青引田间来。"

7月19日，"与丁玲一道到文代会筹委会，她邀去'聊天'，有周文、艾青等在，谈到对茅盾的估计，等。"21日，"与田间、欧阳山、艾青等游东安市场。"

9月12日，"艾青来。"16日，"到艾青房里闲谈，他为明天去杭州的江丰践行，一道到馆子里喝了酒。"

10月4日，"艾青来，谈他的入党经过。"20日，"夜，到艾青处。他和沙可夫约去电影试映。计：1. 一个画家作品的介绍，2. 童话《灰脖鸭》，3.《乌拉尔宝山》，4. 红军歌手在东欧的演唱，5.《米丘林》。"22

日，"下午，艾青来，一道出街，在东安市场小吃。"28日，"五时，参加苏大使馆欢迎苏文化代表团鸡尾酒会。会后，与艾青游东安市场。"31日，"到艾青处，晚饭后归。"

12月26日，"田间约到他那里，和他及艾青夫妇出街吃饭，又喝咖啡。"

1950年

1月14日，"夜，到艾青和丁玲处坐了一会。"19日，"下午，到艾青处。饭后，和他夫妇并约来田间到东安市场喝咖啡。""由艾青转来吕荧寄赠的苏联美术家画片一函。共50人。"24日，"夜，艾青来，闲谈，又到小酒馆喝酒。"25日，"到田间处，又一道到艾青处。在艾青处晚饭，并和他们及丁玲闲谈到十时。"27日，"参加文协常委会，又是评奖作品问题。会后，和丁玲、艾青等看电影《露滴牡丹》。"31日，"约艾青到吉士林，坐了一会，在市场买到小刀和脸谱。"

3月9日，"给艾青信。"29日，"复艾青信，谈《向太阳》的处置。"

4月24日，"得艾青信。"

5月15日，"复艾青。"28日，"艾青、萧殷来。"29日，"夜，保卫和平分会为萧三、艾青设宴。"

6月3日，"夜，文联筹委会，为萧三、艾青开'座谈会'。"

7月21日，"给艾青信"。

12月9日，"艾青约到他那里，和他夫妇、厂民夫妇一道到小馆吃饭。"20日，"丁玲、艾青来。""与艾青、路翎参加中苏友协举办的音乐欣赏会，会后看了舞会。"28日，"下午，艾青约出外吃饭。"

1951年

1月7日，"到艾青处，给他读了《月光曲》。与丁玲、艾青喝酒闲谈。"

4月23日，"上午，艾青来，一道吃饭。"

10月3日，"被丁玲、艾青拉去看纪录片《抗美援朝》。"25日，"艾青约去看越剧《宝莲灯》。"

12月9日，"艾青来，一道到丁玲处，再一道同丁玲夫妇、舒群、李可染等到馆子吃烧鸭。"

1952年

7月19日，"电话约嗣兴在东安市场小馆吃饭。坐下即遇艾青同文怀沙一家来。合在一道吃饭，听他们谈了笑话。"

8月19日，"下午，约艾青一道冷饮。与艾青进小饭馆，门口遇孙维世与金山，一道吃晚饭。"

11月27日，"与艾青在小馆吃晚饭。"

12月16日，"约八时开会。发言者：胡绳、荃麟、田间、艾青、阳翰笙、何其芳、周扬。"

1953年

2月27日，"与艾青在小馆吃饭。"

3月14日，"遇艾青，陈企霞等，被拖去看古董店，又到曲园吃饭。"

9月1日，"下午，丁玲、艾青来。"15日，"艾青、田间、康濯、陈企霞来。"21日，"与艾青、刘开渠在小馆吃饭。"

12月16日，"早上，访荃麟。与艾青一道回来。路翎来。艾青约到小馆吃饭。"

1954年

1月14日，"下午，参加文联主席团扩大会议。参加作协诗歌组讨论会。与荃麟、艾青到小馆吃饭后，又到这里来坐了一会。"

2月5日，"艾青、江丰来。李又然来。在这里吃晚饭。"26日，"艾青同文怀沙来，给看了他的诗稿。"

（三）新近披露的胡风日记里的记载[①]

1937年

11月1日，"得荒煤、艾青信，并诗一首。"18日，复艾青。

12月4日，"上午艾青、田间来，同他们到美专访艾青友人唐君。"5日，上午，"艾青、田间来"。8日，"上午，艾青夫妇来，稍谈即去。"9日，"十时左右，曼宜同静君、宛君姐妹来"，"玩了一会后，同到艾青处。"10日，"艾青、田间来"，"艾青、田间等来约去吃牛肉，未去。"11日，"上午，艾青、田间来，给我看了几首诗，都不可用。"12日，上午，"艾青、田间来"。13日，"不在时，之的及艾青、田间来过。"14日，

---

① 以下所引胡风日记信息据晓风辑校《胡风日记·武汉一年》，《新文学史料》2016年第3期、第4期，2017年第1期。

"晨，艾青、田间来。艾青送来了一篇通讯。"15日，上午，"艾青送画来，不能用，甚感不快。"17日，"上午，田间、艾青来。"午饭后，"田间、艾青、之林来。同M、晓儿、田间、艾青访曼尼及傅氏姐妹，谈到五时出街吃牛肉馆子。"18日，"到艾青处打电话给子民，催他登广告。"19日，"夜，艾青、田间、之林、悄吟来。"24日，夜，"艾青、田间来"。26日，"艾青、田间来，对于三东北作家底态度大为不满。"29日，上午，"艾青同江烽来。"30日，上午，"艾青夫妇来，送来由汉润里带来的信件数件。下午，艾青、江烽来，送来江烽带来的木刻数十幅。"31日，"上午，田间、艾青来，艾青说昨晚为了谈诗，和端木吵起来了。"

1938 年

1月1日，上午，"艾青、田间来。"3日，"未起时，田间、艾青即来。"4日，"晨，田间、艾青同王淑明来。"5日，下午，"艾青、王淑明、田间来。"6日，"上午，艾青、田间来。"7日，"晨，艾青等拿江烽带来的木刻来，选好、编目、装置，合原有的部份，超过了三百幅。"8日，"晨，被艾青等敲醒，跳起来就吩咐买东西，布置会场。共布满上下两室。照料的有江烽、艾青、田间、王淑明、李又然、萧军夫妇、端木、马达、宛君等。"9日，"晨，艾青、田间来后，即到木刻展会场去，观者颇踊跃。"10日，"晨，艾青、田间、李又然来。"12日，"上午，艾青等来，田间来，萧军来。"14日，上午，"端木及艾青来。"15日，上午，"艾青同赖少其来访。"17日，"一整天，和艾青、田间整理座谈会的记录，到夜八时才完毕。"20日，"饭后，艾青、田间、端木来，不久萧军亦来。闲谈到四时左右始去。"22日，上午，"艾青、田间来，适夷来，奚如夫妇及绀弩来。"23日，晚上，"抵家时，艾青、田间在等着看《七月》^①。"24日，"晚，萧军夫妇及端木来。萧军是想去的（按：指去民族革命大学），端木被拖着，结果还是决定他们先去。他们还拖艾青、田间去。"26日，"同艾青、田间到以群处，刘白羽、王余杞已先在，一路到小馆子里吃饭。"27日，上午，"艾青同王春江来，忙着去山西的事。""萧军夫妇、田间、艾青、端木、绀弩都走了，《七月》只剩我一个。我耽心艾青底女人和孩子。"31日，"艾青走的时候，送给我一枚难民证，拿着它过江可以不买票。"

---

① 此处的几则按语，均为本书作者所加。

2月12日，"得萧军信，他们在路上走了八天，而且几乎遇险。"（按：因艾青与萧军等人同行，这里也可认为是包含了相关信息。）27日，"得艾青信，说是'对民大乏味'。"28日，"复艾青快信，托他打听恩底消息。"（按：恩，即胡风的大哥的长子张恩。）

4月9日，"坐不一会，沙雁同中央摄影场的人来，要摄鹿地夫妇的新闻片，于是到鹿地处，吃饭后一道来这里。新闻的场面是献花、说话、走路……。这时艾青来，于是一共摄了一张照片，我们三个同鹿地夫妇也摄了一张。艾青带来了萧红的信，说是有了孕，艾青则说她和端木同居了。"12日，"夜，同M、小孩子到艾青的旅馆，刚坐下警报响了，于是急急跑回。""艾青赠古钱一枚，石刻马一帧，年代都不详。"21日，"晨，艾青来。"22日，"晨起，艾青来，同他一道过江到印刷所校对。到下午四时左右始完毕。"26日，"上午，艾青来，给看了长诗。"30日，"下午同艾青过江到印刷所，因工头不在，不能拼版。到编译室，坐到下午六时始冒雨出来。"

5月1日，"夜，同艾青一道过江到印刷所，校对到十一时过始回来，但还只校好一半。"2日，"上午艾青来，一道校好了余稿。过江到印刷所，校好后已十二时。"5日，"竹如来，托她带去一包稿子给艾青看。"7日，晨，"艾青来。"15日，"上午看稿子，到凡海处，到通志馆打电话，印刷所说要二十日才能拼版，不禁非常地气愤。艾青来，托他到杂志公司去问个究竟。"16日，"晨，艾青夫妇来。"20日，"上午艾青来，同他过江到印刷所校对。到下午四时过才校完。得号外，我空军昨晚到日本大阪一带散发传单，大家非常兴奋。"23日，"上午竹如携小孩子来，送来《七月》一本，这一期的封面特别好。"24日，"上午艾青来，说端木不满意奚如、东平云。"28日，"晨，艾青来，谈了一小时以上始去。"29日，上午，"端木、萧红、冯乃超、鹿地、奚如、辛人、艾青、适夷等来，开座谈会，到五时过。在这里吃晚饭后，闲谈甚久。"

6月4日，"上午，艾青、端木来，谈了将近一小时以上。"6日，"上午到编译室，到印刷所画排版样子。下午约辛人、艾青校对，到七时过始校对完毕。"7日，下午，"到以群处，艾青在那里。"8日，下午，艾青来。8日，上午，"艾青夫妇来"①。17日，上午，"艾青、端木来。"21

---

① 此处日期当有误，整理稿共出现了三个"8日"，此处所引第二个"8日"，当为"10日"。

日，"上午艾青来，谈到他们几个人预备办一诗刊。"30 日，"未起时艾青来，谈了些闲天，说是端木反而揩他们底油，对于他做一部分《七月》的事情加以恶意的嘲笑。"

7 月 1 日，"饭后到凡海处，艾青处，希望艾青能去鲁迅艺术学院。"3 日，"晨起，艾青来。"5 日，"上午艾青来"。7 日，"艾青女孩子'小七月'今天生〔日〕，晚上到那里吃面。"14 日，"艾青来。"26 日，"上午艾青来。"

8 月 22 日，"得艾青信。艾青的教员职业还没有把握，算是糊里糊涂跑去了的。"23 日，复艾青信。

9 月 6 日，"得艾青信及文章。"7 日，"复艾青信。"①

10 月 9 日，给艾青信。11 日，得艾青信。14 日，复艾青。

12 月 4 日，给艾青信。11 日，得艾青信。22 日，得艾青信。

1939 年

1 月 9 日，"得艾青信及稿"。17 日，复艾青。30 日，"家里转来""艾青底信"。

2 月 18 日，"得艾青诗集《北方》。"

3 月 10 日，得艾青信。复艾青。17 日，得艾青信。

4 月 3 日，"报告《七月》事"给艾青等人。12 日，复艾青。13 日，"下午，番草同五路军政治部副主任韦君来，带来了艾青底信及稿。"18 日，得艾青信。

5 月 4 日，复艾青。23 日，复艾青，"校好艾青底《向太阳》"。

6 月 25 日，下午，给艾青。

7 月 9 日，复艾青。

8 月 18 日，"得竹如信，说艾青要和她离婚，已经和一个从前的女学生同居了。"23 日，得艾青信。24 日，复艾青。29 日，复张竹如。

9 月 9 日，得艾青信。

10 月 11 日，"这些时积存的来信"，有艾青等人的。

11 月 2 日，复艾青。3 日，得艾青信。

12 月 7 日，复艾青。22 日，得艾青信。

---

① 以下所引胡风日记信息据晓风辑注《胡风日记（1938.9.29－1941.8.27）》，陈思和王德威主编《史料与阐释》第 6 期，上海：复旦大学出版社，2019 年，第 147～190 页。

1940 年

1 月 5 日，得艾青信。23 日，复艾青。

2 月 16 日，"得 M 信并转来绀弩、艾青信。"22 日，复艾青。

3 月 18 日，得艾青信。29 日，得艾青信。

4 月 20 日，得艾青信。26 日，复艾青。

5 月 25 日，"得艾青信，他将来重庆。"

6 月 12 日，"到文协，遇艾青夫妇。一道到中苏文协吃茶，还有沙汀、以群。"13 日，"同艾青夫妇、以群晚饭。"16 日，"晨，艾青来。"17 日，"晨，同艾青夫妇乘船回北碚。把他们送进旅馆后回家。"18 日，"艾青夫妇、以群来，晚饭后去。"22 日，"晨，艾青、以群来。午饭后去。"30 日，"艾青、以群来，宿于这里。"

7 月 15 日，"艾青夫妇来。"20 日，"得艾青信，要抽出《向太阳》，即复。"

8 月 16 日，得艾青信。

10 月 5 日，"警报，艾青夫妇来。"

11 月 16 日，"上午，同艾青夫妇到经济部合作社买日用品，请他们吃午饭。"

12 月 19 日，给艾青信。

1941 年

1 月 2 日，"同艾青夫妇看画展。"14 日，给艾青信。

第 五 辑

期刊研究一度是学术热点，一时之间，新成果不断涌现，但目前似有某种学术疲劳之势，尤其是对现代阶段的期刊的研究。近年来，有学者提到应重视地方性或边缘性报刊，便是这种学术态势的反映——经过数代学人的持续工作，文化事业发达地区的或与重要作家相关的报刊已得到反复检索，成果丰富，报刊文献的开掘空间也日益狭窄；但地方性或边缘性的报刊还具有相当大的开掘空间，俨然成为作家文献辑佚非常重要的来源。

选本方面的话题也值得注意。鲁迅曾言，"选本所显示的，往往并非作者的特色，倒是选者的眼光"，回到具体历史语境，顺着作者的"眼光"，往往能探究出其间复杂的历史纠葛。

本辑所讨论的《南开高中学生》是校园刊物，传播面不宽，一般人士所知不详；《火线下》是抗战爆发之后出现的，为期较短，属边缘性报刊，其中包含了初期西南联大（国立长沙临时大学时期）的政治文化语境方面的诸多信息。对闻一多编选的《现代诗钞》的辩诘，旨在揭示相关文化人士的诗学行为与理念。或因文献参读有限，或因文献被遮蔽（未得到系统整理），或因其他一些原因，即便是知名人物的研究往往也会有可深入之处，此即例证也。

《南开高中学生》与穆旦的成长

诗人穆旦是近二十年来的研究热点，其生平资料已得到学界的多方发掘。尽管如此，穆旦的生平经历之中仍有不少晦暗不清之处，在南开中学时期的经历是其中之一。

1929 年秋穆旦进入南开中学，一直到 1935 年 6 月毕业，共 6 年。目前关于穆旦在南开中学时期的材料，较早的有《诗人穆旦早年在天津的新诗创作》[①]，对穆旦南开中学时期发表的作品进行了评述，但对刊物本身的信息指涉不多。之后则有《穆旦诗全集》、《穆旦诗文集》[②] 以及《穆旦年谱》[③]。前两者均由李方先生编选，录入了穆旦此一时期的作品；后者则摘选当时存留下来的一个毕业纪念册以及若干回忆性的资料，对相关背景性的材料多有发掘。但现在看来，还是有可待深入之处，比如穆旦作品发表与刊物的相关情况，穆旦诗文的校勘情况等。《穆旦诗文集》将当时的校园刊物称为《南开高中生》，实际上应是《南开高中学生》，这个刊物对穆旦的写作与成长应是多有助益。而《穆旦诗文集》的编者在录入作品时，在期刊信息、发表时间、文字等方面，与原刊有一些出入，这也是有待校正的。

《南开高中学生》的大致情况

南开中学是现代名校，其资料多有整理，比较全面的有《解放前南开

---

① 殷之、夏家善：《诗人穆旦早年在天津的新诗创作》，杜运燮等编《一个民族已经起来》，南京：江苏人民出版社，1987 年，第 100~107 页。
② 李方编《穆旦诗全集》，北京：中国文学出版社，1996 年；《穆旦诗文集》（两卷本），北京：人民文学出版社，2006 年。
③ 易彬：《穆旦年谱》，北京：中国社会科学出版社，2010 年。

中学的教育》①、被列入"中国名校丛书"的《天津市南开中学》② 等书；新闻出版方面则有崔国良、张世甲主编的《南开新闻出版史料（1909—1999）》③。综合后一种新闻出版史料的信息以及《南开高中学生》刊物本身来看，《南开高中学生》初名《南开高中半月刊》，现存两册，均藏于清华大学图书馆。1933 年 11 月 10 日，更名为《南开高中学生》出版第 1 卷第 1 期，其启事提到，"本刊原定本学期共出六期，现因迟延，故改出五期，每十日集稿一次"④，1933 年 11 月 27 日出版第 1 卷第 2 期，1933 年12 月 11 日出版第 1 卷第 3 期，可见起初出版期数并不固定。

自 1934 年春起，大致每月出版 1 期，称为月刊，但假期并不出版，实际上可算是出春、秋两期，各为 3 卷。1935 年第 1 期，在干事会的提议下，刊物开始统一期数，以此为第 1 期，之后按次序出版，期数固定。大致从南开高中建校 30 周年特刊（1934 年 10 月 17 日）之后，封面改为《南开高中》，但扉页依然是《南开高中学生》；从 1935 年 4～6 月的第 1～3 期，封面扉页逐渐统一改为《南开高中》。

《南开高中学生》由南开高中学生出版干事会办，在河北邮政局挂号为新闻纸类，内政部登记证警字第 4091 号。作为中学校园刊物，刊物页码比较随意，到 1935 年第 6 期止，页码最少只有 46 页，最多则有 122 页。这显然是随着稿源情况而变动的。根据刊物所载信息，每年南开高中部均会成立学生自治会，在高中各班设立干事会，并设有健康、游艺、合作、平教、庶务、出版、纪律、学术干事，各班干事之上设有总干事会。《南开高中学生》就是由其中的出版干事会负责的，从第 1 卷第 2 期开始，设立了辅导股，即聘请当时任教的老师作辅导，最初列有关健南、曹京实、陆善忱、李尧林、唐明善、唐炳亮、张子圣、杨叙才、孟志荪诸位先生⑤，之后则有增删，1934 年新列了韩叔信，1935 年之后，又增加了何其芳、高

---

① 杨志行等编《解放前南开中学的教育》，天津：天津教育出版社，1989 年。

② 天津市南开中学编《天津市南开中学》，北京：人民教育出版社，1999 年。

③ 崔国良、张世甲主编《南开新闻出版史料（1909—1999）》，天津：南开大学出版社，1999 年。按：从所查阅的《南开高中学生》来看，该书的相关记载有不少误差。

④ 第 1 卷第 4、5 期合刊的"编后"记："下学期第一卷第六期在开学的两周后出版，仍有本届编辑负责，待第二卷则有新负责人去负责了。"但是南开图书馆并没有收藏该卷第 6 期，到底有没有出版暂时只能存疑。

⑤ 《南开高中半月刊》时期，所列辅导教师还包括喻传鉴、陈志云、黄肇年、童仰之等人，但从《南开高中学生》的相关情况看，他们参与很少。

远公两位先生，辅导老师之中既包括教务主任，也有国文教员、英文教员、辅导先生、公民教员、社会教员等。从"编后"等处的只言片语来看，时为社会作业委员会主任干事的陆善忱比较多地参与了刊物的操作。而从后来学生们的回忆文章看，英文教师、巴金的三哥李尧林和国文教师孟志荪等人显然给学生留下了更深的印象。

据称，"学生办报刊，或师生合作办报刊，是南开学校培养学生能力的一个重要措施，被认为是不设新闻系的新闻专业"，南开学校校长张伯苓先生即决定："报刊的职员采取轮换制，每届学生的主要负责人负责一个学期，主要职员由作文比赛的第一名学生充任。"① 此观点虽是针对南开早期的报刊说的，但看起来是南开教育的一个重要传统。《南开高中学生》的出版即承继了这样的传统，新学期伊始，出版干事长基本上都会更换，干事会职员也会有相当部分变动。

尽管如此，《南开高中学生》栏目的基本设置还是保持了相对稳定性，主要栏目有论著、文艺、杂俎、校闻等。论著栏偏向于发表师生对时局、学科、政治、文化等问题的评论；文艺栏设有小说、诗歌、散文，后添加了话剧②；杂俎栏有短评、游记、轶闻等；校闻栏记载了学校发生的大小事情、校历、出校学生信息、新老师简介、课程安排、每年报到人数等零碎新闻。第1卷第3期（1933年12月11日）开始专设了学艺竞赛栏，刊有中英文翻译、算学问题、自然科学问题等，调动学生的积极性参与翻译、计算、解答，并在下一期刊出最优者。从这里，不难看出刊物内容的驳杂，可称得上一个综合性的刊物。

综合编者语、编后来看，有时是"稿荒"，有时则是稿多，不能完全登载。而就实际出版的刊物来看，应该说总体质量还是达到了相当水准。比如第1卷第1期（1933年11月10日）上张近桢的《我国儿童文学最近的检讨》一文从儿童文学内涵的解剖、我国儿童文学史的观察、现代儿童文学的需要及应有的认识三个方面展开论述。有意味的是，此文随后即引起争鸣，第1卷第2期（1933年11月27日）上有署名丹东的《〈我国儿童文学最近的检讨〉的检讨》以及张近桢的《答丹东君》。张近桢当时任

---

① 崔国良：《前言》，崔国良、张世甲主编《南开新闻出版史料（1909－1999）》，第8页。

② 话剧在南开中学的校史上是可以浓重书写一笔的，除了培育出曹禺（1928年毕业）这一现代文学史上最重要的话剧家外，其"新剧"运动的开展也颇有特色。

出版会副干事长，可能其收到这篇批评文章后，自己又写了回应文章。这些文章都是条分缕析，有理有据，显示了较强的文字能力和思维能力。不过可惜的是，张近桢在毕业半年后死于战争，1934 年（秋季）第 2 期（1934 年 11 月 23 日）有篇《忆张近桢君》，对这位有为青年做了追忆和悼念。

刊物由学生所办，经费哪里来的呢？大致源于广告费和出版费。刊物上明确列有价目表，卖给本校、校外、港台的费用各不相同，刊登广告的价目表也附在上面。看来，向社会寻求经费的做法对南开学子而言是司空见惯的事情，1935 年 6 月，穆旦所在一级毕业时，印制了一本相当漂亮而考究的毕业纪念册，其纸张类似于今天的铜版纸，其经费也是全赖广告，包括金城银行、中国旅行社（天津）、中华书局等机构。

《南开高中学生》的干事与作者阵营

《南开高中学生》由高中部学生自治会之下的出版干事会具体负责，下表为刊物各卷的主要负责人。

刊物期号	负责人
第 1 卷第 1～5 期	干事长：裴元玲（正）、张近桢（副）；总编辑：裴元玲
1934 年春第 1～2 期	干事长：董庶（正）、杨克勤（副）；总编辑：董庶
1934 年春第 3 期	干事长：杨克勤（正）、刘葆楹（副）；总编辑：杨克勤
南开高中三十周年纪念特刊、（1934 年秋）第 2～3 期	干事长：陈恺（正）、周珏良（副）；总编辑：陈恺
（1935 年）第 1～2 期①	干事长：周珏良（正）、张炳元（副）；总编辑：周珏良
（1935 年）第 3 期	干事长：周珏良（正）、张炳元（副）；总编辑：张炳元
（1935 年）第 4～6 期	干事长：刘嘉谟（正）、房德奎（副）；总编辑：刘嘉谟
（1936 年）第 7～10 期	干事长：张茂鹏（正）、孙振鹗（副）；总编辑：张茂鹏
（1936 年）第 11 期②	干事长：丁原骧（正）、张廷骧（副）；总编辑：丁原骧

一般而言，干事长兼总编辑、副干事长兼文艺栏负责人，任职为一个

---

① 从本期开始，刊名定为《南开高中》。
② 南开大学图书馆所藏《南开高中学生》到 1936 年 11 月止，但根据前引崔书的检索目录，其他地方藏有第 12、13 期以及 1937 年的刊物，有兴趣的读者可以继续查阅。

学期，但也会有小的变动，比如因为个人身体方面的原因，1934 年春第 2 期之后，穆旦的好友董庶退出了干事会（见第 2 期"编后"）。需要说明的是，表中有年份用（）来标注，如"（1934 年秋）"，是因为刊物并未每一期都明确标明了年份，如 1934 年上半年所出各期，均标有"二十三年春"，下半年所出各期却又没有标注。

与穆旦同届但不同班的周珏良在回忆中谈道：穆旦是"写稿人的两大台柱之一，主要写诗，也写散文……每到集稿时，篇幅不够，我总是找他救急，而他总是热心帮助，如期拿出稿子来。"[①] 1933 年第 1 卷第 1 期到 1935 年 6 月第 3 期，《南开高中学生》共出版 13 期，穆旦发表 8 次，包括诗歌 9 首、文章 3 篇，"台柱子"的说法应该没错。而从穆旦作品所署日期来看，多和刊物出版的时间很接近，如 1935 年第 3 期所载《哀国难》一诗，署 1935 年 6 月 13 日写作，刊物出版时间为 6 月 21 日，因此"救急"一事也是确定无疑的。

但另一位同学赵清华（笔名赵照）称，穆旦、周珏良以及他本人都曾担任刊物的总编辑，为期一个学期，穆旦担任主编是在高三的下学期[②]，此事则有待进一步探究。《南开高中学生》每期都有出版干事职责分配表，包括干事长、书记、干事、编辑部、经理股以及前述各个栏目的负责人，从这里所列名单来看，穆旦并不在其中。赵清华的名字出现在《南开高中半月刊》第 1 卷第 1 期（1933 年 6 月 5 日）的文艺栏中，文艺栏主任为卢毓英。在回忆穆旦的文章中经常被提及的同班同学董庶，先是在《南开高中学生》第 1 卷第 1 期（1933 年 11 月 10 日）的文艺栏中出现，到 1934 年春第 1 期（1934 年 4 月 6 日）时，又出任出版干事长、编辑股总编辑，这实际上是负责整个刊物的统筹出版。尽管董庶很快就因为个人身体原因退出了干事会，但他在当时的同学之中应该是一个领袖式人物，从第 1 卷第 3 期（1933 年 12 月 11 日）开始，发表约为 10 次，也可归入周珏良所谓"台柱"式人物。再往下，1935 年，穆旦这一级毕业的时候，同学自行编辑出版的那册《南开中学 1935 班毕业纪念册》，《级史》亦是出自董庶

---

① 转引自李方《穆旦（查良铮）年谱》，穆旦：《穆旦诗文集·2》，北京：人民文学出版社，2006 年，第 348 页。

② 赵清华：《忆良铮》，杜运燮等编《丰富和丰富的痛苦》，北京：北京师范大学出版社，1997 年，第 194 页。

之手。周珏良也是《南开高中学生》的深度参与者，"30 周年纪念特刊"出版的时候（1934 年 10 月 17 日），周珏良出任出版干事会副干事长，文艺栏主任，并负责经理股；到（1935 年）第 1 期（1935 年 4 月 21 日）时，开始出任干事长、总编辑，和一年前董庶的身份相当。

综合刊物信息来看，穆旦确是救了刊物不少急，与同学们就刊物编辑之事可能也多有交流，但应该没有直接担任刊物的编辑。不过，从"30 周年纪念特刊"所列"二十三年秋　南开高中部学生自治会名单"来看，穆旦曾担任高三 2 组主席，赵清华回忆认为穆旦曾担任刊物的主编，可能就是将这两个职务混淆在一起了。

而从刊物所列"出版干事职责分配表"来看，除了极少数名字出现在一些回忆文章之中外①，其他的均已湮没无闻。这一状况，对一个中学校园文学刊物来说，应该说是很正常的。刊物的作者阵营，多半也是这种状况。穆旦作品的发表情况下文将会具体涉及，前面提到的董庶、周珏良、赵清华（赵照）都可算是刊物的主要作者。董庶所发表的体裁包括发刊辞、散文、诗歌、小说、独幕剧以及学校集会、老师演讲内容的整理等，主要有第 1 卷第 3 期的文章《数的进化》，第 1 卷第 4、5 期合刊的文章《互助与独立》，1934 年春第 1 期的《发刊辞》、散文《留在脑海里的几片断》以及《诗三首》（《监狱里》《时间》《我骗了你了——父亲!》），1934 年春第 2 期的小说《七十八岁》，1934 年秋第 2 期的独幕剧《中山路》，1934 年秋第 3 期的论文《诗经六十篇之文学评鉴》，等等。周珏良所发表的多半是翻译之作，如第 1 卷第 3 期的《裁军停顿——悲观的日内瓦》、1934 年秋第 2 期《Quaker 的提琴》（独幕剧）、1935 年第 1 期的《信号》，此外，1934 年春第 1 期有论文《论胡适之先生公开荐举议》。赵清华以赵照为笔名发表了多种体裁的作品，如 1934 年春第 1 期的小说《恋爱大纲》、1934 年春第 2 期的短评《禁书问题》、1934 年秋第 3 期的散文《贫穷线上的葬曲》、1935 年第 1 期的译文《内幕》以及 1935 年第 2 期的文章《掘煤人们的故事》，等等。上面的这些文章，均是依据作者的本名以及能够查证的笔名，从当时学生的发表来看，不少都是用笔名，这几位是否也

---

①　如曾参与校闻栏、经理股的陈正华出现在赵清华的回忆之中，赵清华称李尧林的课深受穆旦、申泮文、董言声、陈正华等人的喜爱，见《忆良铮》，杜运燮等编《丰富和丰富的痛苦》，第 193 页。

还有这种情况，那就不得而知了。

刊物几乎每期都刊登老师的文章，总数近30篇，任该刊物辅导老师如陆善忱、关健南、孟志荪、韩叔信等人都有多篇，陆善忱尤多。陆、关二人偏向于发表关于时局的文章，如第1卷第4、5期合刊（1934年1月15日）两人合著的《团结与民族存亡》，1934年春第3期陆善忱的《河北省新生活运动成立大会校长演说纪要》等。其他有关于经济的，如唐炳亮于第1卷第4、5期合刊著文《从放任经济到统制经济》；关于文艺的，第1卷第4、5期合刊有韩叔信的《伏羲与黄帝的传说》，1935年第2期有国文教员赖天缦的《王维的诗》，1935年第3期有叶石甫的《陶诗中的野趣》；第1卷第4、5期合刊还有李尧林翻译的一篇《广告术》等，不一而足。南开中学举行集会或一些大型活动时，校长张伯苓或学校老师的演讲也被学生整理刊印出来，从中可以窥见穆旦就读期间南开中学的校园氛围。

学生当中，璞君也可算是主要的作者，主要作品有第1卷第1期的《华盛顿的持身律》、第1卷第4、5期合刊上的《哀祖母》《心语》，1934年春第2期的《五四运动》、1934年春第3期的《老残游记的作者——刘铁云》以及一些题为《诗屑》的补白，1934年秋第2期的《想写就写》，1935年第1期的《西北行》，此外，《南开中学1935班毕业纪念册》上亦有璞君的小说《丽娜》。其他的，《未央歌》的作者鹿桥也是作者之一，鹿桥本名吴讷孙（1919～2002），1931年转学到南开中学，1936年毕业，第1卷第4、5期合刊上有他的《那一本故事书》，1934年春第3期有《从日军在津打靶说起》，1935年第8期还有《月光里》。后来的著名红学家周汝昌（1918年生于天津）也曾担任出版干事会杂俎栏干事，并在1936年第6期、第9期发表《读词杂记》等文章，这些情况，就不一一说明了。

《南开高中学生》与穆旦

尽管《南开高中学生》的干事与作者多半是无名作者，但这一校园刊物以及由此所形成的氛围对穆旦写作的激发还是显而易见的。前面提到董庶的影响，穆旦后来也曾谈道："董庶对我的影响最大，引起我对文学的爱好，他借给我书和文学杂志看，并鼓励我写作。"①

校园环境、课堂教育、刊物氛围对穆旦的思维与写作也是多有推动，比如穆旦对《诗经》的讨论应该就是课堂教育的延续，比穆旦高一级、于1928～1934年就读于南开中学的韦君宜即曾回忆孟志荪先生的国文讲授："他以讲中国诗史为线索，从诗经楚辞直讲到宋词，每一单元都选名作品来讲。还教我们买参考书，其中我记得最清楚的是讲诗经楚辞的那一阶段，孟先生用王实甫《西厢记》中的句子，来为诗经作注脚，他用'下功夫把头颅挣'来形容'手如柔荑，肤如凝脂……'一章。他让我们去读顾颉刚先生在'古史辨'里发表的文章，力辟毛诗大序小序和朱注的荒唐，告诉我们关雎、静女……以至山鬼、湘君、湘夫人，其实都是情诗。这些，从又一方面打开了我的眼界。""读书的习惯，使用文字的基本功，可以说全是六年来南开教给我的。"② 穆旦班上的情形无从复现，但孟志荪先生为穆旦一班讲过"古代文学"课程③，（1934年秋）第3期（1935年1月15日）与穆旦的长文《诗经六十篇之文学评鉴》同时刊出的，是董庶的同名文章——文章题目之后有"此文承孟志荪先生指正，特此志谢"的字样，可以设想，对《诗经》的讨论可能是某一次课堂作业，而穆旦将"情感"作为理解《诗经》的开门之匙——文章开篇即提出"文学何以发生？"这样一个"很有趣味的问题"，在综合了《毛诗大序》和朱熹的观点后，提出"先是有感于中，而后发之于情，把这种感觉写成文字，表现出来，就是文学的起始了"。这样的观念与孟志荪先生对《诗经》之"情"的强调，显然有着某种关联。

刊物对时局多有关注，如第1卷第1期（1933年11月10日）有《中国农村经济的崩溃与复兴》《中日两国民族性的比较》，第1卷第2期（1933年11月27日）有《"伪国"与日本经济问题》，第1卷第3期（1933年12月11日）有《第二次世界大战与我们应有的准备》《豫省之浩劫》，第1卷第4、5期合刊有《团结与民族存亡》等；再往下，在刊物

---

① 据南开大学档案馆馆藏查良铮档案之《历史思想自传》（1955年10月）。
② 韦君宜：《南开教我学文学》，《解放前南开中学的教育》，第107～108页。按：韦君宜就读于南开女中，与穆旦所在的男子中学的情况虽不尽相同，但孟志荪亦曾为穆旦所在班级讲授国文课程，情况可类推。
③ 赵清华：《忆良铮》，杜运燮等编《丰富和丰富的痛苦》，第193页。

所发表的诸文章及编者的话之中，根据当时时局发表的言论，多次强调爱
国，抵制日货，号召大家采取实际行动。比如，1934 年春季第 1 期（1934
年 4 月 6 日），董庶所写的发刊辞之中即有"外患紧迫，东北四省失掉了，
说话的自由，呼声的微弱"等字眼。1934 年春季第 2 期（1934 年 5 月 4
日）的"编后"针对同学来信提及的纸张问题解释道："因为这学期我们
的经费的特别困难的缘故，所以第一期用了西洋报纸，并且这一期也因仓
卒的关系，仍旧没改。如果可能的话，下期准备改用国货。"同时，该期
还有对五四的纪念：

> 今天是"五四"纪念日，我诚恳地希望同学们都默默地想一想：
> "五四"时候，中国是什么情形？列强对中国是采取什么手段？学生
> 运动是什么情形？那时政府当局对付学生运动是抱着什么样的态度？
> 然后再拿目前的各方面的情形来比较一下。"读书不忘救国"，我们极
> 力赞同。"读书就是救国"，我们则至死反对。

《南开中学 1935 班毕业纪念册》上刊载的穆旦的《谈"读书"》一文
的前半段，也对教育当局的"读书救国"论发表了看法。到 1934 年秋第 3
期（1935 年 1 月 15 日）上有署名"学生主席委员会"的《中国人用中国
货》一文，并有编者所作编后文章《也算送旧迎新》，其中这样写道：

> 去年是妇女国货年，据海关报告，入口的花边和脂粉，价值三百
> 万元。就这一点上看，实在是妇女界的耻辱。
> 今年是学生国货年，学生是年青人，有智识有生气有活力而愿为
> 国家效力的份，让我们作一点真实的成绩给她们瞧瞧。

这样的声音与姿态，在穆旦当时的生活与写作中多有反映，穆旦胞妹
查良铃曾有回忆："抵制日货时，他就不允许母亲买海带、海蜇皮（当时
都是日本进口的），要是买来，他不但一口不吃，后来还把它倒掉。"[1] 而
如 1935 年第 3 期（1935 年 6 月 21 日）所载《哀国难》等诗所显示，穆旦

---

① 查良铃：《怀念良铮哥哥》，杜运燮等编《一个民族已经起来》，第 146 页。

对"国难"这样的现实问题是非常忧切的。

经过这番梳理可以看出，穆旦的思想观念及其写作与以《南开高中学生》为代表的南开中学的总体环境下实际上具有一种同源共生的密切关系。由于发表了较多的作品，穆旦在南开校园之内已是小有名气，这从一个细节可以看出，1934 年秋第 2 期（1934 年 11 月 23 日）有一则"编辑后记"，在对该期文章做了简短评论之后，最后写道："董庶君写的文章和良铮君的诗，是大家熟知的，用不着介绍了。"①

此外，或可一提的是，除了《南开高中学生》外，在穆旦的在校学习期内，还另有《南中学生》《南开双周》等刊物，初看之下似乎也可能有穆旦的作品，但经翻阅，并没有发现。可以说，这几个刊物虽同属南开，但刊物性质和作者群体还是有比较大的差异。

《南开高中学生》所载穆旦作品情况之说明

《南开高中学生》共刊载穆旦诗歌 9 首，文章 3 篇，下表为刊物信息以及穆旦作品的具体发表时间与署名信息。

期号	出版时间	页数	穆旦作品（署名）
第 1 卷第 1 期	1933 年 11 月 10 日	78 页	无
第 1 卷第 2 期	1933 年 11 月 27 日	72 页	无
第 1 卷第 3 期	1933 年 12 月 11 日	65 页	无
第 1 卷第 4、5 期合刊	1934 年 1 月 5 日	122 页	《梦》（穆旦）
1934 年春第 1 期	1934 年 4 月 6 日	98 页	《事业与努力》（查良铮）
1934 年春第 2 期	1934 年 5 月 4 日	78 页	《流浪人》（良铮）；《亚洲弱小民族及其独立运动——印度，朝鲜及安南——》（查良铮）
1934 年春第 3 期	1934 年 6 月 15 日	118 页	《诗三首》（《夏夜》《神秘》《两个世界》，查良铮）
南开高中三十周年纪念特刊	1934 年 10 月 17 日	116 页	《一个老木匠》（良铮）
（1934 年秋）第 2 期	1934 年 11 月 23 日	104 页	《前夕》《冬夜》（良铮）

---

① 这一点，也可以得到穆旦同学申泮文的确认，参见易彬《穆旦的中学毕业时的纪念册》，《新文学史料》2007 年 2 期。

续表

期号	出版时间	页数	穆旦作品（署名）
（1934年秋）第3期	1935年1月15日	102页	《诗经六十篇之文学评鉴》（查良铮）
（1935年）第1期	1935年4月21日	74页	无
（1935年）第2期	1935年5月29日	102页	无
（1935年）第3期	1935年6月21日	72页	《哀国难》（良铮）

这12篇诗文再加上1935年毕业前后在《南开中学1935班毕业纪念册》上所发表的《谈"读书"》，这13篇诗文就是现今所能找到的穆旦当时的诗文了。不过，实际的写作量应该更大，据穆旦本人后来的自述，当时除了写诗外，还写过小说①，但小说至今还没有发现。

穆旦中学时期发表的这些作品后来从未收到穆旦个人编选的任何一部诗集。从常理来看，不同版本间不存在异文的现象，但比照这些初刊本与收录穆旦诗歌最为齐全的《穆旦诗文集》，却可以发现除了《神秘》和《前夕》外，其余各诗均有异文②，总共有40余处，包括文字、标点、排版等方面，其中如《梦》，异文多达十数处。各处异文均是细小的变动，看起来，似乎只有极个别的例子可视为《穆旦诗文集》的编者对原刊所存在的错漏的订正，如《哀国难》的"野草柔顺地依附在我脚边"一行，初刊本"野草"作"野卓"，"卓"应为"草"字排印之误，可从改。绝大多数则是誊录过程中未加仔细校对而产生的，典型的如脱字或衍字，更多的是字词的更动。如《哀国难》"可是飞鸟过来也得惊呼："一行，《穆旦诗文集》即在"飞鸟"之后衍出一个"飞"字。《梦》第1段"过后明白了，那不过是梦而已"一句，"过"后即衍出一个"去"字；第2段"怎样的美妙或是怎样的险恶"一句，则脱了"或"字之后的"是"字；"如果你常安适地过活，最好也要尝些劳苦的滋味"一句，即脱落"劳"字。又如《两个世界》，"美丽可以使她样喜欢和发狂"一行即有三处异文，"样"之后衍出"子"字，"喜欢"作"欢喜"，行末衍出一个"，"。凡此，不一而足。尽管这些细微的变动基本上并不妨碍阅读和理解，但从文献整理的角度看，严格说来，这些都是不当的行为。

---

① 据南开大学档案馆馆藏查良铮档案之《历史思想自传》（1955年10月）。

② 穆旦所发表的几篇文章的异文情况暂未详细统计。又，本文是依据2006年版《穆旦诗文集》所进行的讨论，在后两版《穆旦诗文集》中，这里所谈到的一些错漏已经予以订立。

　　另一种需要核对的则是刊物的具体期号。前面提到，从一开始，刊物的出版日期就没有固定下来，1934 年春之后，刊物改为月刊，但由于学校考试、时局动乱等原因，也并非每月固定出版，刊物延迟出版的情况很多，刊物的"编余""编者的话"对此种情状都有说明，如（1934 年秋）第 3 期有"启事"："因同学的功课很多，没有时间写稿，故出版较迟。"也是这一期，刊载了穆旦的《诗经六十篇之文学评鉴》一文，《穆旦诗文集》注明刊载于"1935 年秋季第 3 期"，实际上，当期刊物出版于 1935 年 1 月 15 日，这样一来，"第三期"认定为"1935 年秋季第 3 期"就不妥了，应该是 1934 年秋第 3 期因故未能及时出版，而延迟到 1935 年初出版。而《诗经六十篇之文学评鉴》一文末尾署"十二月十日晚记"，也印证了前文所谓穆旦为刊物救急的情形。

　　而如前文所提到的，新学期伊始，出版干事会职员就会有所变动，这种人事上的变动以及其他一些现实因素，既造成了刊物的出版期数上的混乱景状，也直接影响到后人对刊物期号的认定。与此同时，也会影响到对部分作品写作时间的认定，如《梦》（现列入《穆旦诗文集》的文卷，实际上也可以视为散文诗），《穆旦诗文集·2》版署为"1934 年秋季第 4、5 合期"。其写作时间一般就会依据诗末所署"十六、十二月晚"认定为 1934 年底的作品，《穆旦诗文集》即将它排在《诗经六十篇之文学评鉴》等四篇文章之后。实际上，当期《南开高中学生》为 1934 年 1 月 5 日出版，期号应该不是"1934 年秋季第 4、5 合期"，而是第 1 卷第 4、5 期合刊，这样一来，此诗的写作时间当在 1933 年 12 月 16 日晚。此外，还有一个值得注意的问题：穆旦当时所发表的作品，要么署本名"查良铮"，要么署"良铮"，《梦》是当时首次、也是唯一一次署名"穆旦"的作品，但为什么接下来又重新署本名，这就只能说是一个谜了。

　　（本文与乔红合作，曾刊载于《诗探索·理论卷》2013 年第 1 辑）

《火线下》与初期西南联大的政治文化环境

　　抗战烽火燃起，平津等地的文化力量不得不向内地迁徙，湖南省会长沙一时之间成为集散之地。最重要的事件当属 1937 年 9 月，国立北京大学、清华大学和私立南开大学合并成国立长沙临时大学（以下简称长沙临大）。因战局纷乱，1938 年 2 月，学校又不得不西迁昆明，即后来名彪史册的国立西南联合大学（一般简称西南联大）。在目前西南联大的校史叙述中，长沙阶段往往都比较简略，也没有出现《西南联大在蒙自》①《西南联大在叙永》② 这样专题性的载记联大分校的书籍。究其原因，实存时间较短、相关资料较为零散无疑是最为关键。

　　但从情感和心态层面来看，这短短几个月之内的资料恰恰应该是最具特殊效应的。"稽之往史，我民族若不能立足于中原、偏安江表，称曰南渡。南渡之人，未有能北返者。晋人南渡，其一例也；宋人南渡，其例二也；明人南渡，其例三也。风景不殊，晋人之深悲；还我河山，宋人之虚愿。"冯友兰先生在西南联大结束之际的这段表述③，显然道出了战争初期从平津等地仓促（惶）逃至长沙的一批中年文化人内心的现实感怀与历史忧虑。在年轻学子那里，在传媒报刊那里，异族入侵、民族战争爆发，同样会留下巨大的波澜。基于这样的视角，细致搜罗之下可发现，文献虽是比较零散，但总量其实还是比较大的。从目前已出版的多部西南联大文献专集来看，来源大致包括两个层面，一个是学校的档案、校史材料，另一

---

① 蒙自师范高等专科学校、蒙自县文化局、蒙自南湖诗社编，云南民族出版社，1994 年。

② 为《叙永县文史资料选辑第 13 辑》，中国人民政治协商会议四川省叙永县委员会文史资料委员会编，1990 年。

③ 冯友兰：《国立西南联合大学简史》，西南联大《除夕周刊》主编《联大八年》，1946 年，第 2 页。按：原文未标点，且日后以《国立西南联合大学纪念碑碑文》之名传世。

个是师生们的文字（当时写下或发表的、后来追述的）。相较之下，当年报刊材料（传媒视角）的发掘就显得很不充分，至少在前述两种联大分校专集之中，除了当时发表的作品（不少是选自后出的集子）外，基本上没有当年的报刊材料，缺乏足够的历史质感。实际上，单就长沙临大时期而言，长沙本土的报刊之中，目前能够查证的就有十多种，包括湖南《大公报》、长沙《力报》、《民国日报》、《长沙公报》等，报刊资料的发掘无疑还具有较大的空间。①

本文旨在以和长沙临大关系紧密的《火线下》三日刊为核心展开讨论。从时间上看，《火线下》实存两月有余，即1937年11月12日到1938年1月15日，与临大有很大的重叠；从主创人员看，《火线下》由黎澍、杨赓（隆誉）、唐文爕等人编辑②，杨隆誉、王德昭（另有笔名丁主）、李恭贻等主要撰稿人均是临大的高年级学生。③从刊物内容看，联大相关的文章有数十篇之多，除了主笔们的文字外，也有曾昭抡、穆旦等人的文字。这样一个以临大学生为主体的三日刊，无疑为认识西南联大初期——长沙临大的政治文化环境提供了诸多便利因素。而且，有意味的是，尽管国内的研究者们（也包括湖南地方志编撰者）对《火线下》的刊物信息不甚了然④，但多少有些出人意料的是，该刊比较早就进入了美国学者、西南联大研究专家易社强的视野，其著作《战争与革命中的西南联大》多次引述该刊资料，《火线下》主笔、原北大历史系学生王德昭的逃难经历，在"从北平到长沙"一节里更是得到了非常生动的描述。⑤其资料线索与讨论视野，对本文的形成亦有重要的启发作用。

---

① 《火线下》所刊广告，有"介绍抗战期中长沙的优良报纸期刊"的版块，综合之，有日报《力报》《大众报》《全民日报》《观察日报》等；期刊则有《战时文化》《现阶段》《文艺阵地》《前进》《民族呼声联合周刊》《生力》《前哨》《解放线》《楚风》《现实》等。

② 刊物上未署编者信息，现据黎澍《记湖南〈观察日报〉》，黎维新、周德辉主编《长沙文化城：抗战初期长沙抗日救亡文化运动实录》，长沙：湖南出版社，1995年，第172页。按：黎澍与杨赓（隆誉）为中学同学，1937年毕业于北平大学法商学院。

③ 《火线下》几大主笔之中，目前尚无法查证的是岳铮的身份。

④ 湖南（长沙）的相关地方志，如《湖南省志第二十卷新闻出版志报业》（1993年）、《长沙文化城：抗战初期长沙抗日救亡文化运动实录》（1995年）、《长沙市志第十三卷》（1996年），均未具体涉及该刊信息，可能和编撰者没有看到原刊有关。

⑤ 〔美〕易社强：《战争与革命中的西南联大》，饶佳荣译，北京：九州出版社，2012年，第16～25页。

"从事中国民众的政治教育"

《火线下》长期湮没无闻，先来看看其基本情况和总体面貌。《火线下》由火线下三日刊社编辑兼发行，两月间，共出 20 号，逢 2、5、8 日出版。每号 8 版，版面连续编号，共计 160 版。社址先后从坡子街 59 号（至第 10 号）到光复里 18 号（至第 19 号）再到下碧湘街 20 号，可见战争局势之下，刊物的维系是颇不容易的。①

《火线下》所载《征稿启事》主要包括四个方面，即关于救亡运动的报告文字、战时民众政治教育的论文、一般时事的解说、关于生活理论与实际的讨论。从创刊号开始，《火线下》的"认识和态度"就非常之鲜明，署名"本社同人"的《我们的认识和态度》引述了乔治·桑特的话："不是生就是死，不是血淋淋的斗争就是灭亡，问题是这样不可能避免地提出了。"文章开篇也写道："火线下创刊在一个伟大的战斗的时代，具有战斗迎着光明前进的决心。""火线下的任务，在于从事中国民众的政治教育，号召全国民众的广大的队伍参加抗日战争。"创刊号上的另五篇文章，杨隆誉的《纪念中山先生诞辰》、王特夫的《中国的抗战绝不能半途而废》、雷贡文的《九国公约会议的协调性》、曾謇的《民主政治与今日中国》和王宜昌的《论抗战与读书》，也都是非常"硬性"的文字，着眼于"政治教育"。

实际上，综观 20 期《火线下》，"政治教育"始终是主线。从作者阵营看，知名作者不算多，仅有王特夫（被认为是"活跃于 30 年代上海哲学界的学者"，1 篇）②、王宜昌（4 篇）、曾謇（3 篇）、曾昭抡（长沙临大教授，1 篇）、徐特立（1 篇）、薛暮桥（1 篇）等人。更多的作者，除

---

① 《火线下》第 20 号上有"本刊欢迎批评。介绍。订阅"的字样，"重要启事"则提道："从第二十一号起，改出旬刊。革新版式，扩大篇幅，充实内容，以副读者期望。"但旬刊实际上可能并未能出版，黎澍后来回忆称：当时报刊"很艰苦，能筹集的资金很少，人力不足，稿源困难，印数无几，不能自给"，"得到的结论是：不如出日报"。《火线下》停刊后，黎澍与友人改出《观察日报》。见黎澍：《记湖南〈观察日报〉》，黎维新、周德辉主编《长沙文化城：抗战初期长沙抗日救亡文化运动实录》，第 172 页。
② 王特夫生平信息不详，据介绍，其著作有《什么叫做物质》（1932 年）、《世界生成论》（1933 年）、《怎样研究哲学》（1936 年），等等。见方克立、王其水主编《二十世纪中国哲学（第 2 卷·人物志）》，北京：华夏出版社，1994 年，第 388～391 页。

了前面已经提到的来自长沙临大高年级的几大主笔外，还包括从平津等地大学毕业后来到长沙的年轻知识者，如黎澍（《火线下》编辑，1937 年北平大学毕业）、师田手（1936 年北大中文系肄业）等。

从第 2 号开始，《火线下》的头版基本上均为固定开设的栏目，《三日时评》。文章均未署全名，从昭、贻、丁、午、铮、誉、兹等署名来看，撰稿人应该是《火线下》几大主笔，即王德昭、李恭贻、丁主、马午、岳铮、杨隆誉、雨兹。其内容主要就是国内国际时事评论，少量为占据整版的专论，如《太原失陷与退出上海》（第 2 号）、《一九三八年头的世界形势》、《抗敌后援组织的基本任务——全民总动员过程之后方论》（第 16号）、《国际政局的演变》（第 20 号）等。多数是数百字的短论，如《上海战局》、《比会第一步调解失败》（第 3 号）、《战争全局》、《国际形势》（第 4 号）、《九国会议延会》（第 5 号）、《北战场战况沉寂》、《敌军图攫沪租界内中国行政权》（第 6 号）、《国外政局所引起之不当猜疑》、《我军开始各路反攻》（第 7 号）、《为保卫我们的首都而战！》、《意大利正式承认伪满》（第 8 号）、《教育民众刻不容缓》（第 9 号）、《敌军之北守南攻战略》、《最近敌人外交的话题》（第 10 号）、《我军退出南京！》、《对敌绝交应该考虑了》（第 11 号）、《蒋委员长一二·一六宣言》（第 12 号）、《敌分三路进犯陇海》、《英美真心合作对日之时至矣！》（第 13 号）、《战事新阶段的观察》（第 14 号）、《敌二期作战计划开始》、《南京大屠杀》（第 15 号）。湖南本地的时事评论亦有不少，如《湖南省政府改组》（第 4号）、《敌机袭长沙》（第 5 号）、《张主席莅省就任》（第 7 号）、《响应临大号召反日市民大会》（第 12 号）、《本省举办民众训练》（第 13 号），等等。

《火线下》的主体部分，是从多个层面对抗战形势进行剖析，其中有专辑，如"战时教育"专辑（第 6 号）、临大时事座谈会第二次时事问题讨论会专辑（第 7 号）、"一二·九"二周年纪念专辑（第 9 号）、"一二·一六"纪念专辑（第 11 号）等；有集体讨论稿，如《中国目前的危机何在》（第 7 号）、《首都沦陷后之自我省察》（第 12 号）、《一九三七年的回顾》（第 15 号）、《致晏阳初先生——讨论湖南民训问题》（第 17 号）；有摘录稿，如《吾人应有的主张和努力的途径》（特载，中央社讯，录自汉口大公报，第 17 期）、《动员民众的必要》（录自《中国国民党第一次全国代表大会宣言》，第 20 号）；有译稿，如后羿译《日本财政的危机（特译稿）》（第 8 号）、仇东译《苏联的经济进步》（第 18 号）等。更主要的则是个人撰写的专论，如第 2 号的《准备失陷后的抗战》（雷贡文）、《从九国公约会议开幕到反共协定成立——目前国际形势的分析》（杨隆誉）、《论中国经济与长期抗战》（曾謇）、《我军退出上海后我们更加要抗战》（荔村）；第 3 号的《抗战期中的经济政策》（丁济民）、《谈外交路线——读汪精卫先生论文有感》（杨隆誉）、《抗战中的农业问题》（王宜昌）；第 4 号的《以自己的热血与土地凝结——为国府迁都敬告国人》（本社同人）、《论现阶段民众运动的性质——谨就教于陶希圣先生》（李恭贻）、《抗战的前途决定在民众力量》（王德昭）；第 5 号的《南北战线失地的人事上的根由》（曾昭抡）、《“最后胜利”的再认识》（李恭贻）、《再论中国经济与长期抗日》（曾謇）；第 7 号的《论军事的后方与民众的后方》（王德昭）、《需要民众与畏惧民众》（黎树蔼）；第 8 号的《最后胜利的基础》（李恭贻）、《持久抗战不容许中途妥协》（丁主）；第 10 号的《祛除团结的心理障害》（岳铮）、《根绝动摇的意念》（姚海庭）、《抗战与政治机构》（丁主）、《抗战期中的土地问题》（王宜昌）、《关于妇女救亡》（于僅）、《读蒋委员长令战区守土官吏电》（李明阳）；第 11 号的《传闻中的隐患》（丁主）、《历史教训》（杨隆誉）、《北平各校学生通电（历史文献）》；第 12 号《读陶希圣先生〈一刻钟的谈话〉》（岳铮）；第 13 号的《四个月来抗战的教训——写在南京沦陷之后》（陈策）、《另一种游行示威》（岳铮）、《西安救亡运动的现状》（之江）；第 14 号的《敌军能否到长沙来（不是给逃难者做参考）》（丁主）、《革新县政的建议》（赵继昌）、《对于湖南民训的八项意见》（恪明）；第 15 号《关于民众力量和农民组织》（之江）；第 16 号的《迎一九三八年》（本社同人）、《实行动员民众改变局势》（之江）、《湖南青年战地服务团告别湖南同胞书》《民族主义良知论》（之光）；第 17 号的《用全民武装来改变战略》（王德昭）；第 18 号的《日人侵华的哲理及其运用》（雷敢）；第 19 号的《知识分子在抗战中的任务——全民总动员过程之后方论》（王德昭）、《现阶段民训工作技术诸问题》（丁主执笔）、《如何深入农村——湖南抗敌工作团农村工作大纲》；第 20 号《后方民众应积极援助抗敌游击战士》（李凌）、《怎样动员民众？》（忆荣），等等。

《火线下》问世之后，有读者批评文字"太硬性"（见第 2 号所载《书札往来》），也有读者建议，"火线下应该带点地域性""多登'短兵'，'闲话'，'诗歌'之类""须以种种写作方式，表现一个中心问题"（见第 3 号所载《书札往来》）。从第 3 号开始，《火线下》也逐渐加大了其他"写作方式"，如通讯、报告文字、诗歌、歌词等。多是年轻的、无名的作者——日后成为知名作者的大概只有吴奔星（1913～2004）、穆旦（1918～1977）等人。因《火线下》长期湮没无闻，这些作品均是相关作家的集外之作。吴奔星诗共刊发三次，即《赠给洞庭湖——朗诵讽刺诗》（第 4 号）、《湖南人进行曲》（第 5 号）和《保卫南京》（第 7 号）。吴奔星前一年在北平创办诗刊《小雅》，个人创作也进入"多产高峰期"，但卢沟桥的枪声撕碎了他那"蔷薇色的艺术之梦"——其时，他已流亡到长沙，在其母校长沙修业农校教书，他日后在追忆从一时期的文学活动时，有"在祖国处于外寇侵凌之下，烽烟弥漫，灵感全无……文学生涯，出现了断裂"①之语，《火线下》所载这三首诗，无论是诗题还是诗行本身，看起来已经越过"小雅"诗风而平添更多时代的呼声。其时为长沙临大学生、尚且籍籍无名的穆旦则有一首《在秋天》（第 15 号），其中写下了从平津等地流落到湖南的感伤："没有一个孩子，/不是在异乡的秋风里飘荡。"也写下了对未来的严峻思考："我们不能回到自己的家乡，/幸福在我们心那是块创伤，/我们，我们是群无家的孩子，/等待由秋天走进严冬和死亡。"

尽管如此，就总体而言，在王德昭（丁主）、岳铮、杨隆誉、李恭贻、马午几大主笔的积极撰稿之下，《火线下》始终对国内国际时局保持高度关注，这种关注构成了报纸的基本旨趣与特色。

"中国目前的危机何在"

时局动荡，前途茫茫，长沙临大校园之内显然颇不宁静。时为长沙临时大学政治系二年级学生钱能欣在稍后的书中写道：

> 二十六年十一月十一日我军退出大场，十二月十三日南京沦陷。

---

① 参见赵普光《吴奔星先生传略》，南京：南京师范大学出版社，2016 年，第 26～40 页。

在长沙市上所发现的是无数的汽车，无数的避难者，各色各样，一批一批，从公路从铁道上退下来，他们带着新的感觉，新的知识，有强烈的刺激性，如急性流行症般的立刻在这个内地的重镇上展开了威力。

于是，长沙也振作起来了。装置高射炮，建筑防空壕；公共场所，十字路口，画起醒目的抗战图画；每天有名人讲演，电影院充作大讲堂，唯生也好，唯物也好，听众总是挤挤一堂。①

再往后一点，查良铮（穆旦）也写道："然而大家却一致地焦虑着时局。校中有时事座谈会、讲演会等，每次都有人满之患。"②

《火线下》所载记的临大会议或活动有：时事座谈会之第二次时事问题讨论会（1937 年 11 月 25 日）、反日市民大会（见 1937 年 12 月 18 日第 12 号《响应临大号召反日市民大会》）、签名启事（见第 12 号的《救亡途径》），等等。《火线下》对第二次时事问题讨论会有比较详细的记录。会议题目非常醒目——"中国目前的危机何在"。根据《火线下》第 7 号的实录文字（《中国目前的危机何在》，陶家干笔记），参加会议的达 240 余人，亦可谓"挤挤一堂"。实录包括主席报告和总结，以及 8 位人士的发言。主席未具名，发言代表也是用甲、乙、丙、丁、戊、己、庚、辛来替代，看起来并非老师，而是彼此之间也并不特别熟悉的同学（甲的第二次发言中有"方才有位同学"的称语）。主席报告包括五方面，但未有充分记录，即军事上的、政治上的、外交上的、社会方面的危机，以及克服这些危机的方法。总结稍详细，也是五个方面：

（一）组织民众。现在的危机在于民众还不能组织起来，军民不能打成一片。民众的力量是很大的，全民抗战必须把全国民众组织起来。（二）改革政治机构，有许多战时工作，或者因为旧的政治机构的不适宜，或者因为现行政治机构的不灵活，所以不能有效地进行。这样，政治机构的改革是非常必要的。（三）铲除悲观心理。日前的

① 钱能欣：《西南三千五百里——从长沙到昆明》，商务印书馆，1939 年，第 2～3 页。
② 查良铮：《抗战以来的西南联大》，《教育杂志》，第 31 卷第 1 号，1941 年 1 月。

危机在于一般人自知，或不自知的悲观心理，为求抗战之最后胜利，这种悲观心理必须加以铲除。（四）中国的危机是永久的，复杂的；中国的危机不是简单的，不是成于一朝一夕。故欲克服这些危机，须从根本上想办法。（五）组织民众，在原则上大家赞成；但怎样去组织，必须加以考虑。同时对于民众的力量，亦不能过分相信。

座谈实录之后，是两位《火线下》主笔撰写的长文，即丁主（王德昭）的《抗战之物质的基础（写在临大第二次时事座谈会后面）》、岳铮的《临大第二次时事座谈会记感》。两者的核心话题仍然是"要挽救中国当前的危局，必须克服一切困难，从根本上改革政治机构，组织民众"。但细究起来，行文上还是有重要的差别。前者针对一种观点，"中国的民众，百分之八十以上是农民：农民是散漫，保守，而且习于松懈"，"组织民众"只是"一个流行的观念"，民众难以组织，"即使把民众都组织起来了，这无知无识，意识糊涂的一群，是否就能产生我们所期望的力量，而保证不变成义和团的流亚"。丁主的立场有两点："要说明农民是同样可以组织起来""要证明民众在当前的抗战过程中是有着决定的力量的"。岳铮的文章是"机声轰然时于草丛里写完"的，其中也有"义和团"的说法，"现在中国所表现的民众力量，却还跟不上义和团，并且其危险还远过于义和团，这又是事实"。从这样的观点延展开去，岳铮的观点总体上是悲观的。

看起来，类似的"时事问题讨论会"，对年轻的临大学子们是有很强的鼓动效应的。综观20期《火线下》，关于"中国民众的政治教育""民众力量"始终是一条主线。在《火线下》同人看来，"抗战的前途决定在民众力量"。从第3号开始，基本上每期都有相关文章。其中，有两篇针对沈从文、晏阳初这些知名人物关于民训问题的讨论，值得注意。沈从文是知名小说家，日后是西南联大教师中的一员。1937年底，沈从文从武汉到长沙，曾在八路军长沙办事处见过徐特立，并看望了从淞沪抗日前线负伤回来的胞弟沈荃。① 从第18号所载易丞、雨兹的《向沈从文先生抗议》来看，年轻学子对沈从文的《学生下乡》② 一文显然颇不满意，"先生以多

① 吴世勇编《沈从文年谱》，天津：天津人民出版社，2006年，第201页。
② 此文并不见于《沈从文全集》，按说应该就是当时所发表的报刊，也可能是佚文，但目前还无法查实。

年所经历的事实，证明今日所举办民训班的理想不合实际。先生以独特的天才解说这次集中训练的原因。同时更聪明的指出了青年朋友的简单可笑。当我们读到这篇文章之后，感到了极端的痛苦，青年人在今日，为了救国保乡，将不顾任何阻碍，将担负起任何艰重的责任，同时更愿意接受任何有益的指导，他们知道乡村救亡工作的进行不比城市简单，他们怀着一颗火热的心，他们是去学习"，所以"他们很愿意很虚心接受任何批评；但是，他们决然不能容忍任何恶意的污蔑与嘲笑"。年轻的学子们最后奉劝沈从文先生："多到活生生的社会中去体验一番，不要光只坐在高楼大厦中，凭空臆造发出些妙论。"

晏阳初（1890～1990）是知名的平民教育家和乡村建设家，1936年，其在湖南省政府的支持下，成立湖南省实验县政委员会，在衡山县从事实践工作。1937年9月之后，因河北定县沦陷，定县实验区的部分成员"陆续辗转到长沙实验区，开始训练、组织民众工作"①。在战争背景之下，湖南省政府公布了民训纲要，期限在六个月，经费预算在一百万元左右。《火线下》第17号所载《致晏阳初先生——讨论湖南民训问题》（蒋英执笔），是八位同学②在听了晏阳初在一个"动员四千多教员、大学专科同学及高中男女同学"的民训干部班上所做的五点钟授课之后，从"得其人""得其法"两个方面提出的困惑与看法。在战争背景之下，"湖南开始了空前的大规模动员全省民众的干部训练工作，这是值得赞颂也是必须要有的事情，问题的重心是落在如何的可以干得有效"。"革新地方行政机构和改善农民的生活"是根本所在。但对年轻的知识者们来说，还有更为严峻的问题：文章引述了晏阳初的观点，"现在一般自命为知识分子的人应该立即跪在苦难的民众之前竭诚的忏悔，请求他们破格的赦罪与原宥"。但又指出在现实面前——面对"一位整天流着血汗向我们申诉他的生活绝望的同胞"，只能"计穷力绌埋怨自己的无能"。

同期所载梦僧的《对湖南民训同人进一解》则显示了问题的另一面，作者着意强调了民训工作"还应有着更深刻的启蒙的意义"："中国农民群

---

① 宋恩荣：《晏阳初年谱简编》，宋恩荣主编《晏阳初全集·1》，天津：天津教育出版社，2013年，第649～650页。

② 八位同学为曹谦、陈策、黄克新、汤德明、张周勋、蒋英、段泽春和姚海庭，其中多位可以查证为长沙临大的学生。

众因为自身的生活条件，知识水准极度低落，很难对国家、民族和自己面对着的世界，有一较为明确的认识。此次湖南这么大一个智识者群有机会深入农村，固然应积极的完成发动全民抗战的任务，同时须更努力的去启发民众教育民众，使他们认识国家，认识民族，认识世界，从非人类生活的当中再扩大他们的经济和政治的要求。"类似问题，在《致下乡宣传的同学们》（杨隆誉，第6号）曾多次提及，农民有"弱点"，"私有观念，封建意识，迷信和神权的思想，宿命论的观点"，"民众并不如我们理想中的那样的容易接受我们的宣传"，宣传工作是"艰巨"的，因此，"要用一点一滴的努力去启迪农民的愚蒙，培植下民族解放的嫩芽"。《响应〈抗战中社会科学运动〉》（贺兰，第18号）也针对《全民周刊》第1卷第3期所载柳湜的文章谈道："长沙的社会充满愚昧，无远见，害冷热病的气氛。"

年轻学子们不仅发言很活跃，也有不少付诸行动——总的说来，行动受到了更多的鼓励。前述查良铮的文章写道："南京陷落后，大局危在旦夕，长沙的情形也非常不安，即是肯用功的同学也觉无法安心读书了，又加以'投笔从戎'的浪潮蜂涌全国，于是长沙临大中乃有大批同学出走。其中有入交辎学校的，有入军校的，有的则结成小组，到山西陕西汉口等地参加各种工作团及军队，再没有人梦想大学毕业了。"[1] 在前述临大时事座谈会召开的第二次时事问题讨论会上，自称"最近从北战场回来，在平汉线上参加了实际工作"的甲的发言即得到了更多掌声——"有许多问题我们在教室里想了一年还是想不出来，如果实地去看一下，那末一分钟以内，就可以看懂了。"（实录文字中仅此处有"鼓掌"字样）《火线下》同人稍后感慨，"这两月以来，我们送走了不少朋友"。主笔李恭贻上了战场（第15号有《送李恭贻君出征》）。主笔岳铮和五十个青年（"有的原是三湘的优秀的健儿，但大多数则是在敌人的炮火下从四面八方流徙来的"）去了前线，并以"本报战地记者"的身份发表了《从长沙到武汉》（第17号）、《在"荣誉大队"》（第19号）等通讯，还有《祖国需要你——别长沙诸友》（李欣，第8号）、《勉参加抗敌工作的同学们》（第14号）、《女同学就应该回家去吗》（陈纯英，第15号）、《送别临大西北战线服务团》（何懋勋：《送别的那一夜》，第16号）、《送湖南民训干部同学出发工作》

① 查良铮：《抗战以来的西南联大》，《教育杂志》第31卷第1号，1941年1月。

（第 19 号），等等。此中，"女同学"发出的声音值得注意："自从南京沦陷的那天起，长沙的空气确实比以前紧张多了，临时大学也更称的起临时的了。教授们同学们都是人心惶惶的，抱着朝不保夕的念头，整日价谈论着：搬家啊！解散啊！于是离校运动振×了整个的临大，大部分同学都准备着参加更积极的救亡工作。"女同学能做什么呢？"最近几日风传教授们都为女同学担忧"，"民训工作拒绝了大学女同学，兵工学校限制了只准男性公民报名"，学校当局也认为女生"能作的事也只有当看护"。总之，女同学"是被鼓励着回家去"，"种种侮辱、轻视"都加在女同学身上。针对此一状况，"新时代的女儿"表示"妇女问题是社会问题的一环，而解决社会问题的前提是求民族解放"，因此，她们也"要积极参加斗争"，"近几日出征勇士们的群众，都有我们的女同志了"，"在不远的将来我们便要分头一批一批的拥入斗争的巨流"。

此外，《火线余谈》（汤德明，第 14、15、18、20 号）、《第一次去伤兵医院报告》（韩克信，第 15 号）、《西北风——向北线被占区内的儿女们致敬》（方易，第 16 号）、《学生在前线——一个报告》（孙希敏，第 20 号）等文章，莫不是以学生的身份，传递着来自前线或者现场的信息。

关于"抗战与读书"

时局和舆论环境如此，"救亡呢？还是上学校呢？"对长沙临大的学子而言，实在是一个严峻的问题。闻一多稍后曾有比较形象的总结：

> 同学中一部分觉得应该有一种有别于平时的战时教育，包括打靶，下乡宣传之类。教授大都与政府的看法相同：认为我们应该努力研究，以待将来建国之用，何况学生受了训，不见得比大兵打得更好，因为那时的中国军队确乎打得不坏。结果是两派人各行其是，愿意参加战争的上了前线，不愿意的依然留在学校里读书。这一来，学校里的教育便变得更单纯的为教育而教育，也就是完全与抗战脱节的教育。在这里，我们应该注意：并不是全体学生都主张战时教育，而全体教育都主张平时教育，前面说过，教授们也曾经等待过征调，只因征调没有消息，他们才回头来安心教书的。有些人还到南京或武汉

去向政府投效过的，结果自然都败兴而返。至于在学校里，他们最多的人并不积极反对参加点配合抗战的课程，但一则教育部没有明确的指示，二则学校教育一向与现实生活脱节，要他们炮声一响马上就把教育和现实配合起来，又叫他们如何下手呢？①

钱穆也曾回忆在南岳山中（文法学院在南岳分校），与冯友兰有过争执，冯友兰"对赴延安两生倍加奖许"，而他"力劝在校诸生须安心读书"②。

不过，从《火线下》所载文章来看，"战时教育"显然更受年轻学子们的关注。第1号有王宜昌的《论抗战与读书》，分"谈教育与谈读书""读书与不读书的讨论""读什么书的讨论""怎样读书的讨论""抗敌与升学的讨论"五点，指出"抗战虽然急切需要智识分子的努力参加，但抗战并不取销了服务人员的自学，也不取销学校。反之，抗战却更要求服务人员努力自学，要求学生们努力读书的。在必要时，抗战会要求学生离开学校生活去服务"，但目前还在"抗战初期"，还非"必要时"。

但第6号就"很像一个'战时教育'特辑"（见"后记"）。主笔岳铮的《当前大学生的严重问题》，先是提到了当时关于大学生出路的两种观点：一种认为"大学生应当立刻离开学校，担负起实际的战时工作，民族存亡都成为问题的现在，大学生不应当安闲的读书"；另一种认为"大学生仍然应当在学校里照常念书，从'百年大计'着眼，战后的复兴工作，还需要大量的人才"。如何协调"战时工作"与"复兴工作"，岳铮认为应该"再认识""再批判""多年的中国大学教育制度"，"高等教育同现实社会隔得太远了"。"大学生在目前第一迫切的需要，还是多认识中国这广大社会"，"目前大学生的救亡工作，并不妨害将来的复兴工作，正是为了将来真正复兴人才的养成，大学生尤其有暂时离开学校的必要。主张大学生离开学校的人，应该注重在说明这点，主张大学生守着学校的人，应该注重在了解这点，这样，对于当前大学生的严重问题，也即是大学教育的问题，才算有了解决"。丁主（王德昭）的《献诸临大当局》也谈道："临大同学是在国难中生活过来的"，"他们是想在这个流亡者的队伍中，

---

① 闻一多谈话、际戡笔记《八年来的回忆与感想》，西南联大《除夕周刊》主编《联大八年》，1946年，第4~5页。
② 钱穆：《八十忆双亲师友杂忆》，北京：九州出版社，2012年，第187页。

在教育者的协助下，赶紧培植成有用的力量，去进行救亡的斗争"。"我们谨以热诚请求临大当局：赶紧帮助着把这一千多个最有用的知识青年，训练成战斗的力量吧！我们尤其希望，临大当局会帮助着把这一份力量，送给正在浴血苦斗中的民族！"杨隆誉的《致下乡宣传的同学们》，对那些从事"民众宣传的工作"的同学们，从"学习的精神"、具体行为、"组织"的利用等方面提出了建议。《关于中学教育的一封信》（署名"真"，收信人为临大学生）所谈到的则是中学在"战时教育"方面的欠缺："教育机关，这启蒙民众训练战士的地方，应该改变平时的方针，加进一些战时必需及有用的知识，如民众的组织和宣传，战术和防毒防空等"，但是，"一点也没有"。这里已不难看出，"战时教育"思想占据上风。

《一个大学生的自白——大学生控诉之一》（黄恪，第11号）开头即这样写道："有一位新近从北平来临大的教授，用很惊奇的口吻对同学说：'想不到临大竟还有一千多同学！你们也都在这里么？在欧战时，德国的大学生都离开了课堂，只剩下些体力衰弱的病夫！'"尽管文中提到"战时教育""在现在必定不能成功"，但结论却是，形势在急剧发展，"只要看临时大学这几天的情况"，学生留校的四大理由（"战局还没有发展到需要我们的程度""想获得一张毕业文凭""保全文化，担负战后复兴工作""政府没有为大学生规划适当工作"），"都已发生动摇，而形成纷纷离校的趋势"。第12号罗杰的《救亡途径》则提到了临时大学中十多位学生联合发起签名启事，启事大意为："全国抗战开展以后，同学们时常考虑到青年学生应有的责任问题。现在寇患日深，大家更觉不安，整日徘徊于'埋头读书'抑'为国效命'的歧路上。这种重大的问题，始终未得到正确的指示：所以打算电请最高领袖指示非常时期学生的救国途径。"文章认为："到乡间去宣传，去组织民众，去训练民众，这是一般人所公认的最好的青年学生救国途径。"第15号《书札往来》所刊载"民训干部第一大队黄明于岳云中学"的信件，也"深深地感到""过去大学教育的失败，使我们与中国社会绝缘，特别是农村方面"。

及至第20号，曾经认为沈从文的言论不妥的雨兹，再作《反对文化逃避政策——正告临大当局及同学》。其时已是1938年1月15日，临时大学内弥漫着"迁移昆明的消息"，至此，话题实际上已经有了某种程度的转向，即从学生是否应该留校到学校是否应该迁移。文章引述了第6号丁主《献诸临大当局》中的观点，赞誉了"一批批英勇热忱的同学们，毅然的脱离了优裕的学校生活，先后拥入了斗争的巨流"，相比之下，临大当局没有积极反应，"未免太落后了一点"；迁移昆明的举措更是一种"文化逃避"的行为，是从"来日敌我大决战的中心"而"跑到辽远的云南去空谈什么作育人材"，"使学生与民族抗战完全隔离开来"。

以此来看，关于"抗战与读书"，《火线下》的声音几乎从一开始就是非常清晰的。《火线下》止于第20号，即1938年1月15日。对长沙临大而言，正可谓最关键的时刻。三天后，1938年1月18日上午，湖南省主席张治中来临大演讲，根据时为化学系二年级学生董奋的日记所载，"题目是我们应当怎么样"，张治中明确表明了不赞成搬迁的态度，"我们不否认战场上的失利，然而为了国家的荣存，我们应当死中求生。我们已经过了许多年的不生不死，以至国家成为如此。现在不容许我们再不生不死的下去了"。他还谈道："预备把高中以上的学校都停办，连教师带学生我可以招集五万人，然后全送到乡下，使这一般的知识分子领导起全湘的人民来。"这番讲演，看起来一度加深了学生反对迁徙的力度，19日，"彷徨派多极了"，"读书"与"救国"这两条路，"我们一点不知道我们该怎样走对"。尽管1月20日，长沙临时大学常委会第43次会议已经做出了将学校迁往昆明的决议。根据董奋日记，1月28日，同学们开座谈会，不赞成学校搬家，理由多达七点，并进行了签名；到31日，签名反对搬家的学生人数超过了二分之一。[①]

舆论如此，学生的反应如此，但学校的西迁工作还是按照原定计划进行。还是前述查良铮的文章，载记了当时的景状：

> 人们把工作和读书看为两回事。所以"救亡呢？还是上学校呢？"的问题就成了"在长沙呢？还是到云南去？"当时在长沙是容易加入救亡工作的，所以学生自治会反对学校迁移，并派了代表到教部请愿；当地的报纸也都一致攻击，认为大学生不该逃避云云。是时有很多同学犹豫不决，恰好学校当局请了两位名人来讲演，一位是省主席

---

① 董奋：《董奋日记》，张寄谦编《中国教育史上的一次创举——西南联合大学湘黔滇旅行团记实》，北京：北京大学出版社，1999年，第356~364页。

张治中先生，他是反对迁移的；另一位是陈诚将军。他给同学们痛快淋漓地分析了当前的局势，同时征引了郭沫若周恩来陈独秀等对于青年责任的意见。而他的结论是：学校应当迁移。我这里得说，以后会有很多同学愿随学校赴云南者，陈诚将军是给了很大的影响的。①

"当地的报纸也都一致攻击，认为大学生不该逃避云云"，显然也包括《火线下》在内。

余 论

历史进程自是无从更改的，但也还有一些细节具有话题意义，可待适当的追诘。比如查良铮文和不少其他材料都提到的陈诚将军。陈诚时任国民党军委会政治部部长，据说是蒋梦麟先生邀来说服学生的。据说，陈诚在讲演中认为"对日作战是长期的，政府深信抗战一定胜利，接受高等教育的大学生们，理应承担更艰苦更困难的使命，现在政府为了抗战组织青年从军是必要的，但培养未来的建国人才也很必要"②。军事委员会政治部1938年印行的《抗战建国与青年责任》等书也可见陈诚的教育观点，其中包含了对学生的三点"至为殷切"的期待："要认清责任，坚定意志，安心向学，安定后方"，"要潜心研究，精益求精，切实从事科学救国"，"要励志修养，澄清社会，襄成抗战建国的伟业"③。

这等观点与国民政府的战时教育政策总体上是相符的。1938年3月，国民政府颁布《总动员时期督导教育工作办法纲要》，规定"战时须作平时看"的办法方针。4月，中国国民党临时全国代表大会召开，明确提出"抗战建国"并举的战时国策："盖吾人此次抗战，故在救亡，尤在使建国大业，不致中断。且建国大业，必非俟抗战胜利之后，重行开始，乃在抗战之中，为不断的进行。吾人必须于抗战之中，集合全国之人力物力，以

---

① 查良铮：《抗战以来的西南联大》，《教育杂志》第31卷第1号，1941年1月。
② 冯钟豫观点，转引自闻黎明《抗日战争与中国知识分子》，北京：社会科学文献出版社，2009年，第43页。
③ 转引自王炳照、阎国华《中国教育思想通史·第七卷》，长沙：湖南教育出版社，1994年，第358～360页。

同赴一的，深植建国之基础，然后抗战胜利之日，即建国大业告成之日，亦即中国自由平等之日也。"① 1939 年 3 月的第三次全国教育大会上，蒋介石的致辞进一步阐释了"战时如平时"的教育方针：

> 我们这一战，一方面是争取民族生存，一方面就要于此时期中改造我们的民族，复兴我们的国家，所以我们教育上的着眼点，不仅在战时，还应当看到战后，我们要估计到我们的国家要成为一个现代的国家，那么我们国民的智识能力应该提高到怎样的水准。我们要建设我们的国家成为一个现代的国家。……这些问题都要由教育界来解决。②

不难看出，战争局势日趋紧迫的危难之际，国民政府对教育走向及其任务仍有着严肃的考虑。大批学校由平津、东南沿海内迁以继续维持正常的教学活动就是在此一背景之下进行的。而承认陈诚将军的讲演"是给了很大的影响的"，实际上也可以说是随着时局的演进，热血沸腾的年轻学子们最终意识到了国民政府所坚持的"抗战建国"政策的意义。

（曾刊载于《新文学史料》2020 年第 2 期）

---

① 《中国国民党临时全国代表大会宣言》，包清岑编《中国国民党临时全国代表大会辑要》，南京：拔提书店，1938 年，第 9 页。

② 原刊《中国国民党临时全国代表大会史料专辑》，台北：中国国民党"中央委员会"党史委员会，1991 年，第 363 页；现据姚丹《西南联大历史情境中的文学活动》，桂林：广西师范大学出版社，2000 年，第 26 页。按：此处关于"国民政府的战时教育政策"的讨论最初受惠于姚著，后虽查到部分资料，但仍不全面，故对姚著仍多有转引，特此说明。

政治理性与美学理念的矛盾交织

——对于闻一多编选《现代诗钞》的辩诘

现今学界对闻一多后期文学活动普遍给予赞誉，比如认为它构成了 20 世纪 "40 年代现代派诗潮产生的艺术氛围"①；进一步论述时，又必将提到他所编选的一份新诗选，《现代诗钞》（以下简称《诗钞》）。这份辑录从五四以来到抗战时期的诗钞，时人称 "因为新诗的选本极少" 而 "尤其受人注目"②；今人则普遍视之为经典："从选择的包容量看，既有精雕细琢，一波三折，朦胧摇曳的 '现代意味' 极浓的汪铭竹、俞铭传等人的诗作，也有直白袒露、火气野气十足的田间的 '马雅可夫斯基体' 的朗诵诗"；其诗歌标准 "依然是 '个人的'、'情感的'、'韵律的'，诗歌是 '用我们知识分子最心爱的，崇拜的东西与装饰，去理想化'"③。这大致不错，但一个选本与一部经典，其间自有值得细细辩诘之处，鲁迅曾言，"选本所显示的，往往并非作者的特色，倒是选者的眼光"④。站在后设立场往回看，与其强做价值定位或评判，倒不如回到具体历史语境，顺着作者的 "眼光" 以探究其间复杂的历史纠葛。

---

① 孙玉石：《中国现代主义诗潮史论》，北京：北京大学出版社，1999 年，第 303 ~ 306 页。
② 《现代诗钞》正式出版是附着于 1948 年 8 月开明版 4 卷本《闻一多全集》，评语见于天津版《大公报·图书评论》第 63 期（1948 年 8 月 23 日）"新书解说"《闻一多全集》。
③ 姚丹：《西南联大历史情境中的文学活动》，桂林：广西师范大学出版社，2000 年，第 348 ~ 349 页。所引观点出自闻一多的《艾青与田间》一文。
④ 鲁迅：《"题未定"草（六至九）》，《鲁迅全集·6》，北京：人民文学出版社，1981 年，第 421 ~ 422 页。

《诗钞》编选背后的隐秘心理

闻一多编《诗钞》，主要是受英籍学者罗伯特·白英（Robert Payne）之请。白英可算得上一位奇才，曾学过工程技术专业，1940 年西南联大机械工程学系开设有关国防建设课程时，他曾参加讲授有关内容；后受外文系聘用，教授"西洋文学""现代英诗"等课程。其间，白英受英国有关方面的委托，需要编一本"中国新诗选译"，他即委托闻一多来完成。两人合作约始于 1943 年 9 月。

白英为什么选择闻一多而非他人，坊间资料基本没有说明，可能是他看重闻一多的"知名"与"成熟"。闻一多去世之后，白英曾有专文回忆，称闻一多是他"在中国认识的最伟大的人物，对工作一丝不苟，极其胜任他的工作，在联大所有教授中最为知名，是一个有着极温和的微笑和极成熟的头脑的人物"①。事情由来得到了解释，不过，至少从表面因素来看，此一选择于诗歌写作、诗集编选等多个方面似乎都不是最合适的。当时联大有多位知名新诗人，冯至和卞之琳在当时完成了他们最好的作品《十四行集》和《十年诗草》（1942 年）；从选家履历看，朱自清早在 1935 年就编选过《中国新文学大系·诗集》，其时"新诗杂话"系列文章正在写作之中；卞之琳等人也有过新诗刊物的编辑经历。闻一多呢，连白英都知道，其时他全部工作乃是"按照现代批判的观点研究古代中国经典著作"②——同事甚至戏称他为"何妨一下楼主人"；他最好的诗歌是十多年之前写下的，其时已久不做新诗了；之前他虽篓辑过诗集如《乐府诗笺》，但为古体诗。

不管怎么样，历史已无从更改，是闻一多而非别人开始接手编选《诗

---

① 白英：《闻一多印象记》，北京大学校友会联络处编《筼吹弦颂情弥切——国立西南联合大学五十周年纪念文集》，北京：中国文史出版社，1988 年，第 92 页。另，1947 年 1 月 16 日《大公报·大公园地》"艺文往来"栏目中有消息一则：中美图书公司出售白英旅华期间的日记（Forever China）。综合来看，白英日记记录翔实，曾分集出版，Forever China 即《永恒的中国》所录为 1941～1944 年的日记，1944 年 12 月至 1946 年 8 月的日记另结集为《中国觉醒》（1947 年），其中对闻一多当时的言行有较多记载。

② 白英：《闻一多印象记》，北京大学校友会联络处编《筼吹弦颂情弥切——国立西南联合大学五十周年纪念文集》，第 92 页。

钞》。很快，1943 年 11 月 25 日，他给学生臧克家写了一封信。此信"极为重要"，历来被研究者看重，"信中说明自己思想转变的决心，又说到对新诗的态度，和正在着手的选诗和译诗工作"①；但有一些东西则被研究者有意无意忽略，比如对"选家的资格"的特别强调：

> 不用讲今天的我是以文学史家自居的，我并不是代表某一派的诗人。唯其曾经一度写过诗，所以现在有揽取这项工作的热心，唯其现在不再写诗了，所以有应付这工作的冷静头脑而不至于对某种诗有所偏爱或偏恶。我是在新诗之中，又在新诗之外，我想我是颇合乎选家的资格的。

由于诗选是两千五百年"全部文学名著选中一部分"②，从对"资格"的强调来看，这段话也可看作这位沉湎于古籍、对新诗发展已较为膈膜的"何妨一下楼主人"在为自己辩解，所谓"恢复故我"③；而且，他明确请求臧克家帮忙：

> 关于《新诗选》部分，希望你能帮我搜集点材料，首先你自己自《烙印》以来的集子能否寄一份给我？……其他求助于你的地方，将来再详细写信来……如果新闻界有朋友，译诗的消息可以告诉他们，因为将来少不了要向当代作家们请求合作，例如寄赠诗集和供给传略的材料等等，而这些作家们我差不多一个也不认识。④

《新诗选》即《诗钞》。对"寄赠"与"供给"的依赖本身即显示了

---

① 闻黎明、侯菊坤：《闻一多年谱长编》，武汉：湖北人民出版社，1994 年，第 680 页。

② 1947 年和 1949 年，白英翻译出版了两种中国诗选，即《当代中国诗选》（*Contemporary Chinese Poetry*）和从古代到当代的中国诗选《小白驹》（*The White Pony：An Anthology of Chinese Poetry from the Earliest Times to the Present Day*）。这两部诗选都与闻一多的选目有较大差别。

③ 闻一多曾谈到参加学校从长沙到昆明的步行团，到昆明又两度参与戏剧工作，"不知者以为与曩日之教书匠判若两人，实则恢复故我耳"。见《给冯夷》，《文艺复兴》第 2 卷第 4 期。

④ 这里两段书信引文见闻一多《闻一多全集·12》，武汉：湖北人民出版社，1993，第 380～382 页。按：引文之中的省略号非原有。

视野的局限：不是主动地搜集与阅读，而是被动地"等待"材料，由此所产生的认识与判断，也就不是基于较长时期的累积，而是带有很强的临时性与突发性。可见，既自称"颇合乎选家的资格"，又请人帮忙编选集，所谓既在"之中"又在"之外"实是一种说法而已。对此，闻一多应是有所顾忌，所以又有对臧克家的特别叮嘱："信中所谈的请不要发表，这些话只好对你个人谈谈而已。千万千万。"① 这样一种心理，坊间流传的相关传记基本未涉及。②

"人民情怀"的滋长

1940 年代的闻一多对新诗多有隔膜，这是无所疑义的。这不仅仅在于他长期浸淫于浩瀚的古籍之中③，对新诗缺乏足够多的阅读；还见于他的艺术态度与艺术立场。

可堪凭据的事实是，在编选《诗钞》前后，闻一多写下了若干评论，如著名的艾青、田间评价，在当时产生了很大影响，被看作闻一多思想转变的重要标识，如"这是一个需要鼓手的时代，让我们期待着更多的'时代的鼓手'出现"④"我们能欣赏艾青，不能欣赏田间，因为我们跑不了那么快。今天需要艾青是为了教育我们进到田间，明天的诗人"⑤。

不过，一经对照这些所谓看清了"我们这民族、这文化的病症"而要给它"开方"⑥的评论和闻一多 1920 年代的若干评论，即可发现其中的重

---

① 闻一多《闻一多全集·12》，武汉：湖北人民出版社，1993，第 382 页。
② 闻黎明、侯菊坤《闻一多年谱长编》、季镇淮《闻一多先生事略》、臧克家《闻一多先生传略》以及王玉清、李思乐《闻一多年谱》等均未做出说明，后三者均收入许毓峰等编《闻一多研究资料（上）》，太原：北岳文艺出版社，1986 年。另，在《我的先生闻一多》中（初作于 1946 年，1992 年和 2000 年两次订正），臧克家也只是提及《现代诗钞》而未有任何评价，见《臧克家回忆录》，北京：中国工人出版社，2004 年。
③ 这一行为本身显然与现代知识分子的学问观念直接相关："古典"学问占据核心地位，具有更高的价值等级；而"新文学"创作与研究充其量只是副业，不能称为学问。闻一多从新诗人转向学者即与这种时代风气直接有关。
④ 闻一多：《时代的鼓手》，原刊《生活导报周年纪念文集》（1943 年 11 月 13 日），现据《闻一多全集·2》，第 201 页。
⑤ 闻一多：《艾青和田间》，原刊《联合晚报·诗歌与音乐》第 2 号（1946 年 6 月 22 日），现据《闻一多全集·2》，第 233 页。
⑥ 闻黎明、侯菊坤：《闻一多年谱长编》，第 680 页。

要变化：1920年代多篇评论，如《〈冬夜〉评论》（1922年）、《莪默伽亚漠之绝句》《〈女神〉之时代精神》《〈女神〉之地方色彩》（1923年）、《诗的格律》（1926年）等，均为长篇鸿论，无论赞扬抑或批评，其立论均有理有据，论述详尽，视野开阔，学理性强，美学意蕴充沛。以两篇郭沫若评论为例，《〈女神〉之时代精神》所指明的是郭沫若诗歌所具有的崭新的"二十世纪底时代精神"，并且从五个方面做了细致的区分。但《〈女神〉之地方色彩》随即又指出："《女神》不独形式十分欧化，而且精神也十分欧化的了"，以致"疑心或者就是《女神》之作者对于中国文化之隔膜"；而这种毛病，"非特《女神》为然，当今诗坛之名将莫不皆然，只是程度各有深浅罢了"。据此，闻一多提出新诗"要做中西艺术结婚后产生的宁馨儿"："不要作纯粹的本地诗，但还要保存本地的色彩""不要做纯粹的外洋诗，但又尽量的吸收外洋诗的长处"①。

但到了1940年代，《时代的鼓手——读田间的诗》（1943年）、《〈三盘鼓〉序》（1944年）、《五四与中国新文艺》《艾青与田间》（1945年）等，不仅篇幅大为缩短，且评论风格和美学取向明显现出简化态势：泛论取代了细致的文本分析，强烈的主观、社会学式判断取代了从容的学理推断。这样的文风自然很容易取得一时之效。不妨从田间这一为闻一多所倚重的人物——或者说历史细节——来呈示他当时急促而非从容的艺术心态。据说闻一多是在着手编选《诗钞》之后受联大教授朱自清推荐才阅读到解放区诗人田间的诗歌——考虑到田间名作《给战斗者》等早在1938年1月即已刊于当时有较大影响的《七月》（第6期），其时已有诗名，闻一多的阅读视野显然未及此。对于田间，"他先是惊诧地说，'这也是诗吗？'但他很快就满怀激情地在一堂唐诗课上高声朗诵、介绍了这一描绘解放区军民英勇抗日斗争的诗篇"②。《时代的鼓手》也在短时间内刊布（1943年11月13日）：一方面，他明确指出"这些都不算成功的诗，（据一位懂诗的朋友说，作者还有较成功的诗，可惜我没见到。）"；另一方面，却又做出了肯定判断："它所成就的那点，却是诗的先决条件——那便是生活欲，积极的，绝对的生活欲。它摆脱了一切诗艺的传统手法，不排解，也不粉

---

① 闻一多：《〈女神〉之地方色彩》，原刊《创造周报》第5号（1923年6月10日），现据《闻一多全集·2》，第118页，第123页。

② 史集：《闻一多先生和新诗社》，《云南师范学院学报》1987年第2期。

饰，不抚慰，也不麻醉，它不是那捧着你在幻想中上升的迷魂音乐。它只是一片沈着的鼓声，鼓舞你爱，鼓动你恨，鼓励你活着，用最高限度的热与力活着，在这大地上。"① "都不算成功" "却是……" 这种不乏矛盾之处的话语逻辑与前述郭沫若评论可谓形成了一种价值差序格局：若仍以"时代精神"论之，彼时是在"时代精神"之上悬置了一个文学的准则，即希冀以文学的准则来修正那种过于强炽的时代精神；而此时呢，"时代的鼓手"这一新的时代精神成为凌驾于诗歌之上的更高准则，即试图以社会政治学的准则来改变文学的路向。彼时也是近于一种转折式的判断（两篇评论组合起来），所呈现的是文学的复杂景况；此时的转折却导向了一种单面的价值判断。

何以会发生这种转变呢？从《时代的鼓手》等文章的内在理路来推断，诸多因素之中，最重要的一点应是田间诗歌正契合闻一多"急于"为中华民族"开方"的思路，即使明明知道所看到的是"不算成功的诗"，但已没有耐心去等待——其时的闻一多，即如他所评价对象一样，陷入一种"疯狂，野蛮，爆炸着生命的热与力"的"鼓的情绪"② 之中，这种情绪滋长了他的"人民情怀"，但同时也挤兑了他作为一个文艺家的气质。这样一个对新诗已较为隔膜，且情绪明显急躁的"选家"所编选的《诗钞》会是怎样一副面目呢？

编选眼光与美学意蕴

从种种表面性因素看，《诗钞》其实充满了艺术兴味。《诗钞》收录65 位诗人作品，共约 190 首。以年代划分，1920 年代成名的诗人有郭沫若、冰心、闻一多、徐志摩、戴望舒等；1930 年代中前期成名的诗人有朱湘、孙大雨、陈梦家、何其芳、艾青、饶孟侃、林徽因、废名、王独清、林庚、邵洵美、汪铭竹、徐迟等，两类相加约为 20 余人，所占总数比例在30% 左右。余下占 70% 的 40 多人基本上是 1930 年代后期以来才逐渐成名甚至才开始写作的年轻诗人，其中，田间、S.M（阿垅）等已有诗名，多数尚

---

① 闻一多：《时代的鼓手》，《闻一多全集·2》，第 201 页。实际上，早在 1932 年为臧克家诗集《烙印》所作《序》中，闻一多即特别强调了"生活"之于作诗的意义。

② 闻一多：《时代的鼓手》，《闻一多全集·2》，第 201 页。

处于无名状态，包括现行文学史给予高度评价的穆旦。① 以此来看，这样一种较大跨度的诗人入选的事实本身即像寓了一种开放式的诗歌美学标准。

从具体选目看，占据核心位置的是两类诗歌：一类是充满浪漫激情的诗歌（或依惯例称浪漫主义诗歌），其中，徐志摩、艾青、陈梦家、郭沫若乃至闻一多自己分别选有 13 首、11 首、10 首、6 首和 9 首，推举力度毋庸置疑。另一类则是戴望舒以降充满现代派色彩的诗歌，这一类呈现另一种景状，即相对数量较少，各位诗人入选篇目数量远远小于徐、艾等人，为 1 首到 4 首不等，即便是戴望舒，也仅有 3 首；但在绝对人数上，则较前者更多——众多接受了良好的外国文学教育的年轻联大诗人被选入其中。至于其他影响不可谓不大的诗人，如胡适等草创期诗人，蒋光赤等"革命诗人"，蒲风等大众化诗人，以及诸多解放区诗人，均未入选。从已选入的两种主要类型及未选入的情形可见闻一多对新诗美学意蕴的倡扬：既肯定新文学运动以降占据主导地位的"浪漫派"诗歌形态，也对"现代派"这一充满探索意味的诗歌形态多有认同，可以认为，它们共同呈现了闻一多对现代汉语诗歌主体成就的体认。

解放区诗人袁水拍、田间等看起来是例外。不过，1943 年中期之前袁水拍还保留着诗人本色，写过不少具有较强艺术兴味的抒情诗，尚未蜕化为山歌型诗人②；田间则是不得不选——闻一多既热切评价他，入选乃情理之中，实际选入 6 首，这一数目较一般诗人多，但不及徐志摩的一半。其中如《自由，向我们来了》《五个在商议》《冀察晋在向你笑着》等，大致是"不算成功的诗"。可见，闻一多虽给予田间以热切评价，但在具体编选过程中，还是较为严格地控制了美学尺度。换言之，对田间的评价更多地不妨视为一种姿态，在著文批评时，闻一多不惜使用近乎偏激的语词，但一经遇到实际文艺问题时，却还是坚持了自己的美学底线。一种矛

---

① 《诗钞》目录标识为穆旦诗歌 11 首，实收 4 首：《出发》《还原作用》《幻想底乘客》《诗八首》，"11 首"是将《诗八首》视为"8 首"，将诗歌之 1 章视为 1 首，在现代中国非常常见，却误导了当代的研究者，不少研究者正是据此强调入选篇目仅次于徐志摩，以突出穆旦当时的影响力。当然，闻一多对穆旦还是很看重的，《诗钞》对穆旦的推介也是很有力的。

② 徐迟认为：如果袁水拍能将他的才能集中于写早年那种抒情诗，"他将得到何等的丰盛收获。我相信他完全可以写得和彭斯一样好，和拜伦一样好，甚至是可以，完全可以写得和所有那些大诗人的抒情诗一样好的"，见徐迟《序》，袁水拍：《袁水拍诗歌选》，北京：人民文学出版社，1985 年。

盾由此逐渐显出：在政治层面，闻一多热切希望田间成长为"人民的诗人"；在美学层面，他所做出的让步却有其限度。这一矛盾或可称为政治理性与美学理念的矛盾——在急切颂扬田间之后，闻一多还发表过这样的文字（1944年9月）：

> 时间和读者会无情地淘汰坏的作品……我们设想我们的选本是一个治病的药方，那末，里边可以有李白，有杜甫，有陶渊明，有苏东坡，有歌德，有济慈，有莎士比亚；我们可以假想李白是一味大黄吧，陶渊明是一味甘草吧，他们都有用，我们只是适当的配合起来，这个药方是可以治病的。所以，我们与其去管诗人，叫他负责，我们不如好好地找到一个批评家，批评家不单可以给我们以好诗，而且可以给社会以好诗。①

又是"药方"！这一剂药方的主要效用是：一个"批评家"可以"给社会以好诗"。可见，尽管外在政治风潮已急剧变化，且闻一多的政治意图已明显流露，但作为一个文艺工作者（"批评家"），他还是有着强烈的自我期许。反观《诗钞》，其诗歌标准，借用《艾青和田间》中的话，在相当程度上，也不妨说是"个人的""情感的""韵律的""用我们知识分子最心爱的，崇拜的东西与装饰，去理想化"的。其间流现的选者"眼光"无疑有其独到之处，其美学意蕴是较为充沛且值得强调的。

政治理性最终占据上风

问题的一面已大致揭示出来。不过如若结合诸多背景性因素来细致辨析，也还有可待继续讨论之处。

一是所谓"提携新人"。仅以《诗钞》所录联大校园诗人为例，共有12人，占全部比例近20%。关注联大的研究者往往给予这一事实以充分肯定，并强调闻一多的"指导""栽培""识人之慧"的功劳②。这不错，即

---

① 闻一多：《诗与批评》，原刊《火之源丛刊》第2、3集合刊，现据《闻一多全集·2》，第220页。按：引文之中的省略号非原有。

② 姚丹：《西南联大历史情境中的文学活动》，第348~349页。

如后来谢冕等人对朦胧诗的热切肯定，闻一多也注意到了"40年代现代派的'新生代'诗人的崛起这一事实"①。而且，闻一多的这一提携也的确使得联大诗人较早进入研究者视域之中，虽然由于历史文化方面的因素，较多研究也直到晚近才出现。

但以更高的诗歌美学标准来衡量，不少被选入的新人诗作实为习作，缺乏足够充沛的艺术魅力，将其选入可谓美学误判；而实际上编选本意是一部作为两千五百年"全部文学名著选中一部分"的诗选，并非"西南联大现代诗钞"，编选主旨可谓发生了不小的偏离。这种对联大新人作品的过于偏重所暴露的乃是闻一多对新诗的隔膜：受阅读视野局限，不得不借助切近资料而无法在一个更大范围内进行取舍。"选家资格"的可疑性最终还是暴露出来。

一是冯至、卞之琳、李广田等与闻一多同处联大校园的教师诗人没有一首诗入选②，后来被看作联大最优秀的学生诗人之一的郑敏也未选入。这可能受制于资料欠缺或阅读局限，也很可能造因于编选者对"作者自选"的依赖：《诗钞》未编之前，闻一多曾找臧克家帮忙；实际编选过程中又曾找作者帮忙，卞之琳即被要求自选一些诗，不想卞之琳当时志在小说而不在诗，并未挂念在心，事情最终告吹③。这一细节既可以解释卞之琳为什么没有入选，也揭示了因依赖"作者自选"而造成的缺漏。类似于此前求助臧克家，这再一次彰显了闻一对新诗的隔膜，以及作为新诗集编者的某种素质欠缺。

关于资料问题，《诗钞》目录后附列的《新诗过眼录》和《待访录》似乎可以说明问题。从字面意思看，"过眼"和"待访"指匆匆翻阅和尚未翻阅。前者列入诗人诗集65部，诗刊2种；后者列入诗集50部，诗刊3种。前者中有卞之琳和李广田等人的诗集，冯至诗集依然没有出现。据此，这两个尚处于"材料"阶段的目录固然蕴含了一种比现行《诗钞》更大的美学可能性，但卞、李既被翻阅而未选，冯至尚未进入其美学视域，

① 孙玉石：《中国现代主义诗潮史论》，第305页。
② 研究者如姚丹忽略了冯至没有入选的细节，她提到：联大诗歌和"郭沫若、徐志摩、冯至、艾青等成名诗人一起，成为中国新诗发展二十年的成果，向全国和世界传播"。见《西南联大历史情境中的文学活动》，第235页。
③ 卞之琳：《完成与开端：纪念诗人闻一多八十生辰》，《卞之琳文集·中》，合肥：安徽教育出版社，2000年，第151页。

可见这些诗人的诗歌风格对闻一多并未形成强烈的冲击力①，忽略了这些重要的诗人，戴望舒、何其芳等也仅有 3 首和 2 首，《诗钞》呈现了某种美学残缺性，并不足以全面代表新诗的实际成就——《诗钞》的选者眼光也有"如豆"的一面，历史"真相"在一定程度上被"抹杀"②。

关于两个目录还有可堪讨论之处，比如学界普遍将《诗钞》指认为"未定稿"③。查阅相关材料，编选工作有大致可寻的起始时间，完成时间却均无记载。一种来自西南联大的追加解释（1979 年）是："由于授课及社会工作繁忙，他后来放弃了。现代诗选也没选完，遗漏了不少人，原选也过宽，他打算重新精选一次。但他的早死，中止了这个工作，实属憾事。"④ 这一解释可谓既在理又不在理。在理在于它对"过宽"等问题的发现；不在理则是因为其中潜在的假设（姑且不论这是闻一多的"打算"还是作者本人的推测）：如果"重新精选"一次，选本会更为完善。

但这很可能是一个难以贯彻的假设。1945 年 5 月 5 日，闻一多在一次讲演中对《诗钞》编选工作做出了某种否定——姑且认为《诗钞》至此时已大致编定，因为他用了"我当年选新诗"的语句；其否定在于将所编选的赵令仪《马上吟》以及作为编选者的自己指认为"鸳鸯蝴蝶派"⑤。且不说这一善变的文艺立场对于旨在代表中国新诗成就的选本的编选而言是危险的，将这一否定与 1944 年之后闻一多的文艺立场结合起来看，放弃编选工作的内在动因倒有所呈现：既选择了一份严肃的"人民的事业"，那么，所编选的那些带有"鸳鸯蝴蝶派"意味的作品——也包括他自己——就应无情抛弃。这就是 1940 年代知识分子"转向"的基本要义。换言之，

---

① 没有材料表明闻一多对冯至的态度；闻一多对卞之琳的态度比较含混：据卞之琳本人称，闻一多 1940 年读《慰劳信集》，"看来有点出乎他意外，却给了慷慨的嘉许"（见卞之琳《完成与开端：纪念诗人闻一多八十生辰》）。1943 年 11 月 25 日致信臧克家，对卞之琳的"技巧"流露出某种批评（见《闻一多全集·12》，第 380～382 页）；1944 年 5 月 8 日，又称卞之琳不做诗了是"高见"，"做新诗的人往往被旧诗蒙蔽了渐渐走向象牙塔"（见《新文艺与文学遗产》，载《闻一多全集·2》，第 216 页）。

② 语出鲁迅《"题未定"草（六至九）》，见《鲁迅全集·6》，第 421～422 页。

③ 《闻一多全集·1》关于《诗钞》的说明文字里称，"先生生前似未最后编定"，见该书第 326 页。

④ 薛诚之：《闻一多和外国诗歌》，许毓峰等编《闻一多研究资料·下》，第 594 页。薛诚之，曾为联大外文系教师，闻一多曾为其诗集《三盘鼓》作序。

⑤ 闻一多：《艾青和田间》，《闻一多全集·2》，第 232 页。

尽管美学理念一度占据上风，自我期许也很强烈，但最终占据上风的乃是政治理性，即如手稿《诗与批评》所阐释的，诗中个人的觉醒是一种具有历史意义的巨大进步，但个人还是依附于外在的文化制度，"文化从个人主义发展到社会主义，诗不能例外"①。在这个意义上，闻一多最终未能"重新精选"固然是"憾事"，但"精选"而成艺术性愈加丧失的、"时代的鼓手"式的选本未必不是另一种"憾事"。回到两份目录，闻一多的观点既变化迅捷——既不无矛盾之处，它们所蕴含的美学可能性最终也是不足凭据的。

进一步看，"未定稿"的指认固然有合理之处，但所谓"未完成性"主要应归因于闻一多本人艺术观点的急剧变化，外在因素如1946年遇难身亡固然影响了《诗钞》的"最后审定"——姑且假设闻一多活着进入新中国，且会进一步审定《诗钞》，那么，最终"完成"情形又将如何呢？这自难确论，但如上所述，闻一多的观点既变化急剧，新中国成立之后对知识分子的约束又日趋严格，那么，闻一多最终也很可能将如诸多曾经艺术气韵充沛的写作者一样陷入一种不断自我否定的怪圈之中——对《诗钞》的进一步审定则很可能对新诗发展轨迹做出"全新"解释，其"完成"形态也就很可能如他当年求助的学生所编的《中国新诗选（1919—1949）》（1956年），诗歌的艺术性有所减弱，诗歌历史被革命历史进程所涂写。当然，这不过是一个最坏的历史假设而已。② 由此，与其说《诗钞》是"未定稿"，不如说它是闻一多1943年9月之后的艺术观点的体现，对这一阶段的闻一多而言，它已然"完成"——没有"重新精选"而保留了较充沛的美学意蕴，这未必不是一种幸运。

结　语

基于以上事实，可以认为，阅读视域等方面的局限妨碍了闻一多在一个更大范围之内进行艺术选择；而尽管《诗钞》在总体上体现了闻一多对

---

① 该手稿原题《怎样读中国诗》，转引自闻黎明、侯菊坤：《闻一多年谱长编》，第689页。
② 以何其芳为例，1940年代之后，其文艺观点越来越明显地呈现出图解政治乃至具体政策文件的倾向，但在某些具体的文艺问题上，他仍把持了一定的美学标准，其美学底线并未全然突破。所以，斯人已逝，"解放后的闻一多"也只是一种假设。感谢王光明教授的提醒。

诗歌美学的肯定，是关于中国新诗的一部艺术兴味较为充分的选本，但既存在诸种残缺与矛盾，与其说它是一部"经典"的文学选本，还不如说它"经典性"地呈现了编选者闻一多在 1940 年代中段这一纷乱时局中的矛盾性——一个有着自我期许的文艺家在残酷的时代政治面前的矛盾。由此看来，在"经典"和"经典现象"的背后，往往有着复杂的历史纠葛——这种纠葛，往往也就是人与历史的纠葛。

（曾刊载于《人文杂志》2011 年第 2 期）

第 六 辑

　　并不难发现，前述研究均在"文献学"整体视域的认知范围之内。实际研究主要运用中国现代文学文献学的理念与方法，诸如辑佚、校注、考证之类。这主要是从传统古典文献学方法发展而来的，也依据中国现当代文学的实际状况做出了若干重要的拓展。同时，鉴于中国现当代文学文献的整理尚缺乏普遍认可的规范，对相关技术性的因素也是多有关注。

　　想强调的一点是，在新材料、各类惯常的文献类型的整理与研究方面，类似操作可谓理应如此，但从一个普泛的层面来看，我个人还是致力于将文献学知识理念作为一种常态运用于实际研究之中——现当代文学研究所面对的更广泛的内容终归是一种常态性的存在，并非总是"新""佚""补"之类文献，也可能没有复杂的版本状况。此种一般性的研究，亦应以文献为基础，广泛而细致地运用文献材料，结合精当的文本分析和必要的文学史视域，从而达成对作家、文本、时代与文学史的综合认识。这也是解志熙教授所强调的文献学作为文学批评与文学史研究方法的重要性。

　　严耕望先生也曾谈到新的稀有史料的运用与普通史料的研读问题："新的稀有难得的史料当然极可贵，但基本功夫仍在精研普通史料。""能有机会运用新的史料，自然能得出新的结论，创造新的成绩……真正高明的研究者，是能从人人能看得到、人人已阅读过的旧的普通史料中研究出新的成果。"说的也是同样的道理。

"滇缅公路"及其文学想象

世人屡屡以"苦难深重"来指称现代中国的现实，但一个同样屡屡被谈及的悖谬现象是：这种苦难深重的现实并未在世人内心投射下足够深的烙印；或者说，它留下了深刻的烙印，但同时又容易被"胜利"等宏大的历史目标所冲淡。反映在文学中，基本症候是：深挚的悲剧作品与悲剧精神明显不足，苦难现实与个体实存境遇之间缺乏足够深挚的对应，个体之实存感受往往让位于更为宏大的历史叙事。近读《血路》及相关文学想象，又一次强烈地感受到这一点。

"血路"：一位指挥者眼里的筑路与毁路过程

《血路》是作为"旧版书系"出版的。全书分上、下两篇。上篇为《修筑滇缅公路纪实》（以下简称《纪实》），作者为曾出任滇缅公路工程管理局局长的谭伯英先生①。下篇为当时有关记述及亲历者后来的回忆文字。当时记述包括在工地广为传唱的"筑路谣"《公路是血路》（王锡光），"民众力量真魁魏，前方流血后方汗。不是公路是血路，百万雄工中外赞"。很显然，《血路》书名由来于此。其他的有诗歌《滇缅公路》（杜运燮，1942年），通讯《血肉筑成的滇缅路》（萧乾，1939年）等。亲历者的文字，有的出自本人之手，也有三两篇是通过口述、后人笔录而成的。

---

① 谭伯英等：《血路》，昆明：云南人民出版社，2002年。按：《纪实》完成于抗战胜利前三个月，从行文看，是针对外国读者而写，中文版由戈叔亚译出。文中页码均出自该书，不另说明。

抗日战争爆发之后，中国大陆东南沿线与国际的交流被骤然切断。为了打通中国大后方与国际间的连接通道，为战争输送必要的物质资源，国民政府于1937年11月开始修筑滇缅公路，次年8月底全线基本修通。但由于条件简陋，施工仓促，许多工程不合标准，不能满足大量运输的要求，对公路做进一步改善成为必要，谭伯英即负责改善与重修任务。公路由云南昆明到缅甸腊戍，实长1153公里，中国人负责修筑地理和地质上最复杂、最艰难的部分，从昆明到中缅边境小镇畹町，全长964.4公里。其余不足200公里的路段由英国人负责。

《纪实》写到，尽管已有先期基础，但仍有"无数问题需要解决"。这些问题归源于各类条件严重不足，包括技术人员、劳动力、机械设备、资金、医务人员、驾驶员，等等；而自然条件之恶劣又往往超出了肉体生命所能承受的范围，因此，筑路本身成为一个"人类实验室"。也因此，尽管作者写作初意在于纪实，但叙述中往往多有游移于工作场景之外的细节，其语调也往往夹杂有低沉的因子——一本纪实性的书，同时是一本回忆性的书，作者既是紧张烦琐工程的指挥者、参与者，更是一场"人类实验"的观察者、记录者。

这样一次实验——一次奔向现代化的努力，从一开始就深深地打上了非常原始的烙印：现代机械设施极为有限，原始性手工劳动及原始的劳动方法占据极大比重。搬运石头的场景可视为整个修筑行动的一个缩影："铺设路面需要很多石头，大的和小的都要。但是，有些地段，特别是在泥泞山区的傣族地区，石头是很难寻找的，有时要从遥远的河床一块一块运来。那时几乎每个人都参加到搬运石头的工作中来。无论是女人、老人和孩子，每个人根据自己的能力来搬运……在绵延数公里甚至数十公里的山间小道上，一条长长的搬运石头的人流，好像是许多蚂蚁在搬运食物或是它们的卵，运动的路线就像是一条无限长的锁链，这样的活动在中国已经延续了好几个世纪了，建筑神庙和古老的城墙时都是这样。"（54页）

将工人视为"蚂蚁"并非贬称，而正是对"原始"的强烈感知。在《纪实》里，但凡涉及筑路工作场景时，蚂蚁的比喻便多次被使用，比如这样写到堤坝上的抽水作业的情形："看着堤坝上的这种抽水作业总有一种这样奇怪的感觉：工人就像一群蚂蚁，忙碌地建造蚁丘。建造围堰就地取材，无论用哪种材料都漏水，而且漏水的速度几乎和抽水的速度一样快。所以抽水工作日夜不停。没有现代照明工具，就点菜油，菜油发出的光亮和烟头差不多，几乎什么也看不见，但工程仍在继续，整个工地都淹没在黑暗中，人们就凭着感觉干活，工地的喧闹声也都淹没在江水的咆哮声中。"（107 页）

"原始"的境遇还因为自然界施与肉身的、难以承负的巨大困难。在傣族地区的一块石碑上写着："在雨季，即使鸟也不能飞过傣族地区。"（72 页）在雨季，比酷热和潮湿更恶劣的是无处不在的疟疾：初期没有很好的医药和设备，大多数被疟蚊叮过的人都死亡了；后来即使条件改善，疟疾患者的死亡率仍然高得可怕，8000 名患病者中仅有 500 人能从死亡中幸免于难，"在不长的时间内，差不多一半的人在疾病骤然到来的情况下死去。那时，对于还活着的人，最难熬最痛苦的，是在寂静的黑夜，他们一个个默默地呆在自己的小屋里和那看不见的恐怖魔影抗争"。（76~77 页）

在付出巨大牺牲之后，工程终于完成，个中情形，恰如付出巨大代价终于攻陷某个军事目标、无数无名者的牺牲最终换作红旗摇曳与胜利欢呼。不过，任务并没有结束，由于筑好的公路成为中国与国际间运输战争物质的通道，日军频频派出飞机进行轰炸，路面、桥梁多有损坏。抢修路面、桥梁成为一件和筑路同样重要、同样艰辛的工作，令人唏嘘不已的现实也生发而出："滇缅公路重新开通，第一辆卡车通过这座大桥时，人们看到运载的不是战争物质，而是装着可以获得暴利的货物，这是一辆属于战争投机商的私人卡车。付出数不尽的钱财和心血后看到这种情形，负责维护桥梁的工程技术人员的内心非常痛苦，工人的士气受到打击。"（112~113 页）

更令人心碎的还在于，由于缅甸战场上中英联合抗日部队一度全面溃败，日军试图从滇缅公路上的怒江大桥长驱直入，直接进攻中国。破坏怒江东岸 30 多公里公路成为新的命令。抢修是为了战争的胜利，毁坏也是为了保全国土，就这样，工人们回到了那些因为日军持续大轰炸，几年前、几个月前还鲜活但此刻已成"死城"的城市，比如保山，在那里重新建立办公室，重新招募人员——大家"流着泪"进入保山，"举目看不到任何生物，到处是废墟和死一般的寂静，我们的脚步声在石头铺设的街道上发出空荡荡的回响使人毛骨悚然，而且到处都散发着令人难忘的气味"。（171 页）

毁路工作更为悲怆，其间始终伴随着死亡的阴影："白天和夜晚我们往返于小村庄的总部和前线之间，在这两端，都处于战争和死亡之中。我们总部楼下是所医院，总是挤满了得霍乱而垂死呻吟的人……有位老工人的一条腿被敌人的炸弹炸伤了，当医生试图截肢时，发现他已经死了。其实，除了死亡，医生很难为他再做些什么。"及至"毁路任务终于完成"，"办公室里云集着数以千计的卡车司机、工人、工程技术人员，除了身上的衣服外，他们已一无所有。一夜之间什么都失去了，工作没有了，并受到疾病、饥饿和死亡的威胁，但没有发生任何混乱和歇斯底里"。（172～173页）

"我非常尊敬他们"，作者以七个字归结了这段令人心碎的场景。

"滇缅公路"：文本修改背后的事实

如上比较详尽介绍了1945年一位指挥者眼里的筑路与毁路过程，主要意图在于提供一种参照，一幅或可称之为"人间的伟大戏剧"[①] 的历史图景，而并非引诱读者去感慨修筑之艰辛——站在一个后续时间点上省察前事，我并不希望引发读者对苦难的廉价喟叹。综观现代中国，其他时段与其他地域，类似的苦难事件屡屡发生，比如持续不断的战争（军阀混战、抗日战争，等等），屡屡将个体、民族推向苦难深重的境地，单纯的喟叹只能是廉价的，也无益于对真相的进一步窥视。在我看来，更重要的是：这些苦难深重的个体对自身所遭受的苦难有着怎样的体验——作为表现形式，有着怎样的文学想象。这里仍从滇缅公路切入，将关于它的叙事与想象视为一枚重要的精神标尺。

滇缅边境，向来被认作神秘区域，新路辟成，不仅导引人们深入探究自然之神秘；更通向了一个残酷而惨烈的战场，1941年底缅甸战场战事爆发之后，为数甚巨的中国远征军战士，包括并不算少的年轻学子，踏着滇缅公路走上战场。由此，这条新路也劈开了一条通向新的（神秘、新鲜、残酷）文学空间的路径，为文学表现提供了新的主题和场所。西南联大曾昭抡教授的《缅边日记》（1941年）便是实地考察记录，文字很平实。次

---

① 语出美国版《滇缅公路修筑纪实》的《书前介绍》，转引邢克全《书前》，《血路》，第3页。

年，联大外文系学生诗人杜运燮写下了诗歌《滇缅公路》，其间多有文学想象。再往后，杜运燮曾任美国空军和陆军的翻译，在"血路"上奔走过，也有了更多的文字①。

这里先详细考量一番与"血路"直接关联的《滇缅公路》②。前述《纪实》叙述的筑路工人原始的生存境况在诗歌中也有呈现，而且，杜运燮良好的艺术修为往往在词语施用与场景绘写方面显示出来，如开篇所写"每天不让太阳占先，从匆促搭盖的/土穴草窠里出来，挥动起原始的/锹锤"；后半段则有"在粗糙的寒夜里""修路工人在草露上打欠伸"，这些诗句对应着《纪实》里关于男性筑路工人休憩境况的描述：由于休憩场所较少，"到了晚上，只好临时找个让她们和孩子遮身的掩蔽地，而男人们却在公路边自己挖掘的土坑里过夜"。很多人穷得全家只有一条被子，它要留给女人和孩子用，男人只能在地上睡觉而"往往不盖任何东西"。（44～45页）诗人没有将这种境况表象化，也没有发出"多么艰苦"一类的嘘叹，而是以一种形象且精确的方式说出："在草露上打欠伸"，"草露"成为工人夜里栖息之床——栖息在"草露"之上，暗喻生命既卑微又易逝。"不让太阳占先"说的是太阳还没有升起来工人们就已经开始干活。这样，所谓"原始"，并不仅指工具，也指原始性的劳动状况；而"粗糙"也暗喻了筑路工人生命的"粗糙"——季节之寒冷进一步恶化了生存环境，"粗糙的寒夜"成为生命境遇的表征。这样的筑路工人，"带着沉重的枷锁而任人播弄"，他们所有的不过是"无知而勇敢的牺牲"（第2节），诗人以奥登式笔法对其生命境遇做出了主观讽喻——这同时也是对现实的讽喻："时代是怎样无情""永在阴谋剥削而支持享受的一群"。

诗歌对现实的处理却到此为止——整首诗中，这一层面的指涉所占比重并不大，即，它很可能并非作者所要刻意表现的，在第4节里，现实场景即被描摹为一幅轻松的、"懒散"的乡村牧歌："村落里/安息前欢愉的匆促，轻烟的朦胧中，/洋溢着亲密的呼唤，家庭的温暖，/然后懒散地，沿着水流缓缓走向城市。"懒散是闲适的表现，现实中那些艰辛而苦涩的因子被稀释、被篡写。

---

① 这些诗歌多收入《诗四十首》，文化生活出版社1946年版。
② 所据为其初刊本，即《文聚》第1卷第1期，1942年2月。

在更主要的层面上，诗歌在反复表达关于胜利和未来的许诺，洋溢着一种乐观的、兴奋的语调。其中，有对"历史记忆"的相信："我们都记得无知而勇敢的牺牲"；有对"不朽"的指认：

> 看，那就是，那就是他们不朽的化身：
> 穿过高寿的森林，经过万千年风霜
> 与期待的山岭，蛮横如野兽的激流，
> 以及神秘如地狱的疟蚊大本营……

更有"为胜利尽忠而骄傲"——"在粗糙的寒夜里"，"载重车"仍驱驰于滇缅公路：

> 载重车的黄眼满山搜索，
> 搜索着跑向人民的渴望：
> 沉重的橡皮轮不绝滚动着
> 人民兴奋的脉搏，每一块石头
> 一样觉得为胜利尽忠而骄傲；

在这里，"骄傲"的"石头"成为"人"的代称，人被视为一块块甘愿为历史做出牺牲的"石头"——在《纪实》里，指代人的是"蚂蚁"，"蚂蚁"所有的是原始的沉默，原始的负重与死亡，无从"骄傲"。可见，艰辛乃至惨烈的情境并没有在内心激起大的波澜——相反，它们被许诺为"不朽"的，被视作"为胜利尽忠"，那些"原始"而"粗糙"的因子也最终湮没于"兴奋"的声音当中：

> 你看，黎明的红色消息已写在
> 每一片云上，攒涌着多少兴奋的头颅，
>
> 一切在飞奔，不准许任何人停留啊，
> 远方的星球被转下地平线，
> 拥挤着房屋的城市已到面前，

可是它，不许停，还要走，还要走，

整个民族在等待，需要它的负载。

（全诗最末 5 行）

我猜测，作者在写作时其实陷入了某种矛盾当中：一方面，那些沾着露水的身体、声音，那些原始的、卑微的生命，那些巨大的牺牲，就在他的眼前、笔端，它们会不断地跳出来，促使他写下；另一方面，"歌颂中国筑路工人的业绩"① 的理念，或者说对新生的中国的过于强炽的向往，又敦促他不断张扬"胜利""光荣"一类想象；与之相应，不断压低乃至剔除这种声音——一首从艰辛的背景之上生发的诗歌，最终滑向了一个虚幻的想象世界，或如"俨然在飞机座舱里，发现新的世界"（第 4 节）所喻，真实的现实世界被一个超验理念的"机舱"隔离开来。

不妨将作者后来对诗歌的修改视为歌颂思路的延续，其中第 1 节中"你们该起来歌颂：就是他们"改为"这是不平凡的路，更不平凡的人"；第 4 节"这是重要的日子，幸福就在手头"改为"这是重要的时刻，胜利就在前方"；第 6 节前引诗句中"你看"改为"大家都看见"，"头颅"改为"面庞"；第 7 节中"农夫"改为"农民"；"不能停，还要走，还要走"改为"不许停，这是光荣的时代"②。总体上说，修改之后的版本，用词更为文雅，"头颅"改为"面庞"，"农夫"改为"农民"，即抹去了一种原始的气息；"集体意识"与"光荣"的意识更为强炽，"你看"改为"大家都看见"即凸显了这一点，以现代诗歌经验来看，"大家""我们"一类复数人称往往带有虚拟意味，即以一种虚拟的群体意识来代替个体的声音。而"这是光荣的时代"更是表明作者念兹在心的乃是一种"光荣"的历史意识，他最终着意张扬那种悬浮在时代上空的超验的精神，被压低、被放逐的则是沉伏于大地之上的生命现实，以及那种直面现实的可贵的自我意识。

---

① 杜运燮：《〈你是我爱的第一个〉自序》，《海城路上的求索》，北京：中国文学出版社，1998 年，第 293 页。

② 杜运燮具体修改此诗的时间不详，现行杜运燮诗歌集如《海城路上的求索》以及经由他审定的选本，如《西南联大现代诗钞》（中国文学出版社 1997 年版），均为修改过的版本。此处用以对校的为《海城路上的求索》（中国文学出版社 1998 年版）一书所录版本。按：初刊本未分节，此处为论说方便，用对校本的小节来指称。

稍早，诗人徐迟发出了"抒情的放逐"的号令（1939 年）："鉴赏并卖弄着抒情主义""是我们这国家所不需要的"，"还抱住了抒情小唱不肯放手，这个诗人又是近代诗的罪人"①。因着对"兴奋"和"胜利"的反复渲染，杜运燮笔下"不准许任何人停留"也接上了时代的接力棒而成为别一种号令："光荣"的时代在驱赶着每一个人，不允许停留下来，更不用说沉潜下来，去诚挚地观察、体验时代的现实，去诚挚地展现自我之视域，抒发自我之情感——个人的"抒情主义"应被"放逐"，允许乃至必须去做的，是朝集体化的观念世界的"飞奔"。

复杂的历史因子如何剥落

我必须坦白，如上评述曾令我有所犹豫，杜运燮确是一位艺术修为良好的诗人，放置到整个新诗发展进程看，他同期的较多诗歌，有着卓绝的察物方式与切入方式，有着反讽与幽默夹杂的语调，很好地摹写了时代的现实，具有优良的诗学品质，足可以使他成为超于时代之上的优秀诗人——即便是《滇缅公路》，自我声音与诗学品格虽被大幅压低却也并未全然剥裂，在高调与低调之间，在"光荣的未来"与"粗糙""无知"的现实之间，虽然前者最终占据了上风，诗歌本身却多少具有了一种矛盾而复杂的语调②。但我最终说服了自己：平庸不足以道，越是优秀的诗人，越需要用更高、更严厉的准则来衡量，即所谓苛责。

因此，这里摒弃杜运燮诗歌的优长不论，而宁愿顺着上述思路重提其中的某种重要欠缺。"重提"是因为我曾将《给永远留在野人山的战士》和《森林之魅》进行过对照。1942 年初，已是联大外文系教师的穆旦弃教从军，踏着滇缅公路走上战场；之后经历了惨绝人寰的"野人山战役"及战败之后的大撤退。"野人山"地区的自然环境较前述傣族地区有了加倍的恶劣（包括令人谈之色变的、长达数月的雨季，异常活跃的食人蚂蟥，

---

① 徐迟：《抒情的放逐》，《顶点》第 1 卷第 1 期，1939 年 7 月。

② 杜运燮晚年曾回忆，当年联大有极少数学生过着"商人式暴发户的生活。一学期除开学头几天和期末考试，多半时间都在找挣钱的门路或跑滇缅公路，做投机倒把生意。但绝大多数学生不羡慕，安于简朴的生活，不受影响，只把他们当作讽刺的对象"。这一回忆可勾连起《纪实》里的记载，但它并没有见诸杜运燮当时的诗歌，也没有改变他对"光荣"的判断。见杜运燮《幸运的岁月》，《海城路上的求索》，第 258 页。

各种致命的森林疾病，漫长的饥饿，为数甚巨的死亡）。结果，穆旦写下了"一个在死亡线上穿行的生命，一个被窒息、饥饿、毒、黑暗、枯萎、痛楚、死亡等等自然强力紧紧逼压着的生命"；杜诗却仍在延续《滇缅公路》的理念，仍然标举"英勇""正义""凯旋"，个体之死亡"让位于更为崇高、更为本质的'胜利'目标"。可见，同是从滇缅公路延伸开去的写作，却存在着非常重要的区别①。

进一步说，以《森林之魅》的写作来衡量，惨烈经历在穆旦的内心深处沉积了三年，其写作可谓"心中有物，良心所迫，不得不写"②。而如"不准许任何人停留"所隐喻：时代所需要的是集体式的快速写作，或称之为"即时写作"，慢性写作变得不合时宜。结果，轻率肤浅的写作，特别是标语口号式的写作大量出现，这些写作虽取得了一时之效，却在更长的时间跨度里深深地伤害了文学品质。

再进一步看，在相当长的时间内，"滇缅公路"所扩展的文学想象与文学空间一直困囿于一种"诗与建国"或"新诗现代化"的视角当中。这一视角由资深评论家朱自清先生提出。诗歌本身是一种想象，评论则是既定想象之上的再想象。朱自清对诗本身少有阐释，而是较多引用了原诗（尚未修改的版本），其核心观点则在引述之前就已表明：

> 建国的成绩似乎还没有能够吸引诗人的注意，虽然他们也会相信"建国必成"。但现在是时候了，我们迫切的需要建国的歌手。我们需要促进中国现代化的诗。有了歌咏现代化的诗，便表示我们一般生活也在现代化，那么，现代化才是一个谐和，才可加速的进展。另一方面，我们也需要中国诗的现代化，新诗的现代化，这将使新诗更富厚些。

在朱自清看来，战时修筑了许多工程艰巨的公路，"滇缅公路的工程和贡献更大"。公路之外，"都市建设"也"都是有计划的"，"这些制度，这些群体，正是我们现代的英雄。我们可以想到，抗战胜利后，我们这种

---

① 参见易彬《从"野人山"到"森林之魅"——穆旦精神历程（1942–1945）考察》，《中国现代文学研究丛刊》2005年第3期。

② 穆旦：《致唐振湘》（1944年11月16日），《穆旦诗文集·2》，北京：人民文学出版社，2006年，第127页。

群体的英雄会更多，也更伟大。这些英雄值得诗人歌咏"①。基于这一理念，旨在"歌颂业绩"的杜运燮成为他视野之中的"建国的歌手"——"建国的成绩"，一种悬浮在时代上空的"光荣"的东西，而不是那些带有原始兴味的现实与生命形态，成为两人的契合点。而且，一如杜运燮写下"不准许任何人停留"的时代律令，朱自清也着意强调了"歌颂"是一种"迫切的需要"。这么说的时候，别有一种时代律令从他的视野里浮现而出："英雄"题材、主题的迫切性与优先性，他甚至希望借此而达到"新诗更富厚些"的目标——以"英雄"为题材的文学后来显然并没有变得多么"富厚"；相反，随着"歌颂"力度不断加剧，思维模式不断僵化，在相当长的时间内，这一文学形态反倒走上了一条越来越狭窄的恶性发展的道路，最终则引致了一场几乎耗尽了整个民族的艺术创造力的文学灾难。

没有人将灾难归咎于学养丰厚的朱自清——追问却是必需的：放眼现代文学的发展历程，朱自清、杜运燮等人不过是其中某个小小的因子，对于所谓"英雄"题材的写作而言，他们也是次一类的因子；而其良好的学养修为又往往导引学界对其做出正面的评价。但是，就我个人的阅读感受而言，这些被称道的作品与观念并不及前述"纪实性"文字那么值得"尊敬"——它们缺乏足够深挚的悲剧精神，远远没有写出那些令人"非常尊敬"的生命事实与生存境况，没有写出那个时代复杂的面貌；相反地，经由如上梳理，我倾向于认为正是这些细微的环节暗合（无意）甚至呼应（有意）了此前此后的集体化文学思潮，成为这一思潮的"同谋"。至于朱自清在《滇缅公路》的基础之上引申出的关于新诗现代化及国家现代化的叙述，某些方面只是既成理念与文学事实之间的简单对应，其中未必不包含着将文学工具化（所谓"反映论"）的危险②。

从文学想象的角度来审视，还可追究的是《血路》这一在后续时间里辑录的集子本身。略加考察即可发现下篇所选内容的旨趣基本同一：对英勇和胜利的强调，与之对应，对日寇的血腥与残忍的痛陈——"历史"被

① 朱自清：《新诗杂话·诗与建国》，上海：作家书屋，1947年，第65～66页。
② 在《文艺与"现代化"》（《文艺报》，1978年第3期）里，徐迟写道："反映我国'四个现代化'的文艺，已经跟'四个现代化'本身一样提到了日程上来，是新课题……文艺家是能够为'四个现代化'，为科学家技术人员服务的，为科技所武装了的工农兵服务的"，其内在逻辑和朱自清可谓一脉相传；《新诗与现代化》（《诗刊》1979年第3期）也包含类似观点。

简化为一种二元对立的内涵。一如杜运燮对"光荣的时代"的强调，修筑、维护滇缅公路过程中诸多负面因素，那些有损"光荣"的历史形象的内容，比如，"管理人员配枪严厉监督"（以防止工作人员玩忽失职或消极怠工）一类场景被剔除掉了；那些"夜宿野外、露水披身"的筑路工人卑微的生存境况也被剔除——民众再一次成为"历史"的牺牲品；战争结束之后，"死亡和伤残民工未获分文抚恤、补偿"（许多民工因伤残或无力偿还高利贷，弄得家破人亡）①。由此，得到关注的仍然是正面的、光荣的东西——经由叙述内容的有意筛选，呈现在读者面前的与其说是一幅文学场景②，倒不如说是一段革命史。

据说，2003年底，中央电视台经济频道连续几晚播出了一个叫作《滇缅公路》的节目。其中有"当时高空摄影拍下的滇缅公路工地的照片，大山中，公路的盘旋曲折像锯齿一样，而修路者以原始的工具在荒野中拼命"；"电视上展现了当年轧路的石磙，展现了上百人拉动石磙的样子。但是没有记录下在下坡时，石磙轧死人的场面。现在的资料片也无法表现出人们的饥饿，更无法表现出下层人民的赤诚的报国心"。对此，观者发出了历史已无法真正还原的慨叹③。我没有亲见，却想进一步说明一点，"当年轧路的石磙"已是历史遗物，站在后续时间点上审视前事，以往附加其上的种种凝固之物需要层层剥落：它可能会自行脱落，也更可能因为年代久远，需要用更强的力量方能剥落——那些复杂的历史因子。

结　语

经由对与"滇缅公路"有关的文本与文学想象的分析，大致上可以说，这样一曲"人间的伟大戏剧"并没有找到最充盈而切实的呈现形式；最为致命的障因也有所透现，即写作者在处理苦难题材上的某种倾向：个体写作良心的不断磨炼让位于即时的集体观念与话语的快速制造；艰涩的

---

① 王丽明、董筠：《修筑滇缅公路拾遗》，《云南档案》1999年第1期，第40页。
② "旧版书系"各书封面有按语（未标点）："历史无情，它淘汰了数不清的文学作品；历史又有情，它保存了许多经过时间老人检验的优秀之作。只有经过时间检验的作品才能确保它的价值"。这可视为出版者对该套书的文学定位。
③ 李国涛：《一部被现代文学史遗忘的书——谈〈修筑滇缅公路纪实〉》，《文汇读书周报》2004年1月8日。

生命境遇与深挚的苦难叙述让位于高扬的时代主旋律与强势的历史逻辑——写到这里，我想提一提《纪实》中那些带有低沉语调的内容，它们在很大程度上表明了作者将生命事实置于工程事实之上的努力。比如，写到勘察公路时，他会花较多篇幅去写寡妇们的坟墓和贞节牌坊背后的故事；而关于"蝴蝶和啼叫的小鸟"的想象，则表达了对古已有之的愁绪的理解。（104～105页）作者还写道：

> 几年以后，我才有机会意识到我们的人民那时所遇到的困难是什么样的困难。在纽约，一次遇到下雪天，我从华盛顿广场到中央广场，当到第五大街时，我遇到25辆柴油推土机和许多许多翻斗运雪卡车。工人们边说笑边干活，我注意到他们全部穿着外出工作服：厚外套、羊毛衫和厚皮手套。我估计一个工人的一套服装至少价值50美元，最少可以装备30多个中国工人。何况还有如此现代的机器和精良的劳动工具，在这样平坦的环境中工作，几个小时就把大街上的雪清除干净了。（93页）

眼前场景让他想起当初修筑"血路"时"完全没有推土机，没有卡车，只有使用锄头的男人和女人以及空着双手的孩子"，那是圣诞节，一个喜庆的日子，他却"满脸泪水"。

这种难以自抑的泪水是为他所经历的那些原始的、卑微的、令他"非常尊敬"的生命而流的——同样是站在后续时间点上，杜运燮、朱自清等艺术修为良好的写作者迫切（热切）地写下了"颂歌"，并被后来的历史逻辑一再称颂；一个工程专业出身的管理者用朴素的纪实性文字见证了苦难的过程，在本土知识界却一直默默无闻①。两者的境遇差别真是一种不折不扣的历史讽喻。

（曾刊载于《中国现代文学研究丛刊》2007年第4期）

---

① 即便是专门涉及滇缅公路的相关研究也少谈及谭伯英这个人，如贾国雄《抗战时期滇缅公路的修建及运输述论》，《四川师范大学学报》2000年第2期，第100～105页。

历史语境、文学传播与人事纠葛

——"副文本"视野下的《呼兰河传》研究

近年来，随着中国现代文学文献学知识理念的兴起，现代文学文本的版本问题得到了更为深入的关注。版本是古典文献学的核心要素之一，版本学也是古典文献学的基本分支，旨在"研究各种版本的形成、特征和差异，鉴别其真伪、优劣和成书时间"①；近现代以来，伴随着社会内涵、排印技术等因素的变化，文学文本的版本状况变得更为复杂，"正文本"之外，"副文本"因素也得到了较多关注。正文或正文本即版本文字内容的主体，而"副文本"概念源自法国文论家热奈特在《隐迹稿本》中的观点："副文本如标题、副标题、互联型标题；前言、跋、告读者、前边的话等；插图；请予刊登类插页、磁带、护封以及其他许多附属标志，包括作者亲笔留下的或是他人留下的标志，它们为文本提供了一种（变化的）氛围，有时甚至提供了一种官方或半官方的评论，最单纯的、对外围知识最不感兴趣的读者难以像他想象的或宣称的那样总是轻而易举地占有上述材料。"② 以此为基础，金宏宇教授将其移化到现代文学的研究之中，并做了进一步的说明和补充，"'副文本'是相对于'正文本'而言的，是指正文本周边的一些辅助性的文本因素。主要包括标题（含副标题等）、笔名、序跋、扉页或题下题词（献辞、自题语、引语等）、图像（封面画、

---

① 何忠礼：《中国古代史史料学》，上海：上海古籍出版社，2004年，第348页。
② 〔法〕热拉尔·热奈特：《热奈特文集》，史忠义译，天津：百花文艺出版社，2001年，第71页。

插图、照片等）、注释、附录、书刊广告、版权页等"①。

借助"副文本"的概念，本文试图对萧红的代表作《呼兰河传》展开研究。《呼兰河传》自 1940 年初刊、1941 年初版以来，坊间所传版本已不少于两百种（其中部分为重印本），其生命力可见一斑。新中国成立前，仅有三个版，此后至新时期，该书在大陆表现沉寂，但再往后，特别是新世纪，出版非常之活跃。港台地区方面，出版一度活跃，但新世纪以后已略显疲态。检视相关研究，主要还是侧重于从作品的艺术特色、女性文学等角度展开；仅有少数学者如晋浜②、张枚③、章海宁④等注意到了其版本情况，但总体上较为零散，对相关历史信息的归结还大有空间。考虑到《呼兰河传》的版本非常之多，不同版本的副文本因素往往又多有差异，我们选取了不同时期、不同地域具有代表性的版本，对其"副文本"因素进行爬梳；借此，希望不仅能增强对版本的感性认识，也能揭示时代语境、文学传播乃至人事纠葛等内容。

1940 年代因素的考察

1940 年 9 月 1 日到 1940 年 12 月 27 日，香港《星岛日报·星座》连载刊出《呼兰河传》，是为初刊本。1941 年 5 月（桂林）上海杂志公司出版单行本，是为初版本。越一年，萧红即病殁于香港。可以说，无论是萧红最后岁月的辗转漂泊，还是《呼兰河传》最初的面世，都是在战火纷飞、抗战救国之时，所以观照新中国成立前各版《呼兰河传》的"副文本"因素，不难发现其深刻的时代烙印，郑伯奇的相关序言与茅盾的"序"，骆宾基所作小传，都是此时期《呼兰河传》"副文本"因素的重要内涵，这不仅影响了萧红形象的建构，更是对日后萧红作品的批评与文学史建构起到了不容忽视的作用。

由于多种原因，初刊本《呼兰河传》已经残缺不全，难以复原其全

---

① 金宏宇等：《文本周边——中国现代文学副文本研究》，武汉：武汉大学出版社，2014 年，第 4 页。
② 晋浜：《每月文库〈呼兰河传〉的版本价值》，《图书馆建设》1997 年第 5 期。
③ 张枚：《从儿童文学的角度看不同版本对〈呼兰河传〉的修改》，《小学语文教学》2007 年第 11 期。
④ 章海宁：《〈呼兰河传〉校订记》，《现代中文学刊》2013 年第 5 期。

貌，这里姑且先从 1941 年 5 月的初版本谈起。该版为张静庐发行、郑伯奇主编的《每月文库：二辑之六》。（桂林）上海杂志公司所出《每月文库》每月刊行二三种，收纳戏剧、诗歌、小说、实地报告及优秀的通俗文学作品，十册为一辑。《每月文库》被认为是郑伯奇"编辑的丛书中最为卓著的一套"。①此版《呼兰河传》发行 2000 册，封面有一个紫色方边框，印有精美的双龙戏珠的图案，"呼兰河传"四个字为黑体竖排排版，极其简洁。书中有郑伯奇所作"每月文库总序"和"二辑弁言"。前者提到"'文章入伍''文章下乡'成了一时的风气"，"编者厕身文艺运动的行列，十有余年，终鲜成绩，殊深惭悚。当这抗战紧急的时期，自己既未曾'执笔从戎'，又未曾写成纪念神圣抗战的东西，若能搜罗推荐一些优秀作品，对于精神动员能尽一点微薄的责任，多少总可以问心无愧了"②。后者则谈到"希望各方的盛意有加无已，文库能追随着抗战建国的巨轮，一辑又一辑地，长此继续下去"③。《每月文库》既自认是肩负着为抗战建国立言的重任，《呼兰河传》最初的精神价值也可认为是设定在抗战文艺乃至"抗战建国"的时代语境之中。

1943 年 6 月，桂林河山出版社出版《呼兰河传》，署名"松竹文丛社"编辑，印行 3000 册，"呼兰河传"的书名印在了封皮上方的黄底上，封面似是一座寺庙的大门，与其叠影在一起的依稀是一群手执旗帜、香火和祭品的人们，图案只有轮廓，朦胧抽象，但能感受到其场面热闹非凡。该版除了封面和版权页，没有别的副文本资料，相较本篇所引的其他版本《呼兰河传》，实有仓促之感。究其原因，大抵是河山出版社名气不大，运营时间短暂，仅两年左右光景，实际的出版物也仅有四种，影响力着实有限。④以此来看，该版发行 3000 册，实属不易；而从出版方的意图来看，四种出版物，两种为苏联读物，另一种为作曲家姚牧的新作集（苏联读物

① 张泽贤：《民国出版标记大观》，上海：上海远东出版社，2008 年，第 345 页。
② 郑伯奇：《每月文库总序》，萧红：《呼兰河传》，上海杂志公司，1941 年，第 1 页。
③ 郑伯奇：《二辑弁言》，萧红：《呼兰河传》，上海杂志公司，1941 年，第 8 页。
④ 查相关资料，河山出版社实存时间为 1942 年至 1944 年秋桂林疏散时止。相关负责人信息不详，可见既不是出版名人，也非财经大亨。四种出版物，另三种为〔俄〕谢尔宾拉著、蒋路译《论静静的顿河》；〔俄〕卢德曼诗、可齐图夫等谱曲，灵珠等译的《穿上了征衣的女郎》（苏联抗战歌曲）；姚牧《姚牧新作演唱集》，参见龙谦、胡庆嘉编著《抗战时期桂林出版史料》，《桂林文史资料》，1999 年，第 111 页。

中亦有一种为苏联抗战歌曲），可见其亦隐含了"抗战"甚至是文艺大众化的意图。此外，抗战以后，桂林一时之间聚集了大量的文化人士，出版事业一度非常兴旺，构成了抗战以后的新气象，但确有不少杂志和出版社，因为人员变动、经费不足等原因，缺乏稳定性，实存时间短，日后则成为文献搜集与文学史研究的难题。河山出版社实存时间短，以及由此所带来的版本信息的不确定（重要当事人骆宾基对此版的误记或并不知情①），在这些方面都有某种代表性。

1947 年 6 月，（上海）寰星书店出版的《呼兰河传》系范泉主编的"寰星文学丛书"第一集，同时入集的还有臧克家、范泉、李健吾等人的作品。版权页所标示的六条经销商信息显示了该书店比较强劲的出版实力②，这对《呼兰河传》的销售应是多有助益。此书封面有四个底色，黑红白蓝，上下两边是黑条和蓝条，分别印有"萧红著"和"寰星书店刊"的字样，中间占大面积的是红底和白底，红底上横排印有黑体"呼兰河传"的书名。整个封面呈对称美，色彩的张力一如文字所带来的冲击。内页目次之后有"著者遗像"，为萧红 1938 年在西安一座桥边的全身照，照片中的萧红身着一袭长款皮草大衣，头上戴着一顶羊毛贝雷帽，脚着一双带蝴蝶结的深口单鞋，笑语盈盈，时尚得体，显示了不错的精神状态。

与此前版本相比，该版的"副文本"要素有两个非常重要的变化，即增加了骆宾基的《萧红小传》以及文坛领袖茅盾的"序"。骆宾基与萧红同为东北籍作家，1941 年底与萧红相识于战乱中的香港，陪伴萧红度过了生命的最后时刻；萧红临终前将《呼兰河传》的版权赠送给了骆宾基。骆在《萧红小传》中提到萧红"对同代友辈，亲切如家人，就是为人上有些欠缺点的，也总是宽容，体谅，常常是屈己待人。虽被友辈误为怯弱，然

---

① 骆宾基在 1979 年版《呼兰河传》（黑龙江人民出版社）的《后记》中，叙及版本情况时谈到"1942 年以后由桂林松竹社再版，解放后上海新文艺是第三版出书了"，其中并未提及 1943 年桂林河山出版社版。目前，我们并未找到桂林松竹社的相关信息，而河山出版社《呼兰河传》版权页注明编辑是"松竹文丛社"，抑或，骆宾基将"松竹文丛社"误记为桂林松竹社。

② 六家即上海中国图书杂志公司、上海五洲书报社、上海联合书报社、北平九州图书公司、杭州东南图书公司、汉口中国图书杂志公司。张泽贤认为，"在民国时期，通常是图书出版与经售不是一家，所出的图书往往都要靠别人来发行，因此从为其经销图书的机构多寡，也可看出这家出版机构的实力是否强、'路子'是否宽"，见《民国出版标记大观》，上海：上海远东出版社，2008 年，第 175 ~ 176 页。

萧也不辩白，坦然一笑而已"①。不过，日后萧军、端木蕻良、骆宾基等男人和萧红的情感纠葛成了一个持续发酵的话题，事实也并非如《萧红小传》所言那般截然清晰②，可见人事纠葛有时候也是历史叙述的重要内容之所在。

茅盾的"序"不仅谈到了萧红的人生境况，"对于生活曾经寄以美好的希望，但又屡次'幻灭'了的人，是寂寞的；对于自己的能力有自信，对于自己的工作也有远大的计划，但是生活的苦酒却又使她颇为悒悒不能振作，而又因此感到苦闷焦躁的人，当然会加倍的寂寞；这样精神上寂寞的人一旦发觉了自己的生命之灯快将熄灭，因而一切都无从'补救'的时候，那她的寂寞的悲哀恐怕不是语言可以形容的"，文字情真意切、哀而不伤，使人心有戚戚焉而不忍卒读；同时，对其艺术风格也有评语——"它是一篇叙事诗，一幅多彩的风土画，一串凄婉的歌谣"。这些评价——还包括对磨馆冯歪嘴子"原始性的顽强"的评价③，在后世的研究中引用率极高，可谓开创了萧红研究的基本格局。

新中国直至当下的诸因素考察

新中国成立后发行的《呼兰河传》，"副文本"因素往往更为丰富，一般都增加了内容提要，前言、后记也更为完备。

1954年5月新文艺出版社的《呼兰河传》为新中国成立后的第一个版本，版权页标示为据1947年寰星书店版重排，发行6000册。该版封面极其简洁，浅杏色的封皮上只有书名和作者名，书名是黑体横排，深红色的字格外醒目。此种简朴的封面版式风格带有鲜明的时代特色。内文收有骆宾基所写"内容提要"，称《呼兰河传》是"中国东北的一座小县城的二十世纪二十年代的风俗画，色彩单纯，朴素而又美丽。形成萧红作品中所独有的一种明朗风格，笑里含着沉痛"；小说的精神内涵是"对于封建社会的传统风

---

① 骆宾基：《萧红小传》，萧红：《呼兰河传》，上海：寰星书店，1947年，第5页。
② 骆宾基认为自己和萧红之间"谱写着纯真深挚、为俗人永远不得理解的文坛佳话"，又自称是萧红的最后一个男人，《萧红小传》后来也发行了单行本，曾多次再版，但比照端木蕻良的《我和萧红在香港》与骆宾基的相关叙述，出入很大，看起来，种种疑点和争议随着当事人的相继作古而成为永久笼罩世人的一团迷雾。
③ 茅盾：《序》，萧红：《呼兰河传》，上海：寰星书店，1947年，第3～11页。

习、意识的痛恶；以及为封建社会所损害了的那些愚昧人物的怜惜；另外，也留下了对于那些怀着和周围敌对情绪的人物的同情和热爱"①。至于文末对磨倌冯歪嘴子的评价，则明显是从茅盾评价的基础上发展的。

1979 年 12 月黑龙江人民出版社的《呼兰河传》则是新时期之后大陆的第一个版本，收录了茅盾作的序、骆宾基写的《内容提要》和《后记》。该书封面为一条潺潺流淌的河面上微风拂过、芦苇摆动的场景。底色趋近黑色，但又并非黑色，更像是普蓝与深红的调和色，这是水粉画在阴影处的常用配色，"呼兰河传"的书名和图画中的受光部分是白色的，河流呈浅蓝色。通过色彩的对比，整个封面产生了一种胶片冲印的效果，一种沉重的历史沧桑感。版权页背面有一张萧红的头像，注明是 1934 年 6 月摄于哈尔滨——取用萧红较早时期的照片，或许包含了凸显作品传记色彩的意图。

值得特别一提的是该书印数达 195000 册。得益于时代风气与国家出版政策的转变②——在经历了较长时间的历史阻隔之后，新时期初期文学作品的出版往往带有文化普及意味，其发行量往往非常之巨大，而这对推动萧红研究无疑多有助益。这一点，从骆宾基的《后记》即可见一斑："很多二十岁的青年有的只知萧红之名而未见过萧红的著作，有的甚至连萧红也不知道。因之，黑龙江人民出版社这次重印，不但是关系到一部反映三十年代的中国东北一个小县城的风土生活，关系到萧红的对于旧的封建传统势力的控诉，以及对磨倌冯歪嘴子之类劳动人民的坚强求生的韧性战斗的赞美，主要的还有她的独特的艺术风格对于我们未来的文学艺术也必将产生有意义的影响。"③

再往下，相关纪念活动对《呼兰河传》的出版往往有着很大的推动作用。1993 年哈尔滨出版社版的《生死场·呼兰河传》即首届"萧红文化节"④丛书之一。该版封面是萧红坐在石板上（取自萧红 1935 年坐在鲁迅

---

① 骆宾基：《内容提要》，萧红：《呼兰河传》，上海：新文艺出版社，1954 年。

② 1979 年 12 月，中国出版工作者协会在长沙成立，并举行了全国出版工作座谈会。会议调整了地方出版社的工作方针，认为地方出版社应从出版的"地方化、群众化、通俗化"调整为"立足本地、面向全国"，极大地调动了地方出版社的积极性。政策的支持无疑给出版界注入了一剂强心剂，当时出版的书籍印数动辄十几万、几十万册。

③ 骆宾基：《后记》，萧红：《呼兰河传》，哈尔滨：黑龙江人民出版社，1979 年，第 221 页。

④ 1993 年 9 月，首次萧红文化节在黑龙江呼兰县召开。"萧红文化节丛书"还有孙延林主编的《萧红研究》第一辑、第二辑，李重华著《只有香如故》等。

家门前台阶上拍摄的照片），身后蜿蜒曲折的似是一条河流，这应该就是萧红生长于斯的呼兰河，作为呼兰河的女儿，萧红对故乡的情意恰似这涓涓细流，静水流深。该版附有茅盾"序"和萧红文化节丛书编委会所作"编后记"。"编后记"将萧红定位成"为国家为民族争来无尚光荣的爱国女作家"；同时，也引向了"萧红热"的话题："这两部作品的单行本近年虽几次再版，却仍满足不了日益壮大的读者群的需求，尤其在萧红故居，《生死场》和《呼兰河传》已经成为中外游人必购的珍贵纪念品"，"现在，我们如用'说不尽的萧红'来为没有减温的'萧红热'下结论，似乎为时过早，但在一定的时间内，最低在21世纪到来之前，学术界的萧红研究是'说不尽'的"①。以此来看，萧红作为地方文化名片的效应也日渐凸显。再往下，2011年萧红百年诞辰之际，诸多萧红学术研讨会②先后召开，而2013年、2014年电影《萧红》和《黄金时代》又先后上映，也促成了"萧红热"的出现，使得《呼兰河传》在这几年的出版呈现出井喷的局面。

较多插图彩绘本《呼兰河传》的出现也值得一说。早在1990年，连环画本《呼兰河传》③即有出版。此书虽不能归入《呼兰河传》的版本谱系，但在业界获得了不错的反响。该连环画初版虽仅印1000册，学界所知有限，但日后以"经典连环画手稿"等形式重印④，也可见《呼兰河传》的强大影响力。

而连环画作者侯国良则成为日后多版《呼兰河传》的插图作者——其中装帧设计最精美的当属2014年中国青年出版社版（侯国良绘、章海宁校）。该版为布面精装插图本，封面以青莲为底色，标题在右上方，采用了印刷中少用的谷龙纤圆体，并配有英译名 Tales of Hulan River。前后环衬是带有浓厚的东北地域特色的花纹，色彩使用的是红和绿。众所周知，红和绿在色彩学中是一对互补色，当纯色的红和绿混在一起时，就会产生极强的视觉冲击。这种强烈的色彩碰撞正如萧红浓烈的故乡情，深隐于对呼兰河风俗人情的平静叙事中。编者在环衬和扉页间的页面中附上了一张绘

---

① 萧红：《生死场·呼兰河传》，哈尔滨：哈尔滨出版社，1993年，第283～285页。

② 如2011年5月31日至6月3日，以"百年萧红：回顾与展望"为主题的"萧红国际论坛暨纪念萧红诞辰百年国际学术研讨会"在哈尔滨召开。

③ 侯国良所绘《呼兰河传》（黑龙江美术出版社1990年版）后荣获第四届全国连环画评奖绘画一等奖（1991年）。

④ 萧红著、侯国良绘：《经典连环画手稿：呼兰河传》，长春：吉林美术出版社，2007年。

有萧红头像的藏书票，系颜仲所作的《萧红》版画。

该版收录了萧红研究专家章海宁先生所作《〈呼兰河传〉校订记》。该文有着良好的文献学视野，遴选出国内几个较好版本的《呼兰河传》进行了比对，分析了异文类别，指出了以往某些版本在编辑甄别中的不足以及对原著的曲解，对读者接受《呼兰河传》起到了良好的引导作用，对观照《呼兰河传》的出版语境亦提供了参考，凡此，显示了目前学界对《呼兰河传》版本研究所达到的深度。"后记"则收录了侯国良所写《我画〈呼兰河传〉》，其中提到茅盾评《呼兰河传》"不像是一部严格意义的小说"一语激发了他的灵感而创作出了呈现在我们面前的这一系列"独幅画式的连环画"①。

此外，很多版本的腰封中出现了"教育部推荐""语文新课标必读""中小学生必读书目"等宣传语，这些均可见出萧红作品在青少年读者层面的影响力。

港台版本因素的考察

为了更全面地揭示《呼兰河传》在华语地区的传播，也有必要看看港台版本的"副文本"因素。尽管限于资料，我们未能掌握港台版本的全部信息，但相关版本已有较长的时间跨度，较丰富的"副文本"内涵，值得单独一说。

1980年2月香港新艺出版社与1983年2月由香港中流出版社有限公司出版的《呼兰河传》的副文本因素大体相似，两版都收录了骆宾基写的"内容提要"，且均删去了"作者留下了对于封建社会传统风习、意识的痛恶，以及为封建社会所损害了的那些愚昧人物的怜惜"一句。而若说这两版的不同点，大概在于封面的审美取向上。新艺版封面设计极为简单大方，以浅青莲为底色，上面用白色宋体上下分行印有书名"呼兰河传"和作者名"萧红"。中流版封面是一幅由河畔、村庄、青山交织而成的乡村风情水彩画，近处是一些各自忙碌的人，远处有小船摆渡，呈现出一派宁

---

① 侯国良：《我画〈呼兰河传〉》，萧红：《呼兰河传》，北京：中国青年出版社，2014年，第325页。

静、悠然的景象。相比之下，后者显然更富乡村田园气息，不过，其所绘设的山的图案更接近中国南方丘陵地区的风貌，再者，《呼兰河传》一书基本上没有涉及"山"的文字，因此，这多少也可算是对作品内涵的误读。

1987 年 7 月由台湾联合文学出版社出版的《呼兰河传》，发行人是张宝琴，收入台湾联合文丛 008 号。该版封面以褐色为底色，右上角有一个联合文学的黄底小标，左侧上下分别有一张小图，图片为同一图形的翻转，图中有一轮圆月高挂在远山之上，近处是一户人家院子的大门和围墙，又有树叶婆娑其中，画面显得静谧，甚至有些荒凉——暗合了《呼兰河传》的荒凉意境（"我家的院子是荒凉的"）。书中有"出版前言"一篇和广告若干则。"出版前言"给予了《呼兰河传》非常高的评价，称之为"第一流重要作品"："《联合文学》在第三十三期，七月号'抗战文学专号'制作'萧红卷'推介她四个短篇小说的同时，更配合出版这本她的长篇代表作《呼兰河传》，除了希望能让读者得见萧红作品的整体风貌之外，更希望读者不错失一部在现代中国小说中被肯定的第一流重要作品。"①

我们所见到的 2006 年 3 月台湾里仁书局出版的平装本《呼兰河传》为 1998 年 11 月版的第三次印刷。该版封面以淡蓝色为底色，上方有繁体书名"呼兰河传"，下方是配图，图中有四个人，萧红的头像在画面上方，近处是一对穿着东北大袄的恋人，远处路上有一个弯着腰、低着头手拉推车干活的人。《呼兰河传》并非以爱情为主线，而这一对恋人在封面上占据显眼的位置，似乎映射着小说的落脚点跟重点刻画的人物冯歪嘴子和他的爱人王大姐，而远处劳人弯腰低头默默干活的场景，正如《呼兰河传》里写的，"这里的人忙着生忙着死"，这些细节表明了里仁书局对该书的态度——虽然呼兰河人忙着生忙着死，贫穷沉闷，但是依然有希望，人还是有坚强存活于世的理由。

此版"序"为蔡登山的《呼兰河畔的童年梦忆》，提到萧红"打从她出娘胎，便置身于以父亲为象征的冰冷的家庭和以祖父为象征的温暖世界的两极中"；也谈论了萧红的感情生活，"萧红在萧军的大男人主义过分的保护倾向中感到了附庸的屈辱"，萧红与端木则是"每遇风险，她总是端

---

① 萧红：《呼兰河传》，台湾：联合文学出版社，1987 年，第 4 页。

木的第一个放弃物",这样的总结自是一家之言,也显示了坊间关于萧红
情感生活的纷纭态度。文末对《呼兰河传》的评价则似在引导读者的阅
读:"传统文化的受害者用套住自己的枷锁又去劈杀别人,在自己流血的
同时手上又沾着别人的血污,分不清是真诚还是残忍,似乎既没有罪犯又
没有无辜者,只有历史在灭绝了一切希望、自由、美好、慰藉之后仍旧轧
轧前行,人们继续自己卑琐平凡的生活。"①

还值得一提的是相关广告。与大陆版本相比,港台版一个明显的特征
是书内往往刊有新书推介的广告,这些广告大多出现在正文尾页与后环衬
之间,也起到了一定的阐释和宣传效应。里仁版《呼兰河传》发行时逢里
仁书局 26 周年,广告包括对里仁书局版权新书简介、里仁丛书总目、"里
仁书局"精选外版书目和里仁书局全省经销处的介绍等内容。其中里仁丛
书总目中"近代文学"一类只编有 7 种,即《鲁迅小说合集》《鲁迅散文
选集》《呼兰河传》《生死场》《人间花草太匆匆——卅年代女作家美丽的
爱情故事》《人间四月天——民初文人的爱情故事》《水晶帘外玲珑月——
近代文学名家作品析评》。里仁书局的出版方向多偏重古典文学、史学、
哲学、经学,现代文学作品收录较少。以此来看,七种"近代文学"书
籍,萧红的两部代表性作品赫然在列,位列鲁迅两部作品集之后,充分体
现了当时的台湾出版界对萧红的推重——也可见证萧红作品在台湾的影
响力。

结　语

《呼兰河传》自问世后有如此繁众的版本,其受读者欢迎的程度无疑
是非常高的。而对一个作品的阐释,正文自然是第一位的;但着眼于"文
本周边"②,对作品的各种"副文本"因素进行细致勾描,无疑也具有多重
效应——检视《呼兰河传》七十余年不同版本的诸多副文本因素,确实有
助于我们从多方面来认识作品。版权页显示的相关出版信息有助于我们回
溯历史语境,从中既可以见出一些比较明显的因素,如抗战文化语境与作

---

① 蔡登山:《呼兰河畔的童年梦忆》,萧红:《呼兰河传》,台湾:里仁书局,2006 年,第
　1~4 页。
② 金宏宇等:《文本周边——中国现代文学副文本研究》,武汉:武汉大学出版社,2014 年。

品内涵的归结；也透现出一些曾经有一时之效但现已被沉埋到历史深处的现象，如抗战后桂林文化城的兴起所引发的出版热潮之中的一些并不稳定甚至是夭折的出版机构。引言和序、跋等则有助于我们检视作品传播过程中的诸种因素，茅盾的"序"广被引述且在诸多版本中被延续，显示了权威批评在萧红形象的建构、作品阐释乃至文学史地位的确立方面的效应。插图、广告等因素则见证了作品影响力的持续扩大。不过，封面设计方面，各时期不同版本的封面各有特点，缺乏延续性——经典封面甚少。最末一点，还必须提及相关人事所带来的历史遗留问题，人事因素看似微渺，但随着时间的流逝，终究也会固化为历史叙述的重要因素，就本文所叙，当事人骆宾基在版本特别是在情感方面的追叙，非常明显地凸显了个人记忆或人事纠葛之于历史叙述的特殊效应。

（与唐思敏合作，曾刊载于《新文学史料》2016 年第 3 期）

"命运"之书：食指诗歌论稿
——兼及当代诗歌史写作的相关问题

对于一个从 1960 年代中就开始写作的诗人而言，《食指的诗》（2000年）仅 194 个诗歌页码，收诗 120 余首，只能说是一本薄薄的诗集。"薄"本身即蕴含了某种隐喻意义：既显示了诗人食指（原名郭路生，1948～）的写作历程，也强化了其作为诗人的命运。

传记资料显示，食指较早时期的个人生活与精神状况多有波折：1972年底，出现"精神抑郁，几乎以烟为食"的状况，1973 年被诊断为患有精神分裂症，随后病情多次发作并多次住院治疗；1975 年，有过一次婚姻，7 年后离异；1990 年，住进北京某福利院。① 而其写作，始自 1965 年，很快就写出了《相信未来》《这是四点零八分的北京》等作品——前者据说流传相当广远，被誉为"文革'新诗歌'的发轫之作"②。日后，食指被北岛认定为"毫无疑问"的"自 1960 年代以来，中国新诗运动的奠基人"③；也是多多眼中的"七十年代以来为新诗歌运动伏在地上的第一人"④。一些研究者则认为食指是朦胧诗的"一个小小的传统"⑤。

诗集之"薄"与评价之"厚"既反差如此之明显，重新审视食指写作及相关文学语境就是必要的。

---

① 林莽：《食指（郭路生）年表》，食指：《食指的诗》，北京：人民文学出版社，2000 年，第 195～211 页。按：本文所引食指较早时期的诗文均出自该集，不另说明。
② 杨健：《"文化大革命"中的地下文学》，北京：朝华出版社，1993 年，第 90 页。
③ 翟頔：《北岛：中文是我惟一的行李》，《书城》2003 年第 2 期。
④ 多多：《被埋葬的中国诗人（1972－1978）》，廖亦武主编《沉沦的圣殿——20 世纪 70 年代中国地下诗歌遗照》，乌鲁木齐：新疆青少年出版社，1999 年，第 195 页。
⑤ 李宪瑜：《食指：朦胧诗的"一个小小的传统"》，《诗探索》1998 年第 1 辑。

"相信"：由来

传记资料称，1967 年，食指进入"诗歌创作的第一个黄金阶段"，1968 年是其"黄金年"①。《相信未来》即作于这一年 2 月。以现时观点看，诗中的"相信""未来"等信念的艺术处理带有明显的先验性：作为观念形态的"相信"从一开始就确立了，众多排比不过是一种强化的手段。其艺术表现的内在心理机制到底是如何形成的，读者并无从得知：

> 当蜘蛛网无情地查封了我的炉台，/当灰烬的余烟叹息着贫困的悲哀，/我依然固执地铺平失望的灰烬，/用美丽的雪花写下：相信未来。
> 当我的紫葡萄化为深秋的露水，/当我的鲜花依偎在别人的情怀，/我依然固执地用凝露的枯藤，/在凄凉的大地上写下：相信未来。

不过，这种挑剔很可能如诗人多多所言，是现今读者"已经完全进入了一个人类成熟的理性阶段"的思维产物②；而且，在那个年代，"纯艺术"显然并非写作者所关注的核心问题。当时更能够引起心灵共鸣的，是思想、命运这类饱含精神内涵的因素。由此，适当回溯当时的语境是有必要的。

何谓"命运"？食指当时及后来的诗歌中曾反复出现这个词。当时即有诗名之为《命运》（1967 年）。《书简（一）》（1965 年）则以"短序"自我揭橥了"命运"的由来：

> 这首诗为一幅画像而作，画像是十二月党人之妻在丈夫临服苦役前送别时送给她爱人的。

以此来看，所谓"命运"是和俄国"十二月党人"的不幸遭遇——一

---

① 林莽：《食指（郭路生）年表》，食指：《食指的诗》，第 201 页。
② 诗人多多后来在谈到当时诗歌中的"意象"时，认为它"是一种自然性的流露"，不"浑沌"，意象本身"就具有认识能力，一切都包括其中"。见凌越《我的大学就是田野——多多访谈录》，《书城》2004 年第 4 期。

种坎坷且悲壮的生命形态，一种忧郁但执着的情感基调——紧密相关的。放大到当时的社会文化语境来看，这种"画像"并非一种个人行为，而更像是处于文化沙漠中的中国知识分子自身的画像：由于社会结构与精神经历的相似性，俄国知识分子在相当长时间内被认为是中国知识分子的精神肌体，"十二月党人"的命运也被相当一部分中国知识分子看成自身的命运。以此来看，食指笔下的"命运"乃是当时知识界普遍存在的"命运崇拜"的一个缩影。

据说，这种写作势态和食指当时的"文化的饥渴"① 相关："文化的饥渴"映射于心，引发信仰追求。《书简（二）》（1967 年）延续了《书简（一）》的旨意，并最终指向《相信未来》：

> 我们应当永远牢记一条真理
> 无论在欢乐还是辛酸的日子里
> 我们的心啊，要永远向前憧憬
> 这样，才不会丧失生活的勇气

诗歌使用的是一种劝勉语气：无论处于多么糟糕的境地也不要放弃。当时读者应该很容易想起普希金的《假如生活欺骗了你》或"民粹派"诗人纳德松的某些诗歌② ——《书简（二）》或《相信未来》，与一首普希金的诗，看起来像是同一理想信念在不同国度的仿写而已。换言之，所谓"相信"，不仅其思想资源，其词语、语气、表达形式也都与"俄国"有着重要关联。那么，作为"资源"的普希金或其他秘密相传的外国诗人，如裴多菲、阿赫玛托娃、茨维塔耶娃等，在当时意味着什么呢？

意味着现实的慰藉、精神的应和③乃至疾病的疗救。④ 日后以小说名世的叶兆言曾对自己 17 岁那年"狂热的选择"有过追忆：他谈到了食指的

---

① 林莽：《食指（郭路生）年表》，食指：《食指的诗》，第 203 页。
② 苏联作家康·帕乌斯托夫斯基的《金蔷薇：关于劳动作家的札记》中曾记载纳德松的故事。此书在 1950 年代即有译本，刘小枫的名文《这一代人的怕和爱》即据此写成。
③ 标记为 1973 年的多多诗歌《手艺》，其副题即"和玛琳娜·茨维塔耶娃"。
④ 谌容小说《人到中年》（《收获》1980 年 1 期）的一个情节是：丈夫傅家杰像十多年前那样念出的裴多菲的诗，对"精神疲惫"、濒死的陆文婷产生了积极的疗救作用，使她得以奇迹般地康复。

《这是四点零八分的北京》，更谈到了在当时一些小群体中流传的阿赫玛托娃：

> 在 1974 年，喜欢阿赫玛托娃，意味着同时也在向那些杰出的诗人表示致敬，他们是在法国潦倒而死的巴尔蒙特，被枪毙的古米廖夫，死于集中营的曼德里施塔姆，流浪在外无家可归的茨维塔耶娃，以及自杀的马雅可夫斯基和叶赛宁。喜欢阿赫玛托娃，意味着我们向往那个闪烁金属光芒的诗歌岁月，意味着对反叛和决裂的认同，意味着为了艺术，应该选择苦难，选择窘境，甚至选择绝望。

落实到心理机制来看，年轻的中国读者既和异域的苦难诗人有着类似经历，也就很容易沉浸到一种"想象的虚幻"之中：

> 多少年来，我一直在想这个奇怪的问题。究竟什么魔力让我对阿赫玛托娃念念不忘，以至于每次提到她的名字，就仿佛又一次回到了躁动不安的文学青春期。我能够成为一个作家，从某种意义上来说，与阿赫玛托娃分不开，然而很显然，我并不是真的被她的诗歌所打动，不仅是我，敢说有一批她的狂热崇拜者，都和我一样沉浸在想象的虚幻中。①

阅读本身，既如同"地下革命"一般秘密，也很容易助长这种"想象的虚幻"。但对当时的读者而言，"苦难"、"窘境"及"绝望"，不仅是"选择性"的，更是现实性的：

> 没有经历过"文革"苦难和恐怖的人是不会理解的。一句"相信未来"会给我带来那么大的震动。"未来"？未来是什么？那时的"未来"是连想都不敢想的奢侈品。"相信未来"就意味着对现实的不满，就是"反动"，就要被"打翻在地，再踏上一只脚，让他永世不得翻身"。②

---

① 叶兆言：《永远的阿赫玛托娃》，《书城》2003 年第 3 期。
② 刘孝存：《昨日沙滩——关于〈相信未来〉及其历史风尘的随笔》，《黄河》2000 年第 3 期。

由此，精神同时也是"疗救"——在"匮乏"的现实面前，"未来"成为寄托：

> "未来"究竟是什么，诗人并没有给出答案，但这是一种人生的信念，是经历了现实失败后的别一种反抗精神，同时也是绝望现实的止痛剂。"相信未来"给出的首先就是一种抚慰性的精神力量，对于受伤的一代人而言，无异于一种必须的心理疗法。①

"未来"既如此富有深意，"相信"式许诺的力量是难以估量的：

> 我坚信人们对于我们的脊骨，
>
> 那无数次的探索、迷途、失败和成功，
>
> 一定会给予热情客观、公正的评定，
>
> 是的，我焦急地等待着他们的评定。

不难发现，在当时的语境之中，这种以"未来"写"现时"的手法自有其时代性，"相信"和"未来"这类词语自有其强烈的自明性——食指诗歌在一定范围之内得以流传也就有其必然性：在一个时代精神严重萎缩、个人朝不保夕的迷惘之际，食指站了起来，扮演了时代"代言人"和"旗帜"的角色，像俄罗斯精神领袖普希金一样高声疾呼"相信未来！"这样一个令人振奋的声音深深地契合了当时同样处于"文化的饥渴"状态下民众的心理——第一人称"我"的频繁使用，又平添了几分英雄色彩：

> 不！朋友，还是远远地离开
>
> 远远地离开……留下我自己
>
> 守着这再也掀不起波浪的海
>
> 蹒跚地踱步、徘徊
>
> ——《海洋三部曲》（1965～1968）

---

① 李润霞：《一个诗人和一个时代——论食指在文革时期的诗歌创作》，《芙蓉》2003 第2 期。

这种独自承担的英雄形象，无疑有助于食指自身作为诗人形象的确立。

"这是我最后的北京"：个体"疼痛"与历史"缝隙"

与《相信未来》的劝勉性和先验性不同的是，同期的《这是四点零八分的北京》更具经历性和感性意味。知识青年"上山下乡"这一重大的政治事件和个体的生命感受紧密相连——政治阵痛就像针尖一样刺向心胸；而个体不过是一只"吃惊的"、茫然的、无从把捉自身命运的"风筝"：

> 北京车站高大的建筑/突然一阵剧烈地抖动/我吃惊地望着窗外/不知发生了什么事情
>
> 我的心骤然一阵疼痛，一定是/妈妈缀扣子的针线穿透了心胸/这时，我的心变成了一只风筝/风筝的线绳就在妈妈的手中
>
> 线绳绷得太紧了，就要扯断了/我不得不把头探出车厢的窗棂/直到这时，直到这个时候/我才明白发生了什么事情

诗歌赤裸裸地呈现了个体的疼痛感：历史即将改变——但个体被历史裹挟而不自知，只有在火车就要前行的刹那才真正"明白""告别"的含义，个体身陷具体历史情境的茫然心态、历史变迁给个体带来的强烈的"疼痛"感，借助一个特定的瞬间——呈现出来。

接下来，诗歌所流露的是一种"永远记着我"的情绪：

> 我再次向北京挥动手臂
> 想一把抓住她的衣领
> 然后对她亲热地叫喊：
> 永远记着我，妈妈啊北京

"永远"和"未来"，"记着"和"评定"基本同义，可以说，诗歌最终和《相信未来》趋向同一——不同的是，彼时的"未来"是抽象的，而此时更为突出的是现实的精神依凭：个体既渴望得到"北京"的记忆，又

凭借这种关于"北京"的"想象性"记忆来慰藉、鼓舞自己，即"相信""北京"会"记着我"。

但此刻，个体的现实遭遇实际上已经更为糟糕："十二月党人"被"放逐"的经历不再只是"想象"，而是活生生的惨烈现实，个体心态也发生了细微变化：

> 终于抓住了什么东西
> 管他是谁的手，不能松
> 因为这是我的北京
> 这是我的最后的北京

收束两行重复出现了"这是……北京"，而且"我的北京"上升为"我的最后的北京"：一个公共性的政治经济文化中心"最后"成为"我的"私有物，这种提升最终改变了诗歌的旨向。从个人经历看，食指1948年生于山东，1953年从随父母迁入新中国的首都北京。从1953年到1968年，正是一个人从懵懂走向成年、接受政治文化熏陶的关键阶段。可以认为，"北京"吸引诗人的不完全是多年居住地所带来的故土性，更是政治母性，一股占有绝对主导地位的力量："妈妈啊北京"这一充分一体化的称谓，如同"祖国啊母亲"，正是"政治"与"母性"的完好结合。由此，"最后的"也就并非一个简单的时间性称语，而是指向时代和自身："北京"包含着"在轰轰烈烈的政治运动中背井离乡的无奈、绝望和对家园的深深眷恋"[①]；而个体命运既和"北京"紧密相关，"北京"的命运必然关涉到个体的未来，"最后的"也就包含了诗人对未来的恐惧。

不过，尽管诗中的忧虑、无奈、眷恋是确凿的，但那只无助的手并非溺水者的手，它最终抓住了政治母性这一实体——在另一场合，它抓住了政治偶像：

> 一套毛泽东选集

---

① 李润霞：《一个诗人和一个时代——论食指在文革时期的诗歌创作》，《芙蓉》2003第2期。

贴身放在火热的胸前

一枚毛主席像章

夕阳辉映下金色灿烂

——《海洋三部曲》（1965～1968）

个人的切肤之痛最终上升到政治层面来评定——因为政治母性植根于观念之中，食指当时的诗歌并不存在"绝望"的情绪。这一点，也可见于《海洋三部曲》、《鱼儿三部曲》（1967年）等诗。据说，它们均有明确的现实指涉，"因当时'红卫兵运动'受挫，大家心情都十分不好，这一景象使我联想到在见不到阳光的冰层之下，鱼儿（即我们）是在怎样地生活。于是有了《鱼儿三部曲》的第一部"①。"鱼儿"的生命历程象征着理想的"死亡"，其结束点上是一幅富有意味的场景：

水蟒竟同情地流出了眼泪

当青蛙唱到鱼儿的死亡

水蟒竟然同情鱼儿！这与其说理想事业是值得同情的，不如说是诗人内心的自我安慰或心理需求：渴望"同情"——如同渴望被"评定"。鱼儿虽然死去，但因为渴望的存在，绝望之不存在仍然是可以想见的。

这样一来，从当时语境来看——也可扩大到当代文学史的总体进程来看，"相信"特别是"疼痛"等词语确乎蕴含了怀疑与否定的内涵，并构成了对时代美学的某种背离——在一个诗歌美学普遍匮乏的时代，这种背离或述说现时政治事件中的个人之痛，或鼓舞陷于精神困境中的人，自有其特殊的效应，但就其实质，这些诗歌所抓住的是时代的某些"缝隙"，并试图以理想的表达来弥补、以"英雄"式的努力来弥合这种"缝隙"，而非奋力打破它。

"战鼓咚咚"式诗篇：时代精神的复杂性

除上述《相信未来》等诗之外，1969年前后，食指"还试着创作民

---

① 林莽：《食指（郭路生）年表》，食指：《食指的诗》，第199页。

歌，为写好这种体裁到处搜集当地的民歌资料"①。现存 1969 年至 1975 年的民歌式作品有《农村"十·一"抒情》《杨家川——写给为建设大寨县贡献力量的女青年》《南京长江大桥——写给工人阶级》《架设兵之歌》《红旗渠组歌》等。

"民间"是一个复杂的价值体，既藏污纳垢，也可能蕴藏着真正的个人独立精神。1990 年代后期以来，学界对此有过深入讨论。但食指这批诗歌乃是典型的"革命的浪漫主义"作品，和当时新民歌写法并无二致，如《红旗渠组歌》的《尾声》所示：

> 战鼓咚咚/红旗舒展斗西风/山水听号令/擂台号角鸣/野菜能添千钧力/渠水清凉论英雄
>
> 后生可畏愚公壮/媳妇巧来姑娘能/铁锤咚咚响/送走旧年月/扁担吱吱叫/挑来好年景/十年艰苦战冰雪/融兵化雪借东风

《南京长江大桥——写给工人阶级》之中更是"借用'大跃进'时期一段著名的民歌"："天上没有玉皇/水底没有龙王/我就是玉皇/我就是龙王/喝令三山五岳开道/我来了。"类似作品，一些从那个时代过来的诗人往往弃之不及，《食指的诗》则显示了一种可贵的诚实品质，但由此不难看出食指对时代诗歌风尚与观念的简单趋同。而从《命运》《还是干脆忘掉她吧》等诗来看，"相信未来"式写作也并未有效延续——理想并非如明灯永远照亮现实：

> 我的一生是辗转飘零的枯叶，/我的未来是抽不出锋芒的青稞，/如果命运真的是这样的话，/我愿为野生的荆棘放声高歌。
>
> ——《命运》（1967）

> 还是干脆忘掉她吧/乞丐寻不到人世的温存/我清楚地看到未来/漂泊才是命运的女神
>
> ——《还是干脆忘掉她吧》（1968）

---

① 林莽：《食指（郭路生）年表》，食指：《食指的诗》，第 203 页。

"命运"式表达固然强化了食指作为诗人的英雄形象，但在比较短暂的时间里，"未来"却被赋予了几乎截然相反的价值内涵——因着这种并不算短暂的趋同与动摇，《相信未来》等诗背后政治母性的面影愈发清晰——现实给予了个体以强大的精神压力，它的动荡则严重波及诗人的精神立场，诗歌美学动因的某种虚妄性由此显现出来。进一步推论则是，此前诗歌对所谓"人"的独立性之类命题的探索与思考，很可能只是糟糕的现实处境所导致的激愤心理的产物，并没有呈现灵魂境界的"开"与"阖"：

> 食指的《相信未来》使一代人看到了一个新的未来世界，它反映了一代人从红卫兵到知青转变的普遍心理和共同情感，说到底，这一代人就是"相信未来"的一代人，或者说，他们最初都是从"相信未来"的精神境界过渡而来的。可以说，食指以一个人的诗写出了一代人的精神历程。①

"过渡而来"的说法更为确切。如果说确有"一代人"这一指称，且"一代人"确有其"精神历程"的话，那么，它无疑是复杂的——如严峻的时代语境在个体身上打下的复杂烙印。现今学界提出"潜在写作"的概念，便充分注意到了这一时期写作的复杂性。在"'潜在写作'与时代深层的精神现象"这一命题上，相关讨论曾有过诘问："从丰子恺、穆旦这样的老作家老诗人，到'白洋淀'诗歌群的知识青年，他们不顾文学上的清规戒律，怀着对文学、对诗歌的挚爱，生气勃勃地唱出了那个时代最庄严也是最美好的歌声。把这些凝聚了生命血泪的创作与公开发表的'样板戏'、《金光大道》之类的'作品'相比较，谁更本质地代表了时代的声音和知识分子的立场，还用解释吗？"②

总体上看，将那些"凝聚了生命血泪的创作"置于更高的价值地位，有着特殊的历史合理性，但具体到"潜在写作"中的此类对象而言，情形还可进一步细分，即如食指，在同一时间跨度里，既有《相信未来》《这是四点零八分的北京》等"凝聚了生命血泪的创作"，《红旗渠组歌》式应和时代

---

① 李润霞：《一个诗人和一个时代——论食指在文革时期的诗歌创作》，《芙蓉》2003 年第 2 期。

② 陈思和、张新颖：《关于中国当代文学史的几个问题》，《当代作家评论》1999 年第 6 期。

的浮浅之作也并不在少数，这意味着"疗救"的积极作用以及由"动摇性"所带来的不确定性甚至负面效应，共同构成了食指早期诗歌"两种话语的分裂"① 或"多重性格"②，也可以说，正是这种进取精神和萎缩形象共同构成了时代的复杂性和丰富性——共同构成了一代人的"精神历程"。

"可怕的沉默"：精神后遗症

精神问题的复杂性有其延续性——1978 年，食指写下了看似充满激愤语调的《疯狗》：

> 受够了无情的戏弄之后，/我不再把自己当成人看，/仿佛我成了一条疯狗，/漫无目的地游荡人间。
>
> ……
>
> 假如我真的成条疯狗/就能挣脱这无形的锁链，/那么我将毫不迟疑地/放弃所谓神圣的人权。

关于《疯狗》一诗，曾经产生过一个历史性的误会：《今天》第 2 期刊登时曾将其写作时间注明为 1974 年。③ 相关研究曾据此认为它是"不自觉的潜在写作"，"食指比较尖锐的诗是《疯狗》，这首诗歌是由作者个人私生活的遭遇而起的辛酸之言，自然让人联想到时代的悲剧性，但它并非是自觉的对'文革'时代的本质揭露，只要对比黄翔的《野兽》，区别自然清楚。不自觉的潜在写作与被迫的潜在写作与自觉的潜在写作，其不同文本与现实的关系都是不一样的"④。食指与黄翔的对比被纳入文学史研究视域之中，且被区格为"不自觉"与"自觉"的写作。"不同文本与现实的关系"的确是"不一样的"，但仅以"对'文革'时代的本质揭露"作为是否自觉写作的标准，自是可待进一步商议。不过，更大的问题还在

---

① 刘志荣：《食指与一代人的精神分裂》，《渤海大学学报》2007 年第 4 期。
② 语出廖亦武等《马佳访谈录》，见廖亦武主编《沉沦的圣殿》，第 229 页。
③ 参见李润霞选编《被放逐的诗神》，武汉：武汉出版社，2006 年，第 86 页。
④ 陈思和：《试论当代文学史（1949－1976）的"潜在写作"》，《文学评论》1999 年第 6 期。

于，如若将这首诗放到"1978 年"这一时间点上，文本与现实的关系以及由此所获得的文学史认知，显然也会随之发生改变。

《疯狗》使用了一个在北岛的《回答》以及更多朦胧诗作中同样出现过的假设句式，但假设之上，并不是一个"野兽"般愤怒的声音，而是另一种现实感知：人活着，还不如一条"疯狗"——在遭受了现实"无情的戏弄"之后，"挣脱"现实"锁链"成为生存的最大愿望。联系到食指此前一些诗作对政治母性的信仰，这里的激愤可理解为某种怀疑；但是很显然，这种怀疑情绪又并不稳定：《疯狗》只是一个孤案，食指同期诗歌中并没有同类作品；而其时为 1978 年，这种体察是基于现实感知，还是一种"想象的虚幻"延续？

两年之后，食指题为《愤怒》（1980 年）的诗也不是愤怒的强烈表达，而是"一片可怕的沉默"：

> 我的愤怒不再是泪雨滂沱，/也不是压抑不住的满腔怒火，/更不指望别人来帮我复仇，/尽管曾经有过这样的时刻。
>
> 我的愤怒不再是忿忿不平，/也不是无休无止的评理述说，/更不会为此大声地疾呼呐喊，/尽管曾经有过这样的时刻。
>
> 尽管我的脸上还带着孩子气，/尽管我还说不上是一个强者，/但是在我未完全成熟的心中，/愤怒已化为一片可怕的沉默。

以《疯狗》《愤怒》来观照此前食指的写作，可发现其中一个症结性的问题：在"文革"时期，食指在热切地"相信未来"；而在新时期之初、政治风气日渐松动的年代，"沉默"却取代了"愤怒"。

从文学史角度看，食指的这类诗篇被拿来与黄翔的"野兽"式写作、北岛的"回答"式写作相对照，看起来非常符合历史语境，有着合理的认知逻辑——当时，朦胧诗正以火山爆发之势在中国大地燃烧，"北岛们"在宣告"历史终于给了我们以机会，使我们这代人能够把埋在心中十年之久的歌声唱出来"，"反映新时代精神的艰巨任务，已经落在我们这一代人肩上"[1]。

---

① 语出《今天》创刊号的《致读者》，转引孟繁华《1978：激情岁月》，济南：山东教育出版社，1998 年，第 169 页。

新的时代已有了新的呐喊，且亟须借助呐喊来实现改变，"沉默"似乎已超越了个人喜好而成为一种历史态度："可怕的沉默"依然是"沉默"，选择"沉默"是背离历史的——首先背离的，便是曾经热切参与过时代进程的个人历史。

但是，若据此认为黄翔、北岛等人是"自觉"的，食指是"不自觉"的，也会遮蔽历史更为丰富的内涵。初看之下，食指之"相信"与北岛《回答》中的"告诉你吧，世界/我—不—相—信"显示了某种等级的区格，但实际上，"未来"这个词也出现在《回答》的结尾：

> 新的转机和闪闪的星斗，
> 正在缀满没有遮拦的天空。
> 那是五千年的象形文字，
> 那是未来人们凝视的眼睛。[1]

在一首充满对抗气质的诗篇中，产生了对"未来人们凝视的眼睛"一类想象——不仅仅是北岛，江河、顾城等朦胧诗人以及更早的黄翔笔下，对"未来"的向往也是一个基本主题。以此来看，尽管在"我—不—相—信！"式高音的映照下，食指的"未来"显得比较平和，但"相信"与"不相信"还是分享了某种共同的心理期待——共通的历史境遇：现实已不堪信赖，唯有"相信未来"。

放到一个更长的时间维度之中，个人心性不同，实际境遇相异，历史给不同个体所造设的内心感受也会有分途。循此，在《疯狗》《愤怒》两诗中，食指并没有继续朝向社会认可的层面，而是在某种程度上转向了内心——诗歌写下的即一种心灵境遇：尽管时代政治风气已经逐渐开放，生命形态遭受压抑的感受却更胜于往昔。《疯狗》后出的版本增添了副题"致奢谈人权的人们"[2]，看起来就是为了坐实现实方面的指涉。

何以会有这等感受呢？概因思想的"锁链"已由"有形"化为"无形"——这种"可怕的"转化或可称之为一种精神层面的后遗症：经过

---

① 北岛：《回答》，《诗刊》1979 年第 3 期。

② 食指：《食指诗选（17 首）》，《青年作家》2007 年第 4 期。

较长一段时间的压抑，这种精神锁链本身已经深深地嵌入人的心灵，以至于成为人的生活方式、思维方式和世界观，继续影响着人的现实生活、精神生活以及外在社会制度的发展——"文革"结束一段时间之内中国文学并不良性的发展，已经充分呈现了这种"无形的锁链"的强大而持续的负面效应，"思想的解放"或"心灵的净化"也成为一个异常艰巨的命题。换言之，相较于具体的历史事件和历史阶段，精神的影响——不管是正面的还是负面的——总是更为持久。若此，《疯狗》《愤怒》即揭寓出了一种精神后遗症——"无形的锁链"对自我内心的影响。

以此来看，黄翔的《野兽》、北岛的《回答》等诗篇所发出的呐喊固然是"自觉"的、令人警醒的；食指对"所谓的人权"的"放弃"以及对"可怕的沉默"的感知同样也是对个人境遇与精神历史的敏锐省察与真实呈现。如果说黄翔、北岛是站在旷谷深处或广场之上的高声呐喊者，此时的食指更像是一个瑟缩在广场角落里、沉静地省思着自我精神的历史与过往年代的生命形态的人。食指同时代人马佳曾有一个说法，"一旦熙熙攘攘的时候，很多人反而见不着了"，形象地道出了不同个体在历史变幻之际的异样选择；又称，"郭路生的遭遇是这个社会这个历史对于这批人不同遭遇的一个代表"[1]。多多则称食指是"七十年代以来为新诗歌运动伏在地上的第一人"，从上述角度说，一个"伏"字可谓恰如其分："伏在地上"乃是一种别样的历史姿态，正因为这些"伏在地上"的诗人和诗篇，文学史也有了更为丰富的内涵。[2]

"化苦难的生活为艺术的神奇"

接下来还可以继续看到"无形的锁链"如何在食指的写作中呈现。

1981年，食指的"诗作《相信未来》《这是四点零八分的北京》（发表时名为《这是我最后的北京》[3]）发表在《诗刊》1月号上。这是他的作品首次刊登在国家正规刊物上。但除了朋友的祝贺外，并未引起更广泛的

---

① 廖亦武等：《马佳访谈录》，见廖亦武主编《沉沦的圣殿》，第228页、第221～222页。
② 参见易彬《论"朦胧诗"发生的历史据点》，《当代文坛》2008年第5期。
③ 文（版）本问题是"潜在写作"的一个重要讨论点。食指诗歌在流传过程中出现过不同的版本，参见李恒久《郭路生和他的早期诗》，《黄河》1997年第1期。

关注"①。此一时期，食指诗歌仍是那种传统意味较强的形式，看上去缺乏艺术创新，和当时盛行的现代派探索风潮几无关联；诗歌的内部构造也有其承传性："相信未来"式写作时有出现，如《遐想》（1981 年）：

> 一只小帆船/搁浅在沙滩/紧紧地偎在/大海的身边
>
> 难道真是金色海滩上的平静/竟使它如此地沉醉迷恋/不，是它身旁的微风细浪/卷不走它，它无法归还
>
> 但它深信，终究会有一天/风暴会把它带回海面/它那宁折不弯的桅杆上/将会再次升起风帆

基本上还是凭借观念构诗，是自问自答式的直接转化，可见诗艺的停滞。与此同时，"人生感悟"式写作逐渐发展为一个主要的表现点，《生涯的午后》《在精神病福利院的八年》（1998 年）等带有总结意味的诗篇更是明显外化了食指对自我处境的体认，这即为"疯"：

> 疯了就可以面对命运。要不面对命运就坏了……年轻的时候比较忧郁和优美；后来疯了，写的是世态炎凉、人情冷暖，比较愤怒、比较火；到后来进福利院，这之后比较沉静，写出来的像《归宿》、《人生舞台》、《午后的生涯》。写这些诗，岁数比较大了，也没那么大火了，比较平静，带有哲理性。②

由于侧重"感悟"与"总结"，诗歌基调多为咏叹，其落脚点多半是"普通人"，甚至"一无所有"的"小丑"：

> 的确，我曾奋斗，消沉，探索/像同时代的一个普通的人一样/只是我是在诗歌的道路上奔波——/这一切现已成为最珍贵的宝藏
>
> ——《人生之一》（1984 年）

---

① 林莽：《食指（郭路生）年表》，食指：《食指的诗》，第 208 页。
② 崔卫平：《诗神眷顾受苦的人》，廖亦武主编《沉沦的圣殿》，第 85 页、第 92 页。

毕竟又是个名副其实的小丑/尽管与命运抗争，执着地追求/可除了几本令人惊叹的诗集/和这场寒心的玩笑，我一无所有

——《人生舞台之二》（1993 年）

我不愿拖着舞台腔在人生的舞台上/扮演什么叱咤风云的英雄/却甘愿深院躲藏，闭门著书/还我本色，做一个草民书生

——《人生的舞台之四》（1995 年）

不同于当时诗歌写作中普遍存在的个人化势态及开放式的写作局面，食指诗歌已趋于定型化：意象陈旧、节奏缓慢、情感弱化，缺乏诗歌内在精神的起伏——更多地借助连词，而非诗境本身来完成主题表达。"命运"一词，又一次被当成诗歌的内部构成因素，"命运崇拜"的语调也时有出现：

不用解释，也无须表白/心灵的创伤已不复存在/我们的青春已经过去/我深信这是命运的安排

——《这样的爱不该存在——给当年的女孩子》（1985 年，1994 年）

稍稍一大意便葬送了前途/从未像今天这般凄苦——/勇敢些不过是再次领略了/命运的捉弄，人世的残酷

——《致失败者》（1985 年，1994 年）

由于创作生命的短促/诗人的命运凶吉难卜/为迎接灵感危机的挑战/我不怕有更高的代价付出

——《归宿》（1991 年）

由于表达的反复性，在某种程度上，这些诗歌都可归结为"我深信这是命运的安排"：诗人内心的观念促成了这种富有先验意味的表达——对"命运"已被"安排"的事实，诗歌所流现的是一种"无悔无怨"的心态：

> 我正在艰苦中千锤百炼
>
> 我的诗终究会震惊诗坛
>
> 可我要说要写的就是
>
> 我的青春无悔无怨
>
> ——《致友人》（1993 年）

"我的青春无悔无怨"自然会让人想到食指本人那段陷入政治信仰与疯狂之境的青春期，也应和了当时社会仍不无强烈的"知青情结"。稍后的《世纪末的中国诗人》（1999 年）也近于一个精神性文本：

> 化苦难的生活为艺术的神奇
>
> 净化被金钱异化了的灵魂
>
> 如此我便没有虚度
>
> 自幼追求艺术的一生

尽管人类精神历史上有过"苦难出诗人""悲愤出诗人"一类艺术母题，但"青春无悔""苦难与风流"一类"知青情结"① 放在这里更为切近。也不妨说，这乃是政治母性在新时代的显现："无悔无怨"即对过去的政治形态、价值观念的某种肯定。由此，不难理解，所谓"命运—苦难"的写作姿态在食指笔下何以会得到不断的强化，正如"勇敢些不过是再次领略了/命运的捉弄，人世的残酷"所蕴含的感悟机制一样，"再次"成为食指写作的一个关键词：时代在变，作为内核的"命运"却基本同一，众多词语不过是同义反复而已。

"相信"：归宿

总体上说来，因着"我深信这是命运的安排"或"化苦难的生活为艺术的神奇"等观念的强大性，在相当程度上可以说，新时代里食指的写作

---

① 许志英、丁帆主编《中国新时期小说主潮（上）》第二编《知青情结》，北京：人民文学出版社，2002 年，第 167～222 页。

乃是对早年写作的承续。那么，不妨在新的时代背景下讨论一下"相信"的归宿。

《相信未来》正式发表后并未引起"更广泛关注"，仔细推究，社会文化语境的变迁无疑是一个重要因素：朦胧诗潮方兴未艾，诗歌背景已被置换成一次启蒙意味明显的文学革命，更激动人心的是朦胧诗人借助现代力度更强的诗歌所高扬的"人"的旗帜。相比之下，内涵温和、形式保守的《相信未来》式作品的社会反响势必会受到影响。同时，随着知识界逐步多元化，"相信"式心理已然缺乏稳固的存在根基，那些使得食指早期的部分诗歌从当时庸俗的诗歌美学中凸显出来的时代因素已经无法引起足够的共鸣，如一些当时和食指在同一地方插队生活或者有着类似经历的当事人的回忆显示，它能够唤起读者"心灵颤动"的，更多的是共同"经历"使然：

> 郭路生是唯一念诗能把我们念哭的人。一次他朗诵《这是四点零八分的北京》……当时有两个女生还没听完就跑出厨房，站在黑夜中放声大哭。凡是经历过 1968 年冬北京火车站四点零八分场面的人没有不为此诗掉泪的。[①]

> 食指之所以受到同代诗人们的敬重，更重要的是他诗中所体现的艺术指向。60 年代的中国，文学艺术作品中充斥着政治口号。然而食指以独立的人的精神站出来歌唱，他让我们感到了诗歌是语言的艺术，是直觉，是情感，是经验，是有意味的形式，并首先是人的自由意志与人格的体现。他的后来者们，朦胧诗的早期作者们正是沿袭了这一点，才成为了开一代诗风的代表人物。从这一点上讲食指诗歌作品确实是划时代的。[②]

回忆与评论既指明了食指诗歌的强大感染力，也暗示了其在文学史序列中的价值归宿——"凡是经历过""同代诗人们""60 年代的中国""从

---

① 戈小丽：《郭路生在杏花村》，廖亦武主编《沉沦的圣殿》，第 63～64 页。
② 林莽：《并未被埋葬的诗人》，廖亦武主编《沉沦的圣殿》，第 122 页。

这一点上讲"，此类限定性词语无不寓示了当事人视域之中的某种价值归属：食指背后的效应机制有其时代限度，即由特定的年代、经历、心理等因素综合而成的特定文化语境。在这个语境里，食指是富足的，像一个巨大光源映照着同时代那些处于精神黑夜中的人；对于处于语境变迁的新时代读者而言，则很可能遭遇阅读尴尬。

放大到文学史来看，这似乎再一次提供了一种例证：凡是凭借某种特殊因由流传的、具有先验形态而缺乏足够深蕴的艺术表现力的作品往往会因为语境的变迁而消退乃至湮息。在中国现当代文学史上，类似情形并不鲜见。

执着的艺术追求、复杂的精神劳动最终被证明是失效的，这种时代汰选无疑是残酷的。具体到食指，时代背景、社会文化语境已急剧变化，他还是紧紧地拽住命运的影子——一种"想象的虚幻"。这确乎加剧了其生命历程的悲剧色彩：如果说《这是四点零八分的北京》等所呈现的是个人和时代共同的悲剧的话；那么，新时期以来食指的写作所呈现的就是个人如何拘囿于先验艺术观念之中的悲剧：个人的时代精神已然退缩，而个人化的平淡又不足以支撑这种退缩，终至沉浸于一种反复的命运书写之中。

至此，问题看似清晰了，时代衍进，一个特定时代的诗人似乎已不再具有话题意义，但事实并非如此，甚至可说是恰恰相反——1990 年代中后期以来，食指引起了比较多的关注，被誉为"'新诗潮'的前驱式人物，其诗歌艺术也得到极高的评价"[①]。

细究起来，这至少蕴含了四重背景。一是对诗人多舛命运的激赏，即所谓"命运崇拜"："几股力量的汇合共同促生了'诗歌崇拜'，它们包括先锋诗人对自我认同和艺术实验的追求；当代社会中诗和诗人日益边缘的处境；诗人的政治经济双重疏离感；导源与本土与外国传统的诗人'系谱'的感召。"食指成为"非官方诗坛上最受尊敬的诗人。"[②]

二是随着对新中国成立以来文学认识的深入，在不断追求并表现一体化、本质化的时代中"寻找'异端'声音的冲动"越加强烈：

---

① 洪子诚、刘登翰：《中国当代新诗史》（修订版），北京：北京大学出版社，2005 年，第182 页。

② 奚密：《从边缘出发——现代汉诗的另类传统》，广州：广东教育出版社，2000 年，第225、237 页。

对 50 - 70 年代，我们总有寻找"异端"声音的冲动，来支持我们关于这段文学并不是完全单一，苍白的想像。[①]

因着文学史在较长一段时间内的隔离，"食指们"成为被"重新挖掘"的对象，在此前后，芒克、多多、根子及"白洋淀诗人群"，黄翔及"贵州诗人群"等在 1960 年代至 1970 年代较有影响的个人和群体也被挖掘出来。这些人物与现象或作为"潜在写作"潮流或直接界定为朦胧诗的前史阶段而逐步进入当代文学史的叙写当中。基于发掘的潮流，既有文学秩序受到冲击甚至质疑，食指则可说是较早确立其文学史地位的。

文学史的重新审视既如此普泛，文学史研究方法或观念对研究对象的激活已越发常见——在食指及相关文化语境方面，回到"具体历史情境"的方法得到了较多认可："如果以今天纯艺术的角度来苛求食指当时的创作，可能会发现这样那样的缺陷，但确定一个诗人在诗歌史上的地位，不能把作品与其时代背景离析开来，对食指诗歌的评价，必须放在其诗歌产生的具体历史情境当中，才能看出他们的意义。"[②] 这种回溯历史的方法，大抵可视为第三重背景。

此外，一个非文学性的因素，即"知青"这一特定群体站在历史舞台上久久不愿离去，"知青情结"或"老三届现象"直到 20 世纪末期仍是一个重要的"文化现象"[③]，"食指评价"亦被有意识地纳入其中，并成为它的一个重要组成部分[④]。

这样一来，尽管诗歌本身已不再具备创新活力或艺术新质，但食指及其诗歌形象既对应了现时代某些群体内心深处那种经由特定年代而产生的"永远记着我"的情绪，也确乎体现了现阶段文学史研究者对"文学历史"的某些看法，其引起广泛关注也有其新的"社会文化机制"和"心理内

---

① 洪子诚：《问题与方法：中国当代文学史研究讲稿》，北京：生活·读书·新知三联书店，2002 年，第 78 页。

② 李润霞：《一个诗人和一个时代——论食指在文革时期的诗歌创作》，《芙蓉》2003 第 2 期。

③ 许志英、丁帆主编《中国新时期小说主潮（上）》，第 264 ~ 268 页。

④ 1996 年"中央电视台拍摄的以知识青年为题材的电视片《老三届》中有一集着重反映了郭路生的创作与生活。在工人体育馆举行的'共和国的儿女——老三届大型综艺晚会'上，著名朗诵艺术家瞿弦和领诵了郭路生的《相信未来》"。参见林莽《食指（郭路生）年表》，食指：《食指的诗》，第 211 页。

涵"。这，也不妨说是"相信"观念的另一种归宿。

诗歌（文学）史写作层面的审视

食指笔下的"相信"理念之来龙去脉既已大致清晰，还有必要再回到本文最初提到的话题，即北岛等同时代人对食指的评价。北岛曾自陈对《回答》式写作"基本持否定态度"①；多多虽认为早年写作"完全被美学化了"，并对当时写作方式如意象等，做出了肯定性解释，但同时认为"我对我们这一代基本看得不高，不觉得怎么样"②。应该说，两人的历史态度虽有差异，但这些言论均包含了对当年写作的较多反省，而对于食指，他们都保留了一致称赞和崇敬。这着实是一个有待深究的问题。

资料表明，对于食指的"崛起"，评论界、诗歌界其实都不乏疑虑的声音。洪子诚先生在《中国当代新诗史》（修订版）中即曾指出：

> 由于在论争中朦胧诗地位开始显赫，并在很大程度上成为当代诗歌"复兴"的标志，有关朦胧诗的"起源"问题受到重视。零碎、杂乱的记忆与不多的资料，在"历史"构造的目标中，得到加工、串联、整合。在相关的诗人、诗评家（文学史家）那里，对这项工作存在一种复杂、矛盾的态度。一方面，他们愿意为中国当代的"现代主义"倾向的诗歌建立一条连贯的线索，这样，60 年代初开始存在的"地下诗歌"，被描述为为朦胧诗准备的"前史"关系，其中暗含着一种趋向"成熟"的进化过程。但重叙与发掘的另外动机，又来自对现有叙述（高度肯定朦胧诗的同时，遮蔽、降低了"文革""地下诗歌"的价值）的不满，怀疑这种有关"准备"、"成熟"的理解……在"地下诗歌"的发掘中，对食指重要性的指认，是取得明显成效的一项，同时也常被作为揭发诗歌经常掩埋有价值诗人的例证。③

---

① 翟頔：《北岛：中文是我惟一的行李》，《书城》2003 年第 2 期。
② 凌越：《我的大学就是田野——多多访谈录》，《书城》2004 年第 4 期。
③ 洪子诚、刘登翰：《中国当代新诗史（修订版）》，第 180～182 页。

在其他场合，洪子诚先生还谈到研究者实际利用的材料多是"孤证"，并认为由此所书写的文学史"很可疑"①。程光炜教授则认为食指是"一个被'发掘'的诗人"，《诗探索》《沉沦的圣殿》等书刊在此过程中起到了"推波助澜"的作用，"一个默默无闻的诗人食指在很短时间内就以'重要诗人'的身份步入人们视野"。别有意味的是，他甚至反思了食指的"发掘"对他本人稍早完成的《中国当代诗歌史》的影响："在这本2003年由中国人民大学出版社出版的'诗歌史'中，笔者曾给食指以朦胧诗运动的'先行者'的显赫篇幅，并把他指认为七十年代以来新诗潮'唯一'的精神'传统'和'源流'。今天看，这样的'结论'未免有些唐突和冒险。"② 就其时间差距而言，前后不过三五年的时间，彼时食指"发掘"风潮的影响可见一斑。

诗歌界人士也值得一说。黄翔即曾抱怨当年食指的影响"仅局限在小圈子里"③。而身居南国福建的舒婷对顾城有着深挚的怀念，对食指则未有任何记忆。④ 黄翔、舒婷均可说是北京诗人群的"圈外人士"，与其打交道也比较晚，对当时食指的境况和地位显然缺乏感知，这种因为个人经历或地缘因素而造成的个人记忆与历史评价的反差现象，着实颇耐人寻味。

食指本人的态度其实也有重要的变化。根据较早时期的传记资料，"食指"这一从1978年开始使用的笔名有"抗争与解嘲"的意味："他认为在中国作为一个诗人，无论是写作还是生活都存在着无形的压力，但别人在背后的指指点点损伤不了一个人格健全的诗人，因此他索性用'食指'作为笔名，以表达自己的抗争与解嘲。"⑤ 标注为"1986年于精神病院"写下的《诗人的桂冠》即可视为一种自我认知：

> 诗人的桂冠和我毫无缘分/我是为了记下欢乐和痛苦的一瞬/即使

---

① 洪子诚先生谈道："文革期间，还有文革前的那条'异端'的，秘密的文学线索，这方面的材料，我们只有某些当事人的陈述，这些陈述有时又含糊不清，或有矛盾，没有别的旁证，别的方面的材料来作为印证。这使我们陷入尴尬之中……这个文学史就很可疑"，见《问题与方法：中国当代文学史研究讲稿》，第78页。

② 程光炜：《一个被"发掘"的诗人——〈诗探索〉和〈沉沦的圣殿〉"再叙述"中的食指》，《新诗评论》2005年第2辑。

③ 钟鸣：《旁观者·2》，海口：海南出版社，1998年，第668页。

④ 舒婷、陈村：《我已是狼外婆》，《收获》2002年第6期。

⑤ 林莽：《食指（郭路生）年表》，食指：《食指的诗》，第207页。

我已写下那么多诗行／不过我看它们不值分文

……

人们会问你到底是什么／是什么都行但不是诗人／只是那些不公正的年代里／一个无足轻重的牺牲品

诗歌所揭示的是商业化时代来临过程中诗人的现时和历史境况："不值分文""无足轻重"。其背后的一种重要的心理机制亦不难察知：不是不想拥有"诗人的桂冠"，而是自觉到"毫无缘分"——"桂冠"不得，故而怀疑"诗人"。以此反观《相信未来》之后出现的并不算短暂的"精神动摇性"大概也包含有类似心理："评定"不得，故而动摇——尽管其动摇性和时代本身对个人的束缚、钳制有着极大的关联。而从"愤怒"到"沉默"，也可说是有着某种内在的心理轨迹：那不过是怀疑情绪的一种延续而已。

再往下，尽管食指诗中也有过"我的诗终究会震惊诗坛"（《致友人》，1993 年）的诗句，但诗集《食指的诗》的压轴之作《世纪末的中国诗人》（1999 年）中的声音无疑更值得注意：

那就让该熄灭的成为灰烬
该吹散的就不留她的踪影
而我却在苦寒之中
精心守护着艺术的火种

2002 年之后，食指的个人生活有了重要改变，被从精神病福利院（"疯人院"）接出来，成家，过上了"正常人的生活"，"简朴、自由、平静的生活使《冬日的阳光》《家》《秋阳》《秋雨》《秋收的庆贺》《远离尘嚣》《呵尼采》《春雪》等问世"①。其中，所流露的多是一种"远离尘嚣"的人生之乐：

远离红尘中人头攒动的场合，／免得引发扰乱心境的浮躁；／既挣

————————

① 食指：《写给美国读者》（2007 年），《诗探索·作品卷》2015 年第 4 辑。

开名缰利索的精神羁绊，/也摆脱尘世无休止的牵挂与操劳。

—— 《远离尘嚣》（2005 年）

　　而今能婉言拒绝媒体的采访/也可以借故推掉朋友的酒宴/能从容不迫地安排处理一切——/有了"自我"，有了"做人的尊严"

—— 《2002－2008：六年回首》（2008 年）

　　最爱黄昏在村头随意漫步，/郊野邻村，一层薄雾缠绕。/沉沉心事不觉间随夕阳坠落，/余下的，被晚风吹散，成淡写轻描……

—— 《花甲之年》（2008 年，2009 年）①

　　比照先前的作品与相关传记资料，"远离尘嚣"的、"花甲之年"前后的食指在回顾自己的人生历程与思想观念时，已经有了一些值得注意的变动，其中有的涉及作品指向，比如《鱼儿三部曲》关于"中央文革小组"的"明确概念"②，《疯狗》一诗所增添的副题"致奢谈人权的人们"，看起来都是旨意更为明确，但内涵也有随之窄化之势。个人回忆也出现了与先前传记资料不同的说法，如笔名"食指"不再包含"抗争与解嘲"的意味——"既不是用于指点江山，也非指人在我背后戳戳点点"，而是跟母亲、老师有关，母亲姓"时"，"'时''师'与'食'谐音，'指'与'子'谐音，故我的笔名'食指'"。而对采访者的一些评价——或可归结为程光炜所指出的"提升"式的做法③，食指本人也并非全然认同，比如针对"你用一个人的苦难完成了对一个时代的救赎，这甚至与个人的意愿无关，它是一种使命。你是在什么时候意识到并自觉承担起这样一种使命的？"食指会指出："你在问题中把我捧得太高了。"又如，关于"孤独"（"一个伟大的灵魂注定是孤独的，因为他如此稀少，所以如此地孤独。"），食指的回答是："这个问题不该这么说，应该说，孤独对许多人来说是可

---

①　本处所引均据食指《2005－2015 食指十年作品辑》，《诗探索·作品卷》2015 年第 4 辑。
②　食指：《我更"相信未来"：答泉子问》，《西湖》2006 年第 11 期。
③　程光炜对崔卫平在食指访谈中的提问方法有质疑，见《一个被"发掘"的诗人——〈诗探索〉和〈沉沦的圣殿〉"再叙述"中的食指》，《新诗评论》2005 年第 2 辑。

怕的，但对于能战胜孤独的人不仅不可怕，还是一种享受。"① 对于"国家不幸诗家幸"这一古老的命题，食指也不站在"国家不幸"一边②。放到更长的历史跨度来看，比照不同时期的食指材料，其中虽未有太多出格之处，但在相当程度上，曾经附加在食指身上的历史重负已呈潜移、减弱之势——写作者本身对作品赋值的变化，对相关传记资料的不同认识（解释），或显或隐，本身便是历史语境的效应所在。

未结之语："历史意识"之虚妄？

综合视之，一个或已成定局的事实是：尽管对食指的写作及命运，读者、研究者会有诸多评价，他本人也有不同的心理与认知，但作为一名诗人，食指长期以来所一直坚持着的"朴素的生活习惯"③ 已具有了某种现实超越性：在坎坷的"命运"面前，他已归为"朴素"。数十年里，他只不过是在一张"苦寒"的桌面上坚持写作，即使身体条件非常糟糕也没有放弃。他所进行的是一次漫长而朴拙的艺术守护行为：

> 郭路生表现了一种罕见的忠直——对诗歌的忠直。在任何情况下，他从来不敢忘怀诗歌形式的要求，始终不逾出诗歌作为一门艺术所允许的限度。换句话说，即使生活本身是混乱的、分裂的，诗歌也要创造出和谐的形式，将那些原来是刺耳的、凶猛的东西制服；即使生活本身是扭曲的、晦涩的，诗歌也要提供坚固优美的秩序，使人们苦闷压抑的精神得到支撑和依托；即使生活本身是丑恶的、痛苦的，诗歌最终仍然是美的，给人以美感和向上的力量。④

> ……最重要的是精神。像我们郭路生就很了不起，从没有背叛过自己，让人服气，无论什么时代，你说他疯了，我告诉你，诗人要不疯还不是诗人。他一定要有一种迷狂，迷狂是什么，就是强烈的自

---

① 食指：《我更"相信未来"：答泉子问》，《西湖》2006 年第 11 期

② 食指：《写给美国读者》（2007 年），《诗探索·作品卷》2015 年第 4 辑。

③ 林莽：《食指（郭路生）年表》，食指：《食指的诗》，第 204 页。

④ 崔卫平：《郭路生》，《积极生活》，北京：中国人民大学出版社，2003 年，第 52 页。

转，就像一个球，你自转一放慢，外界就侵入，你就纳入公转，然后就绕着商业走啊，绕着什么走，就走了。自转，我抵抗你们。外界看他疯了他疯了，疯了就是反常嘛。①

崔卫平宣谕了"给人以美感和向上的力量"的诗歌之于"丑恶的、痛苦的"生活的必要性，而在诗人多多的视域里，世人眼里的"疯"与"反常"映射了世人之固陋与顽愚；"从没有背叛过自己"的"自转"式写作也正是值得珍视的品质——平心而论，着笔至此，我已感到某种迷惘。前述讨论对食指写作中的问题与缺陷多有苛责，但所谓"历史意图"，是诗人本人的意图，还是历史本身或处于历史语境中的读者、研究者强加给诗人的呢？如果是后者，苛责又是否恰当呢？

尽管如此——尽管诗人的写作境遇及朴素的生活理念让人敬仰，尽管在诗人漫长的写作年代里，命运宛若琴弦，弹奏之音不时会在读者的耳边响起，但命运终究只是历史的伴奏——面对历史的残酷性，苛责诗人或许不当，但放眼文学历史的长河，作为诗歌的读者，也还是有理由要求更多。

（曾刊载于《扬子江评论》2018 年第 6 期）

---

① 多多的观点见凌越《我的大学就是田野——多多访谈录》，《书城》2004 年第 4 期。

附　录

附录一种，为 2016 年本人负责召集的"中国现代文学文献学的理论与实践国际学术研讨会"的综述，其间涉及现代文学文献学的学科构想。该综述结尾处评述了会议主办方之一、中华文学史料学学会副会长刘福春的观点，"他认为文献整理不能单靠兴趣支撑，而要靠制度的保证，为此他呼吁应该努力建立我们现当代文学文献学科。只有学科独立了，有了制度的保证，才能使现当代文献整理研究工作有合法的身份、合理的评价和健康的发展。古典文学文献学可以不用依附于古代文学研究而独立存在，现代文学文献学同样也可以独立存在。着眼于未来的学科建设，这也可说是本次会议的最为重要的收获。"

关于现代文学文献学的机制与学科构想，自是多有可议之处，但这一点经过一定的积累，也有其紧迫性。

"中国现代文学文献学的理论与实践"
国际学术研讨会综述

一 会议由来

近年来，中国现代文学研究日益深入，数字资源的日益增多，国内外现代文学界在相关文献的搜集与整理方面，取得了非常丰硕的成果，出现了很多新的动向。中国现当代文学的文献（史料）问题，得到了比较广泛的关注。2003～2004 年，北京、开封两地曾先后召开具有承继关系的"中国现代文学的文献问题座谈会"（2003 年，北京）①、"史料的新发现与文学史的再审视——中国现代文学文献问题学术研讨"（2004 年，开封）②，表明到此时为止，中国现代文学文献学的理念已成蔚然之势。不过，此后明确以"现代文学文献"命名的学术会议也并不多见，更多的还是在"史料"的名义下召开的，如"史料问题与百年中国文学转捩点学术研讨会"（2006 年，开封）③、"中国现代文学新史料的发掘与研究"国际学术研讨会（2009 年，北京）④、"中国现当代文学史料与阐释"学术研讨会（2013

① 2003 年 12 月 20～21 日在清华大学召开，参见解志熙《"中国现代文学的文献问题座谈会"共识述要》，《中国现代文学研究丛刊》2004 年第 3 期。
② 2004 年 10 月 13 日至 16 日，由河南大学文学院、《文学评论》编辑部、洛阳师范学院中文系联合举办。会议"是去年在清华大学召开的现代文学文献研讨会的继续"。参见刘涛《中国现代文学文献问题学术研讨会综述》，《中国现代文学研究丛刊》2005 年第 2 期。
③ 2006 年 9 月 24 日至 27 日，由中华文学史料学会、《文学评论》编辑部、河南大学文学院联合举办，参见胡金章《史料问题与百年中国文学转捩点学术研讨会综述》，《文学评论》2007 年第 1 期。
④ 2009 年 11 月 1～3 日，由中国现代文学馆、中国现代文学研究会联合举办，（转下页注）

年，杭州)①，等等。

大致说来，到目前为止，"文献"或"史料"之于现代文学研究的重要性已经得到了普遍认可，相关知识理念也得到了多方申扬，但中国现代文学文献学概念体系、文献整理规范、文献深度发掘与中国现代文学学科的内在关联等方面的重要议题，也还是有深入商讨的价值。基于此，长沙理工大学文法学院、长沙理工大学中国文学文献整理与研究中心联合中国现代文学馆、中华文学史料学学会，就中国现代文学文献学的理论与实践层面的诸多议题进行深入商讨。来自日本埼玉大学、神户外国语大学，韩国东亚大学、首尔大学以及北京大学、北京师范大学、东北师范大学、复旦大学、浙江大学、中南大学、中山大学、重庆师范大学、广西大学、河北师范大学、河南大学、衡阳师范学院、湖南大学、湖南科技大学、湖南省第一师范学院、湖南省社会科学院、湖南师范大学、湖南文理学院、华东师范大学、乐山师范学院、绵阳师范学院、南京大学、青岛大学、清华大学、山东财经大学、上海巴金故居、四川大学、武汉大学、西南科技大学、西南民族大学、《湘潭大学学报》编辑部、《新文学史料》编辑部、中国社会科学院（包括郭沫若纪念馆、《文学评论》编辑部）、中国现代文学馆、《中国现代文学研究丛刊》编辑部、中国艺术研究院等四十余个学校和科研院所、编辑部的六十余位专家参加了会议。

会议设定了七个议题：（1）中国现当代作家文学文献发掘与整理的新成果、新动向（数据化时代，文献发掘与整理的新趋向）；（2）中国现当代文学文献整理规范商议；（3）中国现当代文学文献深度发掘与现当代文学研究局势的互动研究；（4）中国现当代文学文献学概念体系及其与中国现当代文学学科的内在关联研究；（5）专题讨论：现代以来，湘湘文学文献整理与研究；（6）专题讨论：域外中国现当代文学文献的传播、整理与研究；（7）专题讨论：中国古典文学文献学与现代文学文献学的关系研究。这些议题的设定，包含了目前阶段我们对中国现代文学文献学的一些

（接上页注④）参见易晖《中国现代文学新史料的发掘与研究国际学术研讨会综述》，《中国现代文学研究丛刊》2010 年第 2 期。

① 2013 年 11 月 16～17 日，浙江大学中国现当代文学与文化研究所和《文艺研究》杂志社联合主办，参见章涛、吴秀明《文献史料问题与现当代文学研究的再出发——"中国现当代文学史料与阐释"学术研讨会综述》，《中文学术前沿》2014 年第 1 期。

基本思考，文献始终是一项必要的基础性工作，但凡一个成熟的学科，都应当具备相对稳定的文献学基础。我们试图从现代文学文献搜集整理的新成果、新动向出发，延伸两个层面的话题：一个是技术层面，即文献整理规范的层面；另一个是创新层面，即新材料、新问题之于研究的新的意义。最终则是试图指向现代文学文献学的概念体系，以及现当代文学学科的相关核心命题。这些是前四个议题的大致内涵。后三个议题，本土、域外，是从不同向度的深化或者补充。会议共收到论文 47 篇①，另有多位学者现场做了主题发言。与会论文基本上是万字以上的长文，学者们的文献功力与学术热情可见一斑。

二　会议综述

（一）从新材料出发，讨论作家形象、文学运动等方面的新内涵，兼及相关文学史研究层面的话题

程巍（中国社会科学院）的《辜鸿铭的"回忆"：想象与历史文献》认为，近年发掘出来的辜鸿铭 1921 年所写英文回忆录与坊间所传他人制作的相关"逸闻趣事"一样，主要是想象的产物。辜鸿铭之所以隐瞒乃至编造自己的家族史和个人史，主要动机之一，是为了让自己的"中国人"身份变得毫无疑义。李光荣（西南民族大学）的《作家汪曾祺的由来》，结合汪曾祺在西南联大时期的文学实践活动，认为汪曾祺是从文学社团迈出第一步、由文学课堂塑造文学观念、在图书馆里充实丰富、于老师家中提高加深、去茶馆里养气品世而成长起来的作家。陈越（中国艺术研究院）的《冯至诗学观略论——以三篇半集外佚文为中心》认为，《冯至全集》中极少直接、专门和深入论述新诗历史及其诗学观念的论文，新发现的材料有助于梳理冯至有关新诗发展方向、诗与现实的关系等方面的议题，并能辨析冯至致胡乔木的所谓"告状信"所存在的一些误解。周立民（上海巴金故居）的《美好的回忆与可怕的"噩梦"——从新发现文献中重构巴金第一次访日足迹》认为，此前关于 1934～1935 年巴金第一次访日经历的研究多根据巴金自述而进行，缺乏全面的参证资料，论文利用最新发现

---

① 李怡、葛涛、侯桂新等人提交了论文但因故未能与会，故不做评述。

的文献，从旅日足迹、人际交往和思想转变等多方面重构了此一经历，同时也澄清了以往研究中一些模糊的细节。刘涛（河南大学）的《一个学者的另一面相——由散落在民国报章中的任访秋佚文说起》指出，学术论著建构了任访秋的专业学术人形象，但新见的一批在民国报纸上发表的社论和其他大量佚文，则不仅显示了他作为公共知识分子胸怀家国的一面，对研究 20 世纪知识分子的精神史和命运变迁史，亦具有重要意义和思想启示。周云鹏（长沙理工大学）的《辑佚、考证与民族主义文艺研究》，辨析了《民族主义文艺运动宣言》的发起者等问题，同时，以黄震遐等人的研究为例，说明辑佚、考证对研究对象的生平了解和身份特征认识有着重要的意义。

也有不少论文，以新材料为中心，拓展到文献整理与研究以及相关文学史研究层面的大话题，从中既可见出新材料之于研究的独特意义，更显示了学术同人在材料运用与文学史认知方面已经达到的深度和广度。易彬（长沙理工大学）的《集外论文、作家形象与现代文学文献整理的若干问题——以新见穆旦集外文为中心的讨论》，认为中国现代作家文献的整理工作虽已取得不俗的成绩，但仍具有较大的辑佚空间。较多集外文的存在意味着作家的既有形象面临着新的调整；而辑佚成果的较多出现则孕育了文献学工作的新动向。近年来发掘的较多穆旦集外文既能揭示地方性或边缘性报刊之于文献发掘、时代语境之于个人形象塑造与文献选择的特殊意义，也能有利于展开文献权属、历史认知等方面的话题，值得深入探究。王攸欣（中南大学）的《写作〈朱光潜传〉前后搜集到的新史料——兼谈互联网搜集材料的新手段》，指出互联网数据库为史料搜集带来极大的方便，如何利用互联网是这个时代文学、历史研究相当重要的新手段。写作《朱光潜传》前后共搜集到集外文 63 篇（则），这对于更深入、准确地理解朱光潜的人格、思想及其学术历程有一定的价值。

（二）史实的梳理、考订与文学史问题的揭示、再阐释

陈子善（华东师范大学）的《〈京报副刊〉的诞生及其他》，借助全套《京报副刊》影印出版的契机，梳理了五四时期"四大副刊"说法的由来，孙伏园、周氏兄弟、荆有麟等人在《京报副刊》创办过程中的作用与角色，《京报副刊》在编辑原则、作者阵容及其"在推动新文学多样化进

程，建构当时中国社会文化、政治公共空间方面"所做出的"可贵的努力"。解志熙（清华大学）的《"穆时英的最后"——关于他的附逆或牺牲问题之考辨》《当"亲日作家"遭遇"抗日的恐怖分子"——"穆时英的最后"文献特辑》，运用"校读法"，以确凿的文献和细致的考证，说明所谓穆时英当年的"冤案"，乃是一个流亡的双面特工不甘寂寞而精心编造的谎言，并依据穆时英投靠汪伪的亮相论文等史料，揭示了他蜕变为汉奸的过程及其走向妥协的思想逻辑，这在汉奸人物中很有典型意义。陈思广、刘安琪（四川大学）的《抗战建国语境下的"蒋夫人文学奖金"征文》，以1940年宋美龄以个人名义设立的、以《妇女新运》杂志为平台而举办的"蒋夫人文学奖金"为对象，指出在抗战建国的历史语境下，征文不仅仅是为了选拔青年女作家，更是一场动员广大妇女投身社会、救亡图存的爱国宣传活动，一次鼎新除弊的思想文化工程。获奖论文所塑造的女性觉醒者、成长者形象，所弘扬的女性依然可以为民族解放出力奉献的自我存在感，以及与祖国同在，与时代同呼吸、共命运、共忧患的爱国主义情怀，彰显出抗战时期广大妇女崇高的历史使命感和社会责任感，其历史意义应予以充分肯定。杨华丽（绵阳师范学院）的《〈青年杂志〉改名原因：误读与重释》针对近30年来的各种说法，指出基督教青年会与上海青年会并非同一机构，并厘清了它们各自所办刊物的名称、性质及特点，从而辨析了这些言说在何种意义上属实，又存在何种偏差。基督教青年协会所办的《青年》杂志，是促成陈子寿、陈独秀下定决心将《青年杂志》更名为《新青年》的重要原因之一。彭林祥（广西大学）的《鲁迅去世后出版界的商业竞卖叙考》指出，鲁迅去世后两三个月内，出版商嗅到商机，竞相举行纪念鲁迅的特价销售，大肆盗版鲁迅作品，甚至迅速结集出版悼念论文集等，鲁迅的去世演变为一场商业竞卖。这股出版热潮破坏了鲁迅著作的整体性，造成读者的混乱，但也冲破了当局对有关鲁迅的图书的查禁局面，促成了鲁迅作品及其精神的广泛传播，扩大了鲁迅在中国普通民众心目中的影响。郑绩（浙江省社会科学院）的《〈时代〉画报研究》，对在1930年代中国媒介史上占据重要地位的《时代》画报的发展历史、办刊风格及其唯美主义审美取向进行了细致严谨的梳理，分析了它以摩登为美的特征，认为《时代》作为一份得天独厚的中产阶级时尚杂志，理应对当时上海的公共空间建设有所贡献，但由于它以摩登为美，耽于享乐，缺少社会理想，最终一无建树。袁洪权（西南科技大学）的《开明版〈胡也频选集〉序言的"隐秘事实"——胡也频一九三〇年济南之行史实梳考》围绕相关人物（丁玲、张默生、何思源、冯毅之）的回忆文字，认为丁玲 1950 年完成的《一个真实人的一生：记胡也频》为胡也频的革命历程书写奠定了基础，但也遮蔽了历史细节，带来严重的政治影响，相关人物（如张默生、沈从文等）后来的命运与这种叙述有一定的关系。同时，论文针对《丁玲全集》并未将丁玲本人晚年修订该文本的情况予以说明的事实，指出当下作家全集中所存在的版本问题值得"反思"。徐强（东北师范大学）的《〈朱自清全集〉日记卷翻译疏误考校》指出，因朱自清日记的相当部分是用英文或日文写的，2006 年版《朱自清全集》所录，人名、书名等专有名词存在若干翻译错误，由此所导致的史实出入，降低了这部日记的文献价值。廖久明（乐山师范学院）的《论可能考的必要性、可能性和必须遵守的基本原则——以郭沫若归国问题考证为例》对考证方法进行了辨析，认为考证方法有确定考和可能考之分，后者是指运用间接材料进行考证。论文结合郭沫若抗战归国问题，探讨了"可能考"的必要性与可能性，以及必须遵循的几项基本原则，即目的必须纯正；材料必须真实、详细；必须随时准备改正自己的错误；用语尽可能慎重：少用肯定性词语，多用可能性词语；应将时间和精力更多地花在查找、分析材料上，而不是逻辑推理上。

（三）对现代文学文献学知识理念与方法的梳理

徐鹏绪、金宏宇的相关研究已经呈现明显的体系性。徐鹏绪（青岛大学）长期致力于现代文学文献学研究，2014 年出版了《中国现代文学文献学研究》①。《关于中国现代文学文献学理论方法的构建与基本书写类型的思考》一文将文献类型分为三级，即"原典文献"（一级文献）、"研究文献"（二级文献）、"研究之研究"（三级文献），认为中国现代文学文献学的建设应解决文献学的理论、方法和研究框架诸方面的问题。金宏宇（武汉大学）的《中国现代文学辑佚批判》认为，辑佚作为一种学术传统，古今之间有同有异。作为中国现代文学文献整理中"发现的技艺"，存在诸

---

① 徐鹏绪等：《中国现代文学文献学研究》，北京：中国社会科学出版社，2014 年。

多方法。在发现的喜悦之中，更需要对辑佚的学术规范和价值层面进行"二重批判"。辑佚的学术实践已转化为一些不同的著述形态，都将有益于现代文学辑佚学的建构。郭娟（《新文学史料》编辑部）在《〈史料〉与文献》的发言中，结合长期从事史料刊物编辑的经验，认为对作家佚文的发掘应持审慎态度，如作家"文革"时期的自传、交代材料的使用，对文献应有必要的价值判断，有些已经被历史所淘汰的材料并不具备重新发掘的意义。同时，她还谈及目前人民文学出版社正在按照《鲁迅全集》的体例来编辑新版《汪曾祺全集》。凌孟华（重庆师范大学）的《也谈抗战时期尚丁记录的冰心佚文〈写作漫谈〉——兼及现代作家佚文发掘的若干问题》，以新近学界发掘整理的冰心佚文《写作漫谈》的两个不同版本为对象，认为近年来辑佚成果的确非常丰富，但也存在一些问题：文字辑录不够准确，缺乏应有的统一规范，对原作内容疏漏的敏感度与反思力有待优化；辑佚类论文除了介绍佚作外，也有必要介绍相关作者（或演讲记录者）、相关报刊等方面的情况，并确保信息的准确、完备；佚作特点提炼不够清晰，佚作价值分析不够全面，佚作问题思考不够深入，严谨与大胆之间的分寸把握得不够理想。李斌（郭沫若纪念馆）的《郭沫若研究中的文献史料问题》从辑佚、辨伪、版本三个方面入手，认为文献史料的搜集整理，既是郭沫若研究的基础工作，也是郭沫若研究的重点与难点。还有大量郭沫若的文字需要钩稽整理；郭沫若各类作品均有作伪现象，需要仔细辨别；郭沫若作品版本丰富，版本汇校和研究亟待深入开展。张元珂（中国现代文学馆）的《论中国新文学文本改写的向度、难度和限度》认为，新文学史上有很多通过对历史文本、文学文本及自有文本改写而生成的作品。改写主要有四个审美向度：向外指涉，深度介入现实；向内开掘，探索人性奥妙；代偿式改写，体现为"向内"和"向外"的双向中和；版本进化论视角上的优化向度。作家对文本的改写受到政治意识形态、消费文化思潮、作家审美思想等多种因素的影响，从而呈现为复杂而多样的文本形态。郑劭荣（长沙理工大学）的《一个京剧时代的记忆：〈舞台生活四十年〉与口述戏剧史研究》，认为由梅兰芳口述、许姬传记录整理的《舞台生活四十年》是我国第一部戏曲家个人回忆录，述作者以科学而独到的实践方式，在口述访谈、著述体例及戏曲的口头述录等方面颇具开创性，既对研究梅兰芳的生命史、演剧史以及中国戏曲史具有不可替代的史料价值，也能助推现代口述戏剧史学的创设与发展。黄莹（长沙理工大学）的《论"孤岛"时期女作家恽涵对郭沫若剧作〈卓文君〉的改编》指出，作为郭沫若早年创作的"三个叛逆的女性"之一，卓文君形象是现代话剧领域的重要研究对象。论文从时代背景、作者创作动机、舞台演出客观要求等方面，分析了"孤岛"时期女作家恽涵重新改编创作七幕剧《卓文君》的原因，并从幕次结构、人物身份及关系上的差异方面对两部《卓文君》进行比较，揭示了现代女性剧作家在女性解放问题上有异于郭沫若原作的价值取向。唐思敏（长沙理工大学）的《历史语境、文学传播与人事纠葛——"副文本"视野下的〈呼兰河传〉研究》，借助近年来在现代文学文献学研究中所兴起的"副文本"概念，以版本繁众的《呼兰河传》为对象，对版权页、封面、引言、序跋、附录、广告等副文本因素进行分析，这不仅有助于增加对版本的感性认识，也能揭示出时代语境、文学传播乃至人事纠葛等方面的因素。

（四）文学史与学术史的角度

潘世圣（华东师范大学）的《七十年前之日本中国新文学史叙事——近藤春雄〈现代中国的文学〉（1945）考察》认为，日本一直是海外中国文学传播受容和研究的最重要区域。日本战前的中国新文学史叙事研究蔚为可观，近藤春雄《现代中国的文学》最为系统最为详尽。作为同时代人对中国新文学的观察和体验、相对稳妥的学术立场以及注重资料文献的实证方法，确保了此书的复合价值，成为中国新文学的传播海外走向世界的一个清晰脚印。罗宗宇（湖南大学）的《作为当代文学文献研究方法的〈《文学评论》编年史稿（1957－2010）〉》认为王保生以历史过来人和亲历者身份，还原和总结了《文学评论》的历史，为当代学术研究提供了一份重要的详细史料。宫立（河北师范大学）的《论任访秋的现代文学史三部曲》指出，从中国现代文学史编纂史的角度看，任访秋的《中国新文学史讲稿》等当时未能及时出版、因而未能进入现代文学史编纂研究者的视野的文学史著也是值得关注的。任氏文学史著有自己的编纂特色，其写作之路，充分地显示出一个学者、大学教师在社会政治大环境下的无奈、无力。成松柳（长沙理工大学）的《中国古典诗歌的"反传统"与新诗的现代性追问》认为，现代性追问是现代新诗发展历程中的基本线索，这一过程充满着复杂性，尤其是古典诗歌的悠久传统一直影响着诗人们的创作取舍。在古典诗歌内部，传统一直是一个动态概念，尤其是中唐以降的社会变化，引发了杜甫、韩愈特别是宋代诗歌的新变化，颠覆了传统诗学的自洽传统，引发了古典诗歌由感性到知性的运动。但由于社会制度、文化模式等多种因素制约，这一运动在古代并没有完成。新诗的现代性追问，承继了这一使命，由此也带来了新诗发展历程中的复杂性。

（五）湖湘文学文献研究

颜建华（长沙理工大学）的《王闿运〈湘绮楼诗文集〉集外文二篇及相关考证》，以从缪荃孙未刊稿本中辑录出的王闿运的两篇集外文为中心，借助相关日记材料，梳理了王闿运与缪荃孙的交往关系。津守阳（日本神户外国语大学）的《民族、边疆与自我想象——沈从文与"乡土中国"的现代性再考》指出，潜伏在沈从文湘西作品中乡土形象本身的复杂面貌是最容易被忽视的。论文借助乡土文学研究的视野，重新梳理了沈从文湘西作品和现代中国的民族意识、性别意识以及中国人的自我想象等之间的互动关系。周子玉（长沙理工大学）的《沈从文笔下的他者建构》运用比较文学的视域，认为沈从文建构了一个自然健康、平等自由、充满活力的湘西苗族形象世界。但鉴于沈从文本身文化血统与生理血统的不统一，这一形象只是汉族对苗族的乌托邦他者幻想，它的反面是西方文明对汉族的意识形态他者想象——乌托邦苗族他者的本质，是被隐藏了的西方乌托邦他者。佘丹清（湖南文理学院）的《文学研究专著与文学史教材中的周立波及其作品》认为，目前的周立波研究多注重文学创作文本分析，而忽略了专著和教材作为史料的真正意义。实际上，不仅这些研究包含了不同的视角，而且，从不同历史阶段的研究之中也可以见出时代语境的效应。

（六）当代文学文献的话题

按照吴秀明教授（浙江大学）的观点，这可以统称为当代文学的"学术再发动"机制。吴秀明的《一场迟到了的"学术再发动"——当代文学史料研究的意义、特点与问题》认为，当代文学史料研究虽然迄今仍处于迟滞乃至不被理解或压抑的状态，远未达到人们所期待的历史化和知识重构的要求，但它毕竟在推动学术创新和纠谬辨正等方面迈出了重要一步，取得了不少阶段性的成果。目前比较突出、最具难度的是，因与现实政治同构而导致的档案化和诸多非学术因素的干扰，以及空间延展和传播媒体变化而催生的新史料问题。当代文学史料研究刚刚启动，尤其需要注意坚持大文化立场，摆脱功利、狭隘和短视思维观念的束缚。洪子诚（北京大学）的《当代文学的史料问题》认为，尽管近年来当代文学史料工作的受重视程度有了加强，但较之古代、现代文学的史料研究，还是存在"观念"胜于"观看"的境况，即从观念上说，有的认为理论、观点比史料问题更为重要。实际上，当代文学（化）史上的作品的真伪、版本等问题都值得深入辨析，但对某些特殊材料（如"检讨材料"）能否作为当代文学史料来使用存有疑问。这些材料有着私密的性质，公开使用是否合适，使用者的道德优势是否合理，都是值得讨论的。吴俊（南京大学）认为文献史料工作是以面对过去的方式来达到走向未来的一种手段，其作用可用求真、求解、求义、求价值来涵盖。其论文《施燕平〈《人民文学》复刊和编辑日记〉劄记（三）》，依据"文革"后期曾任《人民文学》常务副主编的施燕平的日记，细致分析了 1975 年冬至 1976 年冬，批邓、反击右倾翻案风潮流中的文学动向。论文指出，当下文革研究最需要的是寻找一些可能的进入路径。施燕平的经历说明，有关"文革"和"文革"文学的研究还有着广泛的空间。赵卫东（浙江科技学院）的《文献史料："为何"以及"如何"进入当代文学史》也谈到学界对文献史料之于当代文学研究意义的重要性认识不足的现象，这和当代文学史的历史属性、叙述任务以及当代文学自身的特殊性等方面的认识有关。当代文学史叙述应追求一种新的境界，即以作家的"文学行为实存分析"为中心，结合政治、制度、文化的考察，融合事件、思潮、作家、作品，叙述出文体演化史、思潮流变史、审美风尚史以及作家作品史齐头并进、杂糅无间的当代文学发生发展的生动和流动的景象。张均（中山大学）的《档案文献与中国现当代文学研究》认为，革命历史档案、民国档案及建国初期历史档案在目前的相关研究中利用率不高。作为"直接形成"的"过程史料"，档案文献虽然不能摆脱叙述性问题，但有不可复制的史料性价值：作为"过程"信息，可以为文学组织研究提供作家、编辑、批评家在单位制度下原生态的生活史料；作为真人真事的记载，可以为经典文本提供可以比勘的"现实版本",打开有关个人想象、社会再现方面的问题空间。此外,对于文学传播与接受研究,档案亦可提供"不宜公开"的珍贵史料。王秀涛(中国现代文学馆)的《城市接管与当代文艺的发生》认为城市接管是当代文艺的准备阶段,通过接收大量官僚资本控制的文艺机构,并加以改造,建立了新中国最初的一批国营文艺机构,成为新文艺生产和传播的领导力量。总体来看,接管时期的文艺呈现出一种过渡形态,虽然方向已经确定,但新旧杂陈,多种文艺形态并存,但这种多元化、混杂的文学情景却随着社会改造的逐步深入而逐渐消失。

(七) 域外文献的研究

商金林(北京大学)的《日本〈中国文学〉月报中的"周氏兄弟"》指出,日本中国文学研究会会刊《中国文学》月报历时 14 年,共 105 期,有不少关于现代中国作家的史料。其中评价鲁迅的文章最多,部分材料有助于厘清鲁迅的《中国小说史略》与日本学者盐谷温《支那文学概论讲话》并不存在抄袭的情况。月报还清晰地显示了以竹内好为首的日本中国文学研究会对周作人由崇拜到背弃的态度转变。张业松(复旦大学)的《试论"游子文学"——以在日华文作家李长声、亦夫为例》指出,"在日华文作家"指长期旅居日本、主要以汉语写作、面向汉语读者的作家,是一个比较特殊的作家群体。依据汉语文学传统,称其为"游子文学"更为恰当。论文以近年从中国内地来日、分别从事散文写作和小说写作的李长声、亦夫(吕伯平)为例进行了讨论。来自韩国的金龙云和金民静所讨论的均是中国诗歌在韩国的接受与传播情况。金龙云(韩国东亚大学)的《韩国的中国现当代诗歌研究视角》认为,由于政治、历史等方面原因,直到 1992 年韩中两国建交之后,韩国对中国现当代诗歌的研究视角才发生根本变化。韩方学者在中国现当代诗歌的研究视角上存在着根本差异,或将作品本身同现实割裂开来,视作独立的个体,或试图实证作品与现实的关系,或全盘收容西方在研究中国现当代诗歌时的方法论。而这些研究视角又都受到资料匮乏的制约。金民静(韩国首尔大学)的《韩国的中国现当代诗歌研究与翻译概况(1979 – 2016)》指出,韩方的中国现当代诗歌研究历程已有三十七年的历史。论文评述了从第一代研究者许世旭到第五代研究者金民静,五代研究者对中国现当代诗歌的研究。小谷一郎(日本埼玉大学）的《关于"第一手资料"——以创造社研究、旅日中国留学生研究为例》，认为所谓"第一手资料"即首次刊登的作品或文章。研究时应首先查找原始杂志，之后是初版单行本，然后才是文集或者全集。要注意结集出版时的修改现象。回忆录、自传也是重要的研究资料。作者在写作此类材料时，其政治立场、价值观和对记忆的梳理等总不可避免地会纠缠在一起。阅读时应充分掌握其语境，并尽可能找到"旁证"。

三　展望

上述近五十篇论文（发言），涉及中国现代文学文献学的诸多方面，大致对应了会议所设定的几个议题，显示了研究的深度与广度。不过也还有两个议题未能更深入的讨论：一个是中国现当代文学文献整理规范商议，另一个是中国古典文学文献学与现代文学文献学的关系研究。

遥想十余年前的"中国现代文学的文献问题座谈会"（2003年，北京），与会代表曾经达成七点"共识"，并以"会议纪要"的形式刊布。其中多点确已是学界共识，如"中国现代文学文献是亟待抢救的文学和文化遗产""新的文献资料的发现、整理和刊布，不仅是重要的基础研究工作，而且往往意味着学术创新的孕育和发动""有必要推动现代文学学科学风的改进，加强学术规范，提高学术道德，强化学术纪律""现代文学文献的搜集、整理和刊布是一项牵涉面很广的公共工程"，不仅需要现代文学研究界的不懈努力，还有赖于各方力量的支（扶）持和参与；"首先在现代文学学科内部建立起文献工作的协作机制……以推动现代文学文献的搜集、整理、存档、发布工作，并争取使这种协作关系制度化、数字化"。但有些识见也还有待进一步的协商或落实，其中就包括古典文学文献学的规范效应："鉴于现代文学学科的文献学基础还很薄弱，在许多问题的处理上各自为政、无章可循，不利于现代文学文献研究的开展和成果的交流，所以与会者一致认为有必要借鉴古典文献学的传统惯例、汲取以往现代文学文献研究成果的成功经验，根据现代文学文献的实际情况，确定一些基本的工作标准，并酌定可供同行共同遵守的文献工作规范以至于可通用的文献工作语言。"从本次会议来看，至少可以说，到目前为止，现代文学文献学"共同遵守的文献工作规范以至于可通用的文献工作语言"显然还没有成形。

作为会议的主办方之一、中华文学史料学学会副会长刘福春（中国社会科学院）的发言亦能非常典型地反映当下现代文学文献工作者的境况。他一方面谈到了自己的忧虑，即随着民国文献日益破损、历史的参与者与见证者的故去，历史正在消失或者已经消失；另一方面，他认为文献整理不能单靠兴趣支撑，而要靠制度的保证，为此他呼吁应该努力建立中国现当代文学文献学学科。只有学科独立了，有了制度的保证，才能使现当代文献整理研究工作有合法的身份、合理的评价和健康的发展。古典文学文献学可以不用依附于古代文学研究而独立存在，现代文学文献学同样也可以独立存在。着眼于未来的学科建设，这也可说是本次会议的最为重要的收获。

（综述的主要部分曾刊载于《中国现代文学研究丛刊》

2017年第2期）

后　记

本书所录各篇章，最早的一篇是完成于 2006 年的《政治理性与美学理念的矛盾交织——对于闻一多编选〈现代诗钞〉的辩诘》，记得当时以此文参加了那年暑期在武汉大学举行的"闻一多殉难 60 周年纪念暨国际学术研讨会"，那时候陆耀东先生还健在，彭燕郊先生也健在——他托我带作品集给陆先生，并嘱咐我一定索要一套完整的会议资料来学习，那是我第二次作为正式代表参加学术会议，并且第一次坐船游览东湖，那年暑期之后我进入博士三年级的学习，所以至今仍有很深的印象。

最近的一篇是 2019 年完稿的《诗艺、时代与自我形象的演进——编年汇校视域下的穆旦前期诗歌研究》。穆旦可能是现代中国最勤于修改的诗人之一，其诗歌版本众多、异文繁复，一直想对其进行细致的讨论。如今，《穆旦诗编年汇校》历经数年终于出版，此文的定稿还在其后，但总算是有了一个与繁复的汇校相匹配的校读工作成果。此文的写作实在也是颇不顺手，而且这是到目前为止我所写的篇幅最大的单篇论文，想来日后也会有不浅的印象的。

如此说来，本书的写作期也在十年以上了，但这大概算不上荣耀，只能说是从那时或者更早些时候开始，就已经比较注意现代文学的文献问题。所收各篇均为长文，一些可能也有些意思的短文未能收录。同时，限于本书的篇幅，也为了避免某些个案的研究过于扎堆，一些关于文献主题的长文未能收录，包括讨论档案、版本、口述、书信、馆藏资料与文献整理以及文献专家等方面的论文，海外汉学方面成果拟专书出版，本书仅收录一篇，以现其貌。

各篇章收入本书时，均有不同程度的修改。部分是因为发表时篇幅有限，此次补入了相关内容，更多的时候是对相关文献细节的校订和对语调的规整。

时间之于文献（研究）是一把双刃剑，它能有效地丰富文献的内容，也会无情地暴露工作的短处——文献学本身的实践属性早就注定了相关工作始终可能会存在统计不准、文献不全、史实错漏、判断失误等状况，也难免会掺入某种主观意绪，此类细节在此次统稿之中将尽可能地予以校订（好在并不算多，但某些情形还是令我汗颜），并适当补入新的材料。同时，单篇发表时，会适应各刊物需要进行相应的格式调整，统稿时做了一致的处理；也会为了某种论述而对某些背景做出一定的说明，统稿时对相关主题的篇章中所存在的重合之处，做了删节和规整。

也是基于时间的线索——基于隐伏于时间之中的个人成长史与写作风格的演变史，各篇的语调实际上也是各有参差。大概是所谓的"当下意识"在作怪，本书在统稿时对其中的一些行文和语气做了适当的调整，以使其更符合自己当下的眼光和经验——借此机会，我尽力回溯了各篇的资料搜集、写作、发表以及参加相关学术交流时的诸种情境。大概是自己这十多年来虽有变化但也并没有太大的变化，所做的改动基本上是微调，而没有任何大面积的删改——没有太多地破坏所谓"历史的原貌"。

我猜想很多写作者也会基于同样的理由对自己的作品进行修改——当然，也还会有更多、更复杂的因素在驱动写作者的修改。但基于此，对作家作品的修改现象，我更倾向于持一种开放的态度。写作者完全有权利修改自己的作品。写作者首先是为自己而写作，而不是为研究者或文学史家而写作。写作往往是一个复杂的历史问题，放诸历史的长河，艺术完善的情形多有存在，恶意篡改历史的情形也并非孤例，而回忆录、口述乃至日记、书信之中无法确断的声音，实在也是很不少见——面对未经修改的单一文本，研究者自有其解读法，但也并不能确断那就是所谓的"历史的原貌"。而一经有文本演变的线索在，文学史家们自能断定写作者掺杂其间的个人意图与历史因素。质言之，历史原本就有其混沌的面向，遭遇具体的历史问题，也总会有具体的研究法，一位研究者没有必要总将自己置于某种怀疑的困局之中。此一话题就此打住。

再来说说这本书的写作。就个人目前的研究态势来看，主要是诗歌与文献这两大维度。读诗、搜集文献资料，往小处说，是乐趣所在，两者的过程都是很有趣的。往大处说，是寻找安身立命之所在。如今人到中年，这种感觉愈发明显。两三年前，我的新诗研究论文第一次结集为《记忆之书》出版，所录多是偏重于文本的篇章，各篇章的时间跨度为十五年。取名"记忆之书"，其间多少包含了对某种诗学理论的比附，即"记忆"是诗学主题，也是"文学的力量"的"来源"。如今，偏重于文献类的论文也是第一次结集，以"文献与问题"为题，多少包含了以"新材料"来"研求问题"的要义。取这么一个偏于宏大（宽泛）的书名，一方面是书名难取，好书名似乎都已被取光，另一方面，也是想借机激励自己以更宽广的视野来处理现代文学文献的问题——朝向更宽广的未来，工作方不失其持续的动力。

和《记忆之书》一样，本书也没有设定严格的章节，而是以主题归类、分辑。这种相对松散的结构是我目前比较喜欢的样式——也或者说，保持相对集中的研究范域而又不强求某种框架体系，是我目前更喜欢的节奏。设想之中，还有两三本书也会是如此。

本书各篇章曾刊载于《文学评论》《求索》《中国现代文学研究丛刊》《扬子江评论》《现代中文学刊》《诗探索》《人文杂志》《新文学史料》等刊物，感谢你们的支持。其中有两篇为与学生乔红、唐思敏合作完成，在此一并表示感谢。

本书得到了长沙理工大学英才计划、学术著作出版资助项目和中国语言文学学科建设项目的经费支持，这也是要予以衷心感谢的。2001 年 7 月入职，至今近二十年——一个人由青葱岁月走到了人生的中年，难免各种况味杂陈，唯愿长沙理工大学和中国语言文学学科有着更美好的明天。

本书被享誉学林的社会科学文献出版社所接受，感谢出版社特别是高雁女士为本书的出版所付出的努力！

一本书历经并不算短暂的写作过程终至出版，本身也是一次新生，但愿它能找到自己的读者。

2019 年 7 月 20 日初作

2020 年 5 月 4 日改定

图书在版编目（CIP）数据

文献与问题：中国现代文学文献研究论衡／易彬著
. -- 北京：社会科学文献出版社，2020.5（2025.6 重印）
ISBN 978 - 7 - 5201 - 6398 - 9

Ⅰ.①文… Ⅱ.①易… Ⅲ.①中国文学 - 现代文学 -
文学研究②文献学 - 研究 - 中国 - 现代 Ⅳ.①I206.6
②G256

中国版本图书馆 CIP 数据核字（2020）第 049578 号

文献与问题

—— 中国现代文学文献研究论衡

著　　者／易　彬

出 版 人／冀祥德
责任编辑／高　雁
文稿编辑／黄　利
责任印制／岳　阳

出　　版／社会科学文献出版社（010）59367226
　　　　　地址：北京市北三环中路甲 29 号院华龙大厦　邮编：100029
　　　　　网址：www. ssap. com. cn
发　　行／社会科学文献出版社（010）59367028
印　　装／唐山玺诚印务有限公司

规　　格／开　本：787mm × 1092mm　1/16
　　　　　印　张：23.5　字　数：372 千字
版　　次／2020 年 5 月第 1 版　2025 年 6 月第 2 次印刷
书　　号／ISBN 978 - 7 - 5201 - 6398 - 9
定　　价／158.00 元

读者服务电话：4008918866